生产计划与控制

PRODUCTION PLANNING AND CONTROL

潘尔顺　郑美妹　夏唐斌 ◎编著

上海交通大学出版社

SHANGHAI JIAO TONG UNIVERSITY PRESS

内容提要

　　本书系统地介绍了生产计划与控制的理论、基本概念、系统与方法。生产计划与控制是现代生产与运作管理的重要部分,也是企业资源计划系统中的核心模块。工业工程师和制造企业管理者在实际应用中需要掌握生产计划与控制相关的基本知识与方法,从而更好地管理制造企业的生产。本书共有 11 章。第 1 章提出了生产管理的基本概念,论述了现代企业生产系统的构成、生产类型、生产过程的组织、生产计划与控制的基本概念等。第 2 章至第 8 章系统介绍了生产计划与控制体系,着重讨论生产计划与控制的需求预测分析方法、综合生产计划、主生产计划、物料需求计划、车间作业计划和控制,还阐述了库存基本模型分析与控制以及复杂系统的生产和库存计划。第 9 章至第 11 章分析了工厂生产过程中的不确定性特点和排队模型、准时化生产计划和控制以及项目进度计划与控制。

图书在版编目(CIP)数据

　　生产计划与控制/ 潘尔顺,郑美妹,夏唐斌编著
. —3 版. —上海:上海交通大学出版社,2024.5
　　ISBN　978 - 7 - 313 - 29991 - 8

　　Ⅰ.①生… 　Ⅱ.①潘… ②郑… ③夏… 　Ⅲ.①工业生产计划②工业生产−生产过程−生产管理　Ⅳ.
①F402.1②F406.2

　　中国国家版本馆 CIP 数据核字(2024)第 084266 号

生产计划与控制(第三版)

SHENGCHAN JIHUA YU KONGZHI (DI-SAN BAN)

编　　著:	潘尔顺　郑美妹　夏唐斌			
出版发行:	上海交通大学出版社	地　　址:	上海市番禺路 951 号
邮政编码:	200030	电　　话:	021 - 64071208
印　　制:	常熟市文化印刷有限公司	经　　销:	全国新华书店
开　　本:	787 mm×1092 mm　1/16	印　　张:	21
字　　数:	454 千字		
版　　次:	2011 年 5 月第 1 版　2024 年 5 月第 3 版	印　　次:	2024 年 5 月第 14 次印刷
书　　号:	ISBN 978 - 7 - 313 - 29991 - 8		
定　　价:	65.00 元		

第二版前言 | Foreword

　　建立现代企业制度,是发展社会化大生产和市场经济的必然要求,是公有制与市场经济相结合的有效途径,是国有企业改革的方向。改革开放为我国国有企业提供了前所未有的发展机遇,在改革开放大旗指引下,我国成功地实现了由计划经济体制向社会主义市场经济体制的转变,并且以坚忍不拔的毅力,勇于面对错综复杂的国际大市场竞争环境,顺利地加入了世界贸易组织(WTO)。在这个多元竞争的社会环境里,对产品的质量、成本和交货期要求越来越高,企业要求生存、求发展,必须寻求一条适合自己特色、符合市场运作规律的发展之路,大胆接受国外比较先进的管理理念和方法。

　　国外先进的生产计划与控制理念已越来越深入企业,广为企业所接受,生产计划与控制的目的在于跟踪市场需求的变化,合理安排物料、设备、人力资源和资金等,以降低生产成本、缩短交货期和提高产品质量,提高企业运行的效率,使生产系统取得最佳的功效,最终满足顾客的需求。

　　本书系统地介绍了生产计划与控制部分的基本知识、理论、方法与系统。全书共分10章。第1章是本书的导引和综述部分,全面介绍了现代企业生产系统的构成、生产管理研究内容、生产类型、生产过程的组织,并介绍了生产计划与控制系统的基本架构。第2章是需求预测,重点介绍了需求预测的定性和定量分析方法,生产计划和控制系统运行是否成功,很大程度上取决于预测的准确性,预测是生产计划控制系统最基本的输入。第3章介绍了基于独立需求的库存计划与控制,物料需求计划是适用于相关需求物料的库存管理系统,独立需求产品的库存管理则有其相应的模型,本章重点介绍了库存管理的模型。第4章是综合生产计划,介绍了综合生产计划的试算方法和数学方法。第5章是主生产计划,主生产计划在整个生产计划与控制系统中起到承上启下的作用。第6章是物料需求计划,第5章和第6章重点介绍了相应的计算处理逻辑。第7章是能力计划,编制能力计划是用来保证计划的可行性,本章重点介绍了粗能力计划对应的3种方法和细能力计划。第8章是车间作业计划与控制,介绍了作业的排序调度和控制。第9章是项目计划与控制,重点介绍了项目计划的网络图计划方法,以及项目的控制策略。第10章是准时化生产,准时化生产代表 21 世纪的生产方式,其中重点介绍了准时化生产的手段——看板管理。

本书为"工业工程系列教材"之一,内容和结构由"工业工程系列教材"编委会共同讨论确定。本教材可作为高等院校工业工程专业或工商管理专业生产计划与控制相关课程的教材或主要参考书,也可以作为企业从事生产管理人员的参考书或用于培训进修。

感谢上海汽车工业教育基金会的大力资助,为作者提供了这样一个难得机会,促成拙著的面世,希望以此能为发展上海汽车工业贡献微薄的力量。

本书在编写过程中,参考了大量的国内外书刊和文献资料,最后由上海理工大学钱省三教授审稿。另外,在编写过程中,上海交通大学工业工程系江志斌教授也提出了许多宝贵意见。在此谨向钱教授、江教授和其他给予大力支持的老师和朋友表示衷心的感谢。

由于作者学识浅陋,书中可能存在一些错误,敬请广大读者予以指正。

作　者

2003 年 6 月

第三版前言 | Foreword

在中国制造强国计划中,生产计划与控制扮演着重要角色。提高生产效率、优化生产管理、推动智能制造,有助于增强中国制造业的全球竞争力,实现我国由制造大国向制造强国的转变。本教材自第二版出版以来已将近有九个年头,现应读者和学生的建议、课程建设的需求以及出版社的要求,与时俱进,重新对本教材进行修订。本次修订主要包含以下几个方面:

(1) 在生产过程中涉及多种不确定性,例如原材料短缺、生产设备运转问题、生产能力是否达到设计要求等。企业通常需要识别、理解、评判生产的不确定性,以更好地制定生产计划。第三版着重介绍生产中的不确定性分析,帮助企业有效应对生产中的不确定性(见第9章)。

(2) 库存控制和计划的基础模型通常以成本最小化或利润最大化为目标,而对于一个复杂系统而言,不仅需要考虑成本或者利润,还需要考虑库存盘点间隔、客户需求满足水平、不同品类产品分级管理等多方面因素。第三版首先介绍了库存管理的基本概念和基础模型(见第3章),然后针对连续盘点系统、周期盘点系统和多类产品生产系统等复杂系统的库存控制和计划进行介绍(见第4章)。

(3) 能力计划与主生产计划和物料需求计划紧密相关。因此,第三版对能力计划的内容进行修改,并将这部分内容穿插到主生产计划(见第6章)和物料需求计划(见第7章)的介绍中。

(4) 对原版本保留章节的内容进行修改和补充,特别是修改和更新其中的算例和范例。

本书在编写过程中参考了大量国内外书刊和相关资料。在此谨向在编写过程中给予大力支持的老师、同学以及参考资料的作者表示诚挚的感谢。同时,也要感谢广大读者的关注和支持,正是有了你们的反馈和建议,才使得我们能够不断改进和完善教材内容。

书中若存在错误或欠妥之处,敬请读者批评指正。

作　者

2024年2月

目录 | Contents

第1章

概　论

生产计划与控制(production planning and control,PPC)系统作为生产与运作管理的核心,其目的是减少库存、缩短交货期和降低生产成本,尽量满足顾客要求,并使工厂生产效率最高,成本最低,最终目的是全面提升企业的综合竞争力。生产计划与控制系统应与企业总体战略规划相适应,一个有效的生产计划与控制系统能够为企业赢得市场上的竞争利益;相反,一个设计不合理的生产计划与控制系统不仅不能对公司的发展起促进作用,可能还会阻碍公司的发展。本章首先介绍生产计划与控制系统的基本概念,然后介绍生产计划与控制系统的基本框架。主要包括以下几个部分:① 生产与生产系统;② 生产方式与生产流程;③ 生产管理;④ 生产计划与控制。

1.1　生产与生产系统

生产计划与控制属于生产与运作管理的范畴,并且是生产与运作管理的核心。生产与运作管理是基于对生产系统的管理,所以说,必须首先了解什么是生产系统以及它的构成是什么。生产是人类求生存与求发展所从事的基本活动,通俗地讲,就是人们创造产品或服务的有组织的活动,即将输入转化为输出的过程。狭义的生产一般是各种产品的制造活动,广义的生产还包括银行、医院、学校等服务业的服务活动。生产活动在将生产要素转换为有形和无形的生产财富(产品或服务)的过程中,增加了生产要素的附加价值。生产要素就是投入生产过程中的各种生产资源,根据它们在生产功能中所起的基本作用,可分成生产对象、生产手段、劳动力和生产信息。生产对象是生产活动中所用到的物质,如生产产品时需投入原材料;生产手段是将生产对象转换为产出物的技术手段,如各种设计技术、制造技术等;劳动力是进行生产活动所需的人力,这是诸生产要素中最重要的要素;生产信息是生产活动过程中的各种基于事实的数据,如设备性能参数、需求预测数据等。从狭义上讲,生产系统的输出是各种有形产品,而广义上的输出则包括服务,如学校培养的学生、医院医治的患者等。生产要素的输入、输出,生产过程中所从事的活动以及管理决策和反馈控制,外加企业的内外部环境就构成了图 1.1 所示的生产系统。

图 1.1 所示的生产系统的输入既有物质,又有信息和资金,所以说,生产系统实质上包括物质流动、资金流动和信息流动,且这些流动相互影响又相互综合,构成一个集成的

总系统。生产中的物流体现在工位与工位、工位与仓库、供应商与主机厂以及主机厂与销售商等之间的运输(体现位置变化的过程),同时物料也有库存(体现储存过程)。生产过程必然发生资金的流动,资金是随着物料的流动而流动的;物流和资金流能顺利流动的前提是信息的顺畅流动。生产计划是运行系统的过程控制和信息管理,要有效地编制生产计划与进行生产过程的控制,就必须对物流、资金流和信息流进行综合分析。

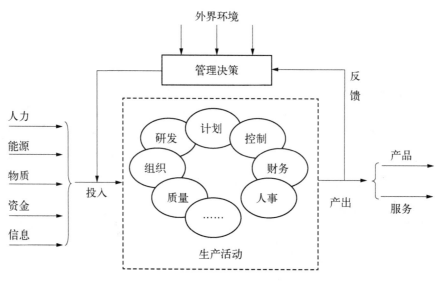

图 1.1　生产系统构成示意图

图 1.1 所反映出来的生产系统是一个反馈控制系统,这与实际的生产系统是吻合的。在计划经济体制下,企业生产完全依赖行政性指令,而非基于市场的实际需求,所以,在计划经济体制下,不需要进行需求预测,更不需要系统编制生产计划及进行生产控制。而在市场经济体制下,生产系统内部的活动(包括生产计划与控制)是动态的、连续的过程,这与以往的计划经济体制是有所区别的。由于市场是不断变化的,对于企业来讲,就要编制计划和对计划进行有效的控制,经常对绩效进行衡量和分析,并且根据衡量和分析的结果进行控制,对计划做适当的调整。绩效的评价指标体现在以下几个方面:① 质量;② 成本;③ 交货期。上述三个指标是企业生产与作业管理的基本任务。除此以外,绩效评价还有其他指标:① 生产率,即单位时间内生产产品的数量;② 有效性,即生产系统中人或设备等要素的使用效率;③ 柔性,即以同样的设备与人员生产不同产品或实现不同目标的能力。实际采用什么评价指标,取决于企业的性质和实际情况。

1.2　生产方式与生产流程

根据生产过程的连续性特点,生产系统可以细分为连续生产系统和离散生产系统。连续生产系统一般指固体或液体材料在化学反应或热处理等过程中连续流动的生产系统。这种系统的加工方式往往是一天 24 小时不间断地加工,如生活污水、化学加工、炼油等。离散生产系统是指生产出的产品是可数的生产系统,而连续生产系统生产出的产品的计量单位只能为质量或体积。在离散生产过程中,各道工序是离散的,可以通过不同的生产率生产,如手机、汽车和计算机制造企业等。一般离散生产系统的生产过程比较复杂,生产计划与控制方法主要是针对这种类型的生产。离散生产系统可以进一步细分为以下几种类型:

1)单件生产

接到订单后才开始组织生产,如船舶、大型电机、桥梁、大型建筑等。这种生产方式的特点如下:① 品种多,而每种订货不多,加工过程不一样;② 每一种订货很少,交货期不一样;③ 加工设备为通用设备,设备调整时间长,效率不高;④ 要求工人为多面手。管理的重点在于协调多个阶段(如设计、加工等)的工作,提高系统的柔性和组件的通用性,从而缩短交货期。

2)大批量生产

在较长时间内重复进行一种或少数几种类似产品,通常以大批量流线方式进行,最典型的例子是汽车制造业。这种生产方式的特点如下:① 生产率高,工人分工细,高度专业化,设备及工艺专业化;② 工人操作熟练程度高,工人重复做简单的操作;③ 作业计划简单,一旦流水线调试能正常生产,就按节奏进行,无须规定细节;④ 产品质量容易保证;⑤ 生产成本低。大批量生产的管理重点是设备定期维修,管理工人出勤控制在线质量,以福特汽车公司为代表。

3)多品种中小批量生产

多品种中小批量生产是介于大批量生产方式和单件小批生产方式之间的一种生产方式,有以下特点:① 生产批量小,稳定性弱;② 生产率高的专用设备不能使用;③ 生产产品种类多;④ 管理复杂。管理的重点主要是应用成组技术,优化产品组合,提高工序之间的连接性,合理安排生产种类、数量和间隔,缩短交换作业时间,通过严格的管理制度来降低在制品的库存。

4)大规模定制生产

以大规模生产的价格为顾客提供定制的个性化产品和服务,有以下两个特点:① 生产组件的模块化;② 生产组件的通用化。管理主要侧重于提高组件的标准化程度和减少顾客的响应时间。

1.2.1 生产方式

1)备货生产方式

备货生产方式(make-to-stock)基于对市场的需求预测,预测结果的精确性对这种生产方式的影响尤为重要。这种生产方式一般是按批量组织生产,并且经常轮番进行,因为是备货生产,要求产品能立即交货、品质优良。因为是将产品先生产出来,再放在仓库,待有需求时从仓库中取出,所以这种生产方式通常库存量较大,库存所占用的资金较多。备货生产的效率很高,但组织生产较复杂,风险大,可能造成积压或脱销。曾有一些企业,市场的销售预测量与实际产出量相距甚远,给企业带来损失。

2) 订货生产方式

订货生产基于市场的拉动进行生产,这种生产方式所对应的产品、客户个性化的要求很高,每种产品的规格、数量、质量、交货期均不同。由于是采取拉动的准时生产,所以基本上没有存货,有的甚至达到零库存。交货期是管理控制的要点。订货生产一般属于多品种、小批量生产,组织生产比较复杂,但订货生产的顾客满意度最好,所以近年来越来越多。订货生产方式又可细分为订货组装方式(assemble to order,ATO)、订货制造方式(manufacture to order,MTO)和订货工程方式(engineer to order,ETO)三种。

(1) 订货组装方式。由标准零部件、半成品按顾客的订制要求组装,是最成熟的生产方式,标准化程度高,批量相对较大,生产率较高,很多情况下采用流水生产,如汽车。

(2) 订货制造方式。设计是已有的,根据顾客需要进行制造,订货制造方式的特点是原材料、半成品(协作件)是按预测准备好的,所以预测非常重要,如重型机械、工程机械等。

(3) 订货工程方式。按顾客需要进行设计制造,与订货制造方式相比,不仅要设计,还要制造,其特点是生产周期长。管理的重点在于缩短设计周期,尽量采用标准零部件,采用 CAD、CAPP,如大型、重型设备。

1.2.2　生产流程的类型

生产流程通常可以分为三大类:流线型流程(flow shop)、零工型流程(job shop)和定位型流程(fixed site)。如表1.1所示,通常流线型流程按产品为对象进行布置,零工型流程按工艺进行布置,定位型流程则采用定位型布置,但这不是绝对的,因为实际上按工艺化布置的工厂局部生产流程也可能按流线型组织。同样,以产品为原则进行布置,也可能在局部存在零工型流程。

表 1.1　流程设计、布置形式及生产方式的对应关系

流 程 设 计	布 置 形 式	生 产 方 式
流线型流程	产品布置	备货生产方式、订货生产方式
零工型流程	工艺布置	订货生产方式、备货生产方式
定位型流程	定位布置	订货生产方式

1) 流线型流程

在流线型流程方式下,生产流程相对固定不变,产品范围比较广,产品的标准化程度通常较高,有部分是按顾客需求定制的,生产设备自动化程度相对较高。在这种生产方式下,产品总是按照相同的顺序流动。流线型流程可以进一步细分为连续型流程（continuous flow）、专一重复型流程（dedicated repetitive flow）、混线型流程（mixed-model repetitive flow）和间歇型流程（intermittent flow）。

（1）连续型流程。对于这类流程,工件以固定的速率流动,生产线基本固定不做调整,生产线的调整将增加大量成本。生产设备自动化程度和专用化程度都非常高,设备昂贵,故用于建厂和设备投资的固定成本相对较高,而变动成本相对较低,通常都按照经济规模组织生产以降低生产成本。设备故障造成损失很大,设备维修是管理的关键职能。连续型流程方式下的产品所对应的顾客一般是有系统的组织,而非个人。连续型流程所面向的市场比较稳定,需求波动不大,对这种流程,就生产计划而言,重点是要抓好综合生产计划的制订。编制综合生产计划主要以市场需求预测为根据,所以要强调预测的重要性。另外,需制订设备的定期维修计划并贯彻执行,以保证设备的开动率。典型例子有化学工业、塑料、制药、化肥、石油、冶炼、金属冶炼等。

（2）专一重复型流程。专一重复型流程是在一条生产线上重复生产某一种产品,物料在整个流程中不是以固定的速度流动。如果在生产过程中对产品的部分有调整,如汽车生产中仅仅汽车中的某个内饰件有调整,而且这种调整无须准备时间,则这种情况也可以称为专一重复型生产。典型例子是电脑、汽车等。

（3）混线型流程。混线型流程是在同一条生产线上生产不同的产品,产品之间的转换时间比较短,并且通常可以忽略。混线型流程中的设备是通用型的,员工通常应掌握多种技能。一个典型的混线型流程：A、B、C、D 代表四种不同的产品,如果在生产线上按照 A→B→C→A→B→C→A→B→A→D 的顺序生产,则当完成一个 D 产品时,已生产 4 个 A、3 个 B、2 个 C。对于混线型流程,最重要的是确定混装线投入产品的先后顺序。

（4）间歇型流程。间歇型流程通常也称为批量型流程。间歇型流程是在同样的设备上生产多种产品,每种产品之间的转换时间通常较长,所以,在这种流程下,每一批量应有一定的上限和下限,下限是满足不出现缺货,上限应在规定的成本范围之内。汽车制造业中的冲压生产车间是一个批量生产的典型例子,在冲压车间,一般冲压生产线只有为数不多的几条,而要冲压的零件通常都在六七十种以上,所以必须按照批量生产的方式来组织。因为批量生产的中间转换时间较长,所以应想方设法缩短换装时间。作业时间一般可以分为两种：一种是外部转换时间,即冲压设备在运转过程中就将与后一种产品冲压的相关工作准备好所花费的时间（如将模具事先准备好）；另一种是内部转换时间,即当冲压机器停止运转后将原先模具卸下来再装上新的模具所占用的时间。为缩短作业转换时间,应设法将内部作业转换时间转换为外部转换时间。另外,在确定每种产品的批量时也有多种做法,不同的公司应用不同的准则来确定,没有一个固定的公式可循,但都以尽量节省总成本为前提。有的是按照经济规模批量公式计算得到,有的是保证几天的库存量得到。在批量生产中,设备大多是通用的设备,冲压设备就是如此,设备及人员必须连续不断地安排以提高设备的开动率。

专一重复型流程、混线型流程和间歇型流程三种类型通常具有以下特点：① 大多数属最终产品，受顾客影响大，市场需求不稳定；② 产品结构复杂，组成零部件多，协作单位多；③ 产品生命周期短，型号更新快；④ 按顾客需求定制产品的比例较大。三种类型生产方式存在的缺点如下：① 不同的产品型号，工艺路线不同，需要重新布置、调整设备布局，故生产组织比较麻烦；② 各类型产品产量比例经常变化，如何组织人力及安排设备的计划很难做且需经常调整；③ 对新产品开发的要求高，要求迅速拿出设计，快速响应市场；④ 生产能力的需求是一个动态变化的量，负荷平衡、生产过程同步化非常困难，但必须做。对于这三种类型的生产方式来说，年度经营计划是粗略的，关键是季度生产计划和月度生产计划。

上述流线型流程中设备的布置通常都是以产品(或零部件)为对象来构筑生产单位的。一个生产单位基本上可以完成一个产品或零部件的生产，又称封闭式生产单位。综合以上论述，流线型流程具有以下优点：① 可以大大缩减产品在加工过程中的运输距离。② 可以减少加工过程中的在制品库存。连续型流程无在制品库存；专一重复型流程和混线型流程存在在制品库存，但库存水平通常较小；而间歇型流程因为采用批量生产，故在制品库存相对较高。③ 可以采用先进生产组织形式——流水线生产，以提高生产效率。④ 可以减少生产单位的协作关系，简化计划管理。

下面以四种产品的制造加工过程说明如何按产品和其他原则进行布置，表 1.2 所示为 4 种产品的制造加工过程。如以产品为原则进行布置，则如图 1.2 所示。

表 1.2　产品 A、B、C、D 的加工过程

产品	工序 1	工序 2	工序 3	工序 4
A	车削(L)	车削(L)	铣削(M)	钻孔(D)
B	车削(L)	铣削(M)	铣削(M)	钻孔(D)
C	车削(L)	研磨(G)	研磨(G)	钻孔(D)
D	铣削(M)	研磨(G)	研磨(G)	钻孔(D)

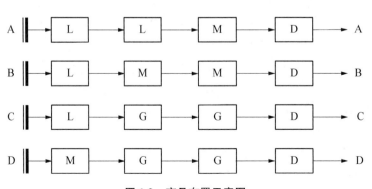

图 1.2　产品布置示意图

2）零工型流程

零工型流程又可称为功能性流程，是将具有相同功能的一组机器设备放在一起，即按照生产工艺的特点来组织生产单位，在一个单位（如车间）集中同种类型的设备及工人。例如，机械加工车间可分为车床工段、铣床工段和钻床工段等；热处理车间可分为淬火工段和退火工段等。将上述四种产品按工艺为原则进行布置，如图 1.3 所示。这种流程下，批量的大小是由订单的数量决定的。零工型流程有以下特点：① 物料运输路线通常很长；② 产品在加工过程中停放、等待时间长，延长了生产周期；③ 各生产单位之间协作、往来频繁，管理较困难；④ 因将相同的工艺设备放在一起，所以生产的柔性很好，设备利用率高，个别设备出现问题后造成的影响不大；⑤ 加工过程需要详细的加工路径及所有加工中心的名称和位置；⑥ 工人固定于一种设备，有利于专业技术的提高；⑦ 因为不是按流水生产，因此在每个加工中心前必须对加工单进行排序，生产排程相对比较复杂；⑧ 生产过程中的在制品比流线型生产方式多。

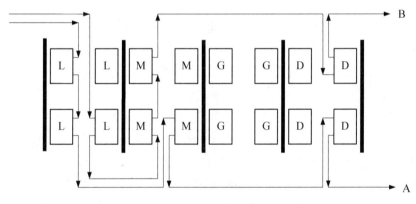

图 1.3　工艺布置示意图

一般在以下情况下使用零工型流程：① 制造新产品的原型；② 产品生产初期的小批量生产；③ 所制造的产品的量较少时；④ 所制造的产品对加工工人的技艺要求较高时，如生产天文望远镜仪器等。

3）定位型流程

产品由于体积庞大或质量较大，在实际生产过程中移动不方便，所以将产品固定，将生产该产品所用的设备和物料均置于产品的周围，典型的有造船、大型涡轮机、发电机组、飞机、建筑业等。这种生产流程所采取的布置形式为定位布置，在产品的整个生产过程中，产品均不动，物料和工装设备围着产品转。定位生产均是采用接单生产，通常既有设计，又有制造和组装，并且订单量通常都很小，这种生产方式要求工人具有相当丰富的技艺。对于定位生产方式下的计划和控制，一般采用项目管理中的关键路线方法或项目计划评估技术进行计划和控制。

企业在实际进行生产过程的组织时，通常并不是仅仅简单地采用三种组织方式中的一种，而是将几种组织形式结合起来。例如，在企业工厂中，可能某一层或某一区域采用工艺对象布置原则,而另一层或另外区域则采用产品对象布置原则。在许多企业工厂,如绝大多数的汽车厂,总体上讲是采用产品对象原则布置,而在局部加工阶段,如车身焊接车间、冲压车间等,则按照工艺对象原则布置。还有一种组织方式原则,即成组技术,它同时利用工艺对象和产品对象的优点。成组技术是把不同的设备分到同一生产单元,可以加工具有类似形状和工艺要求的一组产品(产品族)。在同一个单元内,产品族的生产由不同的工人利用不同类型的设备完成。它有以下几个优点:① 类似于产品对象,为产品系列采用固定的加工路线,以确保减少在制品(WIP)库存;② 类似于工艺对象,将一系列产品组合到一个制造单元中以确保灵活性,从而减少一个系列内不同产品之间的设备切换,缩短准备时间;③ 一个班组完成整个任务,从而改善班组内工人之间的关系;④ 工人只制造有限类型的工件,重复的工作提高了工人的专业技能。

1.3　生产管理

　　生产是将原材料、能源、人力、信息等转化为产品或服务的活动,生产管理则是指为实现生产既定目标,对生产过程进行计划,并控制实施过程,有效利用资源以提高效率和生产质量,以求利润最大或成本最低,并最终满足客户的要求。制造业中存在生产及生产管理,服务业中通常也存在。

　　有的教材中使用"生产与运作管理"一词,生产管理与运作管理有所区别。生产管理是指对生产过程所涉及的活动进行计划、组织与控制,制造业通常用生产管理来描述。运作管理是对提供公司主要产品或服务的系统进行设计、运行、评价和改进,在生产职能不是很显著的行业(如服务业),通常将进行的相关管理活动称为运作管理。本书对服务业中的管理不做分析,其实,制造业中的生产管理方法在服务业中是可以通用的。

　　从英国经济学家亚当·史密斯(Adam Smith)最早提出劳动分工理论以来,生产管理的发展经历了机械化生产、自动化生产和信息化生产几个大的历史阶段,进入 21 世纪,生产管理又进入了一个新的阶段,即强调知识的集成和转移的知识管理时代。生产方式也由早期的单件生产发展到 1913 年以流水装配线为标志的大量生产,后来发展为以日本丰田汽车公司为代表的精益生产方式,强调的是中小批量混合生产。

1.3.1　生产管理的研究内容

　　生产管理的研究内容主要包括生产系统的设计和生产系统的管理两个方面,如图 1.4 所示。生产系统的设计主要包括厂址的选择、工厂内部设施规划与设置、能力分析与规划、组织系统设计以及管理信息系统设计等。工厂选址和生产战略规划相联系,选址前须进行能力分析和决策,确定未来几年内企业的生产能力,一方面保证最大限度地满足市场需求,另外一方面要保证能力的利用率,避免能力的放空。设施规划和设计往往是在新建厂、扩充厂房、缩减厂房、增减产品、增减设施、业务过程重组等情况下的需求,要对生产设施进行重新布局和优化设计。能力分析与规划有资源需求规划、粗能力计划和能力需求计划三个层次,以此进行能力和负荷平衡分析。组织系统的设计和管理信息系统的设计是系统高效运作的基础。系统的设计是为生产创造一个平台,是生产系统运作良好的前提,也是一个企业取得市场竞争力的先决条件。在进行系统设计时,要考虑到市场的千变万化,运用最先进的方法进行优化设计。

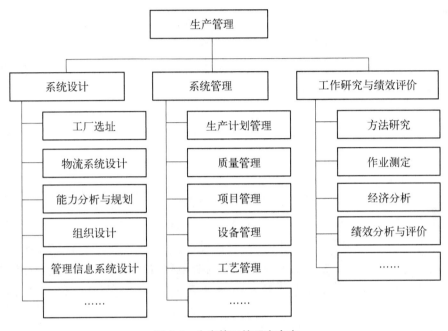

图 1.4　生产管理的研究内容

生产管理的另外一个主要方面是系统的管理,主要包括生产过程中的计划、组织和控制三方面的问题。生产计划包括对市场未来需求的预测,确定品种、产量、劳动力水平、产品交货期,编制不同层次的生产计划,组织采购作业或车间生产作业,对生产进行合理的控制。组织一方面则包括合理组织生产要素(包括劳动者、劳动资料、劳动对象和信息)。合理组织生产的最终目标是使企业在质量、成本和交货期三方面最优。除了生产计划管理以外,还有其他保证生产计划有序进行的管理措施,如质量管理、项目管理、设备管理、工艺管理等。生产系统的控制则包括投料控制、订货控制、生产进度控制、库存控制等。在后面讲述的生产计划与控制框架体系中,物料需求计划(materials requirements planning,MRP)强调的是系统的计划功能,而准时化生产(just-in-time,JIT)强调的则是车间现场控制的功能。

此外,也可以将工作研究、生产运作的经济分析以及绩效评价分析等纳入生产管理的范畴。工作研究包括方法研究和时间测定,工作研究是对工艺流程、作业和动作进行分析,以设计出高效率的工作方法,而作业人员的效率则以时间来衡量。工作研究是生产运作管理最基础的工作,是开展其他工作如计划管理、成本控制、人事管理等的依据。经济分析和绩效评价是从不同的指标来评定一个生产系统管理的效果。

1.3.2　生产管理与其他部门之间的关系

生产管理活动与企业内部其他部门之间的活动密不可分,企业生产活动的顺利完成依赖所有部门之间的密切协作。

1）人力资源部门

人力资源部门涉及人事的管理,在生产管理领域,几乎所有模块都与人力资源的管理相关。例如,进行方法研究和工时定额的测定,一方面需要人力资源的大力协助;另一方面,工时定额的测定结果可以为人力资源部门进行定额管理和人事编制提供强有力的依据。在制订综合生产计划时,为调整能力可以采取几种策略,其中就有为满足市场需求动态调整员工人数的策略,这就需要不断进行招聘和解聘,需要人力资源部门的合作,也有为满足需求调整能力的加班或减班的策略,这也需要人力资源部门的配合。

2）产品开发与设计部门

产品开发和设计必须是面向可制造和可装配的开发与设计,在开发和设计时,要考虑到未来产品的质量要求进行设计质量控制,这是线外(off-line)质量控制,应该说,这与生产管理领域内的质量管理是相关的。新产品的开发和设计通常要运用项目管理的方法来进行计划和控制。新产品开发和设计时涉及产品的物料清单,此为生产计划和控制系统的一个非常重要的数据。进行市场的需求预测时也要考虑产品开发部门的意见。

3）采购部门

根据物料的属性,如果物料是外购件,则生产计划与控制体系将形成采购订单并将该订单下达给采购部门,采购的日期和批量的大小由计划部门来决定。采购部门能为产品开发与设计提供信息。生产管理部门应经常与采购部门协调、沟通,使采购部门得到正确的原料库存、半成品库存和成品库存信息,这样才能适当控制库存,不致因缺料而停工,也不致因库存过多而造成浪费。

4）营销部门

营销部门对市场的正确预测可以为生产计划提供依据,使生产计划部门有效、实时地对计划进行调整。营销部门的订单资料必须随时提供给生产管理部门,使其能了解产品的品种、数量、交货期。另外,因营销部门最接近顾客,所以,营销部门可以将未来产品开发方向和顾客对质量的需求反馈给产品开发部门和质量管理部门。

5）财务和会计部门

财务和会计部门可以进行投资的预算和分析,提供成本资料,成本数据是生产计划系统中必须考虑的,在一般的企业资源规划系统中,通常都有相应的财务和会计模块。生产管理里有许多优化的问题,经常用到一些运筹学的方法,建立数学模型时,通常以成本最小化为目标。进行系统的设计时,如工厂选址和物流系统设施规划与设计,通常要考虑相应的成本,为财务和会计部门进行正确的投资预算提供科学的依据。

1.3.3　生产管理的目标

生产是一切活动的基础,生产管理的最终目标是提高企业的经济效益,这通常也是任何一个企业的基本任务。具体体现在以下方面:① 保证产品的质量符合客户的要求;② 保证生产出来的产品及时送到客户手中;③ 保证产品的成本符合客户要求,具有很好的市场竞争力。产品的质量(quality)、交货期(delivery)和成本(cost)这三者简称 QDC,构成企业生产的基本任务。企业运作是否成功也可以用这三个指标来衡量。可是,这三个指标实际上是相互矛盾、相互冲突的:提高质量必然会使成本增加;要保证交货期,可能质量就难以控制,并且要增加成本;降低成本,可能就不能保证质量,所以说,为了使这三者协调统一,必须在生产管理中加以合理的组织、协调和控制。

对于客户而言,除了要满足质量的要求之外,还要满足顾客对数量变幻不定的需求,这就要加强需求预测的功能,生产系统本身要具有良好的柔性,并且在实际生产计划控制过程中要根据市场变化不断对生产计划内容进行修正。另外,要保证库存尽可能低,因为库存量大,势必投资就大,造成的浪费也大。当然,要满足顾客的需求,必然要相应提高库存水平。这两者也是相互矛盾的,问题是如何协调,使得在满足顾客需求的情况下,尽量降低库存。在企业实际运作过程中,上述目标的实现主要由不同的职能部门来控制和把握,如质量由质量保证部负责;销售部门关心的是保证产品及时交付客户,而不关心库存水平;对于生产计划和控制部门,必须考虑在正确的时间提供正确数量的正确零件,而对成本的控制可能不太关心;而财务部门则较关心其中的成本控制。所以,要达成生产管理目标,除了各部门做好本职工作外,还必须相互协调,从系统的角度进行控制。

生产管理目标是否实现,还要对效果进行评价,通常有以下指标:① 利润,这是评价经营活动的重要尺度,利润等于销售收入减去制造成本、管理费用和销售相关费用;② 制造成本,在质量、交货期限制条件下,以降低多少成本来评价生产活动的效果;③ 生产效率,生产效率是有效利用劳动力、设备、原材料、能源等生产要素的能力,由产出和投入的比值来确定。

1.4　生产计划与控制

任何一个制造型企业,都必须有计划和控制的功能,包括产品的市场需求预测、制订计划以决定何时增加设备与人员、何时购买与制造物料、制造多少、购买多少等。在整个生产管理系统中,生产计划是首要环节,是执行与控制的先决条件。生产计划的目的是为未来的时间(计划期)规定生产活动的目标和任务,以指导企业的生产工作按经营目标的要求进行。

生产控制的目的是对生产计划的具体执行情况进行跟踪、检查、调整等。它包括从生产过程的产出取得实际绩效信息,将它们与计划要求相比较,对比较的结果进行分析,若发现有偏差,则采取措施,调节生产过程的投入,以修正偏差。

制订计划、执行计划及对计划的控制是一个持续改善的过程,其终极目标是赢利,要实现赢利,必须首先激发顾客的热情,获得顾客的认同。细化的目标有质量、成本、交货期和服务等,为了实现这些细化目标,就生产计划和控制功能而言,必须准确做到"在正确的时间,提供正确数量所需的产品"。这些目标彼此是相互矛盾的。市场的变化是动态的,要能快速地响应市场的需求,使顾客满意,必须有足够的库存来保证这种变幻不定的需求,库存占用资金必然会很高。所以说,生产计划和控制的每一个层次都应系统地考虑和分析,以保证在库存尽可能低的情况下,快速响应顾客,为顾客提供高质量的产品。

1.4.1　历史发展

生产计划与控制技术的发展以计算机的出现为界限,主要有两个阶段:第一阶段是库存管理系统,根据一些数学规划的方法建立库存模型,以期用较少的资金占用来解决物料需求问题,主要的库存模型有经济订货模型和定期盘点订货模型;第二阶段就是随着计算机的出现而发展出来的物料需求计划(materials requirement planning,MRP)系统。物料需求计划的发展又经历了几个阶段:第一阶段是 20 世纪 60 年代最基本的物料需求计划,该阶段的物料需求计划系统是一个开环的系统,将物料分成独立需求和相关需求,根据主生产计划和物料清单计算组成产品的物料需求计划;第二阶段是 20 世纪 70 年代后期出现的闭环物料需求计划系统,将物料需求计划的执行情况及时反馈到计划系统中,对能力进行计划,以验证能力的可行性,不断滚动计划;第三阶段是 20 世纪 70 年代后期和 80 年代的制造资源计划(manufacturing resources planning,MRP Ⅱ),从企业的制造资源(人、财、物)出发,将制造过程的供、产、销等各个环节纳入计划的体系,用一个计划统一管理;第四阶段是 20 世纪 80 年代后期和 90 年代出现的企业资源规划(enterprise resources planning,ERP),不仅考虑到制造资源的计划,还以制造资源计划为核心,将企业所有资源的计划都考虑进来,如质量管理、人力资源管理、项目管理等。物料需求计划是一个推式的生产计划与控制系统,与此相对应的拉式系统是以日本丰田生产系统为代表的准时化生产系统。此外,还有 20 世纪 80 年代以色列物理学家歌德瓦特提出的最优化生产技术,即后来的约束理论,以消除企业生产过程存在的约束为基本思想制订计划和进行控制。在 21 世纪的智能制造时期,随着人工智能、物联网、大数据等技术的不断发展,智能制造逐渐成为一种新的生产模式,即传统生产管理方式如何借助计算机、工业大数据以及互联网信息技术,解决生产计划与控制的相关问题,如生产与服务系统设计、执行与优化等工程问题。生产计划与控制的发展过程如图 1.5 所示。

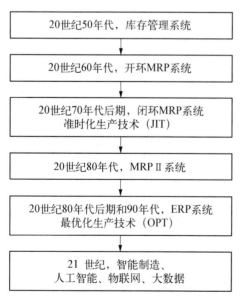

图 1.5　生产计划与控制的发展过程

1.4.2 生产计划

计划按照不同的层次可以分为战略计划、经营计划和作业计划。这三个计划的内容、时间、完成人员均不同。任何一个公司都应有一个总的战略,它规定整个公司的目标和发展方向,并指导公司的一切活动,对企业的成功有决定性的影响,经营计划和生产作业计划都是围绕战略计划来进行的。一般来说,战略计划往往是由高层管理人员制订的,它的周期也较长,通常为 3～5 年或更长时间。制订战略计划要求对市场有很深的了解,并能洞察市场未来的发展方向,要求高层管理人员具备高瞻远瞩的眼光。

公司的经营计划比战略计划的时间周期要短,通常为一年左右,经营计划是将战略计划所规定的目标和任务变成切实可行的经营计划。例如,战略计划可能规定未来要推出的新产品,则经营计划要对该产品生产所需的资源进行分配。在进行战略规划和经营计划时均要对其资源进行负荷分析。若资源与生产负荷不一致,可重新规定目标,使得它们与可用资源相适应;也可通过购置和补充额外资源放宽关键资源约束条件,以便决定满足特定目标的最优分配。所以说,计划的编制实际上是一个不断优化、不断调整的动态过程。

作业计划则比较具体,其时间周期也比较短,期间也要进行资源和负荷的能力平衡分析。作业计划按照时间可分为长期作业计划、中期作业计划以及短期作业计划,计划的体系和层次结构如图 1.6 所示。长期作业计划,实际上是将公司目标转变为作业项目。长期作业计划有多种名称,本书以总生产计划命名,包括是否要招聘和解聘、是否需要转包、是否需要对人员进行培训等。提前期较长,通常为一年,有时也称为年度作业计划。短期作业计划的时间周期很短,通常为一个月,如主生产计划和物料需求计划。

1) 长期作业计划

长期作业计划包括市场预测、产品规划与销售计划、资源需求计划,综合生产计划(aggregate production planning,APP)介于长期计划和中期计划之间,是一个中长期的生产计划,这些内容彼此之间的关系如图 1.6 所示。

(1) 市场需求预测。市场需求预测可以分为长期预测和短期预测。长期市场预测主要是宏观的预测,预测的时间跨度较长,通常为 3～5 年,预测主要应考虑国家宏观经济的发展、政策、产业发展的大环境、产品的科技竞争能力等因素。这种长期预测一般由企业的最高层管理者做出,它不针对具体的产品,而是针对产品群。短期市场预测又可以分为两个层次:一方面在制订综合生产计划时要对未来一年内的销量做一个预测;另一方面,在综合生产计划期间,又要不断地对预测进行调整,即要做更短的预测,通常是每一季度或每个月。

(2) 生产战略规划。在长期预测的基础上,生产战略规划主要是企业的长远发展规划,它关心企业的兴衰成败,常言道"人无远虑,必有近忧",长期生产战略规划一般是由企业的最高层管理人员制订,属于战略层次的计划,用来指导全局,计划期比较长,通常为几年。长期生产战略规划考虑的是产品开发的方向、生产能力的决策和技术发展水平。这种长期生产战略计划的不确定性较高。

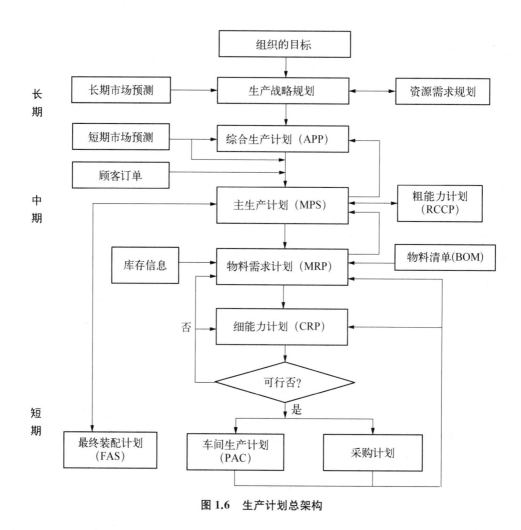

图 1.6　生产计划总架构

　　(3) 资源需求计划。生产战略的规划做出后,要对资源进行规划,对企业的机器、设备与人力资源是否能满足生产战略规划规定的要求进行分析,这是一项较高层次的能力计划。

　　(4) 综合生产计划。综合生产计划是介于长期计划和中期计划之间,有的书将它纳入中期计划。综合生产计划是针对全厂各部门一年内经营生产活动的纲领性文件。准确地编制综合生产计划可以在产品需求约束条件下实现劳动力水平、库存水平等指标的优化组合,以实现总成本最小。

　　2) 中期作业计划

　　主要包括主生产计划(master production scheduling,MPS)、粗能力计划(rough-cut capacity planning,RCCP)。物料需求计划(material requirements planning,MRP)介于中期计划和短期计划之间,如将物料需求计划也纳入中期计划中,则与物料需求计划相对应的能力需求计划(capacity requirement planning,CRP)也应归到中期计划中。

　　(1) 主生产计划。主生产计划是计划系统中的关键环节。一个有效的主生产计划是生产对客户需求的一种承诺,它充分利用企业资源,协调生产与市场,实现生产计划大纲中所表达的企业经营计划目标。它又是物料需求计划的一个主要输入。主生产计划针对的不是产品群,而是具体的产品,是基于独立需求的最终产品。

(2) 粗能力计划。粗能力计划与主生产计划相对应,主生产计划能否按期实现的关键是生产计划能否与现有的实际生产能力相吻合,所以说,主生产计划制订后,必须确认其是否可行,这就要进行能力和负荷的平衡分析。粗能力计划主要对生产线上关键工作中心进行能力和负荷平衡分析。如果能力与负荷不匹配,则一方面调整能力,另外一方面也可以修正负荷。

(3) 物料需求计划。物料需求计划是在主生产计划对最终产品做出计划的基础上,根据产品零部件展开表(即物料清单,简称 BOM)和零件的可用库存量(库存记录文件),将主生产作业计划展开成最终的、详细的物料需求和零件需求及零件外协加工的作业计划,决定所有物料何时投入,投入多少,以满足规定的交货期。对于制造装配型企业,物料需求计划对确保主生产计划非常关键。在物料需求计划的基础上考虑成本因素就扩展形成制造需求计划,简称 MRP Ⅱ。物料需求计划制订后还要进行细能力计划。

(4) 能力需求计划。物料需求计划规定了每种物料的订单下达日期和下达数量,那么,应分析生产能力能否满足需求。能力需求计划主要对生产线上所有的工作中心进行能力和负荷的平衡分析,如果不满足,则要采取措施。图 1.6 所示的生产计划总架构是一个闭环系统。

3) 短期作业计划

短期计划主要根据物料需求计划生产的结果作用于生产车间现场,主要包括最终装配计划(final assembly scheduling, FAS)、生产作业控制(production activity control, PAC)、采购计划等。

(1) 最终装配计划。最终装配计划是描述在特定时期里 MPS 的物料组装成最终的产品,有些时候,MPS 的物料与 FAS 的物料是一致的,但在许多情况下,最终产品的数量比下一层 BOM 的物料还多,此时 MPS 与 FAS 的文件必须是不同的。

(2) 生产作业计划与控制。执行物料需求计划将形成生产作业计划和采购计划。生产作业的计划期一般为周、日或一个轮班,其中生产作业计划具体规定每种零件的投入时间和完工时间,以及各种零件在每台设备上的加工顺序,在保证零件按期完工的前提下,使设备的负荷均衡并且在制品库存尽可能少。生产作业计划将以生产订单的形式下达车间现场,生产订单下达车间后,对生产订单的控制就不再是生产计划部门或 MRP 系统管辖的范围,而是由车间控制系统来完成。订单的排序要根据一些排序的优先规则来确定。

(3) 采购计划。采购计划有其固有的特性,现在特别强调要实现供应链的集成,这就要重视与供应商之间的关系,要形成战略伙伴的关系。供应商是企业的延伸,对供应商的能力也要有一个规划。本书不对采购计划进行具体论述。

物料需求计划的计划体系是基于相关需求产品而言的,对于独立需求产品或物料,则可以用其对应的库存管理方法进行计划和控制,比较常用的是两种模型即定量订货库存模型和定期订货库存模型。物料需求计划是一种推式的生产系统,它与准时化生产体系恰好是一个相反的过程,准时化生产是由市场的订单拉动企业的生产,其区别将在第 9 章详细介绍。物料需求计划是由以美国为代表的大量生产方式发展出来的一种计划和控制体系,而准时化生产则是由以日本为代表的精益生产方式发展出来的一种计划和控制体系,两者各有优缺点,如何将两者集成起来,发挥物料需求计划较强的计划功能和准时化生产较强的控制功能是目前许多学者正在研究的方向,以鼓、缓冲器和绳子(drum-buffer-rope,DBR)为基础的最优化生产技术(optimized production technology,OPT)则充分利用了两者的优点进行计划和控制。

1.4.3　生产控制

生产控制是保证企业生产经营活动得以持续产生绩效的重要环节,是解决生产问题的重要手段,是调节生产的有效工具,是保证生产计划的有效方法。它的基本控制内容如下:① 确定工艺流程,这是生产控制的起点和基础;② 安排生产进度计划,这是生产控制的前提;③ 下达生产指令,这是生产控制的重要手段;④ 生产进度控制,这是生产控制成败的关键。

生产的控制在生产计划的各个层次都有,前面提到的资源需求计划、粗能力计划和能力需求计划也可以看作一种控制的手段。通常讲的生产控制一般都限于生产现场的控制,对生产现场的控制实际上有两种策略:一种是对按照物料需求计划展开得到的车间作业订单进行有效控制;另一种非常有效的对车间现场进行控制的手段就是采取准时化生产,即所谓的拉动系统,所用的控制工具就是看板(kanban)。对不同的生产类型,不同控制方法的生产控制程序都是大体相同的,一般包括以下几个步骤:① 制订生产工作标准;② 分配生产任务,维持生产系统正常运行;③ 收集、记录与传递生产信息;④ 评价成果,即通过个人观察、分析统计报告和分析生产、记录等形式进行评估。进行短期或长期的调整生产控制的功能主要有进度管理、余力管理和实物管理。

1) 进度管理

严格地按照生产进度计划要求,掌握作业标准(通常包括劳动定额、质量标准、材料消耗定额等)与工序能力(通常指一台设备或一个工作地)的平衡。具体体现在以下三个方面:① 作业分配,即根据生产能力负荷平衡进行作业分配,按照生产进度计划日程要求,发布作业指令;② 进度控制,根据各项原始记录及生产作业统计报表,进行作业分析,确定每天的生产进度,并查明计划与实际进度出现偏离的原因;③ 偏离校正,进度管理的目标是不仅要及时发现计划与实际的偏离程度,采取有效措施,予以消除,还要提高预见性,预防偏离情况的发展。

2) 余力管理

余力是指计划期内一定生产工序的生产能力与该期已经承担的负荷的差数。能力大于负荷表示能力有余,能力小于负荷表示能力不足。余力管理的目的如下:① 保证实现计划规定的进度;② 要经常掌握车间、机械设备和作业人员的实际生产能力和实际生产数量,通过作业分配和调整,谋求生产能力与负荷之间的平衡,做到既不出现工作量过多,也不发生窝工的现象。

生产有余力,就要采取提前计划进度和支援其他生产单位等调整措施,减少窝工。在出现超负荷的情况(负余力)时,可能延迟生产计划进度,就要采取调整班次、重新分配任务、利用外协等有效措施加以平衡。

3)实物管理

实物管理就是明确物质材料、在制品和成品在任意时间点的所在位置并进行数量的管理。在实物管理中,做好在制品管理与搬运管理,是实现生产有效控制的首要环节。

在制品管理工作的主要任务是在整个生产过程中保持实现均衡和配套生产所必需的在制品数量,严格控制在制品的储备量和在各个生产环节之间的流动动态,以缩短生产周期,加速流动资金周转。必须认真做好以下工作:① 管理车间在制品、库存在制品的流转和统计;② 确定半成品、在制品的合理储备,进行成套性检查;③ 加强储存管理,发挥中间仓库的控制作用;④ 重视物料搬运管理,提高物料流转过程中物料的运转效率。

企业生产控制是否能够成功地实现将取决于产品是否按期保质交于客户,是否充分利用人力和设备,是否实现标准化生产,是否实现一个流生产且能降低库存等。最终的目标是最大限度提升客户的满意度,为企业赚取利润。

1.5　习题

1. 制造业的生产方式及生产组织形式与服务业有什么区别?

2. 本书介绍的生产计划与控制适用于制造业,服务业有无生产计划与控制问题?如何制订计划和进行控制?

3. 大批量生产、中小批量生产和单件生产分别适合怎样的生产计划方法?

4. 大批量生产、中小批量生产和单件生产分别适合怎样的生产组织形式?

5. 生产计划职能与其他职能管理部门之间的关系如何?

6. 生产计划子系统包含哪些部分?各部分之间的相互关系如何?

7. 生产计划与生产控制之间的关系是什么?

第2章

需 求 预 测

生产计划和控制部门在制订生产计划时通常依赖市场的需求,预测未来的需求是制订生产计划的重要步骤,是企业成功运作的前提条件,预测结果是否准确对之后的生产计划有决定性影响。一般来说,生产计划的编制是由市场的订单(已知确定的)和对市场的预测(未知不定的)来确定的,但不同生产方式下的约束条件并不一致,对备货生产型的企业来讲,生产计划主要取决于对市场的需求预测;而对订货生产型企业来讲,生产计划则主要依赖客户的实际订单,绝大多数情况下要兼顾实际订单和对市场的需求预测。由此可见预测的重要性。本章主要包括以下3部分内容:① 需求预测基本概念;② 定性预测方法;③ 定量预测方法。

2.1 概述

2.1.1 预测的定义及分类

预测是指对未来不确定事件的推断和测定,是研究未来不确定事件的理性表述,是对事物未来发展变化的趋向以及对人们从事活动所达成的后果所做的估计和测定。当然,预测(prediction)非臆测,臆测往往是一种基于主观性的评价,是一种狭义的预测。而一般意义上的预测是一种广义的预测,预测是一种既有主观性又有客观性的对未来市场的一种估计和推断。预测有时是建立在过去资料的基础上做出的量化结果,有时则是基于主观性的推断。本章除了介绍基于主观判断的定性预测方法外,还将重点描述定量的预测技术。

市场预测内容包括市场需求、供给、消费品购买力、投向及价格变动趋势、产品生命周期、科技前景、商业营销发展趋势、市场占有率、成本与效益等。总的来说,预测的类型有以下几种:① 经济预测,通过通货膨胀率、货币比率等指标预测未来经济的发展;② 技术预测,对未来产品开发方向以及工厂发展和制造技术发展方向的预测;③ 需求预测,预测未来一定时期对某产品数量的需求。其中,与生产计划直接相关的是需求预测。

另外,按市场预测的时间跨度,可以将预测分为长期预测、中期预测和短期预测。长期预测的时间跨度通常为3年或3年以上,用于规划新产品、生产系统的配置等。中期预测的时间跨度通常为 1 个季度到 3 年,用于制订销售计划和生产计划。短期预测通常少于 3 个月,是制订主生产计划的依据。不同的行业对预测的要求和预测的时间范围不一样。对一些计划性、垄断性比较强的行业,如石油、煤炭、钢铁等,长期预测显得很重要,而对一些需求动态性较强的行业,如汽车零部件厂,由于国内汽车产量远低于经济规模,并且适应市场需求的产品也变幻不定,不仅要进行长期预测,而且要进行短期预测,并不断修正预测结果。在进行市场预测尤其长期预测时,还要考虑到产品生命周期的影响。处于产品导入阶段和增长阶段的产品,比较注重长期的预测;而在成熟和衰退阶段的产品,则比较注重中期和短期的预测。

按市场预测的空间层次,可以分为国内市场预测(可进一步分为地区、城市、农村)和国际市场预测(可进一步分为东欧、西欧、北美洲、拉丁美洲、亚洲等)。按市场调查的主体分类,可以分为宏观预测(国家)和微观预测(企业)。预测的方法有定性预测法和定量预测法。本书讨论的预测既不是经济预测,也不是技术预测,而是基于对企业生产的产品(广义的)的需求预测,预测值通常采用销售数量来表示。预测不可能百分之一百准确,因为它只是对未来的一个估计值,预测结果与未来是否吻合,一方面取决于事物本身的发展进程及发生作用的影响因素,另一方面取决于人类认识客观事物和自觉控制事物发展方向的能力。

2.1.2　预测的目的和作用

销售预测是指未来一定时期内,在某一地区,可能获得的销售预计值。进行预测在于提出可靠的预估资料,以供决策人员参考。企业各项职能活动,如采购原材料、扩充机器设备、补充人员等均依据市场对产品的需求进行调整。预测是整个生产计划系统的重要输入和依据。其重要性可以从以下几个方面来考虑:① 对于战略决策部门而言,预测可以提供决策的依据;② 对于生产计划和控制部门而言,预测是企业编制生产计划(总生产计划和主生产计划)的基础,是生产计划编制的主要输入;③ 对于销售部门而言,预测为补充销售人员提供依据;④ 对财务部门而言,预测可以为预算和成本控制提供依据;⑤ 对采购部门而言,预测便于采购部门制订准确的采购计划,以降低总的生产成本;⑥ 对研发部门而言,新产品的预测可以为设计提供参考,根据对市场的预测进行产品的开发,这样的产品才会有市场,才会有竞争力。

需求预测最核心的作用是用于编制生产计划,预测在生产计划与控制系统中的作用和角色如图 2.1 所示。长期预测是长期投资战略计划的预测,预测对象是投资对象品种的平均及最大需求量;中期预测是对现有产品年度总需求量的预测;短期预测是每种产品的需求量的预测。

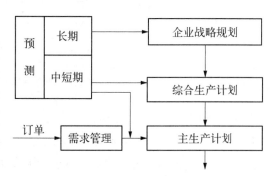

图 2.1　预测在生产计划与控制系统中的作用和角色

2.1.3　需求分析

预测与企业所生产产品的性质有关,从需求的角度讲,任何一种产品都有独立需求(independent demand)和相关需求(dependent demand)之分。相关需求是指对其他产品或服务的需求所导致的对某种产品或服务的需求。例如,如果要生产 1 000 辆轿车(四轮轿车),则必然需要 4 000 个汽车轮子,这种产品的需求没有必要预测,只需简单计算即可。独立需求是指产品的需求是由市场决定的,而与其他产品服务的需求无关。上例中的轿车即是独立需求产品,因为该需求不能由其他的产品派生出来。当然,有的产品可能既是独立需求件,又是相关需求件,如果某种相关需求产品作为备件生产,则该产品即属此种类型。进行市场需求预测,其对象是独立需求物料,这种物料通常是最终产品,但如果某些零组件是作为备件或其他不直接组装产品的场合使用,则也是预测的对象。

独立需求产品的市场需求要基于预测结果,是存在误差的,而相关需求产品则根据产品的物料清单通过展开计算得到,其需求数量和时间是确定的。图 2.2 所示为产品 A 的结构树,该产品结构树的最顶层产品 A 就是独立需求的产品。对独立需求产品 A,常用第 3 章和第 4 章介绍的基于独立需求产品库存分析与控制策略(实际上是一种订货点法)分析。而对于相关需求产品,如图中的物料 B、C、D、E 和 F,则用第 7 章的物料需求计划(MRP)来分析。在物料需求计划发展的前一个阶段,普遍采用订货点法,即不将产品区分为独立需求件和相关需求件,将全部物料均作为独立需求件对待处理。

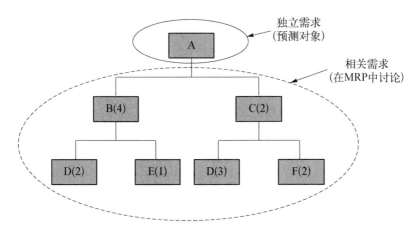

图 2.2　独立需求与相关需求的区别

对于独立需求件,通常可以采取以下措施影响其需求:① 发挥积极作用,影响需求,如对销售人员增加压力,奖励员工,对顾客进行有奖促销、降价、广告,将工资与销售额挂钩,抬价、减少销售力度将使需求减少;② 被动、简单地响应市场需求,工厂设备已满负荷运行,市场处于稳定状态,广告费用太高,只有一家供应,企业无力改变需求等。

2.1.4　预测的一般步骤

需求预测建立在对数据分析的基础上,一般要依赖产品的历史数据,即真实的销售数据,并做一定的假设,对过去的数据和现有的数据进行统计分析。当然,不同的预测方法取决于企业的实际情况、产品的市场特性以及对精度的要求,这要根据具体情况进行具体分析。对预测的结果还要进行适当评价,并且要对预测的结果进行监控。一般而言,预测遵循如下步骤:

(1) 决定预测的目的和用途;

(2) 根据企业不同的产品及其性质分类;

(3) 决定影响各类产品需求的因素及其重要性;

(4) 收集所有可以利用的过去和现在的资料;

(5) 分析资料;

(6) 选择适当的预测方法或模型;

(7) 计算并核实初步预测结果;

(8) 考虑和设定无法预测的内外因素;

(9) 对(7)(8)两步进行综合考虑,判断并做出结论,然后求出各类产品或地域性的需求预测;

(10) 将预测结果应用于生产计划工作中;

(11) 根据实际发生的需求对预测进行监控。

由上述步骤可知,预测并不是一成不变的,预测必须与整个决策控制系统相互结合,对预测进行实时监控,及时修正。预测反馈控制修正系统如图 2.3 所示。

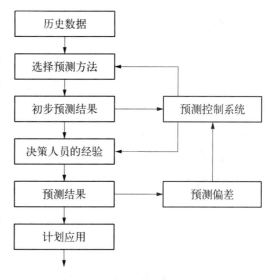

图 2.3　预测反馈控制修正系统

2.1.5　预测误差分析

预测是一种预估计,影响预测的因素有很多,建立预测的模型难以将所有因素都定量考虑进来。作为一种估算,预测结果与实际情况必然存在一定偏差,也就是预测结果不可能完全准确,这个偏差就是预测误差。预测误差是一个变量,在所有预测方法中,预测误差是不可避免的,问题是必须深入研究产生误差的原因,计算并分析误差的大小,以对误差进行适当控制,提高预测的准确程度。

预测与实际需求之间总存在一种差异,这种差异的大小对预测的准确程度有非常大的影响。设 D 为实际需求值,F 为预测值,预测误差为 e,则

$$e = D - F$$

$$(2.1)$$

预测误差通常是一个平均值为 0 的正态分布。

　　产生预测误差的原因有很多,因为产品的实际需求是很多因素共同作用的结果,而这些因素却往往难以用一个准确的数学模型来描述,所以说,预测一定会存在误差,只是应该尽量设法降低这种误差的影响。

　　一种常见的误差来源是预测人员往往根据过去的趋势外推至未来的过程,而很多预测人员却往往忽略这一点,经验表明,实际误差大于预测模型的误差。误差可分为随机误差和偏倚误差。偏倚误差出现在连续产生错误的时候,其来源如下:没有包含正确的变量、变量间的关系定义错误、趋势曲线不正确、季节性需求偏离正常轨迹、存在某些隐式趋势等。随机误差可以定义为无法由预测模型解释的误差项。

　　用来描述误差程度的常用术语有标准差、均方差(或方差)和平均绝对偏差(mean absolute deviation,MAD)。其中,标准差公式为

$$\sigma = \sqrt{\sum_{i=1}^{n} \frac{(D_i - F_i)^2}{n}} \tag{2.2}$$

预测误差的总和通常为 0(或接近于 0),这不是一种衡量误差程度的方法,可以用每一误差的平方和来预测,因为误差的平方为一个非负数,这是方差的衡量方法,即

$$S = \sum_{i=1}^{n} \frac{(D_i - F_i)^2}{n} \tag{2.3}$$

但方差却不可以得到预测误差 e 的估计值,平均绝对偏差(MAD)可以克服这一缺点。MAD 是预测误差的平均值,用绝对值表示,与标准差一样,MAD 的优点还在于它度量了观测值与期望值的离差。MAD 的计算公式为

$$\text{MAD} = \frac{\sum_{i=1}^{n} |e_i|}{n} = \frac{\sum_{i=1}^{n} |D_i - F_i|}{n} \tag{2.4}$$

式中,i 表示第 i 时期;n 表示时期总数;D_i 表示第 i 期实际需求;F_i 表示第 i 期需求预测值;e_i 表示第 i 期预测误差。

　　用 MAD 可以很好地估计时间序列的随机部分,而决定哪一种预测方法产生的预测结果较优时,均方差是一个好的指标。举例来说,假如有两种方法进行 10 周期的时间序列分析,第一种方法每期均相差 10 单位,但时高时低;第二种方法前 9 期预测均非常精确,只是在第 10 期偏差 100 单位。显而易见,这两种方法的 MAD 都是 100 单位,而第一种方法的均方差为 100,第二种方法的均方差为 1 000 单位。由此可见,均方差能更好地表明哪种预测结果较优。如果预测结果呈正态分布,则平均绝对偏差与标准偏差的关系为

$$1 \text{ 倍标准差} = \sqrt{\frac{\pi}{2}} \times \text{MAD} \approx 1.25 \times \text{MAD} \tag{2.5}$$

为保证预测的不偏性,可以采用跟踪信号(tracking singal,TS)这个指标,通常用累计预测误差和平均绝对偏差的比值计算,即

$$TS_i = \frac{E(e_i)}{MAD_i} \tag{2.6}$$

式中,$E(e_i)$ 表示 i 期累计预测误差。

例 2.1 根据 6 个月预测量和实际需求量计算平均绝对偏差(MAD)、累计预测误差 $E(e_i)$ 以及跟踪信号(TS),结果如表 2.1 所示。

表 2.1 各偏差和跟踪信号的计算结果

时期 /月	需求预测量 /个	实际需求量 /个	偏差 /个	累计偏差 /个	绝对偏差 /个	累计绝对偏差/个	MAD /个	TS
1	1 000	950	−50	−50	50	50	50	−1
2	1 000	1 070	+70	+20	70	120	60	0.33
3	1 000	1 100	+100	+120	100	220	73.3	1.64
4	1 000	960	−40	+80	40	260	65	1.23
5	1 000	1 090	+90	+170	90	350	70	2.43
6	1 000	1 050	+50	+220	50	400	66.7	3.30

跟踪信号在纠正指数平滑预测(详见 2.3 节)偏差中有很好的应用,跟踪信号可正可负,并存在一个临界值范围。若跟踪信号落在临界值范围之内,则预测误差可信度较好;反之则表明预测误差可信度较差。此时,须寻求原因,从而对预测数据进行重新评估。跟踪信号临界值可选得小一些;相反,对不太重要的预测,临界值可选得相对大一些。

一种改正预测偏差的方法是在指数平滑法中,使用跟踪信号的绝对值作为平滑常数 α 值。每次预测时平滑常数均不同,即平滑常数是一个动态变量。一方面,如跟踪信号绝对值增加,则增加了平滑常数,故与新数据权数相比较大,而与旧的数据权数相比较小。另一方面,如果预测不偏,则跟踪信号接近于 0,平滑常数也接近于 0,若发生一个随机波动,则赋予该随机波动以较小的权重系数。当该随机波动成一个显著趋势后,则平滑常数随着跟踪信号的增大而增大,从而产生一个自动的更正。

2.2 定性预测

按性质可以将预测分为定性预测和定量预测两种,此外,对于特别复杂的模型,也可以用计算机仿真技术进行预测分析。

定性预测是一种主观预测法(subjective opinion forecast,SOF),属于主观意识的判

断、估计和评价，即根据过去的资料，由各种层次的人员对未来的市场需求做一个估计。这种预测方法没有复杂的计算公式，可能涉及数字，但只使用非数学性的方法。定性预测也要借鉴大量历史数据，但由于凭个人主观意愿分析，个人习惯、偏好等对预测结果影响较大。在美国生产与库存管理协会（American Production and Inventory Control Society，APICS）的术语中，所有定性的预测技术称为臆测而非预测，是狭义的预测技术。主要的定性预测方法有一般预测法、市场调研法、小组共识法、历史类比法、德尔菲（Delphi）法。

不管采用什么预测方法，对销售的历史数据，必须仔细分析以确定是否正确反映顾客的需求量。历史数据，一般是不连续的，是在特定时间采集得到的数据，取样间隔周期的大小将会影响预测结果的正确性。一般而言，取样周期与预测的需求有关，若要预测的未来需求以月为单位，则取样周期也应以月为单位。

2.2.1　一般预测法

一般预测法也称为销售人员汇集意见法，通常由各地区的销售人员根据本人的判断或与地区有关部门交换意见，判断后逐层向上汇报，公司在获得这些资料后，进行汇总，最后形成预测。此预测包含未来市场的产品发展方向和产品的销售金额，销售人员进行判断时也可将公司过去的实际销售情况作为参考基础。一般预测方法因为是根据销售人员的判断做出的，而销售人员最接近市场，最了解顾客的需求，所以预测结果比较接近并能反映顾客的需求。另外，因为取样较多，预测结果较稳定。但是，一般预测方法往往带有销售人员的主观意见，销售人员受专业水平的限制，不易了解整个经济的倾向，不易对产品的未来发展方向做出预测。销售人员的主要业务是销售，可能不会对预测工作太重视，如果预测结果作为销售人员未来销售的目标，则预测时结果易偏低。另外，由销售部门进行市场预测会耗用他们太多的时间。

2.2.2　市场调研法

市场调研法有时也可以称为顾客期望法，通常是聘请第三方专业市场调研公司进行预测，以获得顾客需求的详细资料。市场调研主要用于新产品研发，了解对现有产品的评价，了解顾客对现有产品的好恶，了解特定层次的顾客偏好。本方法的效果很大程度上取决于如何让顾客们反映真实的数据和信息，故调研时应对顾客的相关资料绝对保密。

数据收集方法有问卷调查和访谈两种。问卷调查又可以采取网络问卷调查和直接书面调查；访谈则可以用电话的方式，也可以电子邮件或上门访问的方式进行。

利用市场调研进行预测因为是根据顾客的期望所获得，故比较能反映顾客的实际需求，可以获得未来顾客购买的愿望。若是开发新产品，无历史数据时，经常采用这种方法进行预测。采用市场调研方法预测时，应考虑顾客太乐观或太悲观的可能。必须获得顾客的合作，避免提供不准确甚至错误的数据。顾客期望值随着时间的推移往往容易发生变更,所以在调研后的最终决策时要考虑此因素。

2.2.3　小组共识法

小组共识通常指由高级决策人员召集不同层次和不同部门的人员(包括销售、市场、生产、工程、采购、财务、研发等部门的人员)集体参与讨论做出的预测。由所有成员提出预测值,通常将全部人员的预测结果进行平均后得到最终预测值。当认为某些人的意见较合理时,会加大此类人的权重。这种方法简单易行,无需过去的资料。这种方法集中了各部门主管的经验与判断,如果没有足够的历史数据,则该方法是较好的方法。这种方法的缺点往往在于低层人员的意见往往易受市场营销的左右,且因为不同层次的人在一起讨论,作为下属往往不敢与领导相背,这就违背共识的原则。而对于重要决策,如引进流水线等,往往由高层人员讨论。另外,由于是集体讨论,没有人对预测的正确性负责。

2.2.4　历史类比法

当尝试去预测一个新产品的未来市场需求时,往往会面临历史数据太少的问题。一种较好的方法是利用产品的相关性,以同类型产品作为类比模型,这是最理想的情况。若类似产品相关性很好,则可以用定量的预测技术。类比法可用于很多产品类型——互补产品、替代产品等竞争性产品或随收入而变的产品等。例如,网球和网球拍是互补的产品,则网球的季节性需求模型可建立在网球拍需求模型的基础上,即用网球拍的需求模型做类比分析。家电如电视机、电冰箱等的预测量与国民的收入有很大的关系,因此可利用这种相关性进行预测。

利用历史类比法进行分析时,应考虑哪些因素之间有相关性,相关性因素的大小如何,剔除相关性不大的因素。当相关性因素有多个时,则应以复相关性处理,并给每种因素赋以一定的权重系数。

用历史类比法可以获得各相关因素对销售的影响;可以根据公开的数据,不需要准备历史的数据,在历史数据没有或者很少的情况下,历史类比法是很好的方法。但是,由于相关因素本身即有一定的不确定性,并且是随机的、动态的,故往往难以保证预测的正确性,需要一定的经验判断相关系数及其权重,对预测人员的要求较高。

2.2.5　德尔菲(Delphi)法

这个方法的名字源自古希腊能预测未来事件的 Delphi 神,是 Rand 公司于 20 世纪 50 年代末首创的。Delphi 法可用于预测、决策和评价等方面,该方法主要通过数轮专家问卷调查,用一定的统计方法处理,得到大多数专家认可的一种预测、决策或指标体系。其基本步骤如下:

(1) 选择预测专家,预测专家应具有不同背景;

(2) 通过问卷(或 email),将预测问题和相关资料寄给各位专家,征询专家意见;

（3）汇总、归纳和整理各位专家结果,附新问题,再反馈给专家;

（4）再次汇总各位专家的意见,提炼预测结果和条件,再度发给所有专家,进一步征询意见;

（5）如有必要,再次重复,直至所有专家的意见趋于一致。

对于每一轮的专家问卷,可以用变异系数和协调系数来衡量专家们的协调程度,如果存在各组间的意见相互对立,或有少数专家由于某些原因与绝大多数专家的意见相左,则应视具体情况进行合理分析,然后予以筛选,提高专家意见的协调程度。在一个充分的循环之后(一般是 2~3 次),就能形成具有高度一致的预测结果。Delphi 法适用于较长期的预测,不适用于短期预测,也不适用于对个别产品做预测。

2.3　定量预测

定量预测方法有时间序列分析技术(time series analysis techniques)和因果预测两种。时间序列分析技术有简单移动平均法、加权移动平均法、指数平滑法、线性回归分析法和时间序列分解法等。因果预测是线性回归的因果模型。时间序列分析技术是基于这样一种观念:与过去需求相关的历史数据可用于预测未来的需求。从历史数据中可以分析出影响需求的一些因素如季节、周期、趋势等,这些影响因素对后期市场需求有借鉴作用,时间序列分析技术可以用来对生产及库存管理做预测。因果预测是基于这样一种观念:某些因素间存在着相互影响的关系。还有一种聚焦预测就是根据某些规则对预测结果进行试算,这些规则符合逻辑,并且将其历史数据外推至未来的过程,使之易于理解。本章主要介绍时间序列分析技术和因果预测,不涉及聚焦预测。预测的定量分析方法可以借助计算机通过仿真进行模拟。

2.3.1　影响因素分析

预测的定量方法是根据历史数据并假定将来是过去的函数,从而外推至未来所获得的预测结果。定量的预测方法需要基于时间的历史数据,需要找出影响需求预测的各相关因素。将需求预测的数据画成一条曲线,如图2.4 所示。除了需求的平均值外,通常可以将影响预测的因素分为以下几个:① 周期性(cyclical),即历史数据每隔一定周期重复发生的时间序列形式;② 趋势性(trend),即数据在一定时间内呈现向上或向下的趋势;③ 季节性(seasonal),考虑到数据存在季节性的影响;④ 随机性(random),由偶然、非正常原因引起的数据变动。这几个因素中,周期性因素、趋势性因素和季节性因素都有规律可循,唯随机性因素毫无规则,最难预测。

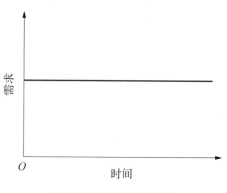

图 2.4　预测的平均需求

影响需求预测的众多因素中,平均需求如图 2.4 所示,周期性需求如图 2.5 所示,季节性需求如图 2.6 所示,随机性需求如图 2.7 所示。其中,趋势性因素又可以分为以下 4 种典型的趋势需求:① 线性趋势,反映了数据呈连续的直线关系,如图 2.8(a)所示;② S 形趋势,产品成长和成熟时期的需求,如图 2.8(b)所示;③ 渐进趋势,优质产品大量投放市场时出现,如图 2.8(c)所示;④ 指数增长,产品销售势头特别好的产品,如图 2.8(d)所示。在分析时,将多个预测因素分解,找出每一个因素的影响,然后用乘法模型或加法模型计算预测结果。其中,乘法模型为

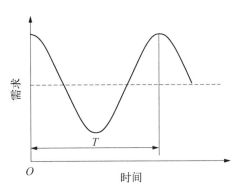

图 2.5　预测的周期性需求

$$预测结果 = 平均 \times 趋势 \times 季节 \times 周期 \times 随机$$

加法模型为

$$预测结果 = 平均 + 趋势 + 季节 + 周期 + 随机$$

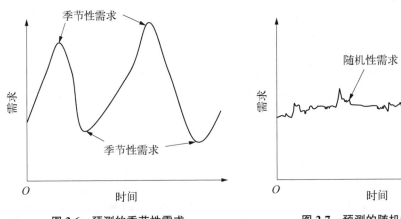

图 2.6　预测的季节性需求　　　　　　　　图 2.7　预测的随机性需求

2.3.2　简单移动平均法

从本节开始介绍的简单移动平均法、加权移动平均法和一次指数平滑法这三种时间序列分析技术均不考虑季节和趋势的因素,只考虑影响需求的随机波动因素。在所有定量预测方法中,简单移动平均法是最简单的一种方法。简单移动平均法是利用某段时间的实际需求平均值作为未来后续时段的预测值,它采用对产品需求的历史数据逐点分段移动的方法,当产品需求既不快速增长也不快速下降,且不存在季节性因素时,移动平均法能有效消除预测中的随机波动,此时,简单移动平均法是一个令人满意的方法。应用简单移动平均法进行预测时,首先应确定所需数据数量,即移动平均的时期个数 n,在 n 期

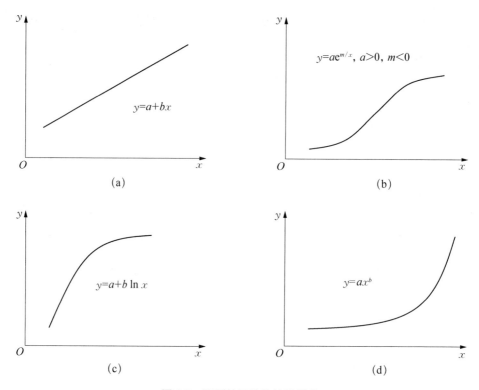

图 2.8　预测的四种趋势性需求

中,每一期数据权重系数相等。因为每一次平均后均往前移动一期,将最旧的那个数据去掉再加入最新的一个数据,这种不断移动的预测方法称为移动平均法。简单移动平均法的计算公式为

$$F_{t+1} = \frac{D_t + D_{t-1} + \cdots + D_{t-(n-1)}}{n} = \frac{\sum\limits_{i=t-(n-1)}^{t} D_i}{n} \tag{2.7}$$

式中,F_{t+1} 为对第 $t+1$ 期的需求预测量;n 为移动平均的时期个数;$D_t, D_{t-1}, D_{t-2}, \cdots,$ $D_{t-(n-1)}$ 为前期、前两期、前三期直至前 n 期的实际销售量。

其误差标准差为

$$S_F = \sqrt{\frac{\sum\limits_{i=t-(n-1)}^{t} (D_i - F_{t+1})^2}{n-1}} \tag{2.8}$$

例 2.2　表 2.2 第二列为某产品的预测月数,共 48 个月,第三列为 48 个月的实际销售量(单位为个),第四列为基于 3 个月的预测值,第五列为基于 9 个月的预测值。如已知第 1 个月、第 2 个月及第 3 个月的需求分别为 455 个、535 个和 765 个,则第 4 个月的预测销售量为

$$F_4 = \frac{D_1 + D_2 + D_3}{3} = \frac{455 + 535 + 765}{3} = 585 \text{ 个}$$

可以此类推,得到其他月份的预测销售量。

表 2.2　实际销售量和预测结果

期间/个月	月份	实际销售量/个	基于 3 个月的预测销售量/个	基于 9 个月的预测销售量/个
1	1	455		
2	2	535		
3	3	765		
4	4	1 225	585	
5	5	1 515	842	
6	6	1 375	1 168	
7	7	815	1 372	
8	8	975	1 235	
9	9	1 565	1 055	
10	10	1 800	1 118	1 025
11	11	1 080	1 447	1 174
12	12	635	1 482	1 235
13	1	480	1 172	1 221
14	2	635	732	1 138
15	3	745	583	1 040
16	4	1 375	620	970
17	5	1 755	918	1 032
18	6	1 560	1 292	1 119
19	7	900	1 563	1 118
20	8	920	1 405	1 018
21	9	1 625	1 127	1 001
22	10	2 010	1 148	1 111
23	11	1 270	1 518	1 281
24	12	910	1 635	1 351
25	1	670	1 397	1 369
26	2	725	950	1 291
27	3	945	768	1 177
28	4	1 550	780	1 108
29	5	2 005	1 073	1 181
30	6	1 755	1 500	1 301
31	7	1 100	1 770	1 316
32	8	1 155	1 620	1 214
33	9	1 935	1 337	1 202
34	10	2 315	1 397	1 316

（续表）

期间/个月	月份	实际销售量/个	基于3个月的预测销售量/个	基于9个月的预测销售量/个
35	11	1 380	1 802	1 498
36	12	1 050	1 877	1 571
37	1	780	1 582	1 583
38	2	725	1 070	1 497
39	3	990	852	1 355
40	4	1 785	832	1 270
41	5	2 265	1 167	1 346
42	6	2 095	1 680	1 469
43	7	1 200	2 048	1 487
44	8	1 285	1 853	1 363
45	9	2 120	1 527	1 353
46	10	2 540	1 535	1 472
47	11	1 735	1 982	1 667
48	12	1 175	2 132	1 779

　　选择移动平均的最佳时期个数是很重要的,2～12 都可以采用,但 3～4 是使用最多的时期个数。

　　由表 2.2 可以看出,当 $n=3$ 个月时,预测销售量的最小值为 583 个,当 $n=9$ 个月时,预测销售量的最小值为 970 个,而实际销售量的最小值为 455 个。当 $n=3$ 个月时,预测销售量的最大值为 2 132 个,$n=9$ 个月时,预测销售量的最大值为 1 779 个,而实际销售量的最大值为 2 540 个。由此可见,预测销售量的最大值与实际销售量的最大值相比偏小,而最小值相比则偏大。另外,当区间取得越大,其标准差就越小,即偏离平均值的程度越小,将表 2.2 所示结果绘成图形(见图 2.9),则可以很明显地看出这种趋势。由图 2.9 可以看出,在需求上升期间,移动平均方法总会产生一种总是比较小的预测值;当预测是下

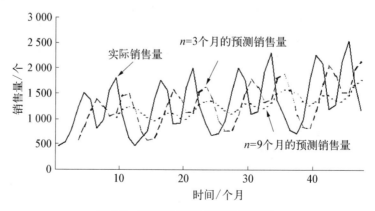

图 2.9　实际销售量与预测量的对比

降的,移动平均法则会呈现总是偏大的预测值。另外,预测的波峰或波谷值总是落后于实际销售值的波峰和波谷。这种结果就是一种滞后现象(lag effect),也就是说预测永远落后于原始的数据。

简单移动平均法的优点在于简单,缺点有以下几方面: ① 在出现周期性变动时,预测值落后程度将视时期个数的不同而不同,但有一点是肯定的,实际销售量的最大值和最小值用移动平均法都无法达到;② 预测值所产生的误差以及滞后很大程度上取决于时期个数的选取,而时期个数究竟取多少比较合适也较难确定;③ 考虑各期权重系数均相等,往往会造成一定误差,因为通常越近的时期越能反映实际需求。正因为存在该缺点,所以在此基础上发展出加权移动平均法。

2.3.3　加权移动平均法

简单移动平均预测方法是将过去若干期的真实销售量求一个平均值得到要求的预测量,这里各期的权重都认为是一样的。一般来讲,新的数据与旧的数据相比,应该更接近预测值,考虑到这个因素,在简单移动平均的基础上,给新数据较大的权重,这种做法与简单移动平均法相比更加准确,这就形成了加权移动平均法。在加权移动平均法中,给各期的值赋予一定权重,并且其权重之和必须等于1,有

$$F_{t+1} = w_t D_t + w_{t-1} D_{t-1} + \cdots + w_{t-(n-1)} D_{t-(n-1)} \tag{2.9}$$

式中,$\sum\limits_{i=t-(n-1)}^{t} w_i = 1$;$w_t > w_{t-1} > \cdots > w_{t-(n-1)}$;$w_t, w_{t-1}, w_{t-2}, \cdots, w_{t-(n-1)}$ 分别为第 t、$t-1$、$t-2$、$\cdots$、$t-(n-1)$ 期实际销售量对应的权重系数。

例 2.3　对例 2.2 中表 2.2 所列数据采用加权移动平均法进行预测,当 $n=3$ 个月时,分别取 $w_t = 4/9$、$w_{t-1} = 3/9$、$w_{t-2} = 2/9$ 和 $w_t = 9/15$、$w_{t-1} = 5/15$、$w_{t-2} = 1/15$ 进行预测,预测结果如表 2.3 所示。

表 2.3　$n=3$ 个月时加权移动平均预测结果

期间/个月	实际销售量/个	不同权重对应的预测销售量/个	
		$w_t = 4/9$ $w_{t-1} = 3/9$ $w_{t-2} = 2/9$	$w_t = 9/15$ $w_{t-1} = 5/15$ $w_{t-2} = 1/15$
1	455		
2	535		
3	765		
4	1 225	619	668
5	1 515	918	1 026
6	1 375	1 252	1 368

期间/个月	实际销售量/个	不同权重对应的预测销售量/个	
		$w_t = 4/9$ $w_{t-1} = 3/9$ $w_{t-2} = 2/9$	$w_t = 9/15$ $w_{t-1} = 5/15$ $w_{t-2} = 1/15$
7	815	1 388	1 412
8	975	1 157	1 048
9	1 565	1 011	948
10	1 800	1 202	1 318
11	1 080	1 538	1 667
12	635	1 428	1 352
13	480	1 042	861
14	635	665	572
15	745	583	583
16	1 375	649	691
17	1 755	1 001	1 116
18	1 560	1 404	1 561
19	900	1 584	1 613
20	920	1 310	1 177
21	1 625	1 056	956
22	2 010	1 229	1 342
23	1 270	1 639	1 809
24	910	1 596	1 540
25	670	1 274	1 103
26	725	883	790
27	945	748	719
28	1 550	811	853
29	2 005	1 165	1 293
30	1 755	1 618	1 783
31	1 100	1 793	1 825
32	1 155	1 519	1 379
33	1 935	1 270	1 177
34	2 315	1 489	1 619
35	1 380	1 931	2 111
36	1 050	1 815	1 729
37	780	1 441	1 244
38	725	1 003	910
39	990	816	765

（续表）

期间/个月	实际销售量/个	不同权重对应的预测销售量/个	
		$w_t = 4/9$ $w_{t-1} = 3/9$ $w_{t-2} = 2/9$	$w_t = 9/15$ $w_{t-1} = 5/15$ $w_{t-2} = 1/15$
40	1 785	855	888
41	2 265	1 284	1 449
42	2 095	1 822	2 020
43	1 200	2 083	2 131
44	1 285	1 735	1 569
45	2 120	1 437	1 311
46	2 540	1 637	1 780
47	1 735	2 121	2 316
48	1 175	2 089	2 029

　　权数是一种预测者主观上对比较新的数据和比较旧的数据在预测时的重要性的评估，可为任意值。假如一项产品是新的而且正在产品生命周期的成长阶段，一般就比较缺乏数据来估计时间序列中的趋势及季节性因素，由前面的叙述可知，在移动平均法中，预测值总是有落后于真实值的滞后现象，加权移动平均法则可以减轻这种滞后，但是加权移动平均法的结果仍落后于趋势。经验法和试算法是选择权重的最简单的方法。一般而言，最近期的数据最能预示未来的情况，因而其权重应大些。权重是季节性的，一般对于季节性产品，季节权重系数要大。由于加权移动平均能区别对待历史数据，因而在某些方面要优于简单移动平均法。

　　用经验法或试算法确定权重系数时通常基于两种原则：一是按原始指标数值先后顺序依次加大；另外一个就是给予移动项中间位置的原始数值较大的权数，然后以它为中心左右依次递减。例如，在五项移动平均法中，前一种权数可为 0.1、0.15、0.2、0.25、0.3。若采用第二种方法，则权数可为 0.15、0.25、0.3、0.2、0.1。前一种考虑是基于越近的信息越重要；后一种考虑是基于移动项中间位置的原始数值对所预测的趋势值应有较大的影响。

　　如何才能使加权法既能剔除非基本因素的影响又能准确地预测长期的趋势值？可以采用变动权数加权法，其权数的确定主要根据原始动态数列各指标值受基本因素影响的大小。如果该原始数值在整个移动项中受基本因素影响比较大，就应给它较大的权数，而动态数列受基本因素的影响可以通过将定性认识与定量认识相结合的方式来确定。

　　简单和加权移动平均法在使预测保持平稳而平衡掉需求的突然波动方面是有效的。但是，移动平均法有以下几个问题：① 移动平均需要大量的历史数据，所选移动时期个数越大,需要的数据越多;② 加大移动平均时期个数将会使平滑波动的效果更好,但是会使预测值对数据的实际变动更不敏感;③ 移动平均值并不能总是很好地反映出趋势。由于是平均值,预测值总是停留在过去的水平而无法预计会导致将来更高或更低水平的波动,结果是造成预测值总是滞后于实际值。

如何修订移动平均法各期权重系数,如对最近资料赋予较大权重系数,以迅速反映实际情况,并如何使所需历史数据最少,同时使预测误差最小,由此发展出指数平滑法以克服上述缺点。

2.3.4　指数平滑法

指数平滑法是一种简单易行、应用十分广泛的预测方法,它利用平滑常数将数据序列的数量差异抽象化的原理,对历史统计数据进行加权修正,使修正后的数据信息排除异常数据的影响,从而显示出预测对象变动的基本趋势。据统计,在多种预测方法中,使用频率最高的是回归分析法,居于第二位的就是指数平滑法。前两种预测方法(简单移动平均法和加权移动平均法)的一个主要的问题是必须有大量连续的历史数据。有的情况下,最近期的情况远比早期的情况更能预测未来,假设越远期其重要性就越低,并且影响力呈几何级数减小。如果这一前提正确,则指数平滑法就是逻辑性最强且最简单的方法。在所有预测方法中,指数平滑法是用得最多的一种。它也是计算机预测程序的一个有机部分。其优点体现在以下方面:① 指数模型的精度非常高;② 建立指数模型相对容易;③ 用户能了解模型如何进行;④ 使用模型无须过多计算;⑤ 由于所用的历史数据有限,因而所需的计算机内存很小;⑥ 检测模型执行精度的运算很容易。

事实上,只需要三个数据就可预测未来:最近期的预测销售量、预测期的实际需求量和平滑常数。平滑常数决定了对预测值与实际值结果之间差异的响应速度。指数平滑法也是基于对需求的预测结果做出的,下一期的需求预测量用本期的需求预测量加上本期预测量与实际销售量之间的误差(即 $D_t - F_t$)乘以一个比例常数 α 后得到。该比例常数就是平滑常数,常用的指数平滑方法有一次指数平滑法、二次指数平滑法和高次指数平滑法。

1) 一次指数平滑法

一次指数平滑法用于常数模式的预测,其计算公式为

$$F_{t+1} = F_t + \alpha(D_t - F_t) \tag{2.10}$$

式中,F_{t+1} 为第 $t+1$ 期的需求预测量;F_t 为第 t 期的需求预测量;D_t 为第 t 期的实际需求量;α 为平滑指数 $(0 \leqslant \alpha \leqslant 1)$。

将式(2.10)转换一下,得

$$F_{t+1} = \alpha D_t + (1 - \alpha)F_t \tag{2.11}$$

该公式只需进行一个加法和两个乘法即可以得到,而且也只需前一期的实际需求值和预

测值即可以得到本期的预测值,所需的信息量极小。这实际上也是一种加权平均法,当平滑常数较大时,表明上期的实际需求值权重较大,预测值权重较小;若平滑常数较小,则表明上期的预测值权重较大,实际需求值权重较小。根据式(2.11)可知,第 t 期的需求预测值为

$$F_t = \alpha D_{t-1} + (1-\alpha)F_{t-1} \tag{2.12}$$

第 $t-1$ 期的需求预测值为

$$F_{t-1} = \alpha D_{t-2} + (1-\alpha)F_{t-2} \tag{2.13}$$

将式(2.13)代入式(2.12),得

$$
\begin{aligned}
F_t &= \alpha D_{t-1} + (1-\alpha)\left[\alpha D_{t-2} + (1-\alpha)F_{t-2}\right] \\
&= \alpha D_{t-1} + \alpha(1-\alpha)D_{t-2} + (1-\alpha)^2 F_{t-2}
\end{aligned}
\tag{2.14}
$$

将式(2.14)再代入式(2.11)中,得

$$
\begin{aligned}
F_{t+1} &= \alpha D_t + (1-\alpha)\left[\alpha D_{t-1} + \alpha(1-\alpha)D_{t-2} + (1-\alpha)^2 F_{t-2}\right] \\
&= \alpha D_t + \alpha(1-\alpha)D_{t-1} + \alpha(1-\alpha)^2 D_{t-2} + \alpha(1-\alpha)^3 F_{t-2}
\end{aligned}
\tag{2.15}
$$

由式(2.15)最终可得到

$$
\begin{aligned}
F_{t+1} &= \alpha D_t + (1-\alpha)\left[\alpha D_{t-1} + \alpha(1-\alpha)D_{t-2} + (1-\alpha)^2 F_{t-2}\right] \\
&= \alpha D_t + \alpha(1-\alpha)D_{t-1} + \alpha(1-\alpha)^2 D_{t-2} + \cdots + \\
&\quad \alpha(1-\alpha)^{t-1}D_1 + (1-\alpha)^t F_1
\end{aligned}
\tag{2.16}
$$

因为平滑常数必须小于1,故上式中对实际需求值权重系数呈现指数递减的趋势,每一期权重系数比上期下降 $1-\alpha$,如表 2.4 所示。指数平滑法由此得名。

表 2.4　权重系数的递减结果

期　间	实际需求值的权重系数
t	α
$t-1$	$\alpha(1-\alpha)$
$t-2$	$\alpha(1-\alpha)^2$
$t-3$	$\alpha(1-\alpha)^3$
…	…

由此可见,权重每次缩小 $1-\alpha$。并且当平滑常数取较大值时,权重系数降低得较快;反之,则降低得较慢。表 2.5 分别取平滑常数 0.9、0.5 和 0.1,说明取不同平滑常数时权重下降的趋势。

表 2.5　各期间不同平滑常数下的权重

平滑常数	期　　间				
	t	$t-1$	$t-2$	$t-3$	$t-4$
$\alpha=0.9$	0.9	0.09	0.009	0.000 9	0.000 09
$\alpha=0.5$	0.5	0.25	0.125	0.062 5	0.031 25
$\alpha=0.1$	0.1	0.09	0.081	0.072 9	0.065 61

由式(2.16)可知,除了平滑常数影响预测结果外,初始平滑值 F_1 也对预测结果有影响。初始平滑值的确定有几种情况:若有且历史数据较少,则常以算术平均值作为初始平滑值;若有历史数据,且历史数据较多时,常以第一个值作为初始值以求简单化;若无历史数据,则可以主观估计,并在开始时考虑主观估计的不准确性,常取较高的平滑常数以使 $(1-\alpha)^t$ 下降更快,削弱初始值的影响。

平滑常数 α 代表新旧数据的分配值,其值的大小体现了预测值对过去和当前信息的依赖程度。α 越大,说明预测越依赖近期的信息;反之,则表明预测更依赖历史信息。如果序列的长期发展趋势比较稳定,即产品的需求比较平稳,那么 α 值应取得小一些;而当市场外部环境变化较大时,α 值应当取得大一些,一般取值为 0.01~0.3。对 n 期移动平均法来讲,若用指数平滑法,则其平滑常数可以利用下式计算得到:

$$\alpha=\frac{2}{n+1} \tag{2.17}$$

例 2.4　用指数平滑法分别取平滑常数 $\alpha=0.1$、$\alpha=0.5$ 和 $\alpha=0.9$ 进行计算,计算结果如表 2.6 所示。

表 2.6　三种平滑常数下的预测结果

期间/个月	实际销售量/个	不同平滑常数对应的预测销售量/个		
		$\alpha=0.1$	$\alpha=0.5$	$\alpha=0.9$
1	455	455	455	455
2	535	455	455	455
3	765	463	495	527
4	1 225	493	630	741
5	1 515	566	928	1 177
6	1 375	661	1 222	1 481
7	815	732	1 299	1 386
8	975	740	1 057	872
9	1 565	764	1 016	965

（续表）

期间/个月	实际销售量/个	不同平滑常数对应的预测销售量/个		
		$\alpha = 0.1$	$\alpha = 0.5$	$\alpha = 0.9$
10	1 800	844	1 291	1 505
11	1 080	940	1 546	1 771
12	635	954	1 313	1 149
13	480	922	974	686
14	635	878	727	501
15	745	854	681	622
16	1 375	843	713	733
17	1 755	896	1 044	1 311
18	1 560	982	1 400	1 711
19	900	1 040	1 480	1 575
20	920	1 026	1 190	968
21	1 625	1 015	1 055	925
22	2 010	1 076	1 340	1 555
23	1 270	1 169	1 675	1 965
24	910	1 179	1 473	1 340

　　将表 2.6 中平滑常数分别取 $\alpha = 0.1$、$\alpha = 0.5$ 和 $\alpha = 0.9$ 所得到的预测结果画成曲线，如图 2.10 所示，从该图中可以清楚地看出滞后现象。即当实际需求上升时，指数平滑法预测结果偏低；而当实际需求下降时，指数平滑法的预测结果则偏高。这种滞后现象与简单移动平均方法一样，但是在指数平滑法中，不同的平滑常数对应的偏差幅度不一样。

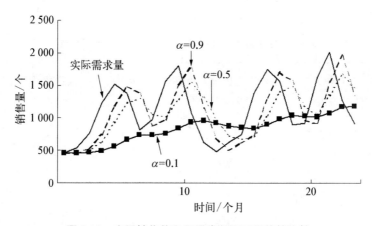

图 2.10　实际销售值和平滑常数取不同值的比较

2）二次指数平滑法

上节讨论的指数平滑法为一次指数平滑法，当时间序列呈平滑趋势时，只需采用式

(2.11)即可进行估计;当时间序列呈直线趋势时,必须通过二次指数平滑法来估计。二次指数平滑法是在一次平滑的基础上,对所得到的时间序列再进行一次指数平滑,这就是二次指数平滑,其计算公式为

$$F_{t+1}^{(2)} = \alpha F_{t+1}^{(1)} + (1-\alpha)F_t^{(2)} \qquad (2.18)$$

式中,$F_{t+1}^{(1)}$ 为一次平滑后的结果。在二次指数平滑法中,指数平滑常数的确定与一次指数平滑法确定原则一致。初始值的确定取第一期的一次指数平滑值,即 $F_0^{(2)} = F_1^{(1)}$。在二次指数平滑常数法中,尚需找出时间序列所具有的线性趋势,通过建立如下线性趋势方程来预测:

$$y_{t+T} = a_t + b_t T \qquad (2.19)$$

式中,y_{t+T} 为第 $t+T$ 期的预测值;T 为从当前周期 t 到需要预测时期的周期个数;a_t 为线性方程的截距;b_t 为线性方程的斜率。其中,a_t 和 b_t 的计算公式分别为

$$a_t = 2F_t^{[1]} - F_t^{[2]} \qquad (2.20)$$

和

$$b_t = \frac{\alpha}{1-\alpha}(F_t^{[1]} - F_t^{[2]}) \qquad (2.21)$$

例 2.5 对例 2.4 用二次指数平滑法进行预测。假设平滑常数 $\alpha = 0.1$,第 24 个月为当前日期,要求预测第 25 个月至第 30 个月的销售量,各个月的实际需求量、一次指数平滑值和二次指数平滑值如表 2.7 所示。如第 3 个月的一次指数平滑预测值为 $0.1 \times 535 + 0.9 \times 455 = 463$(个),二次指数平滑预测值为 $0.1 \times 463 + 0.9 \times 455 \approx 456$(个),其他类推。

表 2.7　实际销售量及指数平滑预测销售量计算结果

期间/个月	实际销售量/个	一次指数平滑预测销售量/个	二次指数平滑预测销售量/个
1	455	455	455
2	535	455	455
3	765	463	456
4	1 225	493	460
5	1 515	566	471
6	1 375	661	490
7	815	732	514
8	975	740	537
9	1 565	764	560

（续表）

期间/个月	实际销售量/个	一次指数平滑预测销售量/个	二次指数平滑预测销售量/个
10	1 800	844	588
11	1 080	940	623
12	635	954	656
13	480	922	683
14	635	878	703
15	745	854	718
16	1 375	843	730
17	1 755	896	747
18	1 560	982	771
19	900	1 040	798
20	920	1 026	821
21	1 625	1 015	840
22	2 010	1 076	864
23	1 270	1 169	895
24	910	1 179	924

如预测第 25 个月至第 30 个月的销售量，则首先根据式（2.20）和式（2.21）计算直线斜率和截距，有

$$a_{24} = 2 \times 1\,179 - 924 = 1\,434$$

和

$$b_{24} = \frac{0.1}{1 - 0.1}(1\,179 - 924) \approx 28.33$$

则第 25 个月的预测销售量 $y_{25} = 1\,434 + 28.33 \times 1 \approx 1\,462$（个），第 30 个月的预测销售量 $y_{30} = 1\,434 + 28.33 \times 6 \approx 1\,604$ 个，其他类推。

当时间序列呈直线趋势时，对于非线性趋势，则需要通过三次指数平滑来估计，有

$$F_{t+1}^{(3)} = \alpha F_{t+1}^{(2)} + (1 - \alpha) F_t^{(3)} \tag{2.22}$$

2.3.5　线性回归分析法

回归可以定义为两个或两个以上相关变量之间的函数关系。线性回归分析法认为变量间的函数关系是线性的，常用的线性回归方程为 $y = kx + c$，其中 x 为自变量，y 为因变量，k 为直线的斜率，c 为直线与纵轴的截距。

线性回归分析法的主要优点是对主要事件或综合计划的长期预测很有用；缺点是假设历史数据和未来预测值都在一条直线上，而实际情况可能并非严格如此。线性回归既可以用于时间序列分析，又可以用于因果预测方法。当因变量随时间而变时，则为时间序

列分析方法;当某一变量随另一变量而变时,则为因果联系。线性回归的具体应用例子有手拟趋势线法、最小二乘法和多元回归分析法等。

1) 手拟趋势线法

手拟趋势线法是将已知的变量数据描于一个二维的图形上,即描点,然后画一条直线尽可能穿过所有的点,这条直线就是所要求的趋势线。趋势线画完后,要想得到直线的方程,必须知道直线的斜率和截距。对于直线的截距,可以将手拟的直线延长至纵轴,然后直接测量得到截距,在图 2.11 中,截距为 c_0。对于斜率的计算,可以在直线上取两点,如图 2.11 所示,取 A 点和 B 点,通过直线下方的点(即 A 点)画一条平行于横轴的直线,通过直线上方的点(即 B 点)画一条平行于纵轴的直线,两直线必相交,令交点为 C,从而形成一个直角三角形,用量具可以得到直角三角形的两条直角边 BC 和 AC 的长度,假设长度分别为 l_{BC} 和 l_{AC},则斜率为 l_{BC}/l_{AC}。由此可得到手拟的线性回归方程为

$$y = \frac{l_{BC}}{l_{AC}}x + c_0 \tag{2.23}$$

用手拟直线来预测未来某个时期的值时,将 x 值直接代入式(2.23)中即可。

2) 最小二乘法

最小二乘法的基本出发点是保证各实际观察值和趋势线的垂直距离平方和最小。假设 y 为实际值,$\hat{y}$ 为预测值,预测值线性模型与手拟趋势线中所用的模型一样,即 $\hat{y} = c + kx$。各点的实际值与趋势线的垂直距离为 $|\hat{y}_i - y_i|$($i = 1, 2, \cdots, n$),如图 2.12 所示。

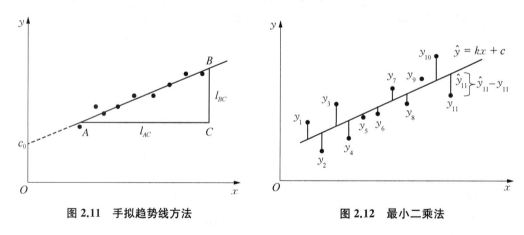

图 2.11　手拟趋势线方法　　　　　　　图 2.12　最小二乘法

最小二乘法的目标可以描述为

$$\min \sum_{i=1}^{n} (y_i - \hat{y}_i)^2 \tag{2.24}$$

将 $y = kx + c$ 代入式中,分别对 c 和 k 求导并分别令导数为零,可以得到 k 和 c 的计算公式为

$$k = \frac{\sum\limits_{i=1}^{n}(x_i y_i) - n\bar{x}\bar{y}}{\sum\limits_{i=1}^{n}x_i^2 - n\bar{x}^2} \tag{2.25}$$

$$c = \bar{y} - k\,\bar{x} \tag{2.26}$$

式中，$\bar{x}$ 为自变量各已知值的平均值；$\bar{y}$ 为实际值的平均值；n 为数据点的个数。

回归直线方程表明了两种变量之间的一种关系，另外一种评价两个变量之间关系的方法是计算相关系数 r 和标准差 S_{yx}，计算公式为

$$r = \frac{n\sum_{i=1}^{n}(x_i y_i) - \sum_{i=1}^{n}x_i \sum_{i=1}^{n}y_i}{\sqrt{\left[n\sum_{i=1}^{n}x_i^2 - (\sum_{i=1}^{n}x)^2\right]\left[n\sum_{i=1}^{n}y_i^2 - (\sum_{i=1}^{n}y)^2\right]}} \tag{2.27}$$

和

$$S_{yx} = \sqrt{\frac{\sum_{i=1}^{n}(y_i - \hat{y}_i)^2}{n-2}} \tag{2.28}$$

式中，线性相关系数 r 表明自变量 x 与因变量 y 之间的线性相关程度，相关性有正相关、负相关、完全正相关和完全负相关几种。当 r 为正时，说明 y 和 x 为正相关，即 y 随着 x 的增加而增加；当 r 非常接近 1 时，y 和 x 为完全正相关；当 r 为负时，说明 y 和 x 为负相关，即 y 随着 x 的增加而减小；当 r 非常接近 -1 时，y 和 x 为完全负相关。标准差则表明预测值与回归直线的偏离程度。

例 2.6　某种产品在 24 个月内的需求量如表 2.8 所示，试建立时间序列回归直线方程。

表 2.8　24 个月的需求量

期间/个月	需求量/个	期间/个月	需求量/个
1	234	13	244
2	219	14	265
3	226	15	272
4	214	16	263
5	231	17	245
6	231	18	253
7	257	19	260
8	234	20	256
9	238	21	279
10	252	22	256
11	254	23	264
12	257	24	296

将表 2.8 中的参数代入式(2.24)和式(2.25)中可得该线性回归方程的斜率 $k = 2.24$，直线的截距 $c = 222$，故线性回归方程 $y = 222 + 2.24t$。同理，将已知参数代入式(2.27)和

式(2.28)可得相关系数 $r = 0.818$，标准差 $S_{yt} = 11.36$。

3) 多元回归分析法

通常影响预测的因素不止一个，并且这些因素是线性的或非线性的，对非线性回归往往通过适当的变换，化为线性回归模型，重要的是如何迅速、准确、方便地求得多元线性回归模型，假设预测对象为 y，影响因素有 n 个，分别是 $x_1, x_2, \cdots, x_n$，则它们之间有以下线性关系：

$$y = a + b_1 x_1 + b_2 x_2 + \cdots + b_n x_n + \varepsilon$$
$$\varepsilon \sim N(0, \sigma^2) \tag{2.29}$$

关于多元回归模型中系数的求法，可以参照线性回归的方法，即通过建立目标函数，根据目标函数对各系数求导数，并令导数值为零，可以求得系数矩阵，这里就不进行公式的推导。

2.3.6　时间序列分解

前面已经论述了简单移动平均法、加权移动平均法和指数平滑法，这三种方法均假设需求平稳，只考虑随机因素而忽略趋势因素和季节因素。本节讨论如何将一个时间序列分解为趋势因素和季节因素。要找出趋势性和季节性，尤其是季节因素，必须存在大量已知数据，通常至少需要 48 个月的历史数据。因此，这种方法的适用性受到一定限制，因为产品的生命周期在激烈的市场竞争中往往越来越短，很可能没到 48 个月产品即已更新换代。时间序列分解一般遵循以下五个步骤。

（1）计划 12 个月中的中心移动平均。因为对于一整年的平均，可以忽略季节性。

（2）利用实际需求和 12 个月中心移动平均的比例来估计季节因素和计算季节指数。

（3）找一条线去适合非季节性的数据，这条线的截距以及斜率提供估计趋势因素所需要的值。

（4）将步骤(3)中得到的线延伸至未来，预测在没有季节性的情况下将来的需求是什么。

（5）将每一个不含季节性的预测乘以季节指数，获取最后的预测。

例 2.7　这里以表 2.9 中的数据来说明上述过程。表 2.9 中第三列为基于 12 个月的移动平均所得到的预测值，第四列为季节因素，第五列为季节指数。

表 2.9　季节因素、季节指数和消除季节性影响后的需求量计算结果

月份	实际需求量/个	12 个月的移动中心平均值/个	季节因素	季节指数	消除季节因素后的需求量/个
1	455				917
2	535				993
3	765				1 118

（续表）

月份	实际需求量/个	12个月的移动中心平均值/个	季节因素	季节指数	消除季节因素后的需求量/个
4	1 225				1 029
5	1 515				1 010
6	1 375				1 036
7	815	1 061.7	0.768	0.775	1 052
8	975	1 063.8	0.917	0.838	1 163
9	1 565	1 072.1	1.460	1.400	1 118
10	1 800	1 070.4	1.682	1.662	1 083
11	1 080	1 082.9	0.997	1.000	1 080
12	635	1 102.9	0.576	0.677	938
1	480	1 118.3	0.429	0.496	968
2	635	1 125.4	0.564	0.539	1 178
3	745	1 120.8	0.665	0.684	1 089
4	1 375	1 125.8	1.221	1.191	1 154
5	1 755	1 143.3	1.535	1.500	1 170
6	1 560	1 159.2	1.346	1.327	1 176
7	900	1 182.1	0.761		1 161
8	920	1 197.9	0.768		1 098
9	1 625	1 205.4	1.348		1 161
10	2 010	1 222.1	1.645		1 209
11	1 270	1 236.7	1.027		1 270
12	910	1 257.5	0.724		1 344
1	670	1 273.8	0.526		1 351
2	725	1 290.4	0.562		1 345
3	945	1 310.0	0.721		1 382
4	1 550	1 335.8	1.160		1 301
5	2 005	1 361.3	1.473		1 337
6	1 755	1 370.4	1.281		1 323
7	1 100	1 382.1	0.796		1 419
8	1 155	1 391.3	0.830		1 378
9	1 935	1 391.3	1.391		1 382
10	2 315	1 395.0	1.659		1 393
11	1 380	1 414.6	0.976		1 380
12	1 050	1 436.3	0.731		1 551
1	780	1 464.6	0.533		1 573
2	725	1 472.9	0.492		1 345

(续表)

月份	实际需求量/个	12 个月的移动中心平均值/个	季节因素	季节指数	消除季节因素后的需求量/个
3	990	1 483.8	0.667		1 447
4	1 785	1 499.2	1.191		1 499
5	2 265	1 517.9	1.492		1 510
6	2 095	1 547.5	1.354		1 579
7	1 200				1 548
8	1 285				1 533
9	2 120				1 514
10	2 540				1 528
11	1 735				1 735
12	1 175				1 736

(1) 计算每连续 12 个月的需求平均值,如表中第一个 1~12 个月的中心平均值为 $(455+535+765+1\,225+1\,515+1\,375+815+975+1\,565+1\,800+1\,080+635)/12\approx 1\,062$,时间的平均值为 7 月 1 日,以此类推。图 2.13 显示了实际需求值与 12 个月的移动中心平均值之间的比较,12 个月移动中心平均值实际上也反映了一种趋势。

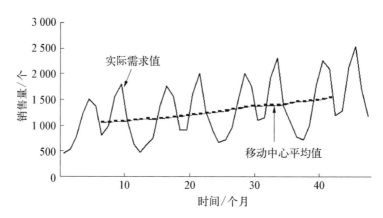

图 2.13　实际需求值和移动中心平均值的比较

(2) 计算季节因素和季节指数。季节因素的计算用当月的需求值和落在当月的 12 移动中心平均值之间的比值来确定,如第一个 7 月份的季节因素为 815/1 061＝0.768。而季节指数则根据全部的季节因素求平均值得到,如全部月份中 7 月份的季节指数为 $(0.768+0.761+0.796)/3=0.775$。 计算结果如表 2.9 所示。

(3) 找出趋势因素,这种趋势性的数据是一种非季节性的数据。用当月的实际需求值除以当月的季节指数值,即可得到消除季节因素后的数据,如表 2.9 第六列所示。可以用上一节所介绍的线性回归分析法找出这种非季节因素(或称趋势因素),也可以借助

Excel 直接生成趋势线,如图 2.14 所示。用 Excel 直接生成的趋势线方程为

$$y = 14.309x + 932.85$$

式中,自变量 x 为时间单位,所以时间序列分解实际上是一种时间序列分析方法。

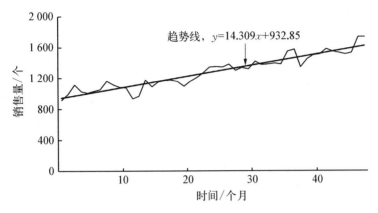

趋势线,$y=14.309x+932.85$

图 2.14　利用 Excel 直接生成趋势线

（4）由第（3）步所得到的趋势线外推至未来,得到未来某个时期在没有季节因素的情况下的预测值。如要计算第 49 个月的预测值,则直接将 $x=49$ 代入公式,得到第 49 个月的预测值为

$$y = 14.309 \times 49 + 932.85$$
$$= 1\ 633.991 \approx 1\ 634(个)$$

（5）计算到第（4）步,如果不考虑季节因素的影响,则就此结束。实际上上述 4 个步骤是一种外推算法,即找出一系列历史数据的趋势线并外推于将来做中长期预测。若考虑季节因素影响,则用第（4）步的计算结果乘以当月的季节指数,即可得到既考虑季节因素又考虑趋势因素的预测值。如要计算第 49 期的预测值,49 期为第五个年度的第一个月,则要将第 49 期的趋势预测值和一月的季节指数（即 0.496）相乘,即 1 634×0.496 = 810.464 ≈ 810(个)。

2.3.7　因果预测

因果预测方法是认为自变量与因变量之间存在因果关系,这里自变量并非时间序列分析中的时间变量,而是影响需求的因素,这种将需求视为因变量,而将影响因素视为自变量,通过对变量间的关系进行分析,进而由自变量来确定因变量的需求预测方法就是因果预测。现实生活中,这种因果现象非常多,如雨季必然会导致雨具销量的增加,房产的热销必然会导致电梯、家具等销量的增加。这里雨季的降水量和房产数即为自变量,雨具销量和电梯、家具的销量则是因变量。

与时间序列分析一样,因果预测方法也是建立在对数据分析的基础上,由自变量和因

变量的数据找出它们之间的因果关系,通常认为这种因果关系是简单的线性关系,则这种关系可以通过前面所介绍的一元线性回归分析方法找出。找到变量间的因果关系后,就可以建立统计模型对需求做预测。下面以一个具体的例子来说明因果预测方法。

例 2.8　某市近 5 年电梯生产量(以销售额表示)和房产开发数量如表 2.10 所示。电梯和房产的销售呈现一种因果关系,只要找出这种因果关系模型,就可以由当年欲开发的房产数量来预测电梯的销售额。

表 2.10　某市近 5 年房产开发数量和电梯销售额

年份	房产开发数量/万套	电梯销售额/亿元
1987	165	305
1998	175	315
1999	195	330
2000	220	350
2001	250	380

解: 首先要明确自变量和因变量。这里,自变量为开发的房产数量,用 x 表示;因变量为电梯销售额,用 y 表示。预测的线性模型为 $y = kx + c$,这里用最小二乘法求解,先建立表 2.11。

表 2.11　最小二乘法处理

x	y	xy	x^2
165	305	50 325	27 225
175	315	55 125	30 625
195	330	64 350	38 025
220	350	77 000	48 400
250	380	95 000	62 500
$\bar{x} = 201$	$\bar{y} = 336$	$\sum xy = 341\,800$	$\sum x^2 = 206\,775$

将表 2.11 中求得的参数代入式(2.25)和式(2.26)中,得

$$k = \frac{341\,800 - 5 \times 201 \times 336}{206\,775 - 5 \times 201 \times 201} = 0.864$$

$$c = 336 - 0.864 \times 201 = 162$$

如果 2002 年房产销售数量为 300 万套,则可以预测电梯的销售额将为

$$0.864 \times 300 + 162 = 421.2(亿元)$$

2.3.8　其他预测方法

随着人工智能技术的发展,近年来出现了许多基于机器学习算法的预测方法。其中,神经网络(neural network)在数据分类预测中获得了较广泛的应用。神经网络是深度学习算法的核心,常用于需求预测。其名称和结构受人类大脑的启发,模仿了生物神经元信号相互传递的方式。神经网络预测首先需要对输入特征做线性变换,线性变换公式为

$$z = \mathrm{dot}(W, X) + b \tag{2.30}$$

式中,W 表示权重列向量;X 表示输入特征向量;dot 函数表示将 W 和 X 进行向量点乘;b 为偏置项;z 表示预测结果,一般用概率表示。比如,当需要预测下个月的产品需求是否超过 100 时,z 即表示这件事情发生的概率。为了神经网络能学习更复杂的模式,一般需要在线性变换的基础上通过激活函数做非线性变换。激活函数是一种添加到神经网络中的函数,旨在帮助神经网络学习数据中的复杂模式,类似于人类大脑中基于神经元的模型,是神经网络中非常重要的部分。常见的激活函数包括 sigmoid 激活函数 $\left[f(z) = \dfrac{1}{1 + \mathrm{e}^{-z}} \right]$、ReLU 激活函数 $\left[f(z) = \max(0, z) \right]$ 等。

那么,如何保证神经网络预测结果的准确性呢? 这就需要引入损失函数(loss function)的概念。损失函数用来衡量神经网络的预测效果,并指导神经网络对自身进行调整。常用的损失函数为均方误差(MSE),即预测值与目标值之间差值的平方和的均值,其公式如下:

$$\mathrm{MSE} = \frac{1}{n} \sum_{i=1}^{n} (y_i - y'_i)^2 \tag{2.31}$$

神经网络进行预测的一般步骤如下。

(1) 数据准备。首先需要准备输入数据,确保数据的格式和维度与神经网络模型相匹配。可以对数据进行预处理,如标准化、归一化等操作,以提高模型的性能。

(2) 模型定义。确定神经网络的结构和参数,包括网络的层数、每层的神经元数量、激活函数的选择等。

(3) 权重初始化。对神经网络中的连接权重进行初始化,可以使用随机初始化的方法,确保模型开始时具有一定的随机性。

(4) 前向传播。将准备好的输入数据通过神经网络进行前向传播,逐层计算每个神经元的输出值。从输入层开始,线性变换后,通过激活函数进行非线性变换,然后将结果传递给下一层。

(5) 损失计算。根据预测输出和真实标签之间的差异,计算损失函数的值。常见的损失函数为均方误差(MSE)。

(6) 反向传播。通过反向传播算法,计算每个连接权重对损失函数的梯度。梯度表示损失函数对于权重的变化敏感程度。通过梯度下降算法,更新网络中的权重,使损失函

数逐渐减小。

(7) 重复迭代。重复进行前向传播、损失计算和反向传播,通过多次迭代更新权重,使模型逐渐优化和学习。

(8) 预测输出。完成训练后,可以使用已训练好的神经网络模型对新的输入数据进行预测。将输入数据通过前向传播,计算模型的输出,并根据输出结果进行相应的预测或分类。需要注意的是,神经网络的预测能力取决于模型的结构和参数设置以及训练数据的质量和数量。适当的模型选择、调参和训练技巧可以提高神经网络的预测性能。神经网络预测方法的关键即在于根据实际问题设计合适的神经网络结构,选择合适的激活函数和损失函数。

除了以上提到的预测方法外,系统动力学模型预测法也是一种常见的预测方法。系统动力学预测法是通过研究系统内部诸多因素形成的各种反馈环,同时搜集与系统行为有关的数据和情报,采用计算机仿真技术对大系统、巨系统进行长期预测的方法。系统动力学预测法的主要步骤如下。

(1) 把被研究系统划分为若干子系统,并且建立各子系统的因果关系。

(2) 构造系统的仿真模型,比如流图和构造方程式。

(3) 在系统动力学模型上做试验,实行计算机仿真。

(4) 验证模型的有效性。

(5) 做出预测,为战略的制订提供依据。如对某个城市或区域的工农业取水量、污水排放量进行预测时,必然涉及社会领域、技术领域、生态领域和地球资源领域,其因果关系十分复杂,应用系统动力学方法可以展现污水系统的动态行为,从而进行更准确的预测。

系统动力学预测法在环境影响评价和对策研究以及环境效益与经济效益综合研究中有重要价值。

2.4 习题

1. 需求预测与生产计划有什么关系?

2. 需求预测的重点和目的分别是什么?

3. 何为独立需求? 何为相关需求? 两者有什么区别? 相关需求产品是否需要预测? 为什么?

4. 下列预测方法中,你认为哪种方法的预测精度最高? 这几种预测方法各适用于什么情况? ① 简单移动平均;② 加权移动平均;③ 指数平滑法;④ 线性回归分析法。

5. 线性回归分析法适用于解决哪些类型的预测问题?

6. 计算预测误差有什么作用? 如何根据预测误差修正预测模型?

7. 如何选择指数平滑法中的平滑常数?

8. 试列举相加式季节和相乘式季节趋势的关系的例子。

9. 某产品在第一年的需求如表 2.12 所示。

表 2.12　产品的需求量

期间/个月	1	2	3	4	5	6	7	8	9	10	11	12
需求量/个	3 600	3 300	3 500	3 450	3 400	3 800	3 700	3 750	3 650	3 650	3 900	3 950

① 利用简单移动平均法,预测第一年 4～12 个月的需求,预测期间为 3 个月。

② 用指数平滑法进行预测,并且当指数平滑常数分别取 0.1、0.3 和 0.9 时重做第①题。

③ 利用线性回归分析,预测第二年前 3 个月的需求。

第3章

库存基本概念和控制计划

库存存在于企业经营中的各个环节,它们会表现出不同的形态,制造企业20%～80%的资金以库存的形式存在。库存主要用于稳定需求,它的出现使采购、生产、销售等各个环节有机会独立运行,成为串联起这些环节的润滑剂。如果库存量过小,容易造成物料供应不足,影响正常的生产活动,同时也会使订货次数频繁,提升订货成本。如果库存量过大,则会造成企业资源的大量闲置,影响其合理优化和配置;同时也会占用仓储面积,提升库存持有成本。对于库存计划与控制,一定要提出有效的措施,不仅要保证在需要材料和产品时能获取足够的数量,而且还要防止过多的库存占用大量流动资金。库存控制计划是生产计划与控制的一个重要组成部分。本章将介绍一些基本的库存概念和模型,主要包括以下几个部分:① 库存及库存管理的基本概念;② 经济订货模型及其拓展;③ 报童模型及其拓展。

3.1 基本概念

在当今全球化、信息化、竞争日趋激烈的环境下,低成本和高效率对生产制造企业来说显得尤为重要,库存和库存管理越来越受到众多学者、企业管理者的重视。库存包括生产和销售过程中所使用的各种物料资源。库存有其固有的优缺点:一方面,它可以有效保证生产活动的正常运行,在生产过程中及企业与市场之间起到一个缓冲作用,可以减少供需之间的矛盾,如果缺少一定量的存货,生产线可能由此而中断。另一方面,库存占用了大量的资金(建造仓库的静态投资、仓库运行中的运作管理成本以及物料本身所占用的资金等),使企业不能将有限的资金用于开拓市场、研发等其他业务。长此以往,延误企业发展进程,并且库存量大也会使企业中存在的问题不易暴露,这样日积月累,企业的问题会逐渐增多,造成恶性循环。对库存进行合理的计划和控制,在保证不影响正常生产的情况下,使库存量尽可能处于低位以缩减库存资金,因此提高资金周转率是非常有必要的。

3.1.1 库存的定义和相关成本

19世纪末期以前,封建地主、资本家等均以其拥有的库存多少作为衡量财富的重要指标,库存即财富。而在 19 世纪末至第一次世界大战期间,美国由于生产过剩而发生库存恐慌,库存占用的大量资金影响了企业的投资、扩张,企业的发展受到库存过剩的束缚。这时,库存再也不是财富,而是企业的坟墓,企业也从此意识到了库存管理的重要性。随后,众多的企业都加强了对订购量的管理。初期库存管理的模型相对简单,并做了许多假设。随着对库存控制的要求越来越高,市场需求也越来越呈现动态特性的一面,在这个阶段,有必要在库存控制中引入统计学和运筹学的理论和方法进行分析。到了 20 世纪 50 年代,电子计算机出现了,此前对库存进行分析和控制均采用手工操作,工作量太大,影响效率,借助计算机,不仅计算处理的速度大大提高,还发展出许多综合的、比较复杂的库存控制策略。

1) 库存的定义

库存,顾名思义,即存放在仓库中的物料,可以是原材料,也可以是半成品,或者是产成品。从广义上讲,库存是指企业为了满足现在和未来需求而暂时储备的所有有价值的资源,包括与生产直接相关的物料和间接相关的备品、备件等。需要强调的是,有形实物和无形物质都可能是库存,但阳光、空气等在获取时不需要付出成本的资源不属于库存的范畴。狭义的库存则指仓库中实际处于闲置状态的货物。库存系统是指用来管控库存水平、决定补货时间及订购量大小的整套制度和控制手段。制造业中的库存一般有以下形态:

(1) 原材料或采购件;

(2) 在制品;

(3) 产成品;

(4) 运送到仓库或顾客手中的在途产品;

(5) 零件、工具等备件库存;

(6) 维持正常生产所需的低值易耗品。

其中,与产品生产和计划控制直接相关的是前三类库存。虽然在途产品并不一定存在于生产领域,但在某种情况下,运输中的库存量也是相当可观的,如油气管道中的库存。

2) 库存的分类

库存的主要功能在于作为缓冲,稳定需求。从企业内部的角度,根据在生产过程各环节中的形态,库存可以分为原材料、零件、组件(装配件)、半成品和成品等;根据所处的位置,库存可以分为独立的仓库库存、存在于制造过程间的在制品库存、处于运输状态的在途库存以及在工厂内专门区域存放的供应件等。从整个供应链的角度,库存又可以分为周转库存、安全库存、运输库存和预期库存。

(1) 周转库存。周转库存也称为批量库存。为了保证市场正常供应,物料每次以一定批量方式组织订货,由此形成的周期性库存称为周转库存。按批量订货是从订货的规模经济性来考虑,周转库存的大小一般取决于订货周期、订货批量、供应商数量和折扣等,需要在库存成本与订购成本之间进行权衡。

（2）安全库存。市场需求是不确定的,供应商的供货也存在诸多不确定因素,因此有必要设置库存以起到安全保障作用。这种为防止缺货造成损失而设置的库存称为安全库存,有时也称作缓冲库存或保留库存。有了安全库存,即使在某段时间内市场的需求值高于预期,或者供应商供货发生延迟,也可以满足顾客的需求。安全库存的大小一般取决于供应和需求的不确定性、客户服务水平、缺货成本和库存持有成本等。

（3）运输库存。生产过程各个阶段通常在物理上是分开的,尤其是在建立全球化的供应体系过程中,大的集团公司更加关注的是核心能力的竞争,因此经常将许多非核心业务外包出去,汽车行业即是如此。汽车组装需要的众多零部件通常在不同的地点进行生产,然后运送到总装厂进行组装;成品车生产出来后,通常也并非直接送往顾客手中,而是经过销售商再送交顾客。这种从一个阶段到达下一个阶段,从一个地点到另一个地点的物料就是运输库存,它是处于运输过程中的物料以及停放在两地之间的库存,运输库存的大小一般取决于运输时间以及在此期间的需求。

（4）预期库存。许多产品的市场需求往往存在季节性,例如,在夏季,冰箱、电风扇、空调等需求猛增,所以有时需要进行一定量的储备,以预防销售旺季到来时,由于生产能力限制而出现产品供不应求的情况。这种为应对生产与需求的季节性波动而储备的库存称为预期库存。但是,设定预期库存对企业来讲通常存在一定的风险,因为一旦因某种因素没有出现预期的季节性需求时,就会造成大量库存积压,企业现金流也会相应遭受影响。

3）库存成本

对库存进行分析通常建立在对其成本进行分析的基础上,通过建立库存的模型,寻求使总成本最小的订购策略来确定库存。库存成本是在建立和经营管理库存系统时所产生的成本,常用的库存成本有储存成本、采购成本、缺货成本和生产准备成本,现分述如下。

（1）储存成本。物品在储存保管过程中所产生的各项成本,通常也可称为保存成本,其构成要素主要有储存与处理成本、过时损坏与失窃成本、保险和税收成本以及机会成本。

a. 储存与处理成本。包括储藏空间的成本,如仓库成本、供暖照明等设备成本。如采用现成的仓储设备并且不另作为其他用途,则储存成本为固定值,不随库存水平的变化而变化,但一旦超出既定的库存水平后,储存成本就随库存水平的增加而上升。处理成本也会随库存水平的变化而变化,主要包括向物料搬运人员和仓库保管人员支付的成本,如监督、实地清点物料、搬运等。当遇到低效率的储存布置时,就会增加处理成本。

b. 过时损坏与失窃成本。许多物料在储存中会发生变质,其损坏程度因物料性质不同而异。过时情况发生在市场需求消失后,仓库仍有库存闲置,从而造成损失。此外,库存失窃也会造成资产的损失。

c. 保险和税收成本。库存是公司的一种投资,常常需要支付保险费、税收等费用,从而产生成本。

d. 机会成本。即资金投资成本。由于库存需要资本投资,一旦资金用于库存后,则无法有其他用途。机会成本取决于该项资金用于其他备选方案时的最大投资回报率。

(2) 订货成本。订货成本是从下达订单到最终到货的过程中,通过采购或其他途径获取物品而产生的费用,其构成要素主要有固定的订购成本和可变的价格成本。订货成本与每批订购量大小成反比,每批订购量越大,每年订购次数越少,则总订货成本越低。

a. 订购成本。采购每批物料时通常需耗费固定成本,此固定成本常称为订购成本,通常包括填写请购单、制造订单、记录订单、追踪订单、质量检验、处理发票或工厂报告和付款准备等事务的成本以及相关部门人员的工作成本等。

b. 价格成本。包括每批物料的生产成本、包装成本、运输成本等,该成本与采购产品的批量有关。

(3) 缺货成本。缺货成本是指由缺货造成的损失惩罚成本,主要内容包括停工待料或无法立即满足需求所发生的各种费用,如加班费、特殊管理费、违约罚款、赶工成本、特殊处理成本、信誉损失成本等。通常存在两种情况:第一种是发生需求时仓库无库存且不补充,这种缺货会造成销售机会流失,销售损失为利益的损失,也可能是一种信誉的损失,甚至面临失去顾客的严重后果;第二种是库存量暂时无法满足市场需求,但可以等待延后销售物品,此时可由系统的应急处理程序通过特殊的手段提升生产能力来增加库存,由此产生加班、赶工、外包等费用以及客户维护成本。

3.1.2　库存的作用与弊端

随着市场竞争的日趋激烈,企业对产品成本的要求越来越高,正在想方设法地降本增效,库存管控是其中关键的一环,众多世界级制造企业在库存成本的降低上煞费苦心。一些先进的生产管理理念,如批量生产方式、准时化生产(JIT)、物料需求计划(MRP)、约束理论(TOC)等,都与库存的管理有直接联系,尤其是准时化生产,以降低库存为核心,一切工作以消除浪费为指导思想。

然而,即使准时化生产(JIT)以追求零库存为目标,但真正实现零库存是很难做到的,该理念的发明者日本丰田汽车公司也并未做到零库存。所有的公司(包括 JIT 方式下的公司)都需要保持一定的库存,这有以下几方面的原因。

1) 利用规模经济的好处

库存能够帮助企业实现规模经济,减少缺货成本,提高客户忠诚度,分摊生产准备费用,并获得大批量采购的折扣收益。同时,大订单对降低运输成本也有好处——运送产品的数量越多,单位运输成本越小。因此订单量越大,在单位产品订购上所花费的成本相对就小。

2) 平衡供应和需求的变化

市场保持着动态的变化,存在许多不确定性因素,如需求的随机波动、供应商的供货中断风险等。如果能精确地知道产品的需求,并按照对应数量进行采购,将有可能使生产的产品恰好满足需求。但需求通常是不能完全确定的,需求具有变化性。供应也并非完全可靠,有许多原因都将导致供货延误,如发运时间的变化、供应商工厂中因原材料短缺而导致订单积压、供应商或运输公司发生意外事故、订单丢失以及送达的材料有缺陷等。因此,必须保持安全库存或缓冲量以平衡供应和需求的变化。

3)增强生产计划的条理性

库存储备能减轻生产系统尽早出货的压力,也就是说,生产提前期可适量放宽松。在制订生产计划时,可通过加大生产批量使生产流程更加有条不紊。

4)保持生产运作的柔性

在作业过程中保持一定量的原材料或在制品能给作业过程带来生产柔性,以防因缺货造成作业过程的停机。在各个工作站之间保持一定的库存,可以使工作站之间得到平衡,进而使产品生产速率平稳化。此外,一定量的在制品和产成品库存也能避免因生产经营活动中意外事故引起的停工而造成各类经济损失等。

5)投机行为

原材料的价格可能随时间产生波动。为了避免未来材料价格上涨,可以在价格处于低位时多采购一些储存起来,然后在价格高位时生产卖出,由此会形成一定的库存。

库存对企业的影响是双重的。库存成本在企业总的运营成本中占很大比例。据统计,美国制造业中平均库存成本占库存产品价值的30%~50%。对于国有大中型企业,如按库存平均40%~50%的比例占用流动资金,则意味着几百万、几千万乃至更多的资金被闲置,大大增加了企业的机会成本。同时,库存成本的占用也直接加大了企业的管理成本,从而影响企业利润。产品的利润等于销售价格减去产品的成本,销售价格不变,进行库存控制以降低成本即意味着提高利润空间,最终提升企业竞争能力。

此外,库存量大容易掩盖企业众多管理问题,如产品质量不稳定、生产计划不周全、销售不力等,大的库存量致使不容易发现这些问题,进而无法解决问题,这不符合精益思想的原则。如图3.1所示,这些问题就好比大海里的暗礁,库存就形同大海的水平面,库存

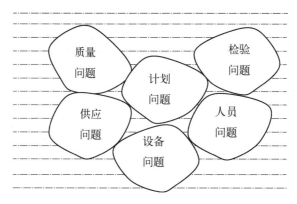

图3.1　库存掩盖实际存在的问题

高时,暗礁藏于水面以下,此时不易发现暗礁(问题);水平面(库存)下降时,相对较高的暗礁(原来比较严重的问题)就凸显出来。暗礁(问题)暴露出来以后,就应想方设法解决问题,当最高的暗礁(问题)消除了,也许此时其他暗礁就会藏在下面,应再设法降低水平面(库存),反复找问题,反复解决问题,这是一个持续改进的过程。

3.1.3　库存控制

库存控制又称库存管理,是对制造业或服务业生产经营全过程中的各类库存资源进行管理和控制,使其储备量保持在经济、合理的水平。进行库存管理可以有效地控制库存的上下限,降低库存成本;监控库存状态,减少不必要的库存损耗;做到及时收货和发货。库存控制的主要任务是通过决策补货时机和补货批量,实现最低的库存系统运行成本。对库存控制而言,其基本内容就是要回答下列几个问题: ① 订购何种物料? ② 何时订货? ③ 何时到货? ④ 一次订货的数量是多少?

1) 库存控制的常用术语

在库存控制中,常用的术语表述如下。

(1) 需求:可分为独立性需求和从属性需求。独立性需求是指由市场决定,不受其他相关物料需求与消耗影响的需求,是不可控的;从属性需求,即非独立性需求,是指由其他物料需求与消耗决定的需求,是可以提前获知的。

(2) 订货点:随着库存的消耗,当库存数量下降到某一水平时必须立即订货,以便补充物资库存量,这个界限称为订货点。

(3) 提前期:如果产品是从外部订购的,提前期为订货提前期,定义为安排订货与实际到货的时间间隔;如果产品是在内部生产的,则提前期为生产提前期,是指生产一批产品所需的时间。

(4) 补货周期:连续两次补货之间的时间间隔。

(5) 盘点:定期或不定期地对库存系统里的物料进行全部或部分清点,以确定当前的库存水平。

(6) 订货批量:为补充某种物料的储存量而向供应商一次订货的数量。

(7) 平均库存量:一段时间内物料总存货量的平均值。

2) 库存控制的衡量指标

库存控制策略的目标是花费最低的库存费用实现生产的平稳化,满足尽可能多的客户需求。衡量库存控制策略优劣的绩效指标有很多,如库存销售比、平均库存量、供货准时率等,但这众多的指标都可以转化为两类绩效指标。

(1) 库存周转率。库存周转率(inventory turnover rate,ITR)用于衡量库存周转的快慢程度,表示在一定期间内原材料、在制品和产成品的周转次数,反映库存流动性以及库存占用资金量是否合理,是衡量库存管理水平最重要的一个指标。库存周转率可以采用库存金额或库存数量来计算,以库存金额计算时,计算公式为

$$ITR = 一定期间的出货金额/同期间的库存金额 \tag{3.1}$$

若以库存数量计算,公式为

$$ITR=一定期间的出货数量/同期间的平均库存数量 \qquad (3.2)$$

(2) 客户服务水平。客户服务可以定义为当客户需要某种物料时可以及时得到该物料。这里的客户指广义客户,可以是最终消费者,也可以是组织中的某个工厂,甚至可以是工厂中生产线上的下道工序。对客户服务的衡量有百分比衡量和绝对值衡量两种。百分比衡量主要有准时出货的订单百分比、准时出货的生产线物料百分比、准时出货的总单位百分比、未缺料的订购期间百分比等。绝对值衡量主要有没有存货的订购日数、没有存货的生产线物料日数、没有存货的总物料日数、由于物料与元件的短缺而造成的闲置时间等。

库存管理中常见的客户服务水平指标有产品满足率(product fill rate)、订单满足率(order fill rate)和周期服务水平(cycle service level)。产品满足率是指当客户对某种产品提出需求时,能够通过库存满足客户需求的百分率。例如,当客户提出购买 100 个产品的需求时,销售者可以通过库存立即提供 90 个产品,则产品满足率为 90%。订单满足率是指当客户发出某个订单需求时,可完成的订单供货量与订单订货总量的百分比。由于客户订单通常会同时包括多种产品,因此,订单满足率往往低于产品满足率。周期服务水平是指在一次补货周期内不出现缺货的概率,计算公式为

$$CSL=顾客所有需求得到满足的补货周期/所有补货周期 \qquad (3.3)$$

3) 库存控制的几种模型

对独立性需求的产品进行库存计划和控制,普遍采用订货点法。而对于从属性需求的产品,则习惯采用物料需求计划方法。订货点法可以分为两种模型:一种是事件驱动,即只要现有库存水平小于一定值就发出订货请求,在该模型下,每次物料出库时都要对库存量进行重新计算,称作定量订货模型(perpetual inventory model),也称经济订购批量,简称 EOQ 或 Q 模型;另一种是时间驱动,即每隔一定时间进行订货,在该模型下,需要设定一个库存盘点期,在盘点期内不产生订货请求,只有在盘点期到达时才进行订货,称作定期订货模型(periodic model,也称定期系统、定期盘点系统等)。以上两种模型都是确定性的库存模型。

定量订货模型的计算处理过程如下:① 设定订货点、提前期等参数。② 等待状态,等待需求的发生。③ 若有需求发生,则按所需的物料数量出货;若缺货,则延期交货。④ 出货时计算领取物料的现有库存量。⑤ 进行判断,如果物料的现有库存量小于订货点,则发出订货指令,该订货量在指定的提前期内到达;若计算的物料现有库存量大于订货点,则回到第②步,继续等待需求发生。故定量订货模型要不断监控库存量的大小。

定期订货模型的计算处理过程如下:① 设定盘点周期、订货提前期等参数。② 等待状态,等待需求的发生。③ 若有需求发生,则从仓库中提取货物;如缺货,则延期交货。④ 进行判断,确定盘点期是否到达。⑤ 若盘点期没到,则回到第②步;若盘点期到,则计

算库存水平。⑥ 计算订购量,保证库存水平达到设定的需要量。⑦ 进行订购,订购量为需要的数量。

定量订货模型没有盘点期,由于在每次出库时都对库存进行实时监控,缺货的可能性较小,要求的安全库存量也较小。定期订货模型为了防止在盘点期内发生缺货,通常要设定较大的安全库存量。定量订货模型对安全库存量的设置较低,对库存的监控更加密切,因此可对潜在的缺货做出更快的反应,一般更为适用。此外,由于每一次补充库存或货物出库都要记录,维持定量订货模型需要的时间更长。

3.2　经济订货批量模型及其拓展模型

库存控制的最终目的是确定补货时机和单次补货批量,使得库存系统的总运行成本最低。作为最经典的库存管理模型之一,经济订货批量模型(economic order quantity, EOQ)由美国学者 F. W. 哈利斯(F. W. Harris)于 1915 年首次提出,在需求确定和补货提前期固定的情况下,定义了订货成本和储存成本之间的权衡,它的出现标志着库存管理领域开始迈入定量化的科学管理阶段。早期的 EOQ 模型建立在较理想化的条件之上,由于其简单的表达形式和优美的数学性质,广泛应用于库存管理中,并以此为基础,进一步演化出了考虑有限生产率、数量折扣等的 EOQ 拓展模型。在实际使用时,一定要注意区分不同模型的前提条件。

3.2.1　经济订货批量模型

经济订货批量模型考虑了一个储存单一产品的仓库,并向其供应商订货。EOQ 模型计算公式的主要目的是利用数学方法求得在一定时期内订货成本和储存成本总和为最低时的单次订购批量,该模型可与其他模型组合。

1) 基本假设和计算公式

基本的经济订货批量模型基于下列假设条件。

(1) 需求量(物料使用率)是一个连续已知的常量。

(2) 不允许出现缺货的情况,产品能得到及时补充。

(3) 无订货提前期,即发出订货请求时能被及时受理,订货和交货之间的时间间隔为零。

(4) 在一定时间内,物料的补充以无限大的速率进行,订货批量不受限制。

(5) 不允许出现延期交货的情况。

(6) 单次订货成本是固定的,储存成本与库存水平成正比。

(7) 单位产品的价格是固定的,不受订货数量和时间的影响。

在上述假设(6)中,如果年需求量一定,单次订货批量的减少意味着该时间段内订货次数增加。订货成本会随着单次订货批量的减少而增加,储存成本随着单次订购批量的减少而降低。前者要求采购批量大而批数少以降低成本,后者要求采购批量小而批数多以降低成本。EOQ 模型就是通过确定单次订购批量这一决策量,使订货成本和储存成本两者之和最低。在分析定量订货模型库存管理时,有两个信息非常重要:一个是库存量随时间增长而消耗的速率,另一个是库存成本与订购批量之间的关系。关于这两个重要信息的描述如下。

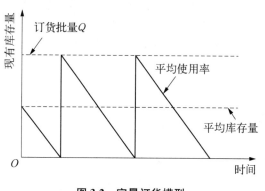

图 3.2　定量订货模型

定量订货的模型如图 3.2 所示,该模型实际上反映了库存水平随时间的变化规律。设 Q 为单次订货批量,也是库存量的最大值。在需求确定的情况下,当库存为零时,为了不发生缺货,立即订货并到货,库存水平从零骤升为 Q。然后库存以固定的使用率被消耗,当库存再次达到零时进行下一次订货。在此期间,平均库存量 $\bar{Q}=Q/2$。

经济订货批量模型并非仅考虑一次订货,其优化目标应该是最小化一个周期内的总库存成本。接下来分析库存成本与订货批量 Q 的关系。通常我们以订货成本和储存成本的总和来表示总成本,即

$$\text{总成本}=\text{订货成本}+\text{储存成本} \tag{3.4}$$

$$\text{订货成本}=\text{单次订货成本}\times\text{周期内的订货次数} \tag{3.5}$$

$$\text{储存成本}=\text{单位储存成本}\times\text{周期内的平均库存量} \tag{3.6}$$

如果以一年为一个周期,设 D 为年需求量,由此推知每年的订货次数可以用年需求量除以每次订货的批量得到,即 D/Q。设 C_T 为单次订货成本,则每年的订货成本为 $C_T\dfrac{D}{Q}$;C_I 为单位储存成本,即单位产品存放一年产生的成本,则每年的储存成本为 $C_I\dfrac{Q}{2}$。总成本 TC 可表示为

$$\mathrm{TC}(Q)=C_T\frac{D}{Q}+C_I\frac{Q}{2} \tag{3.7}$$

式(3.7)中,由于年需求量、单位储存成本及单位订货成本均为已知,故总成本是批量 Q 的函数。该方程的两个组成部分中,订货成本与批量成反比关系,因为批量越大,订购次数势必就少,故每年订货成本相应减少;而储存成本则与批量成正比关系,批量越大,放在仓库的时间越长,储存成本相应增多。基于前面的假设,需求连续且稳定,所以用总成本 TC 对订货批量 Q 求一阶导数并令其等于零,可得到使总成本最小的最优订货批量。令

$$\frac{\mathrm{d}(\mathrm{TC})}{\mathrm{d}Q}=0 \tag{3.8}$$

即

$$-C_T \frac{D}{Q^2} + \frac{C_I}{2} = 0 \tag{3.9}$$

整理得

$$Q = \sqrt{\frac{2DC_T}{C_I}} \tag{3.10}$$

此为最佳订购批量,即经济订货批量,常用 EOQ 表示。将式(3.10)中的 EOQ 代入式
(3.7) 中,可以得到在经济订货批量下所对应的最小总成本 TC_{min},即

$$TC_{min} = \sqrt{\frac{DC_I C_T}{2}} + \sqrt{\frac{DC_I C_T}{2}} = \sqrt{2DC_I C_T} \tag{3.11}$$

2) EOQ 模型的图解说明

订货成本 $C_T \dfrac{D}{Q}$、储存成本 $C_I \dfrac{Q}{2}$ 和

总成本 $TC(Q)$ 的特性曲线如图 3.3 所示。

从前面的微分解推导过程可知,当订
货成本和储存成本相等时,所对应的订货
批量即为最佳经济订货批量。根据公式,
储存成本随着订货批量的增大呈线性比例
增大,而订货成本与订货批量恰恰成反比
例关系。在图 3.3 中,总成本的曲线存在一
个最低点,该最低点即为所对应的经济订
货批量 EOQ。在图 3.3 中,很容易发现总

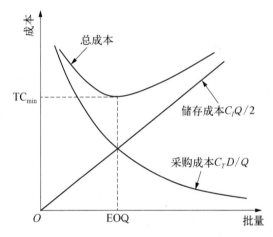

图 3.3 　定量订货模型总成本构成图

成本的最低点所对应的关于订货批量的导数为零,这与前面微分解的结论是一致的。

3) 再订货点的确定

基本的经济订货批量模型的假设之一是订货提前期为 0,但是在实际场景中,这
个假设条件并不成立。在 EOQ 模型中,通过对提前期的考虑以帮助确定在何时开始
订货,以及通过建立一定量的安全库存以防止由于意外事故或供不应求而引起的
损失。

当存在一个固定的订货提前期 LT 时,订货时机应满足在现有库存量刚好为零时,发
出的订单能够及时交货。由此可得,再订货点等于提前期内的需求量。若提前期内的库
存需求速率恒定,则再订货点 R 可表示为

$$R = LTq \tag{3.12}$$

式中,q 为平均每日库存需求数量,可由年需求量除以天数近似得到。如果提前期内的需

求有波动,此时需设置安全库存,安全库存的确定和计算将在后面章节中介绍。为了保证库存水平降到安全库存时下达的订单能到货,此时,再订货点应为安全库存量和提前期内的需求量之和。设安全库存量为 SS,则再订货点 R 为

$$R = \mathrm{LT}q + \mathrm{SS} \tag{3.13}$$

考虑安全库存时的经济订货批量模型如图 3.4 所示。

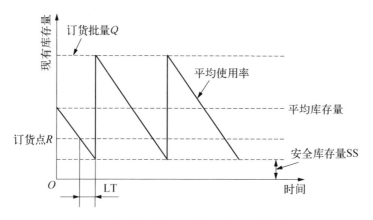

图 3.4 考虑安全库存时的经济订货批量模型

例 3.1 已知某物料的年需求量为 1 000 个,单次订货成本为 5 元,单位产品的年储存成本为 1 元,订货提前期为 5 天,该物料的单价为 10 元。试确定经济订货批量与再订货点,并计算出总成本。

解:根据式(3.10),可得最优订货批量为

$$\mathrm{EOQ} = \sqrt{\frac{2DC_T}{C_I}} = \sqrt{\frac{2 \times 1\,000 \times 5}{1}} = 100(\text{个})$$

物料的每日需求量为 1 000/365 个,那么再订货点为

$$R = \mathrm{LT}q = 5 \times \frac{1\,000}{365} \approx 13.7(\text{个})$$

此时为了保证不发生缺货,应向上取整,当库存量降至 14 个时,即开始发出订货请求,订购的数量为 100 个。年总成本为

$$\begin{aligned}
\mathrm{TC} &= \sqrt{2DC_IC_T} + C_pD \\
&= \sqrt{2 \times 1\,000 \times 5 \times 1} + 10 \times 1\,000 \\
&= 10\,100(\text{元})
\end{aligned}$$

4)总成本函数的灵敏性分析

式(3.11)为经济订货批量所对应的总成本,在此处该总成本用 TC^* 表示,经济批量用 Q^* 表示。假定非经济订货批量下对应的总成本为 TC。则 TC^* 与 TC 之间的关系可推

导如下：

$$TC^* = C_T \frac{D}{Q^*} + C_I \frac{Q^*}{2} \qquad (3.14)$$

$$TC = C_T \frac{D}{Q} + C_I \frac{Q}{2} \qquad (3.15)$$

式(3.15)除以式(3.14)，得

$$\frac{TC}{TC^*} = \frac{C_T \dfrac{D}{Q} + C_I \dfrac{Q}{2}}{C_T \dfrac{D}{Q^*} + C_I \dfrac{Q^*}{2}} \qquad (3.16)$$

式(3.16)分子和分母分别除以 C_I，得

$$\frac{TC}{TC^*} = \frac{C_T \dfrac{D}{C_I Q} + \dfrac{Q}{2}}{C_T \dfrac{D}{C_I Q^*} + \dfrac{Q^*}{2}} \qquad (3.17)$$

将经济批量计算公式 $Q^* = \sqrt{\dfrac{2DC_T}{C_I}}$ 代入式(3.17)中，可以得到

$$\frac{TC}{TC^*} = \frac{1}{2}\left(\frac{Q^*}{Q} + \frac{Q}{Q^*}\right) \qquad (3.18)$$

由式(3.18)可知，当订货批量增大或减少同一个值时，对总成本灵敏度的影响是一致的。在例 3.1 中，若订货批量为 110 个，即批量增加 10%，则总成本为

$$\begin{aligned}
TC &= C_T \frac{D}{Q} + C_I \frac{Q}{2} \\
&= 5 \times \frac{1\,000}{110} + 1 \times \frac{110}{2} \\
&\approx 100.45(\text{元})
\end{aligned}$$

故 $\dfrac{TC}{TC^*} = \dfrac{100.45}{100} = 1.004\,5$，也可以用式(3.18)计算得到，即

$$\begin{aligned}
\frac{TC}{TC^*} &= \frac{1}{2}\left(\frac{Q^*}{1.1Q^*} + \frac{1.1Q^*}{Q^*}\right) \\
&= (0.909 + 1.1)/2 \\
&= 1.004\,5
\end{aligned}$$

在例 3.1 中，批量改变 10% 造成的总成本上升幅度仅为 0.45%。由此可见，总成本函数对批量改变的灵敏度较低。

3.2.2　考虑有限生产率的 EOQ 拓展模型

在基本的经济订货批量模型中,假设之一是物料的补充能力无限大,即无论单次订货批量为多少都能立即到货。在上述模型中,物料是成批到达,且是瞬时到达的。有一种情况需要考虑,当补充能力有限时,每个订货批量需要经历一段时间逐步完成,如图 3.5 所示。当补货能力无限时,库存水平将从 A 点上升至 B 点,然后逐步减少至 F 点。由于生产能力有限,物料不再瞬时到达,而是边生产边到达,故补货时的库存量将沿 AC 上升而不是沿 AB 上升,AC 的斜率代表生产率。又因为补货过程中库存也在不断被消耗,故实际库存水平沿 AD 上升,至 D 点供货完成,D 点至 F 点期间物料只被消耗,到 F 点后库存水平降至 0,此过程为一个订货周期。

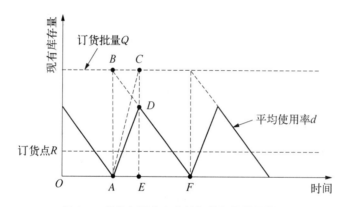

图 3.5　考虑有限生产率的经济订货批量模型

假设生产率为 p,即每日能生产的物料数量。当订货批量为 Q 时,需要历经时间 Q/p 才能完成一次完整的补货过程,设此时间为 T_p。 在这段时间内,物料需求照常,即每日需求量为 d。 因此,要保证库存系统正常运行,必须满足生产率 p 不低于需求率 d,否则系统将发生缺货,并且最终缺货量将达到无穷大。对于一个订货批量来说,需要经历时间 Q/d 才能被完全消耗,显然这也是两次补货之间的时间间隔,设此时间为 T_d。

在物料补充过程中,库存水平的增加速率为 $p-d$,即 AD 的斜率为 $p-d$。 在经历 T_p 时间的补货后,库存水平达到最大值。设 $I_{\max}$ 为最高库存量,则

$$I_{\max} = (p-d)T_p \tag{3.19}$$

求解出 T_p 并代入式(3.19),可以得到用订货批量 Q 表示的最高库存为

$$I_{\max} = (p-d)\frac{Q}{p} \tag{3.20}$$

此时,平均库存量为 $I_{\max}/2$,则年储存成本为

$$C_I(p-d)\frac{Q}{2p} \tag{3.21}$$

每年订货次数仍为 D/Q，因此年订货成本维持不变，则年总成本表示为

$$\mathrm{TC}(Q)=C_I(p-d)\frac{Q}{2p}+C_T\frac{D}{Q} \tag{3.22}$$

同样，对订货批量 Q 求导，并令 TC 的一阶导数为零，得到此时的最佳订货批量 Q_p^* 为

$$Q_p^*=\sqrt{\frac{2DC_T}{C_I}\frac{p}{p-d}} \tag{3.23}$$

对应的总成本 TC_p^* 为

$$\mathrm{TC}_p^*=\sqrt{2DC_IC_T\frac{p-d}{p}} \tag{3.24}$$

很明显，在有限生产率的经济订货批量模型中，订货批量将增大，而总成本则比基本的订货批量模型低。当生产率 $p\to\infty$ 时，式(3.23)与式(3.10)的经济订购批量表达式相同，式(3.24)与式(3.11)的总成本表达式相同，有限生产率的经济订货批量模型即变为基本的订货批量模型。如果 $p=d$，即物料的生产率与需求率相等时，由式(3.23)得，经济订购批量 $Q_p^*\to\infty$，而对应的总成本为 0，这意味着生产必须持续不断，此时库存水平将一直保持为 0，相应的库存成本也为 0。

例 3.2　在例 3.1 的基础上，进一步假设物料是边生产边消耗的，设定每天生产率 p 为 8 个/天，试计算经济订货批量。

解： 假设 1 年＝365 天，则需求率 $d=1\,000\div365\approx2.74$（个/天）。将上述数据代入式(3.23)中，可得经济订货批量为

$$Q_p^*=\sqrt{\frac{2DC_T}{C_I}\frac{p}{p-d}}=\sqrt{\frac{2\times1\,000\times5}{1\times\left(1-\dfrac{2.74}{8}\right)}}=123.33（个）$$

将数据代入式(3.24)，可得总成本为

$$\begin{aligned}
\mathrm{TC}_p^*&=\sqrt{2DC_IC_T\frac{p-d}{p}}+C_pD\\
&=\sqrt{2\times1\,000\times5\times1\times\frac{8-2.74}{8}}+10\times1\,000\\
&=10\,081.09（元）
\end{aligned}$$

3.2.3　考虑折扣的 EOQ 拓展模型

在前面几节讨论的经济订货批量模型中，我们假设单位产品的价格与订货批量

Q 的大小无关,只考虑固定的订货成本与储存成本之间的权衡。而在生产实际中,供应商为了鼓励客户大批量采购,往往会将产品的采购价格与订货批量相关联,订货批量越大,价格就越优惠。这种数量折扣的形式在物料采购中较常见。如某种产品的单价为 100 元,当一次购买的数量为 50~100 个时,单价可以降低为 95 元;如果一次购买的量为 150~200 个时,单价继续降低为 85 元,这就是一种典型的数量折扣的例子。在这种情况下,前面推导的 EOQ 模型便不能直接应用,需要进行适当修正。

针对不同的行业、不同的商品,价格的折扣方案存在多种类型。比较常见的有两种形式:一是全量折扣,这种折扣应用于采购的全部产品,价格与订货批量有关;二是增量折扣,这种折扣只应用于超出折扣点的额外产品。一般来说,使用全量折扣的单位平均价格小于使用增量折扣的单位平均价格。下面我们分别对这两种数量折扣进行介绍。

1) 全量折扣

记折扣点分别为 $q_1, q_2, \cdots, q_n$,在全量折扣下,价格与订货批量呈现如下关系:当订货批量 $0 \leqslant Q < q_1$ 时,产品的采购单价为 C_1;当订货批量 $q_1 \leqslant Q < q_2$ 时,产品的采购单价为 C_2;……;当订货批量 $q_{n-1} \leqslant Q$ 时,产品的采购单价为 C_n。

设 C_i 为产品单价,订货成本的可变部分 $C(Q) = C_i Q$,$C(Q)$ 是一个与订货批量有关的函数。$C(Q)$ 与 Q 的关系可用图 3.6 表示。值得注意的是,这种折扣方式存在一定的不合理的地方。考察 q_1 点,当订货批量 $Q = q_1$ 时,可变订货成本为 $C_2 q_1$,而当订货批量接近 q_1 但不足 q_1 时,可变订货成本将大于 $C_2 q_1$。因此,对于决策者来说,订货批量的选择应考虑这种变化。

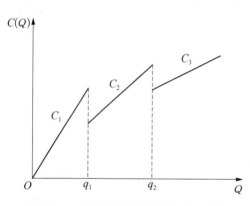

图 3.6　全量折扣下可变的订货成本函数

储存成本主要由资金占用产生,这里假设单位储存成本与采购单价成比例。设储存成本系数为 I,在采购单价为 C_i 时,单位产品的年储存成本为 IC_i。固定订货成本与基本模型一致,则在全量折扣条件下,系统的总成本为

$$\mathrm{TC}_i(Q) = C_T \frac{D}{Q} + IC_i \frac{Q}{2} + C_i D \tag{3.25}$$

经济订货批量为

$$Q_i^* = \sqrt{\frac{2DC_T}{IC_i}} \tag{3.26}$$

与基本的经济订货批量模型的区别在于,采购单价由常数变为订货批量 Q 的函

数。由此可得到不同单价对应的总成本曲线(见图3.7),总成本 TC 将变为一个分段函数。图3.7 显示了三种单价对应的总成本曲线 $TC_1(Q)$、$TC_2(Q)$ 和 $TC_3(Q)$,实线部分表示真实发生的总成本,如当批量小于 Q_1 时,对应的总成本为 $TC_1(Q)$ 的实线 AB 段。当批量达到 Q_1 但小于 Q_2 时,因为存在数量折扣的关系,对应的总成本曲线为 $TC_2(Q)$ 的实线 CD 段。同理,当批量达到 Q_2 时,总成本曲线为 $TC_3(Q)$ 的实线 EF 段。所以说,考虑数量折扣的因素,总成本曲线

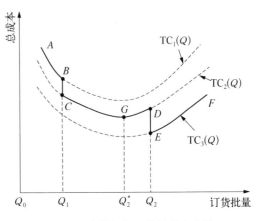

图 3.7　全量折扣下的总成本曲线

实际上沿着 $ABCDEF$(即图中三条曲线的实线部分)变化。

需要说明的是,位于下方的曲线,其最小总成本一定比位于上方的曲线的最小总成本小。在每段曲线中,可根据不同的单价 C_i 计算出相应的总成本最低时的经济订货批量 Q_i^*。此外,通过式(3.26)还可发现,位于下方的曲线,其经济订货批量要比位于上方的曲线大。对于曲线 $TC_i(Q)$,如果计算出的 $Q_i^* > Q_i$,则在该曲线中,总成本最低时对应的订货批量为 Q_i,如图3.7 中曲线 $TC_1(Q)$ 所示;如果计算出的 $Q_{i-1} < Q_i^* < Q_i$,则最低总成本对应的订货批量即为 Q_i^*,如曲线 $TC_2(Q)$ 所示;如果 $Q_i^* < Q_{i-1}$,则最低总成本对应的订货批量为 Q_{i-1},如曲线 $TC_3(Q)$ 所示。因此,最优的订货批量取值将在经济订货批量或者折扣点处。

综上所述,计算全量折扣下的最优订货批量的步骤如下。

(1)确定最大且可行的经济订货批量。所谓可行是指经济订货批量 Q_i^* 满足 $Q_{i-1} < Q_i^* < Q_i$。可以先计算单价最低时的经济订货批量,然后继续计算下一个较高单价的经济订货批量,当出现第一个可行的经济订货批量时停止。

(2)比较最大可行经济订货批量与所有大于该值的折扣点的总成本。最优订货批量是使总成本达到最小的值。

例3.3　假设某产品的单次订货成本为40元,年需求量为4 000个,资本的年度回报率为20%,订购批量的数量折扣关系如表3.1所示,试计算最优订货批量。

表3.1　订货批量的数量折扣关系

订货批量/个	单价/元
$0 \leqslant Q < 500$	2.55
$500 \leqslant Q < 2\,250$	2.50
$2\,250 \leqslant Q < 3\,200$	2.45
$3\,200 \leqslant Q$	2.40

解：先计算各价格区段的经济订货批量，结果如下：

$$Q_4^* = \sqrt{\frac{2DC_T}{IC_i}} = \sqrt{\frac{2 \times 4\,000 \times 40}{20\% \times 2.40}} \approx 816(个)$$

$$Q_3^* = \sqrt{\frac{2DC_T}{IC_i}} = \sqrt{\frac{2 \times 4\,000 \times 40}{20\% \times 2.45}} \approx 808(个)$$

$$Q_2^* = \sqrt{\frac{2DC_T}{IC_i}} = \sqrt{\frac{2 \times 4\,000 \times 40}{20\% \times 2.50}} = 800(个)$$

可知 Q_4^* 和 Q_3^* 分别小于 3 200 和 2 250，而 Q_2^* 介于 500 和 2 250 之间，因此最大的可行经济订货批量为 Q_2^*。大于 800 的折扣点有 2 250、3 200，最优订货批量将在它们三者之中产生。分别计算这三个订货批量对应的总成本，结果如下：

$$TC_2(800) = 40 \times \frac{4\,000}{800} + 20\% \times 2.50 \times \frac{800}{2} + 2.50 \times 4\,000 = 10\,400(元)$$

$$TC_3(2\,250) = 40 \times \frac{4\,000}{2\,250} + 20\% \times 2.45 \times \frac{2\,250}{2} + 2.45 \times 4\,000 = 10\,422(元)$$

$$TC_4(3\,200) = 40 \times \frac{4\,000}{3\,200} + 20\% \times 2.40 \times \frac{3\,200}{2} + 2.40 \times 4\,000 = 10\,418(元)$$

由此可知，最佳经济订货批量应为 800 个，每年对应的总成本为 10 400 元。

2) 增量折扣

记折扣点分别为 $q_1, q_2, \cdots, q_n$，在增量折扣下，价格与订货批量呈现如下关系：当订货批量 $0 \leqslant Q < q_1$ 时，产品的采购单价为 C_1；当订货批量 $q_1 \leqslant Q < q_2$ 时，则 $0 \sim q_1$ 部分的产品采购单价为 C_1，其余部分的采购单价为 C_2；当订货批量 $q_2 \leqslant Q < q_3$ 时，则 $0 \sim q_1$ 部分的产品采购单价为 C_1，$q_1 \sim q_2$ 部分的产品采购单价为 C_2，其余部分的采购单价为 C_3；以此类推。

图 3.8 描述了可变的订货成本 $C(Q)$ 与 Q 之间的关系，可以发现其在各个折扣点处都是连续的。因此，增量折扣方案可以避免全量折扣中的不合理之处。

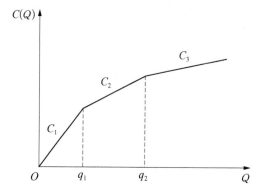

图 3.8　增量折扣下可变的订货成本函数

在确定最优订货批量之前，需要确定产品的采购单价。然而，在增量折扣形式下，不同部分货物的采购单价并不一样，订货批量与平均采购单价 $c_i(Q)$ 之间的关系如下：

(1) 当订货批量 $0 \leqslant Q < q_1$ 时，可变的订货成本为 C_1Q，产品的平均采购单价 $c_1(Q) = C_1$；

(2) 当订货批量 $q_1 \leqslant Q < q_2$ 时，可变的

订货成本为 $C_1q_1 + C_2(Q - q_1)$，产品的平均采购单价 $c_2(Q) = \dfrac{C_1q_1 + C_2(Q - q_1)}{Q}$；

（3）当订货批量 $q_2 \leqslant Q < q_3$ 时，可变的订货成本为 $C_1q_1 + C_2(q_2 - q_1) + C_3(Q - q_2)$，产品的平均采购单价 $c_3(Q) = \dfrac{C_1q_1 + C_2(q_2 - q_1) + C_3(Q - q_2)}{Q}$。

以采购单价对应在第三个价格区段为例，在增量折扣条件下，系统的总成本为

$$\text{TC}_3(Q) = C_T \frac{D}{Q} + Ic_3(Q) \frac{Q}{2} + c_3(Q)D \tag{3.27}$$

将 $c_3(Q)$ 代入式（3.27）并整理，得

$$\text{TC}_3(Q) = \frac{C_T + (C_1 - C_2)q_1 + (C_2 - C_3)q_2}{Q}D + \frac{IC_3}{2}Q +$$
$$\left\{ \frac{I}{2}\left[(C_1 - C_2)q_1 + (C_2 - C_3)q_2 \right] + C_3D \right\}$$

与基本模型相同，经济订货批量在总成本关于订货批量的一阶导数为零时获取。因此，经济订货批量 Q_3^* 为

$$Q_3^* = \sqrt{\frac{2D\left[C_T + (C_1 - C_2)q_1 + (C_2 - C_3)q_2 \right]}{IC_3}} \tag{3.28}$$

图 3.9 所示为增量折扣形式下总成本与订货批量之间的一般关系，在每一个折扣点处，总成本函数也是连续的，即关系式 $\text{TC}_i(q_i) = \text{TC}_{i+1}(q_i)$ 成立。以上性质表明，总成本最小的点一定取值在经济订货批量处，从图 3.9 中也可以较容易地看出。因此，没有可行经济订货批量的区段，肯定不存在全局最低点。

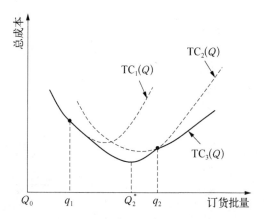

图 3.9　增量折扣下的总成本曲线

综上所述，计算增量折扣下的最优订购批量的步骤如下。

（1）确定每种价格对应的可变订货成本，并确定平均采购单价 $c_i(Q)$。

（2）将 $c_i(Q)$ 代入总成本函数 $\text{TC}_i(Q)$，分别计算每种价格对应的经济订货批量 Q_i^*。

（3）找出（2）计算出的可行的 Q_i^*（即落在对应的区间内），比较可行的 Q_i^* 对应的总成本，选择使总成本最小的 Q_i^* 作为最优订货批量。

例 3.4　基于例 3.3，假定采购单价与批量范围的对应关系如表 3.2 所示，试计算最优订货批量。

表 3.2   批量范围与折扣的对应关系

批量范围/个	单价/元
0~500	2.55
500~2 250	2.50
2 250~3 200	2.45
超过 3 200	2.40

解：先计算各价格区段的经济订货批量，结果如下：

$$Q_1^* = \sqrt{\frac{2 \times 4\,000 \times 40}{20\% \times 2.55}} \approx 792(\text{个})$$

$$Q_2^* = \sqrt{\frac{2 \times 4\,000 \times [40 + (2.55 - 2.50) \times 500]}{20\% \times 2.50}} \approx 1\,020(\text{个})$$

$$Q_3^* = \sqrt{\frac{2 \times 4\,000 \times [40 + (2.55 - 2.50) \times 500 + (2.50 - 2.45) \times 2\,250]}{20\% \times 2.45}}$$
$$\approx 1\,702(\text{个})$$

$$Q_4^* = \sqrt{\frac{2 \times 4\,000 \times [40 + (2.55 - 2.50) \times 500 + (2.50 - 2.45)}{20\% \times 2.40}}$$
$$\times 2\,250 + (2.45 - 2.40) \times 3\,200]$$
$$\approx 2\,372(\text{个})$$

可知在上述 4 个经济订货批量中，仅 Q_2^* 可行，因此最优的订货批量为 Q_2^*，对应的总成本为

$$\mathrm{TC}_2(1\,020) = 40 \times \frac{4\,000}{1\,020} + \frac{20\%}{2} \times [2.55 \times 500 + 2.50 \times (1\,020 - 500)] +$$
$$\frac{2.55 \times 500 + 2.50 \times (1\,020 - 500)}{1\,020} \times 4\,000 \approx 10\,512.4(\text{元})$$

由此可知，最佳经济订购批量应为 1 020 单位，每年对应的总成本为 10 512.4 元。

3.3   报童模型及其拓展模型

一个库存系统包含多种系统参数，如市场需求、订货成本、库存持有成本、缺货成本、订货提前期等。在库存系统运行过程中，部分参数在一定程度上可以控制，属于系统内部参数，如各种成本。另有部分参数则由外部因素控制，库存系统通常只能对其施加一定影响，如独立需求由市场趋势和消费者偏好决定，往往是随机不可测的。在前文所讨论的经

济订货批量模型中,我们假设需求确定。然而,在实际生活中,企业管理者很难基于过往经验和历史数据提前准确地进行需求预测。因此,当库存控制策略必须在需求产生前给出时,达到供需匹配的结果特别困难。如何应对需求的不确定性成为库存控制中必须关注的问题,针对不确定需求下的库存控制方法在现实生活中有更广泛的应用。

3.3.1　报童模型

报童模型(newsvendor model)主要用于解决随机需求下的库存控制问题。该模型最初是为卖报纸的小孩确定每天订购多少份报纸最合理。从常理来看,当天的报纸仅在当天卖出才可获益,多余的报纸在未来时间内是不具备销售价值的,但尚有一定残值可被回收。报童模型的本质是在随机需求实现之前做出订购多少份报纸的决策。如果高估市场需求而多订,会导致库存销售不完,产品被降价回收;而如果低估市场需求而少订,则会产生库存短缺情况,面临失去潜在客户的风险。

广义上,报童模型泛指应对单周期需求的一次性订货决策,特征是需求具有偶发性,且产品生命周期短,库存系统通常仅运行一期就结束,很少发生重复订货的情况。假设市场需求为 D,订货批量为 Q。若 $Q \geqslant D$,则会有 $Q-D$ 单位的产品未被售出而进行降价售出或报废处理,产生超储成本;若 $Q < D$,销售季末剩余的产品数量为 0,但有 $D-Q$ 数量的需求未被满足,产生缺货成本。因此,可以用 $\max\{0, Q-D\}$ 表示超出需求的订购量,用 $\max\{0, D-Q\}$ 表示销售季末未被满足的需求。在单周期模型中,进行库存控制的关键是权衡超储成本和缺货成本,确定最优的订货批量以最大化可获得的利润。

在报童模型中,我们主要考虑三种价格:单位产品的销售价格 p、订货价格 c、回收价格 s(即销售期内未售出产品进行降价销售时的残值)。一般来说,$p > c > s$。那么,单位超储成本 c_o 和单位缺货成本 c_u 可表示为

$$c_o = c - s \tag{3.29}$$

$$c_u = p - c \tag{3.30}$$

1) 离散类型产品

市场需求虽然难以确定,但我们通常可以根据历史数据获取大致的概率分布。因此,报童模型就是基于需求的概率分布,确定订货批量。当产品是离散类型时,其市场需求也是离散型的随机变量。定义需求量为 D 的概率为 $p(D)$,需求的概率分布函数为 $F(\cdot)$。那么,$F(D)$ 则表示需求小于等于 D 的概率,即 $F(D) = \sum_{x=0}^{D} p(x)$。

对于最优订货量的确定,可以分别从两种不同的视角进行分析。第一种方法是期望损失最小法。库存系统的损失主要来自超储损失或缺货损失。当订货量为 Q 时,总的超储成本为 $c_o \max\{0, Q-D\}$,总的缺货成本为 $c_u \max\{0, D-Q\}$。因此,期望损失 $E_L(Q)$ 可表示为

$$E_L(Q) = \sum_D (c_o \max\{0, Q-D\} + c_u \max\{0, D-Q\}) p(D) \tag{3.31}$$

对式(3.31)进行公式变换，即可得

$$E_L(Q) = \sum_{D \leqslant Q} c_o(Q-D)p(D) + \sum_{D > Q} c_u(D-Q)p(D) \tag{3.32}$$

采用边际增量法对期望损失 $E_L(Q)$ 的变化趋势进行分析。由于每追加 1 个单位的订货，都会使期望损失发生变化。边际增量法的基本思想是当 Q 为最优订货量时，无论增加或减少订货数量，都会使期望损失增加。首先考察 $E_L(Q+1)$ 和 $E_L(Q)$ 的损失差值，则有

$$\Delta E_L = E_L(Q+1) - E_L(Q) = c_o \sum_{D \leqslant Q} p(D) - c_u \sum_{D > Q} p(D) \tag{3.33}$$

对式(3.33)进行变换，可得

$$\Delta E_L = -c_u + (c_u + c_o) \sum_{D \leqslant Q} p(D) \tag{3.34}$$

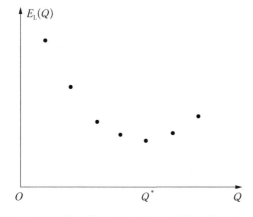

图 3.10　期望损失 $E_L(Q)$ 与订购量 Q 的关系

由于 $\sum_{D \leqslant Q} p(D)$ 随着 Q 的增加而增加，所以 ΔE_L 也随着 Q 的增加而增加。由此可得，$\Delta E_L(Q)$ 呈现下凹的形状，如图 3.10 所示。当 $Q < Q^*$ 时，ΔE_L 为负数，$E_L(Q)$ 呈现下降趋势；当 $Q > Q^*$ 时，ΔE_L 为正数，$E_L(Q)$ 呈现上升趋势。那么，存在一个全局最小点 Q^*，使得期望损失 $E_L(Q)$ 达到最小。

最优订货批量 Q^* 满足 $\Delta E_L = 0$，即

$$F(Q^*) = \sum_{D=0}^{Q^*} p(D) = \frac{c_u}{c_u + c_o} \tag{3.35}$$

第二种方法是期望利润最大法。c_u 可视为售出单位产品所获得的利润，c_o 可视为单位产品被回收造成的利润损失。当订货量大于市场需求时，售出产品数量为市场需求 D，可获得的利润由产品销售利润 $c_u D$ 以及回收损失 $c_o(Q-D)$ 两部分组成；而当订货量小于市场需求时，售出产品数量为订货量 Q，产品销售利润为 $c_u Q$，此时不再有回收损失。因此，当订货量为 Q 时，期望利润 $E_P(Q)$ 可表示为

$$E_P(Q) = \sum_{D \leqslant Q} [c_u D - c_o(Q-D)]p(D) + \sum_{D > Q} c_u Q p(D) \tag{3.36}$$

同样地，采用边际增量法对期望利润 $E_P(Q)$ 进行分析。$E_P(Q+1)$ 和 $E_P(Q)$ 的利润差值为

$$\Delta E_P = E_P(Q+1) - E_P(Q) = -c_o \sum_{D \leqslant Q} p(D) + c_u \sum_{D > Q} p(D) \tag{3.37}$$

对式(3.37)进行变换,可得

$$\Delta E_P = c_u - (c_u + c_o) \sum_{D \leqslant Q} p(D) \tag{3.38}$$

可以发现, ΔE_P 和 ΔE_L 正好为相反数,期望利润 $E_P(Q)$ 呈现上凸的趋势。取期望利润 $E_P(Q)$ 达到最大时的订货量为最优订货量,这与期望损失 $E_L(Q)$ 最小时对应的最优订货量是相同的。

然而,由于需求是离散分布的,因此可能不存在恰好等于上述临界比 $c_u/(c_u + c_o)$ 的分布函数。假设临界比落在 $F(n)$ 与 $F(n+1)$ 之间(其中 n 为非负整数)。由式(3.33)可得,其损失差值为

$$\Delta E_L = E_L(n+1) - E_L(n) = c_o \sum_{D \leqslant n} p(D) - c_u \sum_{D > n} p(D)$$
$$= c_o F(n) - c_u [1 - F(n)] \tag{3.39}$$

由于 $F(n) < c_u/(c_u + c_o)$,可以求得 $\Delta E_L < 0$,说明在订货量为 $n+1$ 时,期望损失更小。因此,临界比介于两个相邻订货量的分布函数之间时,应取订货量的较大值作为最优订货量 Q^* 。

例 3.5　圣诞节即将到来,某商店需要提前确定圣诞礼盒的进货量。已知圣诞礼盒的进价为 50 元,售价为 110 元。若圣诞期间没有售罄,则每个礼盒将按 10 元的价值回收。该商店对过去多年的销售数据进行分析,得到市场需求服从表 3.3 所示的概率分布规律。试为该商店确定应该提前订购多少圣诞礼盒。

表 3.3　圣诞礼盒需求量概率预测

需求量/个	100	200	300	400	500	600
概率	0.05	0.15	0.2	0.25	0.2	0.15

解：首先计算超储成本和缺货成本,并求临界比。

当 $D > Q$ 时,单位缺货成本 $c_u = p - c = 110 - 50 = 60$ (元);

当 $D < Q$ 时,单位超储成本 $c_o = c - s = 50 - 10 = 40$ (元)。

基于临界比,求得最优订购量满足的概率分布为

$$F(Q^*) = \frac{c_u}{c_u + c_o} = \frac{60}{60 + 40} = 0.6$$

由于

$$F(300) = 0.4$$

$$F(400) = 0.65$$

$F(Q^*)$ 介于 $F(300)$ 与 $F(400)$ 之间,因此最优订货量 $Q^* = 400$(个)。

2) 连续类型产品

当产品是连续类型时,其市场需求也是连续型随机变量。假设需求 D 是一个连续非负的随机变量,定义需求 D 的概率密度函数为 $f(x)$,则累计分布函数 $F(x) = \int_0^x f(x)$。其他参数与离散类型产品的模型相同。

同样,优化目标为最小化一个周期的期望损失。由于需求为非负数,那么需求的概率密度函数满足当 $x < 0$ 时,$f(x) = 0$。因此,可以得到期望损失的表达式为

$$E_L(Q) = c_o \int_0^Q (Q-x) f(x) \mathrm{d}x + c_u \int_Q^\infty (x-Q) f(x) \mathrm{d}x \qquad (3.40)$$

对式(3.40)求导,可以得到 $E_L(Q)$ 关于 Q 的一阶导数:

$$\frac{\mathrm{d}E_L(Q)}{\mathrm{d}Q} = c_o \int_0^Q f(x) \mathrm{d}x - c_u \int_Q^\infty f(x) \mathrm{d}x$$

二阶导数为

$$\frac{\mathrm{d}^2 E_L(Q)}{\mathrm{d}^2 Q} = (c_o + c_u) f(Q) \geqslant 0$$

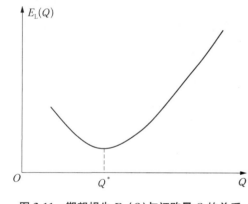

由于 $E_L(Q)$ 的二阶导数非负,所以函数 $E_L(Q)$ 是关于 Q 的凸函数。$E_L(Q)$ 关于 Q 的曲线如图 3.11 所示。最优订货量 Q^* 出现在 $E_L(Q)$ 一阶导数为 0 的点,也就是

$$(c_o + c_u) F(Q^*) - c_u = 0$$

整理得

$$F(Q^*) = \frac{c_u}{c_u + c_o} \qquad (3.41)$$

图 3.11　期望损失 $E_L(Q)$ 与订购量 Q 的关系

这与离散型模型的结论是类似的。由于 c_u 和 c_o 都是正数,临界比位于 0 和 1 之间,这意味着对于连续需求分布,式(3.41)总是可解的,最优订购量即为 $F(Q^*)$ 对应的订购量。

例 3.6　夏季人们对米酒的需求旺盛。某地一商贩老板根据历史数据的统计,认为米酒需求量服从均值 $\mu = 100$、标准差 $\sigma = 20$ 的正态分布,单位为千克。每千克米酒的进价为 8 元,售价为 20 元。如果米酒未售完,该商贩可以每千克 5 元的价格退还给供应商。试帮助该老板确定应购进多少千克的米酒。

解:对于每千克米酒,单位缺货成本 $c_u = p - c = 20 - 8 = 12$(元),单位超储成本 $c_o = c - s = 8 - 5 = 3$(元)。基于临界比,求得最优订购量满足的概率分布为

$$F(Q^*) = \frac{c_u}{c_u + c_o} = \frac{12}{12 + 3} = 0.8$$

通过查阅标准正态分布表，可知累计概率为 0.8 时对应的点位 $z = 0.842$，最优订货量 Q^* 为

$$Q^* = \mu + z\sigma = 100 + 0.842 \times 20$$
$$= 116.84 (千克)$$

因此，该商贩应该在夏季购进 116.84 千克的米酒，并将以 0.8 的概率满足所有的需求，如图 3.12 所示。

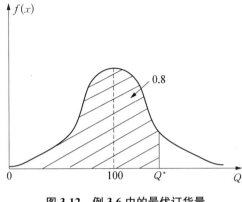

图 3.12　例 3.6 中的最优订货量

3.3.2　考虑多周期的报童拓展模型

在 3.3.1 节中，仅考虑单周期的订货量，并且所订购的产品只能在一个周期内进行销售，不能用来满足后续周期的需求。然而，在实际生产中，周期与周期之间往往存在关联和影响。例如，在本周期运行完后，如果还有多余的产品，则会成为下一周期的初始库存，在下一周期还可以继续售卖；如果本周期发生了缺货，未满足的需求也可以选择放弃，或者在下一周期被延迟满足。这里考虑具有无限期的库存管理情况。当周期数有限时，最优订货量的数值将落在单周期最优解与无限周期最优解之间。

当考虑的订货周期数超过 1 时，需要对最优订货量 Q^* 进行修改，超储成本 c_o 和缺货成本 c_u 的含义也将有所不同。对于具有无限周期的报童模型，有两种可能的情况需要分别讨论。如果超额需求会被延迟满足，那么在任意一个周期内进行订货来满足需求都是可行的，产品的销售量将等于产品的需求量。因此，c_o 和 c_u 将独立于产品的销售价格 p 和订货价格 c。在这种情形下，c_o 为库存持有成本，c_u 为商誉损失成本。如果超额需求直接被放弃，c_o 仍为库存持有成本，但 c_u 除了包括商誉损失成本外，还包括放弃的销售利润。

例 3.7　如果在例 3.6 中，商贩全年都售卖米酒，并在每个月初进行一次订货。假设米酒库存的年持有成本是产品进价的 20%，缺货时的单位商誉损失成本为 1 元。米酒的月需求量服从均值 $\mu = 30$、标准差 $\sigma = 6$ 的正态分布。该商贩应该在每个月的开始订购多少千克的米酒？

解：该案例应该分两种情况进行讨论。

（1）如果超额需求被延迟满足，c_o 为持有成本，即 $c_o = 8 \times 20\% / 12 \approx 0.13$（元）。缺货成本 c_u 为商誉损失成本，即 1 元。临界比为

$$F(Q^*) = \frac{c_u}{c_u + c_o} = \frac{1}{1 + 0.13} \approx 0.88$$

对应的标准正态分布值 $z = 1.20$，因此，每月初订货量的最优值为

$$Q^* = \mu + z\sigma = 30 + 1.20 \times 6 = 37.20(千克)$$

(2) 如果超额需求被放弃，c_o 仍为持有成本 0.13 元，缺货成本则为商誉损失成本与利润损失之和，即 $c_u = 1 + 20 - 8 = 13(元)$。临界比为

$$F(Q^*) = \frac{c_u}{c_u + c_o} = \frac{13}{13 + 0.13} \approx 0.99$$

对应的标准正态分布值 $z = 2.33$，因此，每月初订货量的最优值为

$$Q^* = \mu + z\sigma = 30 + 2.33 \times 6 = 43.98(千克)$$

3.3.3　其他报童拓展模型

传统的报童模型存在一定的局限性。随着对报童模型研究的逐渐深入，会发现在现实情景下，决策者的订货量总是偏离理论上的最优订货量。这是因为实际的采购行为是复杂的，往往受到多种因素的干扰和影响。为了贴近现实采购，学者们相继采取不同的手段，将各种因素引入报童模型之中，更好地丰富了库存管理的知识体系。一些较常见的考虑因素有供应商的产能约束、市场竞争、供应中断风险、需求信息更新、决策者的行为偏好等。在本节中，我们将介绍两种报童模型的拓展应用。

1) 考虑风险偏好的报童模型

在经典报童问题中，通常假定决策者为风险中性的，认为其对任何潜在后果并未有明显的偏向。然而，实验经济学家的研究表明，在不确定的环境下，决策者很少是理性的，而是具有一定的风险态度，并且对于不同的绩效将表现出不同的偏好，而这些偏好最终将影响其采购决策。例如，在经济、金融等领域中，学者通常会认为决策者是风险规避的，并采用一些风险分析工具如均值方差(mean-variance model)、风险价值(VaR)或者条件风险价值(CVaR)进行风险度量；在市场营销、管理学等领域中，通常认为决策者是损失厌恶的，并尝试引用一些回购、目标补偿等契约合同协调供应链；此外，还有部分学者认为，决策者也会表现出过度自信行为，当其认为自己比他人优秀时，可能导致对风险的低估以及供需偏差估计。

在此，以决策者的损失厌恶行为作为案例进行具体介绍。考虑一个具有随机需求的报童模型，采购成本为 w，零售价格为 p，未售出产品的回收价值为 v。若决策者没有行为偏好，其利润函数可表达为

$$\pi(x, Q) = \begin{cases} \pi_-(x, Q) = (p-v)x - (w-v)Q & x \leqslant Q \\ \pi_+(x, Q) = (p-v)Q - (w-v)Q & x > Q \end{cases} \tag{3.42}$$

在不失一般性的情况下，对上述利润表达式进行标准化处理，定义 $p - v = 1$，那么利润函数可表示为

$$\pi(x, Q) = \begin{cases} \pi_-(x, Q) = x - aQ & x \leqslant Q \\ \pi_+(x, Q) = Q - aQ & x > Q \end{cases} \tag{3.43}$$

式中，$0 < a < 1$。此时，可以发现 $\pi_+(x, Q)$ 恒大于 0，而 $\pi_-(x, Q)$ 存在盈亏平衡点。定义 $q_1(Q) = aQ$，如果 $x < q_1(Q)$，$\pi_-(x, Q)$ 恒小于 0，在此情境下，利润值为负，将产生损失。

　　期望效用指在不确定条件下可能获得的各种结果的效用加权平均。当存在损失厌恶偏好时，可以采用最大化期望效用重新定义上述采购行为，损失厌恶决策者的效用函数可用如下分段线性函数描述：

$$U(\pi) = \begin{cases} \pi & \pi \geqslant 0 \\ \lambda\pi & \pi < 0 \end{cases} \tag{3.44}$$

式中，π 表示利润；$\lambda > 1$ 表示损失厌恶偏好。λ 越大，意味着对损失的厌恶程度越大，$\lambda = 1$ 表示决策者是理性的。在等价的损失和收益中，损失厌恶决策者会对损失更敏感。当 $\pi < 0$ 时，决策者亏损，其效用 $U(\pi) = \lambda\pi$，对损失的感知程度更强；当 $\pi \geqslant 0$ 时，决策者盈利，其效用 $U(\pi) = \pi$，即对收益的感知程度没有明显变化。将决策者的利润函数[式(3.43)]映射到效用函数[式(3.44)]后，决策者的期望效用 $E[U(\pi(x, Q))]$ 可以表示为

$$E[U(\pi(x, Q))] = \lambda\int_0^{q_1(Q)} \pi_-(x, Q)f(x)\mathrm{d}x + \int_{q_1(Q)}^Q \pi_-(x, Q)f(x)\mathrm{d}x +$$
$$\int_Q^\infty \pi_+(x, Q)f(x)\mathrm{d}x \tag{3.45}$$
$$= E[\pi(x, Q)] + (\lambda - 1)\int_0^{q_1(Q)} \pi_-(x, Q)f(x)\mathrm{d}x$$

对式(3.45)求导，可以得到 $E[U(\pi(x, Q))]$ 关于 Q 的一阶导数为

$$\frac{\mathrm{d}E[U(\pi(x, Q))]}{\mathrm{d}Q} = 1 - a - F(Q) - (\lambda - 1)aF(aQ)$$

二阶导数为

$$\frac{\mathrm{d}^2 E[U(\pi(x, Q))]}{\mathrm{d}Q^2} = -f(Q) - (\lambda - 1)a^2 f(aQ) \leqslant 0$$

可证明，$E[U(\pi(x, Q))]$ 仍是关于 Q 的凹函数，因此存在唯一的最优订购决策 Q^* 使得期望效用最大化，Q^* 满足

$$F(Q^*) + (\lambda - 1)aF(aQ^*) = 1 - a \tag{3.46}$$

当 $\lambda = 1$ 时，决策者是风险中性的，此时的最优采购决策 $Q_s^* = F^{-1}(1 - a)$。很容易看出，损失厌恶决策者的采购倾向将小于风险中性决策者的采购倾向，即 $Q^* < Q_s^*$。

　　2）基于数据驱动的报童模型

　　需求的不确定性是库存管理研究和实践中的一个主要挑战。在传统的报童模型中，我们假设需求服从特定的分布，基于此求解出最优的订购决策。然而，在现实情境下，决

策者很难获取实际的需求分布及其参数,甚至需求分布还会伴随时间的推移而发生改变。大数据的可用性提高有助于克服这一问题。通过数据驱动可以改善库存管理,在此过程中,数据的应用价值可分为三个层次,如图 3.13 所示。

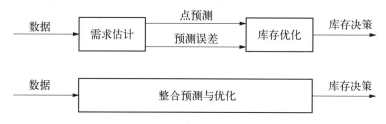

图 3.13   数据驱动的三个层次

考虑一个具有未知需求分布的经典报童模型,目标为最小化总成本,有

$$E_L(Q) = \min_{q \geqslant 0} E\left[c_o(Q-D)^+ + c_u(D-Q)^+\right] \tag{3.47}$$

众所周知,上述模型的最优解为 $Q^* = \inf\left\{p : F(p) \geqslant \dfrac{c_u}{c_u + c_o}\right\}$,其中 $\dfrac{c_u}{c_u + c_o}$ 被视为最优服务水平。需求分布 F 往往是未知的,然而,一些历史经验数据 $S_n = \{(D_1, x_1), \cdots, (D_n, x_n)\}$ 可以被获取,其中 D_i 为第 i 期的实际需求,x_i 为第 i 期的特征值(如价格等)。

数据驱动的第一层次为需求估计。机器学习(machine learning)可以用于处理大型数据集,在过去几年吸引了大量关注。基于一些常见的机器学习方法,如人工神经网络(ANNs)、梯度增强决策树(DTs)等,通过输入历史需求数据和其他特征数据,可以预测未来需求。机器学习的输出结果为预测的平均需求 $\hat{y}(x)$ 以及预测误差 θ,其中 $\hat{y}(x)$ 与所预测周期的特征值 x 有关。然后,假设预测误差服从一个特定的分布 F(如正态分布),以 θ 作为分布参数(均值、标准差等)来评估服务水平,并将其添加到预测中来优化订单量,模型的最优解满足

$$Q(x) = \hat{y}(x) + \inf\left\{p : \bar{F}(p, \hat{\theta}) \geqslant \dfrac{c_u}{c_u + c_o}\right\} \tag{3.48}$$

但是,这一过程仍明确设定了分布函数,并非真正意义上的数据驱动。如果分布假设为真,会产生最优决策。但是这一分布也可能是错误的,并会导致次优的库存决策。

数据驱动的第二层次为库存优化。在利用机器学习进行需求估计的基础上,采用样本平均近似(SAA)方法,预测误差分布 $\bar{F}$ 由在训练集上获取的经验预测误差 $\epsilon_1, \cdots, \epsilon_n$ 来确定,而不需要进行分布假设,即 $\bar{F}(p) = \dfrac{1}{n}\sum_{i=1}^{n} I(\epsilon_i \leqslant p)$。选定经验分布的服务水平分位数并将其加入点预测中,模型的最优解满足

$$Q(x) = \hat{y}(x) + \inf\left\{p : \dfrac{1}{n}\sum_{i=1}^{n} I(\epsilon_i \leqslant Q) \geqslant \dfrac{c_u}{c_u + c_o}\right\} \tag{3.49}$$

该方法优化的性能在很大程度上取决于预测的质量。当最优服务水平接近 0 或 1 时,需要估计极端分位数,那么所需的样本量将非常大,因为极端观察数据很少。

数据驱动的第三层次为整合预测与优化。将预测模型集成到库存管理问题中,可以直接利用特征数据估计最优订购数量,而不用先预测需求,再优化库存决策。模型的最优解满足

$$Q(x) = \min_{\phi} \frac{1}{n} \{ c_o [Q_i(\phi, x_i) - D_i]^+ + c_u [D_i - Q_i(\phi, x_i)]^+ \} \tag{3.50}$$

通过训练历史经验数据 $S_n = \{(D_1, x_1), \cdots, (D_n, x_n)\}$,获取机器学习模型的参数 ϕ^*,使得这些历史数据的成本最小化。一旦对模型进行训练,第 p 个周期的最终订单量即为 $Q_p(\phi^*, x_p)$ 的分位数预测。采用真实数据集进行训练,可以发现在大多数情况下,数据驱动方法优于传统模型的方法。

3.4　习题

1. 为什么要进行库存管理?

2. 举例说明周转库存、安全库存、预期库存、运输库存。

3. 什么情况下用定量订货模型?什么情况下用定期订货模型?两者各有什么优缺点?

4. 按单生产的企业是否需要库存?为什么?

5. 某产品年需求量为 12 000 单位,每单位产品年保管成本为 5 元,单次订货成本为 100 元,试用定量订货模型确定最佳订购点。如果是一边生产一边使用并假设每天需求量为 80 单位,每天供货量为 120 单位,则最佳订购批量为多少?

6. 某产品年需求量为 10 000 个,单次订货成本为 50 元,资本的年度回报率为 20%,订货批量与采购单价的关系如表 3.4 所示,试计算最优订货批量。

表 3.4　订货批量与采购单价的关系

订货批量/个	单价/元
$0 \leqslant Q < 500$	3.00
$500 \leqslant Q < 1\,000$	2.75
$1\,000 \leqslant Q < 2\,000$	2.50
$2\,000 \leqslant Q$	2.25

7. 某产品前一销售季的需求量服从均值 $\mu = 6\,000$,标准差 $\sigma = 3\,600$ 的正态分布。该产品的单位进价为 10 元,售价为 30 元。如果产品未售完,每件产品可以 5 元的价格退还给供应商。试帮助该商店确定应购进多少件产品。

8. 在习题 7 中,如果产品在全年都可被售卖。假设单位产品库存的年持有成本是进价的 20%,缺货时的单位商誉损失成本为 2 元。产品的月需求量服从均值 $\mu = 400$、标准差 $\sigma = 150$ 的正态分布,则商店在每月应订购多少件产品?

9. A 公司生产空气过滤器用于汽车装配。A 公司以每小时 50 台的速率生产空气过滤器,并且以每月 200 台的速率使用过滤器。每次启动生产需要用 1.5 小时设置设备。设置操作每小时需收费 155 美元。A 公司以 22% 的年利率确定持有成本。每个过滤器的生产成本为 2.5 美元。假设每天工作 6 小时,每周 5 个工作日,每月 4 周,每年 12 个月。

(1) 确定 A 公司每次生产过滤器的最优批量、最大库存水平、停工时间(小数点保留 4 位)。

(2) 如果该公司只能在每个月的第一个工作日启动设备,则公司应怎么安排生产?相比于(1)的生产计划,总成本(包含固定成本和持有成本)变化多少(小数点保留 4 位)?

10. 一位工厂经理需要从三个来源中选择一种用于生产半导体的原材料 A。

来源 1 将以每片 2.50 元的价格出售 A 材料,与订购的原材料数量无关。

来源 2 将以每片 2.40 元的价格出售 A 材料,但不会考虑少于 3 000 个的订单。

来源 3 将以每片 2.30 元的价格出售 A 材料,但不会接受少于 4 000 个的订单。

假设订单的设置成本为 100 元,年需求量为 20 000 片,持有成本计算的年利率为 20%。

(1) 应该使用哪个来源,订单量应该是多少?

(2) 当使用最优来源时,A 材料的持有成本和设置成本的最优值是多少?

第 **4** 章

复杂系统的生产和库存计划

有计划地生产、订购和消耗库存,是保证企业生产经营活动持续进行的必要条件之一。为了保证库存量长期维持在合理的区间,企业往往需要基于生产或市场需求掌握库存动态,适时、适量地提出订货请求,合理安排生产,避免超储或缺货情况的发生。对于一个复杂系统而言,其库存和生产策略不仅需要使总的运行成本合理化,还需要考虑库存盘点间隔、客户需求满足水平、不同品类产品分级管理等多方面因素。如何进行有效的库存或生产计划,提升库存和生产管理水平,成为衡量企业核心竞争力的一个重要指标。本章主要分析以下几个系统的库存和生产计划:① 连续盘点系统;② 周期盘点系统;③ 多类产品生产系统。

4.1 连续盘点系统

库存系统常用的盘点方式有两种:一种是连续盘点,另一种是周期盘点。前者属于一种"事件驱动"的库存管理模式,与之对应的是 3.1.3 节所描述的定量订货模型;而后者则属于"时间驱动"下的库存策略,对应定期订货模型。本节首先讨论连续性盘点方式下的库存管理。

连续盘点系统(perpetual inventory system),即连续跟踪库存状态的变化并进行及时决策。在该系统内,不存在特定的盘点期,盘点行为不间断进行,任意时刻的库存量都能被获取。随着需求的消耗,当实际的库存量下降到一个规定的库存水平时,会触发订货请求。该库存水平即为系统设定的再订货点。两次订货的间隔时长主要取决于该订货周期内对产品的需求情况,由于产品消耗速度或快或慢,因此订货行为随时都有可能发生。

连续盘点系统可以通过对库存进行实时监控以快速做出反应,系统内发生缺货的概率较小,所设定的安全库存往往仅需应对订货提前期内可能产生的需求,因此该系统的平均库存水平较低,节省了库存的持有成本。但连续盘点往往耗时耗力,所产生的盘点费用较高。一般来说,该方式主要适用于以下一些场景。

(1) 具有连续盘点条件的智能化库存系统,如安装条形码可及时跟踪库存变化。

(2) 库存产品具有高价值或者很高的重要性,需要进行严格密切的监控。

(3) 产品价值低,但需求量大,此时连续盘点可以通过降低库存水平,从而优化成本。

4.1.1　(Q,R)模型

(Q,R)模型是一种典型的连续盘点库存管理策略,其库存量的变化如图 4.1 所示。每当库存量下降到 R 或 R 以下时,就发出订货请求,单次订货数量为 Q。 在该模型中,存在两个决策变量,即订货量 Q 和再订货点 R。 当需求具有随机性时,需要同时对 Q 和 R 进行决策,可视它们两者相互独立。模型的决策目标为使系统长期运行下单位时间内的总成本最低。系统相关的参数及说明如下。

(1)需求到达率 λ:单位时间内的平均需求。需求是连续且随机的,但可以通过历史数据预测未来一段时间内的平均需求,实际需求则在这个需求均值的上下一定范围内波动。假设未来单位时间内的需求到达率是固定的。

(2)订货提前期 τ:订货请求发出至收到货为止所经历的时间,为已知的定值。

(3)订货成本 K:单次订货所产生的固定成本,为常数。

(4)库存持有成本 h:单位时间内持有每单位产品所产生的费用,为常数。

(5)缺货成本 p:单位产品发生缺货时的惩罚成本,为常数。

(6)采购成本 c:单位产品的批发价,为常数。

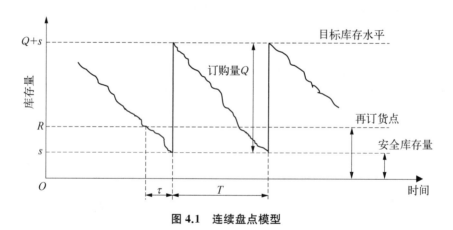

图 4.1　连续盘点模型

(Q,R)模型主要涉及四类成本:订货成本、采购成本、库存持有成本以及缺货成本。由于单位时间内的需求量 λ 和单位采购成本 c 均为常数,所以单位时间内的采购成本 λc 为固定值,并不会影响单位时间内的总成本。在接下来的分析中,我们将忽略这一类成本,仅对其他三类成本进行讨论。

订货成本 K 仅在每次订货时产生,所以平均订货成本可根据订货频率计算得到。由于需求到达率固定,两次订货之间的时间间隔为定值 $T=Q/\lambda$,从而平均订货成本可表达为

$$K \times \frac{1}{T} = \frac{K\lambda}{Q} \tag{4.1}$$

如图 4.1 所示,当库存下降到 R 时,下达一个订单量为 Q 的订货请求。经过订货提前

期 τ 后,订单到达,此时库存正好下降到安全库存 s,即库存的最低点。在提前期内,库存的消耗量为 $\lambda\tau$,因此安全库存的期望值可以表示为

$$s = R - \lambda\tau \tag{4.2}$$

在完成补货的瞬间,库存量达到目标库存水平 $Q+s$,这也是库存水平的最高点,然后再次被逐渐消耗。由于假设消耗速率不变,该系统的平均库存水平可表示为

$$\frac{1}{2} \times (s + s + Q) = R - \lambda\tau + \frac{Q}{2} \tag{4.3}$$

那么,平均库存持有成本为

$$h \times \left(R - \lambda\tau + \frac{Q}{2}\right) \tag{4.4}$$

需要注意的是,库存水平并不总为正。对于缺货不补的情况,库存量始终大于 0;对于缺货回补(需求允许延迟满足)情况,库存水平可正可负。库存水平为负时的库存持有成本应该为 0。但在式(4.4)中,这部分库存被计算为负值。所以,通过上述分析得出的平均库存持有成本实际上低估了库存持有成本的真实值。然而,在大多数实际系统中,缺货时间所占的比例往往非常小,所以可将上述结果用于近似实际的平均库存持有成本。

缺货成本仅在系统缺货的情况下产生。对于一个连续盘点系统而言,其缺货状态仅可能在订货提前期内出现。当提前期内的需求超过再订货点的库存水平时,就会发生缺货。假设提前期内的需求量为 D,那么缺货量的期望为

$$E(\max\{D - R, 0\}) = \int_R^\infty (x - R) f(x)\,\mathrm{d}x \tag{4.5}$$

式中, $f(x)$ 表示提前期内需求分布的概率密度函数。记 $n(R)$ 为缺货量的期望值,这是一个关于再订货点的函数。$n(R)$ 衡量了系统在一个订货周期内的缺货量,那么单位时间内的平均缺货量可以表示为

$$\frac{n(R)}{T} = \frac{\lambda n(R)}{Q} \tag{4.6}$$

因此,平均缺货成本为

$$p \times \frac{\lambda n(R)}{Q} \tag{4.7}$$

综合以上分析,将上述三类成本加总,可得到 (Q,R) 模型在单位时间内产生的总成本 $G(Q,R)$,即

$$G(Q,R) = \frac{K\lambda}{Q} + h\left(R - \lambda\tau + \frac{Q}{2}\right) + \frac{p\lambda n(R)}{Q} \tag{4.8}$$

模型目标是选择合适的 Q 和 R,使得总成本 $G(Q,R)$ 最小。由于 Q 和 R 被视为两个独

立的决策变量，因此可以对 $G(Q,R)$ 求偏微分来获取最优解。$G(Q,R)$ 关于 Q 和 R 的一阶偏微分为

$$\frac{\partial G(Q,R)}{\partial Q}=-\frac{K\lambda}{Q^2}+\frac{h}{2}-\frac{p\lambda n(R)}{Q^2} \tag{4.9}$$

$$\frac{\partial G(Q,R)}{\partial R}=h+\frac{p\lambda n'(R)}{Q} \tag{4.10}$$

根据式（4.5），可以得到

$$n'(R)=F(R)-1 \tag{4.11}$$

式中，$F(x)$ 为订货提前期内需求的累积分布函数，$F(R)$ 表示提前期内需求不超过 R 的概率。观察式（4.9）和式（4.10），可以发现，$G(Q,R)$ 随着 Q 和 R 的增加均呈现出先减小后增大的趋势。因此，$G(Q,R)$ 达到最小值时满足的必要条件为 $\partial G/\partial Q=\partial G/\partial R=0$。由此，$Q$ 和 R 的最优解可以通过下面两个式子确定：

$$Q=\sqrt{\frac{2\lambda\left[K+pn(R)\right]}{h}} \tag{4.12}$$

$$F(R)=1-\frac{Qh}{p\lambda} \tag{4.13}$$

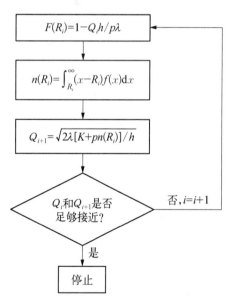

图 4.2　(Q,R) 模型最优解迭代求解流程

然而，这两个式子内存在积分运算，想要求解出解析解是比较困难的。为了简化运算，同时不偏离最优解太远，可以采取数值迭代的方式进行求解，流程如图 4.2 所示。

该求解流程需要在式（4.12）和式（4.13）之间进行反复迭代，直到求解出的两个相邻的 Q 和 R 足够接近，则流程结束。首先，暂不考虑缺货成本，利用 EOQ 模型计算出 Q_0 作为迭代的初始解。然后根据式（4.13）计算出 Q_0 所对应的 R_0。基于 R_0，可以得到相应的 $n(R_0)$，将 $n(R_0)$ 代入式（4.12）即可以计算出新的 Q_1。以上为一次完整的迭代过程，不断重复该迭代步骤，直到 Q_i 和 Q_{i+1} 足够接近，则可以停止迭代。一般来说，迭代过程通常可以在两次到三次迭代循环之后收敛。需要注意的是，如果产品的计量单位是整数，Q 和 R 必须都收敛到 1 个单位以内的差距才可以停止迭代；而当产品的计量单位连续时，则取决于所需的精度水平。

以上分析的是需求服从一般分布的情况。如果需求服从一个特定的分布，如正态分

布,那么 $n(R)$ 可以采用标准损失函数来描述。标准损失函数定义为

$$L(z) = \int_z^\infty (t-z)\phi(t)\mathrm{d}t \tag{4.14}$$

式中,$\phi(t)$ 为标准正态分布的密度函数。当订货提前期内的需求 D 服从均值为 μ、标准差为 σ 的正态分布时,z 是将 R 从一般正态分布转换为标准正态分布的转换变量,即

$$z = \frac{R-\mu}{\sigma} \tag{4.15}$$

那么,$R = \mu + z\sigma$,从而 $n(R)$ 可以表示为

$$n(R) = \sigma L\left(\frac{R-\mu}{\sigma}\right) = \sigma L(z) \tag{4.16}$$

z 和 $L(z)$ 均可通过标准正态分布表查到对应的值。下面通过一个例题来具体说明 (Q,R) 策略的应用。

例 4.1　某百货公司采用 (Q,R) 策略来管理某小型调频收音机的库存。每台收音机的采购成本为 20 美元,订货提前期为 6 个月。每次订货产生的固定成本为 100 美元,库存的年持有成本为产品进价的 20%。店长估计,每发生一台收音机缺货,造成的利润和商誉损失约为 50 美元。经预测,调频收音机在半年内的需求服从正态分布,均值为 400,标准差为 100,试帮助该百货公司确定每次订货的数量以及再订货点。

解: 以一年为周期,目标为库存系统的年总成本最小。根据题意,可知收音机在一年内的需求量 $\lambda = 800$ 台,每台收音机的年持有成本为 $20 \times 20\% = 4$ 美元。利用上述迭代流程,首先通过 EOQ 模型求解出初始值 Q_0,则

$$Q_0 = \sqrt{\frac{2K\lambda}{h}} = \sqrt{\frac{2 \times 100 \times 800}{4}} = 200$$

代入式(4.13),求解相应的 R_0,有

$$F(R_0) = 1 - \frac{Q_0 h}{p\lambda} = 1 - \frac{200 \times 4}{50 \times 800} = 0.98$$

通过查阅标准正态分布表,可知累计分布概率 0.98 所对应的 z 值为 2.05,从而可以得到

$$R_0 = \mu + z\sigma = 400 + 2.05 \times 100 = 605$$

此外,与 $z = 2.05$ 对应的标准损失函数 $L(z)$ 的值为 0.007 4,可得到 $n(R_0)$ 为

$$n(R_0) = \sigma L(z) = 100 \times 0.007\,4 = 0.74$$

继续下一次迭代流程,计算 Q_1 为

$$Q_1 = \sqrt{\frac{2\lambda[K + pn(R_0)]}{h}} = \sqrt{\frac{2 \times 800 \times (100 + 50 \times 0.74)}{4}} \approx 234$$

求解 $F(R_1)$ 为

$$F(R_1) = 1 - \frac{Q_1 h}{p\lambda} = 1 - \frac{234 \times 4}{50 \times 800} \approx 0.976\ 6$$

累计分布概率 $0.976\ 6$ 所对应的 z 值为 1.99,对应的标准损失函数 $L(z)$ 值为 $0.008\ 7$,相应的 R_1 和 $n(R_1)$ 为

$$R_1 = \mu + z\sigma = 400 + 1.99 \times 100 = 599$$

$$n(R_1) = \sigma L(z) = 100 \times 0.008\ 7 = 0.87$$

代入式(4.12),下一迭代中求解出的结果为

$$Q_2 = \sqrt{\frac{2\lambda[K + pn(R_1)]}{h}} = \sqrt{\frac{2 \times 800 \times (100 + 50 \times 0.87)}{4}} \approx 240$$

$F(R_2) = 0.976$,$z = 1.98$,$R_2 = 598$,$n(R_2) = 0.90$。 重新代入式(4.12),得到 $Q_3 = 241$。 由 Q_3 可得 $F(R_3) = 0.975\ 9$,$z = 1.98$,$R_3 = 598$。 由于 Q_3 和 R_3 与 Q_2 和 R_2 十分接近(差值在 1 个单位以内),停止迭代,得到最优解 $(Q, R) = (241, 598)$,即每当收音机的库存下降到 598 台时,下达一个订货量为 241 台的订单。

4.1.2　考虑服务水平的(Q, R)拓展模型

虽然 (Q, R) 模型已经可以非常贴切地描述现有的很多库存系统的决策过程,但是其中的缺货成本在实际运作中是很难量化的。从前面的描述中,我们可知当出现缺货而无法及时满足客户需求时,有两种处理方式:缺货不补或缺货回补。但是,无论是哪种方式,所产生的缺货成本的组成都是较为复杂的,它包含了一些无形成分,如商誉损失以及系统其他的一些潜在损失。因此,定期盘点系统的应用场景更多是基于服务水平来确定最优的订货量和再订货点。评价服务水平的指标有很多,在这里,我们讨论连续盘点系统中两类常用的服务水平。

(1)第一类服务水平:也称为周期服务水平,是指在一次订货周期内不出现缺货的概率,用符号 α 表示。

(2)第二类服务水平:也称为产品满足率,是指在一次订货周期内能通过库存及时满足的需求量占总需求量的比率,用符号 β 表示。

以上两类指标虽然都用于衡量服务水平,但得到的结果可能有很大的差别。我们通过下面一个例子来说明。

例 4.2　某仓库的现有库存为 50,一次订货周期内市场需求的概率服从表 4.1 所示的分布规律,试求该系统的服务水平。

表 4.1　一个订货周期内市场需求的分布概率

需求量/个	20	30	40	50	60	70
概率 $P\{D = n\}$	0.05	0.15	0.2	0.25	0.2	0.15

解：根据定义,第一类服务水平为

$$\alpha = P\{D=20\} + P\{D=30\} + P\{D=40\} + P\{D=50\} = 65\%$$

订货提前期内市场需求的期望值为

$$E(D) = 20 \times 0.05 + 30 \times 0.15 + 40 \times 0.2 + 50 \times 0.25 +$$
$$60 \times 0.2 + 70 \times 0.15 = 48.5$$

订货提前期内能够及时满足的市场需求的期望值为

$$N(D) = 20 \times 0.05 + 30 \times 0.15 + 40 \times 0.2 + 50 \times (0.25 + 0.2 + 0.15) = 43.5$$

根据定义,第二类服务水平为

$$\beta = \frac{N(D)}{E(D)} = \frac{43.5}{48.5} = 89.7\%$$

由此可见,对于同一个库存系统,如果采用第一类服务水平的标准,则服务水平为 65%;而如果采用第二类服务水平的标准,则服务水平高达 89.7%。两类服务水平不能混为一谈。接下来,我们分别将两类服务水平应用到 (Q,R) 模型中。

对于第一类服务水平而言,要使一次订货周期内不产生缺货,即订货提前期内不发生缺货,提前期内的需求 D 应小于等于再订货点 R。服务水平 α 与再订货点 R 之间的关系满足

$$P(D \leqslant R) = F(R) = \alpha \tag{4.17}$$

基于式(4.17),可通过服务水平 α 求得对应的再订货点 R。由于不再考虑缺货成本,因此式(4.8)的总成本只包括订货成本和库存持有成本,订货量 Q 的求解将与 EOQ 模型完全一致,即

$$Q = \sqrt{\frac{2K\lambda}{h}} \tag{4.18}$$

受第一类服务水平约束的 (Q,R) 模型的计算很简单,当缺货所造成的结果与缺货数量和时间无关时,可采用该服务水平。例如,无论缺少 1 件产品或 10 件零部件,生产线都会停止。

对于第二类服务水平,需要计算满足的需求量占总需求量的比例。在一次订货周期内,缺货量可以用 $n(R)$ 表示。根据前面的分析,一个订货周期内的平均需求就等于 Q。因此,服务水平可表示为

$$\beta = 1 - \frac{n(R)}{Q} \tag{4.19}$$

这个约束相比由第一类服务水平产生的约束更复杂,因为它同时涉及 Q 和 R。该公式可以作为原 (Q,R) 模型的一个新约束,需要在原先的推导中进行考虑。根据式(4.13),可

以对缺货成本 p 进行消元,即

$$p = \frac{Qh}{\lambda[1-F(R)]} \qquad (4.20)$$

代入式(4.12)后变换为

$$Q = \sqrt{\frac{2\lambda\left\{\frac{K+Qhn(R)}{[(1-F(R))\lambda]}\right\}}{h}} \qquad (4.21)$$

由此,原有的两个约束进行了合并。式(4.21)是一个关于 Q 的二次方程,该方程的解为

$$Q = \frac{n(R)}{1-F(R)} + \sqrt{\frac{2K\lambda}{h} + \left[\frac{n(R)}{1-F(R)}\right]^2} \qquad (4.22)$$

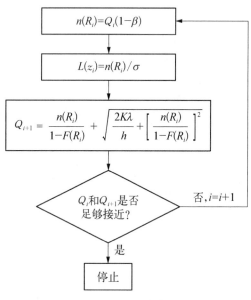

图4.3 考虑第二类服务水平的 (Q,R) 模型最优解迭代求解流程

式(4.22)又称为服务水平订货批量(service level order quantity, SOQ)。将式(4.19)和式(4.22)联立,考虑市场需求服从正态分布的一个场景进行求解。同样地,以经济订货批量 EOQ 作为初始解 Q_0,代入式(4.19)求解 $n(R_0)$。基于 $n(R_0)$,可以得到相应的 R_0,再将 R_0 代入式(4.22)计算出新的 Q_1,按照图4.3所示的流程在两个方程之间进行数值迭代,最终收敛到最优解,并求得最优的 Q 和 R。

考虑到上述求解过程仍然比较复杂,通常可以采用经济订货批量 EOQ 来代替 Q 的最优解。此时,Q 和 R 可分别通过以下两式求得,即

$$Q = EOQ \qquad (4.23)$$

$$n(R) = EOQ(1-\beta) \qquad (4.24)$$

可以发现,虽然经济订货批量并非最精确的最优解,但是仍然能得到一个比较不错的结果。

例4.3　假设在例4.1中,百货公司的老板认为每台收音机的缺货成本为50美元是不合理的,转而制订了95%的服务水平标准来管理库存,试确定每次的订货量和再订货点。

解: 分别考虑两类服务水平。

(1) 在第一类服务水平下,有

$$Q = EOQ = 200$$

$$F(R) = \alpha = 0.95$$

查阅标准正态分布表,可以得到 $z = 1.65$,那么

$$R = \mu + z\sigma = 400 + 1.65 \times 100 = 565$$

因此,在第一类服务水平下,订货批量 Q 为 200 台,再订货点 R 为 565 台。

（2）在第二类服务水平下,使用 EOQ 模型进行近似求解,则有

$$Q = \text{EOQ} = 200$$

$$n(R) = \text{EOQ}(1 - \beta) = 200 \times 0.05 = 10$$

从而标准损失值为

$$L(z) = \frac{n(R)}{\sigma} = \frac{10}{100} = 0.1$$

查阅标准正态分布表,可以得到 $z = 0.90$,那么

$$R = \mu + z\sigma = 400 + 0.90 \times 100 = 490$$

因此,在第二类服务水平下,订货批量 Q 为 200 台,再订货点 R 为 490 台。

4.2　周期盘点系统

　　连续盘点策略在现实情境下不易实施,除了该策略耗时耗力外,还在于库存消耗的随机性导致订货随时有可能发生,采购人员很少能在库存量刚好达到再订货点时就下达订单,往往需要经历一段反应和准备的时间。尤其对于一些非独立需求的物料,需要采用物料需求计划系统进行实时跟踪来管理库存,策略的实施情况很难达到预期的效果。对于大多数普通的、价值量不高的产品,多采用周期盘点的方式。在周期盘点系统中,只有在特定的时间段内才会对库存进行盘点,并根据制订的标准判断是否需要下达订单。

4.2.1　多周期生产计划

　　首先讨论一种适用于多周期的生产计划。需求已知的情况下,在采用 EOQ 模型确定每个周期内产品的生产批量时,需要注意一个重要的假设:每个时段内的产品需求恒定。然而,尽管客户的需求在未来的一段计划周期范围内可以提前知晓,但每个时段的需求并不一定是相同的,需求可能随时间波动。此时,EOQ 模型便不再适用,需要采用不同的模型来平衡固定的生产启动成本和库存持有成本。

　　Wagner-Whitin 算法在 1958 年提出,是一种启发式算法,该方法针对在多个时段内需求已知但不相同,并且 EOQ 其他假设条件都有效的场景,来确定每个时段内的生产批量问题。其基本思想是利用动态规划原理,逐一计算出能满足计划期内每个时段需求量的所有可能的生产方案,从而找出对总体最优的生产计划。Wagner-Whitin 算法主要用来解决无产能约束的单一产品多周期批量生产问题。

　　为了明确问题和模型,我们首先定义几个参数。T 为生产计划的计划期,t 为计划期内的时段。c_t 表示第 t 时段内的单位生产成本,K_t 表示第 t 时段内生产的启动成本,h_t 表示单位产品从第 t 时段到第 $t+1$ 时段储存而产生的库存持有成本,D_t 表示第 t 时段内的需求数量,I_t 表示第 t 时段末的库存数量。模型的决策变量为每一时段的生产批量,用 Q_t 表示。接下来,我们通过一个案例来描述 Wagner-Whitin 算法的决策过程。

　　某工厂需要为未来 10 周的客户需求提前制订生产计划,每周的需求数量已知,如表 4.2 所示。单位产品的生产成本为 10 元,生产的启动成本为 100 元,单位产品持有一周的库存成本为 1 元,试为该工厂确定每周的生产批量,使计划期内花费的总成本最小。

表 4.2　计划期内产品每周的需求量

时　段	1	2	3	4	5	6	7	8	9	10
需求数量 D_t	20	50	10	50	50	10	20	40	20	30

　　由于计划期内所有的需求都必须满足,产品生产的总量恒定,因此生产成本可以忽略。对于该多周期生产计划问题,一种易于想到的方法是按需生产策略(lot for lot,LFL),即各个时段生产的产品数量与需求量相等。在该策略下,库存为 0,但是必须每周都组织生产,并为此支付重复的生产启动成本,因此计划期内的总成本为 10 次生产启动的总成本 1 000 元,如表 4.3 所示。

表 4.3　按需生产策略下的各项成本

时　段	1	2	3	4	5	6	7	8	9	10
需求数量 D_t	20	50	10	50	50	10	20	40	20	30
生产量 Q_t	20	50	10	50	50	10	20	40	20	30
库存 I_t	0	0	0	0	0	0	0	0	0	0
启动成本	100	100	100	100	100	100	100	100	100	100
库存成本	0	0	0	0	0	0	0	0	0	0

　　LFL 策略虽然很简单,也容易想到,但一般不会是最优的生产方案。对于此类动态批量生产问题,我们需要注意到,如果在第 t 时段内进行生产来满足第 $t+1$ 时段内的需求,那么在第 $t+1$ 时段继续组织生产一定是不经济的。因此,Wagner-Whitin 算法认为,在最优生产计划下,要么从上一周期结转至该期的库存数量为 0,要么该期的生产数量为 0。这意味着 Q_t 的值只会是 0 或者 $D_t,D_t+D_{t+1},D_t+D_{t+1}+D_{t+2},\cdots,D_t+D_{t+1}+D_{t+2}+\cdots+D_T$。那么,我们的决策可以根据需要生产满足多少个时段内的需求来考虑,这一发现将极大地降低计算工作量。例如,在该案例中,我们在第 1 时段的生产就只有 10 种可能性,即 $D_1,D_1+D_2,D_1+D_2+D_3,\cdots,D_1+D_2+D_3+\cdots+D_{10}$。如果我们选择

生产 $D_1 + D_2 + D_3$，那么库存将在第 3 时段用完，在第 4 时段必须再次生产。

　　Wagner-Whitin 算法是一种向前算法，从第 1 个时段开始，逐渐往后推进。我们首先从仅考虑 1 个时段开始，也就是说生产计划在 1 个时段后将结束。用 Z_j^* 表示 j 个时段的总成本，用 m_j^* 表示 j 个时段内最后一次生产的时段。那么 Z_1^* 和 m_1^* 为

$$Z_1^* = K_1 = 100 \tag{4.25}$$

$$m_1^* = 1 \tag{4.26}$$

　　在算法的下一步，我们增加时间范围，考虑 2 个时段。此时，可以有两个选择，即用第 1 时段生产满足 2 个时段的需求或者 2 个时段各自进行生产以满足该时段内的需求。如果仅在第 1 时段进行生产，将产生从第 1 时段到第 2 时段的库存持有成本；如果在第 2 时段进行生产，则将产生额外的生产启动成本。两种选择的总成本 Z_2^* 如下：

$$Z_2^* = \min \begin{cases} Z_1^* + h_1 D_2 = 100 + 50 = 150 & \text{第 1 时段生产} \\ Z_1^* + K_2 = 100 + 100 = 200 & \text{第 1、2 时段生产} \end{cases} \tag{4.27}$$

比较两种方案的成本，最佳的决策是在第 1 时段内生产完所有产品，那么在 2 个时段的生产计划问题中，进行生产的最后一个时段为

$$m_2^* = 1 \tag{4.28}$$

　　接下来，继续进行 3 个时段的生产计划。此时，将需要考虑四种可能的生产计划：① 第 1 时段生产；② 第 1 和第 2 时段生产；③ 第 1 和第 3 时段生产；④ 三个时段内均生产。根据上一步的决策，可以判断出计划③肯定优于④。因此，3 个时段的总成本决策 Z_3^* 可表达如下：

$$Z_3^* = \min \begin{cases} Z_1^* + h_1 D_2 + (h_1 + h_2) D_3 = 170 & \text{第 1 时段生产} \\ Z_1^* + K_2 + h_2 D_3 = 210 & \text{第 1、第 2 时段生产} \\ Z_2^* + K_3 = 250 & \text{第 1、第 3 时段生产} \end{cases} \tag{4.29}$$

在 3 个时段范围内，最佳的决策是在第 1 时段内生产完所有的产品，进行生产的最后一个时段为

$$m_3^* = 1 \tag{4.30}$$

　　对于 4 个时段范围内的生产计划，由于第 1 时段一定生产，第 2、第 3 和第 4 时段可生产可不生产，所以基于排列组合一共有 $2^3 = 8$ 种方案。由于我们已经解决了 1 个时段、2 个时段和 3 个时段的问题，可以发现，在第 1、第 4 时段生产，一定比在第 1、第 2 和第 4 时段，第 1、第 3 和第 4 时段以及第 1、第 2、第 3 和第 4 时段生产更优；在第 1、第 3 时段生产也比在第 1、第 2 和第 3 时段生产的方案更优。因此，在考虑 4 个时段生产计划时，其实只需要考虑何时才能生产产品以满足第 4 时段的需求，即在第 1，或者第 2，或者第 3，或者第 4 时段，因此 Z_4^* 可表示为

$$Z_4^* = \min \begin{cases} Z_1^* + h_1 D_2 + (h_1 + h_2)D_3 + (h_1 + h_2 + h_3)D_4 = 320 & \text{第 1 时段生产} \\ Z_1^* + K_2 + h_2 D_3 + (h_2 + h_3)D_4 = 310 & \text{第 1、第 2 时段生产} \\ Z_2^* + K_3 + h_3 D_4 = 300 & \text{第 1、第 3 时段生产} \\ Z_3^* + K_4 = 270 & \text{第 1、第 4 时段生产} \end{cases}$$

$$(4.31)$$

这时,最佳的决策不再是在第 1 时段内生产完所有产品,进行生产的最后一个时段应为

$$m_4^* = 4 \tag{4.32}$$

在进行上面的计算后,可以发现每增加 1 个时段,都会增加需要选择的生产方案数量。但是,如此烦琐冗余的计算并不总是必要的。在 4 个时段问题中,最优的生产计划是在第 4 时段内生产产品以满足第 4 时段内的需求,这意味着在第 1、第 2 或第 3 时段生产出满足第 5 时段需求的产品,一定不会比在第 4 时段生产出满足第 5 时段需求的产品更便宜。因此,没有必要再考虑第 1、第 2 和第 3 时段的生产,而只需考虑第 4 和第 5 时段。这一推理可以表述如下:如果 $m_j^* = \bar{t}$,那么在 $j+1$ 时段问题中进行生产的最后一个时段必须在 $\bar{t}, \bar{t}+1, \cdots, T$ 之中。所以,5 个时段的生产决策问题可表述为

$$Z_5^* = \min \begin{cases} Z_4^* + h_4 D_5 = 320 & \text{第 1、第 4、第 5 时段生产} \\ Z_4^* + K_5 = 370 & \text{第 1、第 2 时段生产} \end{cases} \tag{4.33}$$

进行生产的最后一个时段为

$$m_5^* = 4 \tag{4.34}$$

继续进行算法,最终求解出考虑了 10 周的生产计划,如表 4.4 所示。

表 4.4　Wagner-Whitin 算法的最优生产计划

最后一次生产时段	计 划 周 数									
	1	2	3	4	5	6	7	8	9	10
1	100	150	170	320						
2		200	210	310						
3			250	300						
4				270	320	340	400	560		
5					370	380	420	540		
6						420	440	520		
7							440	480	520	610
8								500	520	580
9									580	610
10										620

（续表）

最后一次生产时段	计 划 周 数									
	1	2	3	4	5	6	7	8	9	10
Z_j^*	100	150	170	270	320	340	400	480	520	580
m_j^*	1	1	1	4	4	4	4	7	7/8	8

根据 $m_{10}^*=8$ 可知,第 8、第 9 和第 10 时段内的需求在第 8 时段内生产,即 $Q_8^*=D_8+D_9+D_{10}$;再考虑一个 7 时段问题,根据 $m_7^*=4$ 可知,第 4、第 5、第 6、第 7 和第 8 时段内的需求在第 4 时段内生产,即 $Q_4^*=D_4+D_5+D_6+D_7+D_8$;最后考虑一个 3 时段问题,根据 $m_3^*=1$,第 1、第 2 和第 3 时段内的需求在第 1 时段内进行生产,即 $Q_1^*=D_1+D_2+D_3$。最优生产计划下的总成本 Z_{10}^* 为 580 元,这远远低于按需生产策略下的 1 000 元。尽管在手动计算下,Wagner-Whitin 算法的步骤很复杂,但是在计算机的帮助下并不难。

4.2.2　(s,S) 策略

在这一节中,我们讨论周期性盘点系统下的库存管理。在周期性盘点系统中,库存只在特定的时间进行盘点,不同时期的订购量不尽相同,订购量的大小主要取决于各个时期的库存消耗量。不难发现,由于盘点期的存在,非盘点期的实际库存无法知晓,潜在的缺货可能性变大。如果在盘点期后不久,由于大批量的需求而使库存降至零时,只有在下一个盘点期才能发现,而新的订货需要一段时间才能送达。因此,周期性盘点系统在盘点期和提前期内都有可能发生缺货,从而该系统往往要求比连续盘点系统更多的安全库存来避免缺货的发生。周期性盘点系统适用于以下情形。

（1）从仓库中出货比较难以记录且连续记录花费比较高的产品。

（2）购自同一供应商的一组产品,集成一张订单会大幅度降低每个物料的总准备成本,如小工具以及共用的大量零件如螺栓、螺钉、垫片等。

（3）利用整车运送或全部可用能力进行运输,享受经济上的优惠。

由于该系统无法实时判断库存水平是否已经下降到再订货点,因此提出一种典型的、适用于周期性盘点系统的 (s,S) 模型。其中,s 代表再订货点,当盘点时刻的库存量下降到 s 及以下时,就会下达订单请求进行补货。补货的批量为使得库存量达到目标库存水平 S 所需的量。假设 u 为每个盘点期的初始库存,则 (s,S) 策略可以简单地表述为

（1）如果 $u\leqslant s$,则订购 $S-u$ 数量的产品。

（2）如果 $u>s$,则在该盘点期内不订购。

(s,S) 模型下库存水平随时间的变化曲线如图 4.4 所示。其中,T 代表盘点周期,τ 代表订货提前期。在盘点期期初,如果现有库存量 u 低于 s(如 T_1 周期所示),则发出订货请求,并下达一个数量为 $S-u$ 的订单,经过提前期 τ 后订单到达。由于在提前期内库存有消耗,因此库存数量的最高点将小于目标库存水平 S。此外,如果盘点期期初库存量

高于 s（如 T_2 周期所示），则该周期不订货。库存管理的目标是获取 s 和 S 的最优解，使系统在长期运行下的单位时间内的总成本最小。

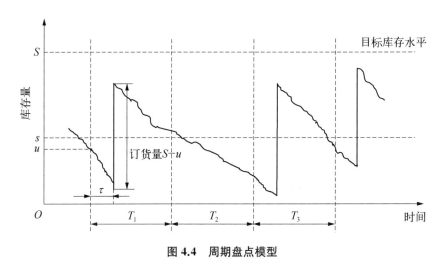

图 4.4   周期盘点模型

　　然而，在实际应用中，确定最优的 s 和 S 是非常困难的。所以，通常会采用近似解来代替最优解。一种常用的方法是对 (Q,R) 模型进行适当变换来近似，即设定 $s=R$，$S=R+Q$。这种近似方法在许多情况下都能得到合理的结果，并且是最常用的方法。

　　与连续盘点系统类似，在周期盘点系统中也存在两类服务水平。不同的是，连续盘点系统只会在订货提前期内发生缺货。而在周期盘点系统中，盘点期期初可能补货，也可能不补货，如果在期初的下一时刻发生缺货，缺货情况只有在下一盘点时刻下达的订单到达时才能缓解。所以，基于服务水平设定相应的目标库存水平时，应该以盘点期加上订货提前期作为一个基准周期，那么订货量应为

　　　　　订货量＝盘点期和提前期内的平均需求＋安全库存－现有库存

　　由于可以根据历史数据预测未来需求，并获取未来一段时间内的平均需求，因此假设每个周期内的平均需求为 d 是合理的。设定第一类服务水平为 α，$F(M)$ 表示在一个基准周期内需求不超过 M 的概率，那么有

$$F(M)=\alpha \tag{4.35}$$

当 α 已知时，即可根据式(4.35)获取对应的目标库存量 M。设定第二类服务水平为 β，每个基准周期内缺货量的期望值用 $n(M)$ 表示为

$$n(M)=\int_M^\infty (x-M)f(x)\mathrm{d}x \tag{4.36}$$

由于一个基准周期内的平均需求为 d。因此，服务水平可表示为

$$\beta=1-\frac{n(M)}{d} \tag{4.37}$$

从以上分析中可以发现,无论是应用哪一类服务水平,都是根据服务水平确定目标库存量 M。在每个周期期初盘点时,若当前库存水平没有达到目标库存量 M,则下达订单请求,订货量为目标库存量 M 与当前库存量的差值。

例 4.4　百货公司采用 (s,S) 策略来管理日用类产品的库存。工作人员每隔 20 天对某品牌的牙膏进行一次盘点,若库存不足,则会向上一级供应商进行采购,订货提前期为 10 天。根据历史销量分析,该品牌牙膏每月的需求销量服从正态分布,均值为 1 000,标准差为 200。设定服务水平为 95%,试确定每次盘点时刻的库存量低于多少时就下达订单。

解: 分别考虑两类服务水平。

(1) 在第一类服务水平下,有

$$F(M) = \alpha = 0.95$$

由于产品需求服从正态分布,在 20 天的盘点周期和 10 天的订货提前期中有

$$P(D \leqslant M) = \phi\left(\frac{M - \mu}{\sigma}\right) = 0.95$$

对于正态分布,可以采用标准损失函数 $L(z)$ 和 z 值来简化计算。查阅标准正态分布表,得到 $z = 1.65$,那么

$$M = \mu + z\sigma = 1\,000 + 1.65 \times 200 = 1\,330$$

因此,在第一类服务水平下,盘点期期初的库存量低于 1 330 时就下达订单。若该时刻库存量为 500,则订购量为 1 330 − 500 = 830。

(2) 在第二类服务水平下,基准周期内缺货量的期望值为

$$n(M) = (1 - \beta)d = (1 - 0.95) \times 1\,000 = 50$$

从而标准损失值为

$$L(z) = \frac{n(M)}{\sigma} = \frac{50}{200} = 0.25$$

查阅标准正态分布表,可以得到 $z = 0.34$,那么

$$M = \mu + z\sigma = 1\,000 + 0.34 \times 100 = 1\,034$$

因此,在第二类服务水平下,盘点期期初的库存量低于 1 034 时就下达订单。若该时刻库存量为 500,则订购量为 1 034 − 500 = 534。

4.2.3　周期盘点系统的应用

在企业中,库存的周期盘点频率较高,而不仅仅是一年一次或两次,尤其在实施准时化生产的企业中,库存盘点的频率更高。有效地进行周期盘点,确保库存精度的关键在于确定什么时候由谁对物资进行盘点,通常在以下情况下计算机会发出盘点通知。

（1）当库存记录表明库存物资很低或者为零时。

（2）在某些特定活动发生之后。

（3）在物资的盘点日期(盘点日期根据盘点周期推算而得,盘点周期则根据物资的重要性进行不同划分)。

在进行盘点时,必须做好以下工作：① 分别由生产计划与物流控制部门主管、财会人员和仓库保管员组成的盘点小组监督盘点操作人员,并将每种库存的规格、数量、物料号、仓库号和库位号逐项登记；② 盘点完毕的库存贴挂"已盘点"标签,仓库管理员要保留以便备查；③ 盘点表中对库存规格、数量等内容进行核查,如发现有数量较大的差异,则应予以确认,并要查明原因,以确保盘点的正确性；④ 陈旧、滞销库存应单独编表列出；⑤ 汇总库存盘点结果,并将库存盘点结果反馈给生产计划与物流控制部门,以对系统的参数进行适当调整。财会人员也应将财务处理与盘点结果进行核对,并确保一致。

现实生产中,一些比较实用且简单的周期盘点系统有以下三种。

（1）任意补充系统。任意补充系统强制以某一固有频率对库存进行盘点,当库存水平下降到某一数量以下时发出订货请求,可分为连续补充点法和分批补充点法。连续补充是每次出货后均要补充,补充量就是出货量；分批补充点法则是当出货量达到设定值时进行补充。

（2）单箱系统。通常预先设定一个最高的库存目标,并以固定的时间间隔将库存补充到预定的最高水平,是一种比较简化的周期盘点模型。

（3）目视检查系统。库存放置一处,按预先设定的时间周期,经目视检查后,下达订货请求,订购数量为预定最高库存量与现有库存量之差。

4.3　多类产品系统

在前面所讨论的各种库存策略中,均只针对存放单一产品的库存系统。然而,生产技术的进步和销售环境的复杂化,促使多产品的生产经营应运而生。在实际生活中,多产品系统相比单产品系统而言更加普遍。为了适应这些新变化,制造企业逐步建立起面向多产品系统的管理方法,以更好地应对客户个性化的需求和多元化的市场结构。但是,多类产品的生产和库存问题是一项复杂的课题,不仅受到资金、库存容量等的约束,产品之间也会存在相互制约。在本节中,我们将讨论几种不同的多类产品系统的生产计划和库存策略。

4.3.1　资源约束下的多产品生产批量

EOQ 模型主要应用于单一产品的库存或者生产问题。当 EOQ 模型用于多种产品库存系统时,如果对每一项产品分别应用 EOQ 模型进行生产或采购,那么,一些约束限制,如资金预算、库存空间等,可能会使结果变得不可行。

考虑一个生产 n 类产品的库存系统,每类产品的需求消耗速率为 $\lambda_1, \lambda_2, \cdots, \lambda_n$, 单位生产价格为 $c_1, c_2, \cdots, c_n$, 单次生产的固定成本为 $K_1, K_2, \cdots, K_n$, 单位时间内的库存持

有成本为 $h_1, h_2, \cdots, h_n$。假设不同产品的库存持有成本系数相同,均为 I,可表达为

$$\frac{c_i}{h_i} = \frac{1}{I} \tag{4.38}$$

该假设相当于要求所有的库存按照相同的利率来计算,这在大多数情况下是合理的。出于节省精力的目的,管理人员选择对系统内的所有产品在同一时间进行生产。但这时会产生大量资金被占用而使得流动性急剧下降的风险。为了减少流动资金被滞压带来的潜在损失,规定每次投资在库存上的资金不得超过预算 C,即对该系统而言,存在如下资金约束:

$$c_1 Q_1 + c_2 Q_2 + \cdots + c_n Q_n \leqslant C \tag{4.39}$$

式中,$Q_1, Q_2, \cdots, Q_n$ 为每类产品的生产数量。如果每类产品分别按照经济订货批量 $\mathrm{EOQ}_i = \sqrt{2 K_i \lambda_i / h_i}$ 进行生产,那么可能会出现两种情况。在第一种情况下,库存占用的总资金小于预算 C,即 $\sum_{i=1}^{n} c_i \mathrm{EOQ}_i \leqslant C$。这时,采购方案是可行的,每类产品的生产数量即为其经济订货批量 EOQ_i。但是,当出现第二种情况,库存占用的总资金大于预算 C,即 $\sum_{i=1}^{n} c_i \mathrm{EOQ}_i > C$ 时,如果每类产品仍按照 EOQ_i 数量进行生产,生产方案难以实施。

下面,我们将针对第二种情况下的最优生产批量进行探讨。将该系统视作一个考虑资源约束的多产品 EOQ 系统,可用如下模型进行表达:

$$\min \sum_{i=1}^{n} \left[\frac{h_i Q_i}{2} + \frac{K_i \lambda_i}{Q_i} + c_i \lambda_i \right]$$
$$\text{s.t.} \sum_{i=1}^{n} c_i Q_i \leqslant C \tag{4.40}$$

其中,模型的目标为最小化系统的总成本,约束为资金预算,决策变量为每类产品的生产数量 Q_i。根据运筹学知识可知,最优解往往出现在可行域的顶点或边界上。因此,在最优生产批量下,$\sum_{i=1}^{n} c_i Q_i = C$ 成立。我们使用拉格朗日乘子 θ 将该模型转化为一个无约束的问题,可表达如下:

$$\min G(Q_1, Q_2, \cdots, Q_n, \theta) = \sum_{i=1}^{n} \left[\frac{h_i Q_i}{2} + \frac{K_i \lambda_i}{Q_i} + c_i \lambda_i \right] + \theta \left(\sum_{i=1}^{n} c_i Q_i - C \right) \tag{4.41}$$

那么,最优解应该满足

$$\frac{\partial G}{\partial Q_i} = \frac{h_i}{2} - \frac{K_i \lambda_i}{Q_i^2} + \theta c_i = 0 \qquad i = 1, 2, \cdots, n \tag{4.42}$$

并且

$$\frac{\partial G}{\partial \theta} = \sum_{i=1}^{n} c_i Q_i - C = 0 \tag{4.43}$$

由于 $I=h_i/c_i$,那么可以对满足式(4.42)的最优解 Q_i^* 进行公式变换,有

$$Q_i=\sqrt{\frac{2K_i\lambda_i}{h_i+\theta c_i}}=\sqrt{\frac{2K_i\lambda_i}{h_i}}\sqrt{\frac{h_i}{h_i+\theta c_i}}=\mathrm{EOQ}_i\sqrt{\frac{1}{1+\theta I}} \tag{4.44}$$

令 $m=\sqrt{1/(1+\theta I)}$,将式(4.44)代入约束 $\sum\limits_{i=1}^{n}c_iQ_i=C$ 中,可以得到

$$\sum_{i=1}^{n}c_i\,\mathrm{EOQ}_im=C \tag{4.45}$$

那么对于第二类情况来说,每类产品在资源约束下的最优生产量应为

$$Q_i^*=m\mathrm{EOQ}_i \tag{4.46}$$

即每类产品在经济订货批量的基础上,下调相同的系数 m。 根据式(4.45),m 还可表达为

$$m=\frac{C}{\sum\limits_{i=1}^{n}c_iQ_i} \tag{4.47}$$

因此,针对资源约束下的多产品生产批量决策,可总结如下。

(1) 如果 $\sum\limits_{i=1}^{n}c_i\,\mathrm{EOQ}_i\leqslant C$,那么每类产品的最优决策即为经济订货批量 EOQ_i。

(2) 如果 $\sum\limits_{i=1}^{n}c_i\,\mathrm{EOQ}_i>C$,那么每类产品的最优决策 $Q_i^*=m\mathrm{EOQ}_i$,其中 $m=\dfrac{C}{\sum\limits_{i=1}^{n}c_iQ_i}$。

需要注意的是,为了保证投资在库存上的资金不超过预算,需要将每个调整后的生产批量 Q_i^* 向下取整。如果预算有多余,可以对某些产品的生产批量进行微调。我们以下面的例题为例进行说明。

例 4.5 一家小型的汽车装配店每次会同时订购三种不同的零配件,每类配件的需求消耗速率、批发单价以及订货的固定成本如表 4.5 所示,库存的年持有系数 I 为批发单价的 0.2。为了保证装配店的正常经营,店铺的管理人员规定同时投资在零配件库存上的资金不能超过 35 000 元。在不超出预算的情况下,三种零配件每次的订货批量应该为多少?

表 4.5   三种零配件的需求和成本数据

类 别	零配件 1	零配件 2	零配件 3
需求率/(个/年)	2 000	1 500	800
单位批发价格/元	50	200	100
固定订货成本/元	120	180	50

解： 首先分别计算出三类零配件的经济订货批量，判断是否超过预算的约束条件限制。

$$\mathrm{EOQ}_1 = \sqrt{\frac{2 \times 120 \times 2\,000}{0.2 \times 50}} \approx 219$$

$$\mathrm{EOQ}_2 = \sqrt{\frac{2 \times 180 \times 1\,500}{0.2 \times 200}} \approx 116$$

$$\mathrm{EOQ}_3 = \sqrt{\frac{2 \times 50 \times 800}{0.2 \times 100}} \approx 63$$

如果每类零配件均按照 EOQ_i 进行订货，那么在库存上的投资为

$$c_1\mathrm{EOQ}_1 + c_2\mathrm{EOQ}_2 + c_3\mathrm{EOQ}_3 = 50 \times 219 + 200 \times 116 + 100 \times 63$$
$$= 40\,450(\text{元}) > 35\,000(\text{元})$$

可以发现，投资金额超过了预算，需要对订货批量进行调整。计算调整系数 m 为

$$m = \frac{C}{\sum_{i=1}^{n} c_i Q_i} = \frac{35\,000}{40\,450} \approx 0.865\,3$$

那么，每类产品的最优订货批量为

$$Q_1^* = m\mathrm{EOQ}_1 = 0.865\,3 \times 219 \approx 189$$

$$Q_2^* = m\mathrm{EOQ}_2 = 0.865\,3 \times 116 \approx 100$$

$$Q_3^* = m\mathrm{EOQ}_3 = 0.865\,3 \times 63 \approx 54$$

对三类产品的库存资金进行加总，当前的库存投资金额为 34\,850 元，离预算还有 150 元的距离。因此，在此基础上，还可以适当调整部分产品的订货批量，如增加 3 个零配件 1 或者增加 1 个零配件 1 和 1 个零配件 3。

除了资金约束之外，上述分析思路同样也适用于库存容量约束。假设库存系统的总容量为 W，对于产品 i 来说，每件产品需要占用 w_i 的空间。那么，库存容量约束可表达如下：

$$w_1Q_1 + w_2Q_2 + \cdots + w_nQ_n \leqslant W \tag{4.48}$$

现在需要做的假设从式(4.38)变为每类产品占用的空间与其库存持有成本的比例是相同的，即

$$\frac{w_1}{h_1} = \frac{w_2}{h_2} = \cdots = \frac{w_n}{h_n} \tag{4.49}$$

这相当于要求产品所消耗的空间与该产品的价值成正比。那么，在 $\sum_{i=1}^{n} w_i \mathrm{EOQ}_i \leqslant W$ 的

情况下,每类产品的最优决策即为经济订货批量 EOQ_i;在 $\sum_{i=1}^{n} w_i EOQ_i > W$ 的情况下,

每类产品的最优决策 $Q_i^* = mEOQ_i$,其中 $m = \dfrac{W}{\sum_{i=1}^{n} w_i Q_i}$。

4.3.2   多产品循环周期生产计划

在巨大的市场前景和复杂多变的市场环境下,制造行业内部竞争日益激烈,产品生命周期逐渐缩短,促使企业先后革新制造技术并采取更先进的生产手段,进一步节约生产成本和生产时间。单一产品的生产组织形式无法再适应环境的多变性和不可预测性,小批量、多品种的生产模式应运而生,具备柔性生产能力的混流生产线也纷纷建立,以满足客户个性化的需求。例如,上海通用公司就实现了在一条流水线上生产别克、塞欧等多款车型,上海大众也几乎在所有工厂采用多车型的混流装配生产线。混线生产可以大幅度提高企业的生产效率,但由于生产线的能力并非无限,这也给生产过程的有序性和准时性带来了考验。

在 3.2 节中,我们探讨了有限生产率情况下的单一产品生产问题,那在多类产品中又该如何进行生产计划和决策?在本节中,我们将讨论考虑生产能力约束的多产品系统,来解决多个产品在一台设备上生产的问题。继续沿用上一节中各类产品的需求和成本参数,此外,每类产品的生产速率分别定义为 $p_1, p_2, \cdots, p_n$。该多产品系统的目标为寻找到最优的生产计划,使得生产的固定成本和库存持有成本最小,同时还要保证在生产周期内不发生缺货。对于该系统而言,需要做两个假设。

为了保证设备有足够的生产能力来满足所有产品的需求,第一个假设是生产率和需求率满足如下约束:

$$\sum_{i=1}^{n} \frac{\lambda_i}{p_i} < 1 \tag{4.50}$$

需要注意的是,这比条件 $\lambda_i < p_i$ 更严格。想象一个场景,生产线上分别生产两种产品,每种产品的生产率和需求率之间的关系分别为 $\lambda_1 < p_1 < 2\lambda_1, \lambda_2 < p_2 < 2\lambda_2$。可以发现,$\lambda_1/p_1 + \lambda_2/p_2 > 1$,此时无论怎么排产,生产线都将无法完全满足两种产品的所有需求。因此,约束式(4.50)才能使得对该问题的研究具有意义。

第二个假设为所采用的生产策略是循环周期生产策略,这意味着每种产品在一个周期内只生产一次,而且每个周期内产品的生产次序是相同的。考虑到每种产品在重新生产时,需要再次花费固定的生产成本,因此这个假设在大多数情况下是合理的。有研究表明,当需求率与固定成本的差异很大时,在一个周期内对一种产品生产两次或两次以上可能更有利。但是,目前对这一情景的研究尚未找到一个普适性的方法,在此不做赘述。

接下来,在上述两点假设的基础上,探讨多产品循环周期生产计划问题。根据 3.2 节的思路,可以很容易地想到在该多产品系统内,对每种产品依次生产考虑了有限生产率后

调整过的批量,即

$$Q_i = \sqrt{\frac{2K_i\lambda_i}{h_i}}\sqrt{\frac{p_i}{p_i - \lambda_i}} \tag{4.51}$$

但是,该方法存在一定的缺陷。当只有一台生产设备时,用该方法求解出的每类产品的生产批量可能会太小,不能满足生产运行周期内的某些产品需求,从而造成缺货。

设定生产周期为 T,由于每种产品在一个生产周期内只生产一次,为了使产品的生产批量足够大,以满足 T 时间内的需求,产品 i 的生产批量必须满足 $Q_i = \lambda_i T$。 因此,我们可以转换思路,将求解的对象从生产批量变换为寻找最优的生产周期。对于产品 i 来说,其平均生产启动成本和库存成本可表示为

$$g(Q_i) = \frac{K_i\lambda_i}{Q_i} + \frac{h_iQ_i(p_i - \lambda_i)}{2p_i} \tag{4.52}$$

将 T 代入,可得

$$g(T) = \frac{K_i}{T} + \frac{h_i\lambda_i T(p_i - \lambda_i)}{2p_i} \tag{4.53}$$

那么,在一个生产 n 种产品的多产品系统中,其平均总生产启动成本和库存成本可表示为

$$G(T) = \sum_{i=1}^{n}\left[\frac{K_i}{T} + \frac{h_i\lambda_i T(p_i - \lambda_i)}{2p_i}\right] \tag{4.54}$$

现在的求解目标变为寻找最优的生产周期 T^*,使成本 $G(T^*)$ 最小。对式(4.54)求一阶导数,最优解 T^* 应满足 $\partial G/\partial T = 0$, 即

$$\sum_{i=1}^{n}\left[-\frac{K_i}{T^2} + \frac{h_i\lambda_i(p_i - \lambda_i)}{2p_i}\right] = 0 \tag{4.55}$$

通过公式变换,可以得到 T^* 的表达式为

$$T^* = \sqrt{\frac{2\sum\limits_{i=1}^{n}K_i}{\sum\limits_{i=1}^{n}\left[\frac{h_i\lambda_i(p_i - \lambda_i)}{p_i}\right]}} \tag{4.56}$$

综上所述,在该系统内,循环生产的周期为 T^*,每类产品在一个周期内生产的批量为 $\lambda_i T^*$。

除了生产时间外,每种产品在开始生产前可能还存在一定的准备时间,如生产线切换时间、加料时间等。如果将生产准备时间考虑在内,产品 i 的准备时间设定为 s_i,那么在求解出 T^* 后还需要检查该周期长度是否有足够的时间来生产所有产品,也就是说必须要确保周期时长不少于所有产品的生产和准备时间,满足如下约束:

$$\sum_{i=1}^{n}\left(s_i+\frac{Q_i}{p_i}\right)<T \tag{4.57}$$

将 $Q_i=\lambda_i T$ 代入,约束条件可表示为

$$\sum_{i=1}^{n}\left(s_i+\frac{\lambda_i T}{p_i}\right)<T \tag{4.58}$$

那么,生产周期 T 的设置范围为

$$T\geqslant T_{\min}=\frac{\displaystyle\sum_{i=1}^{n}s_i}{1-\displaystyle\sum_{i=1}^{n}\lambda_i/p_i} \tag{4.59}$$

在考虑产品的生产准备时间后,最优的生产周期应该是选择 T^* 和 $T_{\min}$ 中较大的一个,即 $T=\max\{T^*,T_{\min}\}$。 我们将通过下面一个例子进一步描述该过程。

例 4.6 某玩具工厂生产多种类型的汽车模型。为了节约成本,5 种汽车模型都是在一条生产线上制作完成的,外壳的喷漆设备也只有一台。汽车模型的需求率、生产率、生产准备时间和单位价值如表 4.6 所示,每种汽车模型的库存持有成本为单位价值的 20%。生产各种汽车模型的调试成本与准备时间成正比,该工厂估算平均 1 小时的调试成本为 100 元。循环周期生产策略应用在汽车模型的生产线上,希望将调试成本和库存持有成本降至最低,试问生产周期应确定为多少。

表 4.6   5 种汽车模型的相关数据

汽车模型	需求率/(辆/年)	生产率/(辆/年)	生产准备时间/小时	价值/(元/辆)
型号一	450	3 600	3.2	40
型号二	600	6 000	2.5	25
型号三	230	4 000	4.5	50
型号四	260	7 000	1.8	20
型号五	800	4 000	5.0	40

解: 对于求解循环周期生产问题,第一步需要验证该问题是否有意义。根据约束式(4.50),可得

$$\sum_{i=1}^{5}\frac{\lambda_i}{p_i}=\frac{450}{3\,600}+\frac{600}{6\,000}+\frac{230}{4\,000}+\frac{260}{7\,000}+\frac{800}{4\,000}\approx 0.519\,6<1$$

因此,该问题是可行的。

第二步,计算最优的生产周期。其中调试成本 K_i 为生产准备时间乘以 100,库存持有成本 h_i 为每种型号的汽车模型价值乘以 20%,根据公式

$$T^* = \sqrt{\dfrac{2\displaystyle\sum_{i=1}^{5} K_i}{\displaystyle\sum_{i=1}^{5}\left[\dfrac{h_i\lambda_i(p_i-\lambda_i)}{p_i}\right]}}$$

可以得到 $T^* = 0.490\,4$。根据 $Q_i = \lambda_i T$，求得每种汽车模型的最优生产批量，如表 4.7 所示。

表 4.7　5 种汽车模型的生产批量

汽 车 模 型	最优生产批量/辆
型号一	221
型号二	294
型号三	113
型号四	128
型号五	392

第三步，检查最优生产周期 T^* 内是否能完成所有汽车模型的调试和生产。假设每年工作天数为 250 天，每天工作 8 小时，那么

$$T_{\min} = \frac{\displaystyle\sum_{i=1}^{5} s_i}{1-\displaystyle\sum_{i=1}^{5}\lambda_i/p_i} = \frac{(3.2+2.5+4.5+1.8+5.0)\div(8\times250)}{1-0.519\,6} \approx 0.02$$

由于 $T^* = 0.490\,4 > T_{\min}$，最优的生产周期可确定为 $0.490\,4\times250 = 123$ 个工作日。通过将每种汽车模型的生产批量除以其生产率后加总，一个周期内设备的总运行时间为

$$\frac{221}{3\,600}+\frac{294}{6\,000}+\frac{113}{4\,000}+\frac{128}{7\,000}+\frac{392}{4\,000} \approx 0.254\,8(\text{年}) \approx 64(\text{天})$$

可以发现，如果采取循环周期生产策略，设备在一个生产周期内有很长时间是闲置的，约占整个生产周期的 $1/2$。

4.3.3　二次幂库存策略

由于产品的内生和外在参数不一致，如果以最小化每类产品的库存总成本为目标，分别按照最优订货批量对其进行订货，往往不同的产品需要在不同的时间点进行采购。在多产品的库存系统中，即使是需求已知的情况下，上述库存策略的实行仍然烦琐，并且对整个系统来说不一定是最经济的，因为没有考虑到产品之间的相互影响。例如，如果同一时间下达多种产品的订单，那么不同的产品可以共享同一辆送货卡车，从而节省了运输成本。然而，在涉及多产品的 EOQ 模型下，很难甚至不可能找到一个最优的订货周期。

　　运筹学中提出了一种适用于多产品订购的近似策略——二次幂库存策略,其基本思想是设定一个基本订货周期 T_L,然后从一组与基本订货周期的 2 次幂倍数成正比的周期中选择每种产品的订货周期。在该策略下,增加了一个约束,即每种产品的订货间隔必须为 $2^k T_L$。 如图 4.5 所示,如果每周订货可行,那么所有产品的订货间隔只能是 1 周、2 周、4 周、8 周……其中,在第二周和第六周,产品一和产品二可同时订货;在第四周,产品一、产品二、产品三可同时订货;在第八周,所有产品均可同时订货。

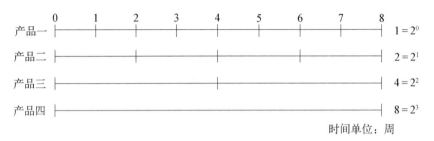

图 4.5　二次幂策略下的订货间隔

　　在复杂系统中分析二次幂策略超出了本书的范围,但我们可以通过基本的 EOQ 模型来说明它的有效性。从 3.2 节可知,当单位时间内需求量为 λ,单次订货成本为 K,单位时间内单位产品的库存持有成本为 h 时,库存系统的总成本 TC 可表示为

$$\mathrm{TC}(Q) = \frac{hQ}{2} + \frac{K\lambda}{Q} \tag{4.60}$$

由于 $Q = \lambda T$,总成本可改写为一个关于 T 的函数,即

$$\mathrm{TC}(T) = \frac{h\lambda T}{2} + \frac{K}{T} \tag{4.61}$$

式中,订货周期 T 的最优解 $T^* = \sqrt{2K/h\lambda}$。 采取二次幂策略,基本订货周期确定为 T_L,下一步寻找最优的 k 使得总成本 $\mathrm{TC}(2^k T_L)$ 最小。一般来说,基本订货周期在设定时应小于最优订货周期,即 $T_L < T^*$。 易知,$\mathrm{TC}(T)$ 是一个关于 T 的连续凸函数,$\mathrm{TC}(2^k T_L)$ 则是一个关于 k 的离散凸函数。那么,最优解 k^* 应该满足 $k^* = \min\{k : \mathrm{TC}(2^{k+1} T_L) \geqslant \mathrm{TC}(2^k T_L)\}$,代入式(4.61),可得到不等式

$$\frac{h\lambda \, 2^{k+1} T_L}{2} + \frac{K}{2^{k+1} T_L} \geqslant \frac{h\lambda \, 2^k T_L}{2} + \frac{K}{2^k T_L} \tag{4.62}$$

化简得

$$2^{k-1} h\lambda T_L \geqslant \frac{K}{2^{k+1} T_L} \tag{4.63}$$

即

$$T_L \geqslant \frac{1}{2^k} \sqrt{\frac{K}{h\lambda}} = \frac{T^*}{2^k \sqrt{2}} \tag{4.64}$$

同理,由于在二次幂策略下,$T = 2^k T_L$ 时的总成本最小,不等式 $\mathrm{TC}(2^k T_L) \geqslant \mathrm{TC}(2^{k-1} T_L)$ 成立,可推导出 $T_L \leqslant \sqrt{2} T^* / 2^k$,这意味着 $2^k T_L$ 的范围满足

$$\frac{T^*}{\sqrt{2}} \leqslant 2^k T_L \leqslant \sqrt{2} T^* \tag{4.65}$$

由此可得,二次幂策略下的最优订货周期在 $0.707 T^*$ 和 $1.414 T^*$ 之间。

继续探讨二次幂策略下的利润 TC' 与一般情况下的最优利润 TC^* 的差别。假设经济订货批量为 Q^*,二次幂策略下的订货批量为 Q'。由于 $\mathrm{TC}^* = \sqrt{2Kh\lambda}$,可推导出

$$
\begin{aligned}
\frac{\mathrm{TC}'}{\mathrm{TC}^*} &= \frac{\dfrac{hQ'}{2} + \dfrac{K\lambda}{Q'}}{\sqrt{2Kh\lambda}} \\
&= \frac{Q'}{2}\sqrt{\frac{h}{2K\lambda}} + \frac{1}{2Q'}\sqrt{\frac{2K\lambda}{h}} \\
&= \frac{1}{2}\left(\frac{Q'}{Q^*} + \frac{Q^*}{Q'}\right)
\end{aligned}
\tag{4.66}
$$

由于 $T = Q/\lambda$,将其代入式(4.66),并结合式(4.65)所给出的范围,可知 $1/\sqrt{2} \leqslant T'/T^* \leqslant \sqrt{2}$,可以得到 TC' 相对于 TC^* 的最大误差为

$$\frac{\mathrm{TC}'}{\mathrm{TC}^*} = \frac{1}{2}\left(\frac{T'}{T^*} + \frac{T^*}{T'}\right) \leqslant \frac{1}{2}\left(\sqrt{2} + \frac{1}{\sqrt{2}}\right) \approx 1.060\,7 \tag{4.67}$$

因此,即使采用二次幂策略,每类产品的订货周期并非最优订货周期,但其导致的各类产品采购成本增加的幅度也不超过 6.07%。对于多产品的库存系统来说,当考虑到同时订购多种产品可以分摊一定成本时,二次幂策略是有效的。我们通过一个例子来详细说明。

例 4.7　某仓库集中管理着三类产品,每件产品一年的库存持有成本为 2 元,各类产品的相关需求和成本数据如表 4.8 所示。假设一年为 365 天,每天都能订货。每次订货时除了固定的订货成本外,每笔订单还需支付 2 000 元的卡车运输成本。

表 4.8　三类产品的需求和成本数据

产品	年需求/个	固定订货成本/元	单位采购成本/元
X	200 000	1 200	20
Y	1 000 000	1 100	30
Z	180 000	1 120	50

(1) 按照 EOQ 模型,每类产品的经济订货批量为多少? 如果采用二次幂策略,每类产品的订货批量又为多少?

(2) 如果同时订购产品时,卡车成本可以在不同类产品之间进行分摊,那么与 EOQ

模型相比,采取二次幂策略后能节约多少费用?

解: 首先考虑问题(1)。由于存在卡车成本,因此在每类产品单独订货时,订货成本应为固定成本和卡车成本之和。采用 EOQ 模型,每类产品的经济订货批量为

$$\mathrm{EOQ_X} = \sqrt{\frac{2K\lambda}{h}} = \sqrt{\frac{2 \times (1\,200 + 2\,000) \times 200\,000}{0.2}} = 80\,000$$

$$\mathrm{EOQ_Y} = \sqrt{\frac{2K\lambda}{h}} = \sqrt{\frac{2 \times (1\,100 + 2\,000) \times 1\,000\,000}{0.2}} \approx 176\,068$$

$$\mathrm{EOQ_Z} = \sqrt{\frac{2K\lambda}{h}} = \sqrt{\frac{2 \times (1\,120 + 2\,000) \times 180\,000}{0.2}} \approx 74\,940$$

相对应的每类产品的最优订货周期分别为

$$T_X = \frac{\mathrm{EOQ_X}}{\lambda} = \frac{80\,000}{200\,000} \times 365 = 146$$

$$T_Y = \frac{\mathrm{EOQ_Y}}{\lambda} = \frac{176\,068}{1\,000\,000} \times 365 = 64.26$$

$$T_Z = \frac{\mathrm{EOQ_Z}}{\lambda} = \frac{74\,940}{180\,000} \times 365 = 151.96$$

采用二次幂策略,基本订货周期 T_L 为 1 天,那么每类产品的订货间隔应为 2^k 天。由于 $T^* / \sqrt{2} \leqslant 2^k \leqslant \sqrt{2}\,T^*$,可得 $T'_X = 128$ 天,$T'_Y = 64$ 天,$T'_Z = 128$ 天,对应的订货批量为

$$Q'_X = \frac{128}{365} \times 200\,000 = 70\,137$$

$$Q'_Y = \frac{64}{365} \times 1\,000\,000 = 175\,342$$

$$Q'_Z = \frac{128}{365} \times 180\,000 = 63\,123$$

对于问题(2),由于 EOQ 模型和二次幂策略下,产品的年采购数量相同,因此年采购成本相同。我们只需要比较它们的订货成本和库存持有成本。在只考虑 EOQ 模型的情况下,仓库每年花费的总成本为

$$\begin{aligned}
\mathrm{TC_1} = \sum_{i=X,Y,Z} \sqrt{2K_i h_i \lambda_i} &= \sqrt{2 \times (1\,200 + 2\,000) \times 200\,000 \times 0.2} + \\
&\quad \sqrt{2 \times (1\,100 + 2\,000) \times 1\,000\,000 \times 0.2} + \\
&\quad \sqrt{2 \times (1\,120 + 2\,000) \times 180\,000 \times 0.2} \approx 66\,202(元)
\end{aligned}$$

在二次幂策略下,仓库每年花费的总成本为

$$TC_2 = 0.2 \times \left(\frac{70\ 137}{2} + \frac{175\ 342}{2} + \frac{63\ 123}{2} \right) + 1\ 200 \times \frac{200\ 000}{70\ 137} +$$

$$1\ 100 \times \frac{1\ 000\ 000}{175\ 342} + 1\ 120 \times \frac{180\ 000}{63\ 123} + 2\ 000 \times$$

$$\frac{365}{64} \approx 30\ 860 + 12\ 889 + 11\ 406 = 55\ 155(元)$$

所以采取二次幂策略后,每年可以为仓库节约的成本为

$$\Delta TC = TC_1 - TC_2 = 66\ 202 - 55\ 155 = 11\ 047\ (元)$$

4.3.4 ABC 分类

在库存系统中通常涉及多类物料,每类物料的价值和数量均有不同。如果按照同样的标准去管理它们,企业有限的资源往往得不到合理的利用。因此,有必要对库存进行分类管理和控制,将库存管理的重点放在重要物料上。

1) 基本思想

库存的 ABC 分类与帕累托图(Pareto chart)有类似的思想。帕累托图最早用于解释经济学中的一个现象,即少数人掌握着大多数的财富。企业的库存也存在这种现象,即库存商品中的小部分通常贡献了大部分的价值或利润。根据这一观点,可以将库存分为 A、B、C 三个类别,从而更有效地管理库存。A、B 和 C 分别代表不同的库存类别且其重要性递减,选用这三个字母并没有特别的意义。一般来说,库存的 ABC 分类如图 4.6 所示,可将库存分为以下三类。

(1) A 类库存:成本前 20% 的物料,占总成本的 80%。

(2) B 类库存:接下来 30% 的物料,占总成本的 15%。

(3) C 类库存:剩余的 50% 的物料,占总成本的 5%。

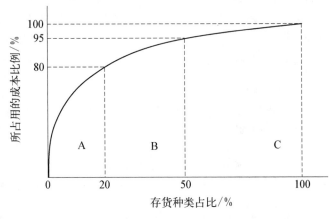

图 4.6 库存 ABC 分类图

上述分类并不是影响物料重要性的唯一标准,除此之外,还有其他一些标准:物料单

位成本、生产物料的人力和资源易获得性、提前期、物料缺货成本等。某些情况下,物料虽然价值不高,但却是生产过程中不可或缺的重要部件,在一般 ABC 分类时可能会被归为 C 类库存。为避免这种情况产生,衍生出一种重要性分析法(critical value analysis, CVA),由管理人员主观认定每类物料的重要性并给出分数,再依据分数的高低将物料划分类别。

运用 ABC 分类法的关键在于如何以"关键的少数和次要的多数"作为依据,通过定性和定量的分析,将管理对象的库存物料按照分类指标划分为 A、B、C 三类,然后采取相应的控制策略,这就是 ABC 分类法的基本思想。具体的类别数目、分类标准和比例可以根据不同的企业和行业进行调整和定制。

2)分类方法

在实践中,人们常以产品品种数量和对应的金额作为划分标准,需要强调的是,年度金额并不是物料分类的唯一准则。一般 ABC 分类法实施的程序如下。

(1)确认库存中每一种物料的价格以及对应使用量。

(2)将每一物料的使用量和物料的成本相乘,计算每一物料的使用金额。

(3)将所有物料的使用金额求和,得到库存总金额。

(4)将每一物料的年度使用金额分别除以全年度库存总金额,计算出每一物料的总计年度使用金额百分比。

(5)将物料根据年度使用金额百分比由大至小排序。

(6)计算物料使用金额的累计比率。

(7)根据累计比率进行分类,累计比率为 0～80％的物料为最重要的 A 类物料,累计比率为 80％～95％的物料为次重要的 B 类物料,累计比率为 95％～100％的物料为不重要的 C 类物料。

一般 ABC 分类法只是一种粗略的区别,因为物料通常品种很多,一次划分难以保证合理,也不易控制。因此,需要更详细、更具体、更具有针对性的划分方法,一些创新的分类方法有备件的层次类别 ABC 分类法、基于模糊评判法的 ABC 分类法以及 K-means 方法。

3)ABC 库存控制策略

对库存进行分类的目的是按利用价值对物料加以区别对待,然后采取不同的库存控制策略分别进行控制。一般地,对于高价值 A 类物料,应集中力量进行控制以减少库存;相反,对于低价值的物料,如 C 类物料,通常应维持较大库存以避免缺货。如表 4.9 所示,可以从以下方面阐述物料的控制策略。

表 4.9　三类物料的管理策略

类　别	A 类	B 类	C 类
管理要点	库存量压缩到最低	按使用量松紧控制库存	以较高库存节省订货费用
订货方式	低频率、大批量订货	中等频次、数量订货	低频率、大批量订货

（续表）

类　　别	A 类	B 类	C 类
库存水平	低	适中	高
检查方式	经常检查	一般检查	按年度或者季度检查
统计方式	按品种规格详细统计	按大类品种一般统计	按总金额进行统计

　　（1）A 类物料：是关键的少数，应进行重点的仓储管理，在保证安全库存的前提下，合理降低库存总量，减少资金占用成本，提高资金周转率。但是 A 类物料过少，将会出现缺货风险，导致生产与经营中断，产生重大经济损失。因此，对此类物料应进行严格的高频率跟踪和盘点，按照品种规格详细统计、详细记录和分析其使用情况；精确、科学设置最低定额、安全库存和再订货点，采取高频次、小批量订货，将库存量压缩到最低，并且经常进行维护。

　　（2）B 类物料：进行次重点管理，不必像 A 类那样严格，但也不宜过于放松。对此类物料实施一般检查，按照大类品种一般统计；通常设置适中的安全库存水平，采取中等频次订货，订货数量适量，也可根据使用量的松紧控制库存；大多数情况下实施正常控制，只有特殊情况下才赋予较高的有限权，可按经济批量订货。

　　（3）C 类物料：品种数量多但资金占用量少，故可采取相对宽松的管控，给予最低的作业优先权控制。对此类物料采取尽可能简单的年度或者季度检查，按照总金额进行统计；通常建立大量安全库存，以最大限度降低缺货风险，采取低频率、大批量订货，可通过半年或一年一次的盘点来补充大量的库存，以节省订货费用。

　　这种 ABC 分类法简单易行，有助于分析和控制重点物料，但是其缺点也显而易见。首先，判别的标准不全面，仅仅根据品种、金额的多少还难以科学分类，如有些备件或比较重要的物料，尽管占用金额不高，但对生产影响大，且采购周期较长，这类物料也应归为 A 类物料。然而，如果按照一般 ABC 分类法，这类物料也许归为了 B 类或 C 类物料。因此，ABC 的划分不仅取决于品种和金额的大小，还应同时考虑物料的重要性程度、采购周期的长短等。只有综合考虑多种因素，才能合理地区分 A、B、C。

　　例 4.8　某自动化程度高的烟草企业采用 ABC 分类法对备件库存进行分类，从仓库随机选取 10 种物料，每年物料使用量和年使用金额如表 4.10 所示。试进行库存的 ABC 分析。

表 4.10　物料的年使用量和年使用金额

物　料　编　号	年使用量/个	年使用金额/元
001	25	1 472.25
002	60	34.30
003	12	5 507.66

(续表)

物 料 编 号	年使用量/个	年使用金额/元
004	5	17 429.37
005	97	2 866.80
006	61	241.68
007	125	237.69
008	40	388.89
009	29	20 737.64
010	90	2 264.88
总计	544	50 181.16

解: 将这 10 种物料按照年使用金额比例进行排序,并进行归类,即将这 10 种物料按年使用金额分成 A、B、C 三种物料,如表 4.11 所示。表 4.11 还列出了每种物料的年使用量百分比。

表 4.11   按照物料的金额排序

物料编号	年使用金额/元	累积年使用金额/元	累积金额比/%	年使用量/个	年使用比例/%	物料级别
009	20 737.64	20 737.64	40.52	29	5	A
004	17 429.37	38 167.01	74.57	5	1	A
003	5 507.66	43 674.67	85.33	12	2	B
005	2 866.8	46 541.47	90.93	97	18	B
010	2 264.88	48 806.35	95.36	90	17	B
001	1 472.25	50 278.6	98.24	25	5	C
008	388.89	50 667.49	99.00	40	7	C
006	241.68	50 909.17	99.47	60	11	C
007	237.69	51 146.86	99.93	125	23	C
002	34.3	51 181.16	100.00	60	11	C

对表 4.11 进行整理和合并可得最后的结果,如表 4.12 所示。

表 4.12   整理合并后的最终结果

级别	物 料 编 号	年使用量百分比/%	每级总金额/元	总金额百分比/%
A	004、009	6	38 167.1	74.57
B	003、005、010	34	10 639.34	20.79
C	001、008、006、007、002	60	2 374.81	4.64

此外,需要说明的是,对不同的产品,如外购件、自制件、独立需求产品和相关需求产品等,应进行不同的 ABC 分析,也要根据不同企业的实际情况灵活更新 ABC 分析方式,比如停机成本高的企业还需额外关注物料的供应可靠度。在分析过程中,不能忽略需求和未来的发展趋势,库存量及库存管理的重点应根据市场的需求变化做动态调节。例如,此时某物料可能是 A 类物料,但随着生产计划的更新迭代导致用量减少,彼时可能变成 B 类物料。另外,仓库管理部门和其他部门如销售部门、工程部门等应实现信息共享,如果某时期销售部门计划放弃某产品,则应将这个信息及时反馈至仓库管理部门,仓库管理部门可对该产品涉及的物料库存进行适时调整。仓库管理部门还应与下游客户保持紧密联系,因为市场的变化可能导致某种产品停止生产,则仓库管理部门必须及时得到该信息以调整相应的库存管理策略。

4.4　习题

1. 连续盘点模型与周期盘点模型哪个安全库存量较大? 为什么?

2. 某电子设备专卖店采用 (Q,R) 策略来管理一款热销打印机的库存水平。根据历史数据,该打印机的月度需求分布近似于正态分布,均值为 120,标准差为 30。打印机的订货提前期为 2 个月,单次订货产生的固定成本为 1 500 元。每台打印机的批发价格为 200 元,每发生一台打印机缺货,造成的利润和商誉损失约为 500 元,库存持有成本按照每年 30% 的费率计算。

(1) 该打印机的最佳订货批量和再订货点是多少?

(2) 该打印机的最佳安全库存应设置为多少?

3. 假设在习题 2 中,专卖店老板认为 500 元的缺货成本不太合理,转而制订了服务水平标准来代替缺货成本。如果服务水平设定为 95%,分别考虑第一类和第二类服务水平,试确定每次的订货量和再订货点。在问题 2 中,实际达到的服务水平是多少?

4. 对于习题 2 中的电子设备专卖店,假设该店从连续盘点改为周期盘点,每月进行一次库存盘点和订购。

(1) 使用习题 2 中得到的 (Q,R) 解,确定合适的 (s,S) 解。

(2) 假设 3 月到 8 月的需求如表 4.13 所示,如果 3 月初始库存是 24,那么根据问题 (1) 中的 (s,S) 策略,确定从 3 月到 8 月每个月的订货量。

表 4.13　3—8 月打印机的需求

月份	需求量	月份	需求量
3	125	6	128
4	132	7	105
5	118	8	112

5. 假设习题 4 中的专卖店需要满足在盘点期内不发生缺货的概率为 95%,那么从 3 月到 8 月每个月的订货量如何? 如果目标变为满足 95% 的需求,每个月的订货量又是如何?

6. 某工厂需要为未来半年内的市场需求提前制订生产计划,每月的需求数量可以通过历史数据获得,如表 4.14 所示。单位产品的生产成本为 10 元,产品持有一个月的库存成本为生产成本的 20%。每次生产的启动成本为 80 元,试为该工厂确定每月的生产批量,使得计划期内花费的总成本最小。

表 4.14　计划期内产品每周的需求量

时　段	1	2	3	4	5	6
需求量 D_t	18	30	42	5	20	35

7. 销售季即将来临,某女士服装店同时下达了 3 款服装的订单,每款服装的需求和成本参数如表 4.15 所示。服装的年持有系数 I 为批发单价的 0.22。为了保证有足够的流动资金采购其他女士用品(如箱包、丝巾等),店长规定同时投资在 3 款服装库存上的资金不能超过 20 000 元。在不超出预算的情况下,3 款服装每次的订货批量应该为多少?

表 4.15　三种零配件的需求和成本数据

类　别	款式 1	款式 2	款式 3
需求率/(个/年)	1 200	1 400	1 000
单位批发价格/元	50	120	180
固定订货成本/元	200	300	150

8. 仓库集中管理着三种保温杯的库存,每种保温杯一年的库存持有成本为 2 元,它们的相关需求和成本数据如表 4.16 所示。假设一年为 365 天,每天都能进行订货。每次订货时除了固定的订货成本外,每笔订单还需支付 1 500 元的卡车运输成本。

表 4.16　三种保温杯的需求和成本数据

产品	年需求/个	固定订货成本/元	单位采购成本/元
型号 1	2 000	1 200	20
型号 2	4 500	2 000	30
型号 3	1 800	1 500	50

(1) 按照 EOQ 模型,每种保温杯的经济订货批量为多少? 如果采用二次幂策略,每

种保温杯的订货批量又为多少?

（2）如果同时订购产品时，卡车成本可以在不同类产品之间进行分摊，那么与 EOQ 模型相比，采取二次幂策略后能节约多少费用?

9. 某油漆厂商生产多种颜色的环保油漆，其中，白色、黄色、绿色和蓝色 4 种油漆都是在一条生产线上完成包装的，外包装的密封设备也只有一台。循环周期生产策略应用在该生产线上，希望将生产线切换成本和库存持有成本降至最低。各种颜色油漆的相关数据如表 4.17 所示，每罐油漆的库存持有成本为单位价值的 20％。生产线切换所产生的成本与切换时间成正比，该工厂估算平均 1 小时需要花费切换成本 50 元。试问生产周期应确定为多少?

表 4.17　4 种油漆的相关数据

油漆颜色	需求率/(年/罐)	生产率/(年/罐)	切换时间/小时	价值/(年/罐)
白色	220	3 000	3	20
黄色	300	2 500	2	12
绿色	130	4 000	4	25
蓝色	170	3 000	6	16

10. 一家公司生产 A 产品。产品 A 的提前期为三周，每周的需求服从均值为 38、方差为 130 的正态分布。每个产品 A 的生产成本为 18.8 美元，缺货成本为 400 美元，每生产一批产品 A 的固定成本为 75 美元。该公司用 40％的年利率计算持有成本(1 年＝12 月＝52 周)。

（1）公司的最优生产策略是什么(什么时候生产，每次生产多少)?

（2）在这种情景下，类型 1 和类型 2 服务水平分别是多少(迭代终止条件为计算结果相差在 1 以内)?

第5章

综合生产计划

综合生产计划是在工厂设施规划、资源规划和长期市场预测的基础上做出的,是指导全厂各部门一年内经营生产活动的纲领性文件。长期需求预测为制订综合生产计划提供依据,综合生产计划是针对产品群的计划,是将企业策略与生产能力转换为劳动力水平、库存量、产量、需求劳动力水平、库存量等变量的一种优化组合,以使得总成本最小。所以说,综合生产计划的制订实际上也是对能力和需求的一种平衡,计划的结果可以采取单独的策略,也可以采取多种策略的混合策略,需求配合和平准式生产策略是综合生产计划的两个极端。本章主要包括以下内容:① 综合生产计划的基本概念;② 综合生产计划的计算方法,主要介绍直观试算法及数学方法。

5.1 基本概念

在编制综合生产计划时,由于在战略规划中已确定了工厂设备与生产能力,当需求变化时,就不能使用改变生产能力的策略,而只能采取其他策略(如加班、减班、招聘新工人、解聘员工、外包等)来调节生产能力,或采取这些策略的混合策略。适当地制订这些策略或混合策略,所得到的有效的生产计划就是综合生产计划,中短期生产计划和短期生产计划都要依据综合生产计划制订。

企业综合生产计划不但是现有设备和人员及库存的合理安排与使用,还是企业决策者根据外部环境、经济指标和发展目标,必须处理的许多问题中的一个重要方面。到目前为止,已有许多学者提出综合生产计划的几个模型。例如,用数学规划方法研究多品种综合生产计划问题;应用最优控制理论求解多产品生产和劳动力水平的计划问题,研究了随机需求条件下,如何根据逐个阶段总费用递推确定产品的逐阶段最优生产量,以及预定价格和可行价格问题。在众多模型中,由于所提出的综合生产计划仅仅考虑了需求预测,并且根据费用最小求解问题,只考虑了产品的产量,而没有考虑到销售决策中产品的价位,这会影响综合生产计划的市场适应性和有效性。因此,理想的模型应和其他模块融为一体。本章所举的几个例子均做了假设。

5.1.1 综合生产计划的描述

在整个生产计划与控制系统中,综合生产计划所处的层次较高。综合生产计划的主要目的是明确生产率、劳动力人数、当前库存和设备的最优组合,确保在需要时可以得到计划的产品或服务。其中,生产率指每单位时间(如每小时或每天)生产的产品数量,劳动力水平是指生产所需工人人数,当前库存等于上期期末库存。综合生产计划的周期较长,计划期为 6~18 个月,通常为一年,但每月或每季度都要根据实际情况做适时的更新。

对于需求稳定的产品或服务,没有综合生产计划的问题,生产率、劳动力人数、库存水平只要按照稳定的需求来组织生产即可。而对于存在季节性需求或周期性需求的产品或服务,则可以采取两种策略:一种是修改或管理需求;另一种是管理供应,如提供足够的生产能力和柔性使得生产能力满足需求,或者以平准化的速率进行生产。

综合生产计划问题可以描述如下:在已知计划期内,每一时段 t 的需求预测量为 F_t,以最小化生产计划期内的成本为目标,确定时段 $t=1,2,\cdots,T$ 的产量 P_t、库存量 I_t、劳动力水平 W_t。

制订综合生产计划的过程不同,一种方法是从公司的销售预测中获得,通过需求预测得到未来一段时期内市场的需求量,各产品系列应该生产多少,计划人员利用此信息可以决定如何利用公司现有资源以满足市场的预测。另一种方法是通过模拟不同主生产计划和计算相应生产能力需求,了解是否每个工作中心都有足够的工人与设备,并制订综合生产计划,如果生产能力不足,就要确定是否需要加班,是否需要增加工人人数等措施以增加能力,以及增加多少,然后用试算法进行试算,并不断修正,最后得到一个比较满意的结果。

5.1.2　综合生产计划所处地位

图 5.1 展示了综合生产计划在整个生产计划体系中所处的地位。产品决策和工厂能力决策是长期战略规划,是由企业最高层领导做的决策;综合生产计划的时间周期通常为

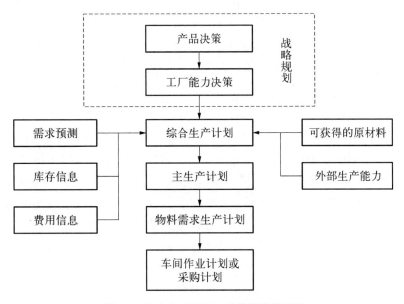

图 5.1　综合生产计划与其他模块的关系

一年,由职能部门经理或中层管理人员制订;短期生产作业计划由车间一级管理人员制订并贯彻执行。

由图 5.1 可知,综合生产计划的制订依赖于对市场需求的预测、客户实际订单、现有库存状态信息、各种成本参数、每月可用的工作日天数、可以获得的原材料以及外部生产能力等。综合生产计划的输入可以分为四个部分:资源、预测、成本和劳动力变化的政策。资源主要有人力/生产率以及设施与设备;成本主要有库存持有成本、缺货成本、招聘/解聘成本、加班费用、库存变化成本以及转包合同的费用;劳动力变化的政策主要有转包合同、加班、库存水平/变化和缺货。综合生产计划的输出是劳动力、库存量、生产纲领,作为主生产计划的输入。

工厂实际运作过程中,在编制综合生产计划前,还要根据销售子系统(合同需求的汇总)、预测子系统(生产需求的预测)和数据子系统(包括项目定义文件、产品数据结构、车间能力文件和车间工种人员及设备文件),确定最佳的产品组合,再编制综合生产计划,确定劳动力水平、库存量等的最优组合。编制综合生产计划后,还要进行能力计划与分析。若能力可行,则打印能力核算表和产品组合表,形成年生产大纲和能力核算清单、年投入计划文件、年负荷分析报告、季度工时及年投入产品计划。若不可行,则返回修改综合生产计划。主生产计划根据市场预测和实际订单制订最终产品的生产计划,确定每批订货所需产品的数量与交货期。粗能力计划检查核定当前所具备的生产、仓库设施、设备、劳动力的能力是否满足要求,并且核定供应商是否已经安排了足够的生产能力,以保证在需要时按时提供所需的物料。物料需求计划从主生产计划得到最终产品的需求量,将其分解到零件与部装件,并确定应何时安排每一种零件与部装件的生产与订货,以保障按计划完成产品生产。同时要制订细能力计划,对生产能力和负荷进行平衡分析,并且对每个工作中心进行分析。这与主生产计划的粗能力计划有所区别,粗能力计划只是对生产系统中的关键工作中心进行能力负荷平衡分析。最后生成车间作业计划或零部件的采购计划,并将加工单或采购单分别下达车间和采购部门。综合生产计划的信息流程如图 5.2 所示。

5.1.3　综合生产计划策略分析

如果需求非常平稳,如一些流程型工业,那么其计划的制订相对简单,重点在于制订综合生产计划和设备的可靠性、维修性计划。如果在计划阶段内出现季节性需求或周期性需求,那么可以采取相应的措施来应对这种季节性需求,实际上也就是在需求和供应之间寻求一个平衡点,出现供大于求或供小于求都是企业或顾客不愿看到的。因此,可以采取对需求进行管理和对供应进行管理两种策略。对需求的管理可以采取以下方法:生产互补性产品;利用广告、降价等手段进行促销;按照累计订单进行生产,即在订单累积到一定量时再按照订单进行生产。本章主要针对解决综合生产计划的管理供应策略进行论述,通常可以采取以下几个策略:追逐策略、稳定的劳动力水平、外包和平准策略。

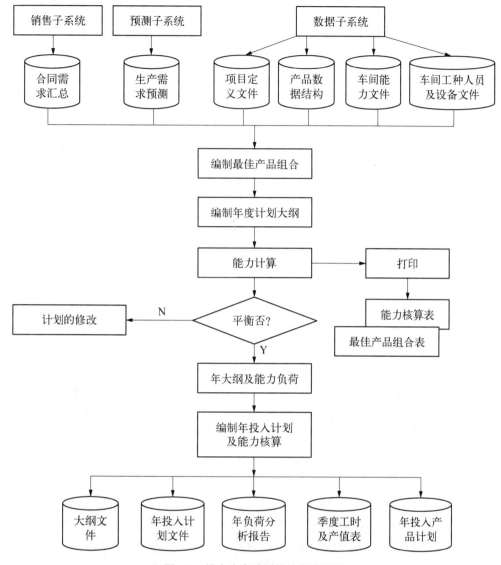

图 5.2　综合生产计划的信息流程图

1) 追逐策略

追逐策略是一种实时改变劳动力水平以适应需求变化的策略,当订货变动时,雇佣或解雇工人,使产量与订货相一致。这种策略取决于劳动力的成本,发达地区劳动力成本往往很高,通常不采取这种策略,经济欠发达地区则通常采取追逐策略以保证能按时完成订单。这种策略要求在招聘新工人时对员工进行培训,所以还要求工人所从事的工作易于培训。经常性变动员工数量往往会造成员工人心不稳,影响员工工作的积极性和士气。

2) 稳定的劳动力水平——变化的工作时间

通过柔性的工作计划或加减班改变工作时间,以适应需求量的变化,使产品产量与订单量匹配。这种策略的工人人数相对稳定,故在需求量变化时,要适应需求量的变化,通过加减班的策略，增加或减少员工的工作时数。这个策略的优点是无须另招聘或解聘员工，节省招聘或解聘费用，但柔性工作计划或加班会产生其他成本，因为加班费用往往超出正常工作费用。

3) 外包

当需求量增大时，若企业既不想通过雇佣新工人来满足需求，又不想通过加班来满足需求，则可以将超过企业生产能力的那部分外包出去，从而间接提高企业的生产能力。但采取这样的策略通常都有一定的风险，因为将部分订单外包出去以后，可能会有一部分顾客因此转投竞争对手，导致企业有失去顾客的风险。因此，企业一般都在雇佣或解雇工人的费用很高，或者加班成本很高，或者在核心领域发生转移时采用这种策略。

上述三种策略可以称为需求配合策略，即保证企业有足够的生产能力和柔性以满足需求，这种方法会使生产率变动很大，需求配合策略的基本出发点是避免因满足需求必然要求高库存从而使库存成本很高的情况发生。若需求出现上升后又短期下降的趋势，则可以在这段时间对这些多余人员进行训练，使他们能掌握多种技能，从而提高生产线的柔性。

4) 平准策略

可以用变动的库存量、订单积压和减少销售来消化缺货与剩余产品，保持稳定的劳动力数量与产出率。雇员可以由稳定的工作时间受益，但可能会造成缺货。平准化生产方式是着眼于保持一个平准生产计划。平准生产计划指在一段时间内保持生产能力的平稳。它在一定程度上是我们提到的四种策略的综合。对于每段时期，它维持劳动力数量的稳定和低库存量，并依赖需求拉动生产的进行。平准策略的优点如下：可计划安排整个系统，使之达到库存与在制品量最小化；在制品储备少，产品改进及时；生产系统流程平稳；从供应商处购买的物料能在需要时交付，而且事实上常常直接送至生产线。

对综合生产计划制订后进行能力和负荷平衡分析时，不需要涉及具体的工作中心，也不涉及具体的每一个阶段，而是计算全部工作中心年全部生产能力，并且根据客户的合同订单和对市场的需求预测得出生产负荷，然后进行比较。若出现能力和负荷不平衡的情形，则可以通过上述策略改变生产能力，也可以通过做广告、降价促销、延期交货、不同季节的产品混合生产等手段改变负荷。

综合生产计划的编制策略还与生产的类型有关。对于制造装配型企业来说（如汽车行业），通常采用订货生产，那么在制订年度计划时，由于市场的波动等不确定性因素的影响，根本不可能得到准确的订货合同信息。所以，这种生产类型下的综合生产计划只起到指导作用，企业的计划重点是周期更短的生产计划，如采用物料需求计划或准时化生产方式克服上述缺点。而对于流程型生产企业来说，其生产是连续的，生产能力可以明确计算，加之其年需求量往往波动不大，故综合生产计划非常关键。

制订综合生产计划时通常要保证总成本最小，有时候采取单一的上述策略不一定效果最佳，所以更需要采取包含上述两个或两个以上策略的混合形式。例如，一家企业可能同时采用加班和外包来调节生产能力，采取混合策略的缺点是组合很多，要寻求一个合理的组合比较困难。

5.1.4　综合生产计划相关成本

综合生产计划的制订过程实际上是一个优化的过程,其目标是确定劳动力水平和库存量的最优组合,从而使计划期内与生产相关的总成本最低。所以说,综合生产计划也可以为企业的年度预算提供依据,保证预算的准确性。综合生产计划有四种与生产相关的成本,具体如下:

1) 基本生产成本

基本生产成本是计划期内生产某一产品的固定与变动成本,包括直接与间接劳动力成本、正常与加班工资,一般加班成本比正常成本高。

2) 库存成本

主要组成部分是库存占用资金的成本。另外,还有储存费用、保险费、税费、物料损坏和变质费用、过时风险费用、折旧费用等。在精益生产方式中,制造过剩被认为是最大的浪费,而制造过剩意味着一定会产生大量额外的库存成本,所以应该尽量避免库存的浪费。库存并非仅仅占用无用空间,实质上还会掩盖企业中存在的许多问题和造成产品生产成本的提高。

3) 延期交货成本

这类成本比较难以估算,包括由延期交货引起的赶工生产成本、失去企业信誉和销售收入的损失。

4) 与生产率相关的变动成本

典型成本包括雇佣、培训与解雇人员的成本、设施与设备占用的成本、人员闲置成本、兼职与临时员工成本和外包成本。雇佣临时或兼职员工是降低这类成本的一种方法。下面简述几个典型的与生产率相关的变动成本。

(1) 聘用和解雇员工的成本。当需求增加或减少时,为保证供应和需求相符合,即企业的生产能力与负荷相匹配,必须另外招聘或解雇员工。不同的国家在招聘和解雇员工时发生的成本不相同,如美国的雇佣和解聘费用相对较低,而在日本这种强调终身雇佣的国家,招聘和解聘的费用相对来说较高,所以应视不同情况采取相应策略。另外,招聘新员工时,必须对员工进行培训,而且新员工在刚开始工作时也可能使生产率有所降低,所以这些培训费用和相关间接费用也应被考虑在内。

(2) 外包成本。当需求增大时,若企业不想通过招聘新的员工来满足增大的需求,则可以通过将多余的负荷外包出去来达成满足需求的目标。对两个企业来说,一方面可以达到双赢的目标,使得生产能力没有被充分利用的企业能够将能力尽量发挥出来;但另一方面,外包出去的企业也会面临可能失去顾客的风险。

(3) 人员和设备闲置。如果某段时间需求低于供应,为了避免制造过剩,必然会出现闲置情况。出现闲置时,可以参考精益生产的一些做法:① 可以利用闲置时间对员工进行培训,使员工成为多能工,即掌握多种技能,这样可以提高生产线的柔性,便于生产线按照规定的生产节拍进行生产;② 利用闲置时间对生产线布置、质量控制、标准化作业等进行持续的改进活动,这样即使出现闲置,也没有造成浪费。

(4) 兼职或临时员工。如果可能的话,应尽可能雇佣兼职人员或临时员工,这对企业或员工都有利,有以下几个原因:有些人可能不希望全职工作,而喜欢具有一定弹性的工作;雇佣兼职或临时员工不需要额外的福利;雇佣临时员工或兼职人员本身要支付的工资相对较低;新招聘或雇佣使得费用相对较低,越来越多的提供兼职或临时员工的人事公司就说明了这一问题。

5.2 综合生产计划计算方法

制订综合生产计划的过程如下:战略计划作为一个长期规划,用于确定未来很长一段时间内公司的产品发展方向,工厂的生产能力也在此阶段做决策,这是工厂的设计能力;确定生产能力后,要进行工厂选址以及工厂内部系统设施配置,此时,工厂的最大生产能力已经确定,关键在于确定实际的生产能力,这由市场的需求决定。

综合生产计划的制订方法通常有直观试算法、定量的数学方法和仿真方法。其中,直观试算法易于理解和掌握,是最常用的一种方法。定量的数学规划方法有线性规划方法、线性决策方法、搜索决策规则和目标规划方法。简单的线性规划可以通过图解方法来解决,复杂问题可以通过建立线性优化的数学模型和单纯型方法来求解。另外,有一些学者提出专家系统方法和计算机仿真分析的方法。

5.2.1 直观试算法

直观试算法有时又称为图表法。这种方法的优点是直观;缺点是往往只能获得局部最优解,而不能得到全局最优解,而且计算结果只能采取一种单一的策略,但实际情况可能是采取了多种策略的综合策略。直观试算法的基本步骤如下:

(1) 确定每一时段的需求、安全库存量及期初的库存水平。

(2) 确定每一时段的正常生产能力。

(3) 确定加班、转包等生产能力。

(4) 确定库存策略。

(5) 计算劳动成本、库存成本、缺货成本、招聘和解聘成本、加班成本、外包成本等相关成本。

(6) 初步设定几种可行的方案。

(7) 计算每个方案的总成本。

(8) 寻找总成本最低的方案。

这种方案通常可以获得比较令人满意的结果,但并不是最佳的,因为它只计算其中有限的几种方案。企业在编制综合生产计划时一般采用简单的试算法。有两种计算过程:一种是手算方法;另一种是借助电子表格软件(Excel)实现这一计划过程。精确的方法如线性规划与仿真方法经常在电子表格软件中得到应用。

例 5.1　某公司要制订未来 6 个月产品群组的年度生产计划,已知 6 个月的需求预测量和每月实际工作天数(见表 5.1),每天正常工作时间为 8 小时。该产品群组的期初库存量为 400 个,安全库存量如表 5.2 所示。相关的成本数据如表 5.3 所示,需要说明的是,在考虑分包成本时,仅考虑边际成本,即假如材料成本为每件 100 元,分包成本为每件 120 元,那么在考虑实际分包成本时,要将分包成本减去材料本身的成本,就得到边际成本。

表 5.1　每月需求预测量和工作天数

月份	预测量/个	每月工作天数
1	1 800	22
2	1 500	19
3	1 100	21
4	900	21
5	1 100	22
6	1 600	20
总计	8 000	125

表 5.2　安全库存量

月份	安全库存/个
1	450
2	375
3	275
4	225
5	275
6	400

表 5.3　成本数据

成本类型	成本值
招聘成本	200 元/人
解聘成本	250 元/人
库存成本	1.5 元/(件·月)
缺货成本	5 元/(件·月)
材料成本	100 元/件
分包成本	20 元/件

(续表)

成　本　类　型	成　本　值
单位产品加工时间	5 小时/件
正常人工成本	4 元/小时
加班人工成本	6 元/小时

综合生产计划的编制按照以下步骤进行。

(1) 首先按照原始数据计算每月的实际需求和每月月末的库存量。每月的实际需求计算公式为

$$P_i = DF_i + SI_i - BI_i \tag{5.1}$$

式中,P_i 为每月实际需求量;DF_i 为每月需求预测量;SI_i 为每月安全库存量;BI_i 为每月期初库存量。

每月月末库存量计算公式为

$$EI_i = BI_i + P_i - DF_i \tag{5.2}$$

式中,EI_i 为每月月末库存量。计算结果如表 5.4 所示。

表 5.4　需求量的计算

月　　份	1	2	3	4	5	6
期初库存/个	400	450	375	275	225	275
需求预测量/个	1 800	1 500	1 100	900	1 100	1 600
安全库存量/个	450	375	275	225	275	400
实际需求量/个	1 850	1 425	1 000	850	1 150	1 725
期末库存量/个	450	375	275	225	275	400

(2) 初步设定四种策略。

策略一　追逐策略,满足需求量的变化,以改变工人人数来调节生产能力,假设每班次工作 8 小时,追逐策略的分析结果如表 5.5 所示。

表 5.5　改变工人人数

月　　份	1	2	3	4	5	6
实际需求量/个	1 850	1 425	1 000	850	1 150	1 725
满足需求所需生产时间/小时	9 250	7 125	5 000	4 250	5 750	8 625

(续表)

月　　份	1	2	3	4	5	6
每月工作天数	22	19	21	21	22	20
每人每月工时/小时	176	152	168	168	176	160
所需人数	53	47	30	25	33	54
招聘人数	0	0	0	0	8	21
招聘成本/元	0	0	0	0	1 600	4 200
解聘人数	0	6	17	5	0	0
解聘成本/元	0	1 500	4 250	1 250	0	0
正常人工成本/元	37 000	28 500	20 000	17 000	23 000	34 500

总成本：172 800 元

在表 5.5 中，满足需求所需生产时间＝实际需求量×5 小时/件；

每人每月工时＝工作天数×8 小时/天；

所需人数＝满足需求所需生产时间÷每人每月工时。

策略二　平准策略，即保持工人人数不变，变动库存，既不加班也不外包，固定工人的人数用该段时间内平均每天需要工人人数计算，即用 6 个月的总需求量乘以每件加工时间，再除以一个工人在计划期内的总工作时间，即

$$\frac{5\ 小时/件\times8\ 000\ 件(6\ 个月的总实际需求量)}{125\ 天(6\ 个月的总工作天数)\times8\ 小时/(天·人)}=40\ 人$$

计算结果如表 5.6 所示。

表 5.6　平　准　策　略

月　　份	1	2	3	4	5	6
月初库存量/个	400	8	−276	−32	412	720
每月工作天数	22	19	21	21	22	20
可用生产时间/小时	7 040	6 080	6 720	6 720	7 040	6 400
实际生产量/个	1 408	1 216	1 344	1 344	1 408	1 280
需求预测量/个	1 800	1 500	1 100	900	1 100	1 600
月末库存量/个	8	−276	−32	412	720	400
缺货成本/元	0	1 380	160	0	0	0
安全库存量/个	450	375	275	225	275	400
多余库存量/个	0	0	0	187	445	0
多余库存成本/元	0	0	0	280.5	667.5	0
正常人工成本/元	28 160	24 320	26 880	26 880	28 160	25 600

总成本：162 488 元

在表 5.6 中,可用生产时间＝工作天数×8 小时/天×40 人;

实际生产量＝可用生产时间÷5 小时/件;

月末库存＝月初库存＋实际产量－需求预测量;

下月的月初库存＝本月的月末库存。

策略三　外包策略,即将超出能力的需求包出去,工人人数固定,以满足最小的实际需求量。由表 5.4 可知,最小实际需求量为 4 月份 850 单位,其他月份超出 850 单位的能力就用外包的形式来满足,由最小实际需求量计算最少的固定工人人数为

$$\frac{5 \text{ 小时 / 件} \times 850 \text{ 件} \times 6(6 \text{ 个月的需求量})}{125 \text{ 天}(6 \text{ 个月的总工作天数}) \times 8 \text{ 小时 /}(\text{天} \cdot \text{人})} = 25 \text{ 人}$$

计算结果如表 5.7 所示。

表 5.7　外 包 策 略

月　　份	1	2	3	4	5	6
实际需求量/个	1 850	1 425	1 000	850	1 150	1 725
每月工作天数	22	19	21	21	22	20
可用生产时间/小时	4 400	3 800	4 200	4 200	4 400	4 000
实际生产量/元	880	760	840	840	880	800
分包件数/个	970	665	160	10	270	925
分包成本/元	19 400	13 300	3 200	200	5 400	18 500
正常人工成本/元	17 600	15 200	16 800	16 800	17 600	16 000

总成本:160 000 元

策略四　加班策略,保持工人人数不变,通过加班或减班改变能力,计算结果如表 5.8 所示。

表 5.8　加 班 策 略

月　　份	1	2	3	4	5	6
期初库存/个	400	0	0	177	554	792
每月工作天数	22	19	21	21	22	20
可用生产时间/小时	6 688	5 776	6 384	6 384	6 688	6 080
固定生产量/个	1 338	1 155	1 277	1 277	1 338	1 216
需求预测量/个	1 800	1 500	1 100	900	1 100	1 600
加班前库存量/个	−62	−345	177	554	792	408
加班生产件数/个	62	345	0	0	0	0
加班成本/元	1 860	10 350	0	0	0	0

（续表）

月　　份	1	2	3	4	5	6
安全库存/个	450	375	275	225	275	400
多余库存/个	0	0	0	329	517	8
库存成本/元	0	0	0	494	776	12
正常人工成本/元	26 752	23 104	25 536	25 536	26 752	24 230
					总成本：165 402 元	

注：该策略的正常工人人数比较难以确定，目标是使期末的库存与安全库存尽可能接近，这要进行反复试算，可知最合适的工人人数为 38 人。可用生产时间＝工作天数×8 小时/天×38 人。

（3）对四种策略进行比较，比较结果如表 5.9 所示。

表 5.9　四种策略的比较结果

成　本　项	策略一	策略二	策略三	策略四
正常人工成本/元	160 000	160 000	100 000	151 910
加班人工成本/元	0	0	0	12 210
招聘成本/元	5 800	0	0	0
解雇成本/元	7 000	0	0	0
外包成本/元	0	0	60 000	0
库存成本/元	0	948	0	1 282
缺货成本/元	0	1 540	0	0
总成本/元	172 800	162 488	160 000	165 402

（4）最终确定采取何种策略。

由表 5.9 可知，策略三即外包策略的总成本最小，故可以确定采用这种策略，在该策略下，未来 6 个月的工人人数为 25 人，每月的安全库存和期末库存都可以确定。

5.2.2　综合生产计划的数学方法

上述试算法只能用于解单一产品的问题，并且最终也只能采取一种最佳的策略，所得到的最佳解只是一种局部的优化，因为实际上最小总成本所对应的可能是几种策略的组合，这就需要借用数学方法来解决。综合生产计划的数学方法一般不常用，原因如下：通常建立的优化数学模型是动态的，因为它受一些政策的影响；一些因素如劳工合约、可用资金、生产能力限制或产品储存寿命可能会影响决策；试验方法已为大多数企业运作经理所接受，而且若利用电子表格来计算，则会使工作量大大降低；另外，数学的规划方法通常是研究人员从研究角度提出的，不为企业运作经理接受。下面简述几种常用的数学规划方法。

1) 线性规划方法

线性规划方法是通过确定一些决策变量,这些决策变量满足一定的约束条件,并追求目标函数的最优化,其中目标函数和约束条件均为线性,线性规划方法因此而得名。线性规划的数学模型确定以后,对于比较简单的数学模型,则可以用图解法来求解;对于比较复杂的线性规划模型,可以通过单纯型方法来求解;对于不考虑雇佣与解聘的特殊情况,可应用更容易建立的运输方法模型;对于比较复杂或非常复杂的线性规划,可以通过建立线性规划数学模型,借助计算机软件来计算分析。线性规划数学模型中,目标通常是总成本最小或总利润最大,而约束条件则通常是生产能力的限制、储存空间的限制、劳动时间的限制、劳动人数的限制等。因为该模型做线性的假设,而实际情况却常常不是线性的,因此要建立符合实际情况的数学模型比较困难。例如,由于生产效率的降低,每小时加班成本可能会随加班时间的增加而增加。另外,如果生产量的变化较大,则随着生产量的增大,每单位产品的成本可能会因为产量的增大而降低。

典型的线性规划数学模型如下。

(1) 目标函数为

$$\min Z = \sum_{j=1}^{n} C_j X_j \tag{5.3}$$

(2) 约束条件为

$$
\begin{aligned}
& A_{11} X_1 + A_{12} X_2 + \cdots + A_{1n} X_n \leqslant B_1 \\
& A_{21} X_1 + A_{22} X_2 + \cdots + A_{2n} X_n \leqslant B_2 \\
& \qquad \vdots \\
& A_{m1} X_1 + A_{m2} X_2 + \cdots + A_{mn} X_n \leqslant B_m
\end{aligned}
\tag{5.4}
$$

式中,A_{ij}、B_i、C_j($i=1,2,\cdots,m$；$j=1,2,\cdots,n$)为给定常量。

上述通用线性规划模型如果用于综合生产计划,则目标函数是总成本最小,总成本要考虑人工成本、招聘成本、解聘成本、加班成本、外包费用和缺货损失等。约束条件主要考虑生产能力的约束、人工能力的约束、库存水平的约束、非负条件的约束等。

将该线性规划数学模型用于综合生产计划的模型建立,则目标函数为总成本最小,约束条件如下:① 产品的计划产量应小于最高需求量;② 产品的计划产量应高于最低需求量;③ 各种资源的限制;④ 各种变量的非负性限制。

例5.2　某产品未来 6 个月的需求预测量如表 5.10 所示,每月工作天数如表 5.11 所示,成本参数如表 5.12 所示,假设产品的单位生产成本为 0,每天正常工作 8 小时一个班次,单位产品的生产时间为 2 小时,期初人数为 35 人。求最优的综合生产计划。

表 5.10　产品的需求预测量

月　份	1	2	3	4	5	6
需求预测量/个	2 760	3 320	3 970	3 540	3 180	2 900

表 5.11　每月工作天数

月　份	1	2	3	4	5	6
工作天数	21	20	23	21	22	22

表 5.12　成 本 参 数

成　本　类　型	成　本　值
单位产品生产成本/元	$C_P = 0$
单位人工成本/[元/(人·天)]	$C_W = 120$
招聘费用/(元/人)	$C_H = 450$
解聘费用/(元/人)	$C_L = 600$
储存费用/[元/(件·周期)]	$C_I = 5$

建立线性规划数学模型时需要设定的决策变量如下：

(1) $P_i(i=1,2,\cdots,6)$ 为每个月的产量；

(2) $W_i(i=1,2,\cdots,6)$ 为每个月的工人数量；

(3) $H_i(i=1,2,\cdots,6)$ 为每个月的招聘人数；

(4) $L_i(i=1,2,\cdots,6)$ 为每个月的解聘人数；

(5) $I_i(i=1,2,\cdots,6)$ 为每个月的库存量。

建立的线性规划数学模型以总成本最小为目标，设总成本为 TC，则数学模型为

$$\min TC = 2\,520W_1 + 2\,400W_2 + 2\,760W_3 + 2\,520W_4 + 2\,640W_5 +$$

$$2\,640W_6 + 450\sum_{i=1}^{6}H_i + 600\sum_{i=1}^{6}L_i + 5\sum_{i=1}^{6}I_i$$

式中，前六项为正常人工成本，如第一月的人工成本为 $120 \times 21 \times W_1 = 2\,520W_1$；后三项分别为招聘费用、解聘费用和库存费用。

约束条件需要考虑生产能力的约束、人工能力的约束、库存平衡的约束及非负条件的约束，具体如下：

(1) 生产能力的约束：

$P_1 \leqslant 84W_1$（由 $2 \times P_1 \leqslant 21 \times 8 \times W_1$ 得到，以下推导同）；

$P_2 \leqslant 80W_2$；

$P_3 \leqslant 92W_3$；

$P_4 \leqslant 84W_4$；

$P_5 \leqslant 88W_5$；

$P_6 \leqslant 88W_6$。

（2）人工能力的约束：

$W_1 = 35 + H_1 - L_1;$

$W_2 = W_1 + H_2 - L_2;$

$W_3 = W_2 + H_3 - L_3;$

$W_4 = W_3 + H_4 - L_4;$

$W_5 = W_4 + H_5 - L_5;$

$W_6 = W_5 + H_6 - L_6。$

（3）库存平衡约束：

$I_1 = 0 + P_1 - 2\ 760;$

$I_2 = I_1 + P_2 - 3\ 320;$

$I_3 = I_2 + P_3 - 3\ 970;$

$I_4 = I_3 + P_4 - 3\ 540;$

$I_5 = I_4 + P_5 - 3\ 180;$

$I_6 = I_5 + P_6 - 2\ 900。$

（4）非负条件的约束：

$P_i(i = 1, 2, \cdots, 6) \geqslant 0;$

$W_i(i = 1, 2, \cdots, 6) \geqslant 0;$

$H_i(i = 1, 2, \cdots, 6) \geqslant 0;$

$L_i(i = 1, 2, \cdots, 6) \geqslant 0;$

$I_i(i = 1, 2, \cdots, 6) \geqslant 0。$

将上述模型的数据输入优化软件中，即可得到最优解，如表 5.13 所示。

表 5.13　最优解的结果

月份	产量/个	库存量/个	招聘人数	解聘人数	需要工人数
1	2 940.000	180.000	0.000	0.000	35.000
2	3 232.857	92.857	5.411	0.000	40.411
3	3 877.143	0.000	1.732	0.000	42.143
4	3 540.000	0.000	0.000	0.000	42.143
5	3 180.000	0.000	0.000	6.006	36.136
6	2 900.000	0.000	0.000	3.182	32.955

总费用为 600 191.60 元，实际产量、库存量、招聘人数、解聘人数、需要工人数均要取整数。

2）运输方法

运输方法又可称为图表作业法，实际上是一种表格化的线性规划方法。用运输方法编制综合生产计划必须做一定假设：① 在每一计划期内的正常生产能力、加班生产能力和外包都有一定限制；② 每一期间的需求预测量均为已知；③ 成本与产量为线性关系。

利用运输方法，必须正确建立运输表格，如表 5.14 所示。在表 5.14 中，第一行分别为每期计划方案、计划期、未用生产能力和可用生产能力。接下来是每期的正常产量、加班产量和外包产量。最下面一行表示每期总的需求量。表 5.14 中每一格的右上角表示单位产品的相应成本，包括生产成本和库存成本。设单位产品在每期的库存成本为 C_I，单位产品的正常生产成本为 C_P，单位产品的加班生产成本为 C_O，单位产品的外包成本为 C_W。如果第 1 期生产出来的产品准备在第 2 期销售，则其成本就变为 $C_P + C_I$；若在第 3 期销售，成本就为 $C_P + 2C_I$。可依次类推加班生产成本和外包成本。第 t 期的正常可用生产能力为 PN_t，第 t 期的加班可用生产能力为 PO_t，第 t 期的外包可用生产能力为 PW_t。

表 5.14 运 输 表

计划期	计划方案	计 划 期			未用生产能力	可用生产能力
		1	2	3		
1	正常	C_P	$C_P + C_I$	$C_P + 2C_I$		PN_1
	加班	C_O	$C_O + C_I$	$C_O + 2C_I$		PO_1
	外包	C_W	$C_W + C_I$	$C_W + 2C_I$		PW_1
2	正常		C_P	$C_P + C_I$		PN_2
	加班		C_O	$C_O + C_I$		PO_2
	外包		C_W	$C_W + C_I$		PW_2
3	正常			C_P		PN_3
	加班			C_O		PO_3
	外包			C_W		PW_3
需求		D_1	D_2	D_3		

应用运输方法编制综合生产计划时应遵循如下步骤：① 在可用生产能力一列填上正常、加班和外包的最大生产能力；② 在每一单元格中填上各自的成本；③ 在第一列中寻找成本最低的单元格，尽可能将生产任务分配至该单元格，但必须满足生产能力的限制；④ 在该行的未用生产能力中减去所占用的部分，但必须注意剩余的未用生产能力不能为负数，如果该列仍然有需求尚未满足，则重复步骤②～④，直至需求全部满足，并且按照

②～④的步骤分配全部期间的单元格。使用运输表还应注意,每一列的分配总和必须等于该期的总需求,每一行的生产能力之和也应等于可用的总生产能力。

例 5.3　已知某产品的需求量及期间数如表 5.15 所示。假设期初库存为零,正常时间单位成本为 100 元,加班时间单位成本为 107 元,外包单位成本为 113 元。每期间单位储存成本为 2 元,不允许出现缺货情形。正常时间每期间可生产 180 个,加班为 36 个,外包可达 50 个,列成的运输表格如表 5.16 所示,最佳综合生产计划如表 5.17 所示。

表 5.15　产品的需求量预测

期间/月	1	2	3	4	5	6	7	8	9	10	11	12	13
需求量/个	100	180	220	150	100	200	250	300	260	250	240	210	140

表 5.16　运 输 表

期间/月	计划方案	1	2	3	4	5	6	7	8	9	10	11	12	13	未用能力/个	可用能力/个
1	正常	100 **100**	102	104 **40**	106	108	110	112	114	116	118	120	122	124	0 / 40	180
	加班	107	109	111	113	115	117	119	121	123	125	127	129	131	0 / 36	36
	外包	113	115	117	119	121	123	125	127	129	131	133	135	137	0 / 50	50
2	正常		100 **180**	102	104	106	108	110	112	114	116	118	120	122	0	180
	加班		107	109	111	113	115	117	119	121	123	125	127	129	0 / 36	36
	外包		113	115	117	119	121	123	125	127	129	131	133	135	0 / 50	50
3	正常			100 **180**	102	104	106	108	110	112	114	116	118	120	0	180
	加班			107	109	111	113	115	117	119	121	123	125	127	0 / 36	36
	外包			113	115	117	119	121	123	125	127	129	131	133	0 / 50	50
4	正常				100 **150**	102	104	106 **10**	108 **20**	110	112	114	116	118	0	180
	加班				107	109	111	113	115	117	119	121	123	125	0 / 36	36
	外包				113	115	117	119	121	123	125	127	129	131	0 / 50	50

（续表）

期间/月	计划方案	1	2	3	4	5	6	7	8	9	10	11	12	13	未用能力/个	可用能力/个
5	正常					100 **100**	102 **20**	104 **60**	106	108	110	112	114	116	0 0	180
	加班					107	109	111	113	115	117	119	121	123	0 36	36
	外包					113	115	117	119	121	123	125	127	129	0 50	50
6	正常						100 **180**	102	104	106	108	110	112	114	0 0	180
	加班						107	109	111 **28**	113 **8**	115	117	119	121	0 0	36
	外包						113	115	117	119	121	123	125	127	0 50	50
7	正常							100 **180**	102	104	106	108	110	112	0 0	180
	加班							107	109 **36**	111	113	115	117	119	0 0	36
	外包							113	115	117	119	121	123	125	0 50	50
8	正常								100 **180**	102	104	106	108	110	0 0	180
	加班								107 **36**	109	111	113	115	117	0 0	36
	外包								113	115	117	119	121	123	0 50	50
9	正常									100 **180**	102	104	106	108	0 0	180
	加班									107 **36**	109	111	113	115	0 0	36
	外包									113 **36**	115	117	119	121	0 14	50
10	正常										100 **180**	102	104	106	0 0	180
	加班										107 **36**	109	111	113	0 0	36
	外包										113 **34**	115	117	119	0 16	50

（续表）

期间/月	计划方案	1	2	3	4	5	6	7	8	9	10	11	12	13	未用能力/个	可用能力/个
11	正常											100 / **180**	102	104	0 / 0	180
	加班											107 / **36**	109	111	0 / 0	36
	外包											113 / **24**	115	117	0 / 26	50
12	正常											100	102 / **180**		0 / 0	180
	加班											107	109 / **30**		0 / 6	36
	外包											113	115		50	50
13	正常													100 / **140**	0 / 40	180
	加班													107	0 / 36	36
	外包													113	0 / 50	50
需求量/个		100	180	220	150	100	200	250	300	260	250	240	210	140	858	3 458

表 5.17　最佳综合生产计划

期间/月	生产数量/个			需求量/个	各期间期末库存/个
	正常时间	加班时间	外包		
1	140			100	40
2	180			180	40
3	180			220	0
4	180			150	30
5	180			100	110
6	180	36		200	126
7	180	36		250	92
8	180	36		300	8
9	180	36	36	260	0
10	180	36	34	250	0

（续表）

期间/月	生产数量/个			需求量/个	各期间期末库存/个
	正常时间	加班时间	外包		
11	180	36	24	240	0
12	180	30		210	0
13	140			140	0
总计	2 260	246	94	2 600	

3）线性决策规划

Holt、Modigliani、Muth 以及 Simon 曾利用线性决策规划来研究综合生产计划问题，线性决策规则表示与生产率变动、库存水平及加班有关的成本，作为生产与员工人数的二次函数。决定最佳员工人数与生产率水平的线性决策规划可借由总二次成本函数的微分得到。这种方法也有缺点：一是这种方法需要二次成本函数，但这往往不符合实际情况；二是这种方法没有对决策变量进行限制，但实际上决策变量往往受到一些约束条件的限制。

4）目标规划

在制订综合生产计划时通常存在以下目标：制订的计划应在生产能力之内；生产必须满足需求；生产与库存成本应最小化；库存投资不应超出一定的限制；加班成本应控制在一定的范围之内；员工人数应不能超出一定人数。这些目标在建立线性规划的数学模型时一般是单目标问题，但是它们的优先顺序比较难以确定，目标规划可以克服这个缺点，它可以提供这些目标优先次序的解决方案，但是若目标是相互抵触的，则比较难以同时满足这些目标。

5）计算机仿真

无论是线性规划方法，还是线性决策规划方法，或是目标规划方法，均要求出实际的解析表达式，但实际求准确的解析表达式往往比较困难，故发展出利用计算机工具，通过开发一定的仿真软件进行综合生产计划的编制。解析方法求综合生产计划要求严格地假定决策变量间的关系。例如，有的假设成本与生产量之间为线性关系，有的则假设成本与生产量之间是一个二次函数。利用解析方法求解，这种决策变量间的关系是固定的，而实际情况往往是有的期间成本与生产量之间为线性关系，而有的期间则为二次函数关系。计算机仿真方法可以很容易地克服这个问题。解析方法通常可以得到最佳解，而系统仿真方法则不一定能求得最佳解。

5.2.3　综合生产计划的扩展

前面讨论的几种综合生产计划方法都是针对一种产品的生产计划优化问题，实际工作中，往往是多品种、多阶段的计划问题，有的资料将这种问题称为高级综合生产计划问题，高级综合生产计划无法用直观试算法进行试算，而只能通过建立数学模型，用一定的算法软件来解决。在建立线性规划数学模型时也以成本最小为目标,建立模型时需要已知某些参数和设定一些决策变量,已知的参数如下:T 为计划期长度;N 为产品品种数;t 为期间,$t=1,2,\cdots,T$;i 为第 i 种产品,$i=1,2,\cdots,N$;D_{it} 为产品 i 在期间 t 的需求预测;n_{it} 为产品 i 在期间 t 的单位人工产量;C_{it}^P 为产品 i 在期间 t 的单位生产成本;C_t^H 为期间 t 招聘一个工人的费用;C_{it}^W 为期间 t 产品 i 的单位人工费用;C_t^L 为期间 t 解聘一个工人的费用;I_{it} 为产品 i 在期间 t 的库存量。

待确定的决策变量如下:P_{it} 为产品 i 在周期 t 的生产数量;W_t 为周期 t 的可用工人数;H_t 为在周期 t 招聘的工人数;L_t 为在周期 t 解聘的工人数。

多品种综合生产计划的优化模型为

$$\min \sum_{t=1}^{T} \sum_{i=1}^{N} (C_{it}^P P_{it} + C_{it}^W W_t + C_t^H H_t + C_t^L L_t + C_{it}^I I_{it}) \tag{5.5}$$

约束条件为

$$\sum_{t=1}^{T} \left(\frac{1}{n_{it}}\right) P_{it} \leqslant W_t \qquad t=1,2,\cdots,T \tag{5.6}$$

$$W_t = W_{t-1} + H_t - L_t \qquad t=1,2,\cdots,T \tag{5.7}$$

$$I_{it} = I_{it-1} + P_t - D_{it} \qquad t=1,2,\cdots,T; \quad i=1,2,\cdots,N \tag{5.8}$$

$$P_{it}, W_t, H_t, L_t, I_{it} \geqslant 0 \qquad t=1,2,\cdots,T; \quad i=1,2,\cdots,N \tag{5.9}$$

5.3 习题

1. 企业的计划层次如何划分,各种层次之间有何关系?

2. 综合生产计划取决于市场需求预测,预测的精度和综合生产计划模型的实际相关度有多大?

3. 制订综合生产计划时,什么情况下采用直观试算法,什么情况下采用线性规划的单纯型方法,什么情况下采用运输方法?

4. 试用微软的 Excel 电子表格实现本章直观试算法中的例子。

5. 制订综合生产计划的混合策略应如何考虑? 试用混合策略为本书直观试算法中的例子设计出使总成本最小的方案。

6. 制订综合生产计划考虑相关成本因素时均假设固定不变,但由于工人因学习可以得到经验,即学习效应,使单位产品的成本随着产量的上升而降低。考虑学习效应时,如何建立数学模型?

第 *6* 章

主 生 产 计 划

　　主生产计划在制造计划和控制系统乃至整个生产管理中有很重要的作用,它直接与需求预测、综合生产计划以及物料需求计划相联系,连接了制造、销售、工程设计及生产计划等部门。综合生产计划的对象为产品群,主生产计划的对象则是以具体产品为主的基于独立需求的最终物料(end item)。主生产计划的制订是否合理,将直接影响随后的物料需求计划的计算执行效果和准确度。一个有效的主生产计划需要充分考虑企业的生产能力,要有能够体现企业的战略目标、生产和市场战略的解决方案。粗能力计划将决定企业是否有足够的能力来执行主生产计划。本章包括以下几个部分:① 主生产计划的基本概念;② 主生产计划的计算逻辑;③ 主生产计划的评价和维护;④ 最终组装计划。

6.1　基本概念

6.1.1　与其他制造活动之间的关系

　　我们首先要对主生产计划在整个生产计划和控制系统中的地位有一个认识,主生产计划是整个计划系统中的关键环节。一个有效的主生产计划是企业对客户需求的一种承诺,它充分利用企业资源,协调生产与市场,实现生产计划大纲中所表达的企业经营计划目标。主生产计划在三个计划模块中起承上启下、从宏观计划向微观计划过渡的作用,它决定了后续的所有计划及制造行为的目标,是后续物料需求计划的主要驱动,如图 6.1 所示。从短期上讲,主生产计划是物料需求计划、零件生产、订货优先级和短期能力需求计划的依据。从长期上讲,主生产计划是估计本厂生产能力(如厂房面积、机床、人力等)、仓库容量、技术人员和资金等资源需求的依据。

　　综合生产计划约束主生产计划,因为主生产计划的全部细节性的计划要与综合生产计划所阐述的一致。在一些公司,主生产计划是总公司或单个工厂按照月或者季度销售计划来进行描述的。而在另外一些公司,主生产计划是根据每个月生产线上要生产的产品的产量来进行描述的。

　　主生产计划制订后,要检验它是否可行,这时就应进行粗能力计划,即对生产过程中的关键工作中心进行能力和负荷的平衡分析,以确定工作中心的数量和关键工作中心(即瓶颈工作中心)是否满足需求。

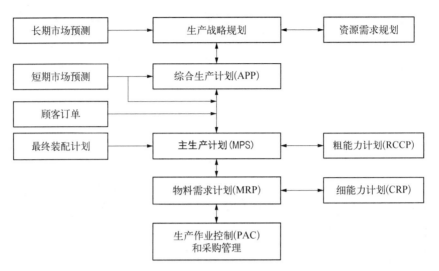

图 6.1   主生产计划与其他制造活动之间的关系

最终组装计划描述的则是在特定的时期里主生产计划的物料组装成最终产品,有时候其对象与主生产计划的计划对象一致,但大多数情况下,最终组装计划与主生产计划的计划对象不一致。

主生产计划是制造物料的最基础的活动,是生产部门的工具,因为它指明了未来某时段将要生产什么,同时,主生产计划也是销售部门的工具,它指出了将要为用户提供什么。主生产计划还为销售部门提供生产和库存信息,一方面它可以使企业的行销部门与各地库存和最终顾客签订交货协议;另一方面,也可使生产部门较精确地估计生产能力。如果能力不足以满足顾客需求,应及时将此信息反馈至生产和行销部门。高级管理层需要从主生产计划反馈的信息预估制造计划可否实现。

6.1.2   主生产计划的计划对象

综合生产计划的计划对象是产品系列,每一系列可以由多个型号的产品构成。综合生产计划不细分,这与其后的主生产计划有所区别。举例来说,如果某汽车公司生产某种轿车,有四种型号 A、B、C 和 D,计划年总生产纲领为 1 万辆,这是综合生产计划要规定的,而不必规定每一型号的轿车的产量。而主生产计划则规定每一种型号产品的生产量,如 A 型号车为 2 500 辆、B 型号车为 3 500 辆、C 型号车为 2 000 辆、D 型号车为 2 000 辆。如图 6.2 所示,通过编制汽车的综合生产计划,可知第一个月的总产量为 800 辆,在此基础上,编制主生产计划时,不仅要将该产品群分解至每一型号的汽车产量,还要将时间周期进行分解,通常以周为单位。由图 6.2 可以看出,第一个月的第一周需生产 A 型号汽车,产量为 200 辆;第二周需生产 B 型号和 D 型号的汽车,产量分别为 300 辆和 150 辆;第三周需生产 C 型号的汽车,产量为 150 辆;第四周不生产。这样,前四周的总产量与综合生产计划对应,即 800 辆。

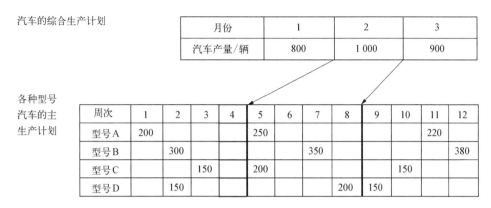

图 6.2　综合生产计划与主生产计划的关系

6.1.3　主生产计划的制造环境

主生产计划是针对产品系列中具体的产品而做的计划,其计划对象是基于独立需求的最终物料,这种最终物料可能是最终产品,也可能是一般的零件或部件。如果零件或部件是作为装配最终产品所用,则该零部件为相关需求产品,应用物料需求计划来制订详细计划。如果这种零部件不是作为装配最终产品所用,例如,作为维修件提供给专门的维修公司,则应视为独立需求件,故用主生产计划来制订生产计划。

关于产品的制造环境或生产模式在第 1 章中已有过介绍,从客户订制的程度和要求看,可以将生产模式分为四种典型的情况:备货生产、订货组装、订货生产和订货工程。订货制造和订货工程都是按顾客要求设计和制造,通常可以归为一类。主生产计划的计划对象是基于最终产品、特定顾客订单或者最终产品和产品的选择,对不同的制造环境其概念是不同的。

1) 备货生产

备货生产是指先将产品生产出来,然后依靠库存来满足需求,它根据对市场需求预测和安全库存及期初库存来制订主生产计划。概括地说,产品的结构有如下三种类型:① A 形结构。使用比较多的原材料和半成品,形成数量不太多的产品。小的器具,如钉书器、圆珠笔、手表、台灯、电话机等,都有这种产品结构。② V 形或 T 形结构。由比较少的原材料形成许多产品。例如,轧钢厂的原材料是钢锭,它的产品是各种各样的钢材;而在纺织厂,尼龙丝是上千种织物的主要成分。另一个例子是书籍的生产。出版商出版不同类型的书籍,每一本书所用的原材料都不多——纸张、油墨、封面,但是作为产成品的书籍却是多种多样的。③ X 形结构。许多产品由一些半成品组合构成。汽车是一个典型的例子。顶层是各种汽车;中间狭窄处是半成品,如发动机、底盘等,这些半成品的种类并不是很多,但是它们的组合数却是很大的,所以可以形成许多不同类型的汽车;底层是用于制造半成品的许许多多的零件。备货生产通常是流通领域内直接销售的产品,主生产计划和最终组装计划的计划对象都是 A 形产品结构中的顶层,如图 6.3(a)所示。对于产品系列下有多种具体产品的情况,要根据市场分析来估计各类产品占产品系列总量的百分比。此时,主生产计划的计划对象是具体产品。

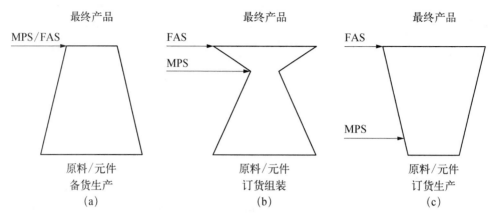

MPS/FAS—建立预测的最终产品项目;MPS—建立元件及次组装品;FAS—最终组装品的大概轮廓[图(b)];FAS—只建立顾客的需求量[图(c)]。

图 6.3   不同制造环境下的 MPS 和 FAS 计划对象

2) 订货组装

订货组装公司是基于很多已装配好的结构零件进行装配的,期望交货期通常比实际交货期要短,所以生产必须在预测顾客订单时开始。大量最终产品的制造使最终预测变得非常困难并且储存最终产品也有相当的风险。订货组装公司试图维持柔性,只生产基本零件和组件,一般在接到最终订单时才开始进行最终产品的装配。

订货组装的好处是不同的最终产品只需要相当少的次组件和零件就可以完成,可大量降低产品库存。这种产品实际上是模块化的产品,即产品有多种搭配选择时,基本的次组件则可能不多,此时,主生产计划的计划对象是相当于 X 形产品结构中"腰部"的材料,即通用件、基本件或可选件,而顶部的产品则通常是最终组装计划的计划对象,如图 6.3(b)所示。

如图 6.4 所示,一个最终产品由四个次组件和一个零件组成,每种次组件有不同的类型,如

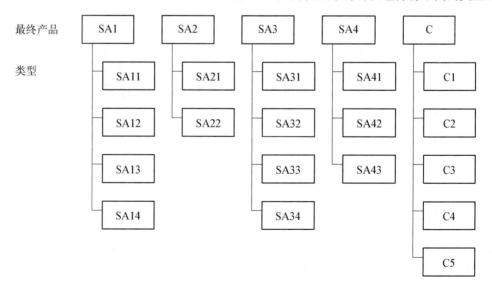

图 6.4   订货组装下主生产计划的对象

SA1 有四种类型,SA2 有两种类型,SA3 有四种类型,SA4 有三种类型,零件有五种类型,则最终的产品有 $4 \times 2 \times 4 \times 3 \times 5 = 480$(种)。此时,如果主生产计划以最终产品为对象,则共有 480 种计划对象,这时应以组件为计划对象,则只有 $4 + 2 + 4 + 3 + 5 = 18$(种)计划对象。

订货组装公司的例子有通用汽车,有很多已装配好的零件和组件,如发动机、汽车座椅、转向器、制动器等,在有顾客订单时才组装。这种原料/元件很多,通用件、次组装件、可选件则相对较少,但组合却很多的情况,主生产计划的计划对象应为数量不太多的通用件、次组装件和可选件。

3) 订货生产和订货工程

一般来讲,订货生产公司保存非成品库存并在需要时设立每一个客户订单。这种方式在大批量生产公司虽然经常用到,但是如此就不大可能准确预测顾客需求。

订货生产和订货工程的最终产品一般就是标准定型产品或按订货要求设计产品,通常就是产品结构 0 层的最终产品,对钢材这种类型的订货生产,同一型号的钢坯可轧制出规格繁多的钢材,这时,主生产计划的计划对象可以放在按钢号区分的钢坯上(相当于 T 形或 V 形结构的低层),以减少计划的物料数量,然后,根据订单确定最终产品,而最终组装计划的对象则是各品种的钢材。订货生产和订货工程计划对象如图 6.3(c)所示。

6.1.4 计划的时间分段

主生产计划的结果是一个分时段的计划,在不同的时间分段上,主生产计划对应的订单状态是不同的。按照三级状态,可以将主生产计划的订单分成三类:制造订单、确认的计划订单以及计划订单。

(1) 制造订单(manufacturing order)。制造订单指已下达至系统的制造订单,授权制造指定数量的产品。这种订单通常不能更改,只有企业最高层管理人员才有权限更改。

(2) 确认的计划订单(firm planned order)。计划订单的数量和时间可以固定下来,计算机不能自动地改变它们,只有计划员可以改变它们,确认计划订单是叙述主生产计划的常用方法。

(3) 计划订单(planned order)。计划订单是系统管理的订单,随时可以更改。

主生产计划是一个分时段的生产计划,与订单的状态相对应,制造订单和确认的计划订单是以需求时间栏作为分界,而确认的计划订单和计划订单是以计划时间栏作为分界。

(1) 需求时间栏(demand time fence)是目前时间至计划时间中的一个时间点,在目前时间至需求时间这一段时间内,相应订单为制造订单,这是已经开始的需要制造的订单。在此期间,只有最高层领导才有权对此进行修改,一般这个阶段的主生产计划是不能改变的。

(2) 计划时间栏(plan time fence)是位于需求时间栏和全部计划期间之间的一个时间点,在需求时间栏和计划时间栏之间对应的订单为确认的计划订单,包含实际订单以及预测的订货,而在计划时间栏之后便只有预测的客户订单。通常,在企业的生产控制系统中的处理策略如下:在需求时间栏以内,根据客户的实际订单做计划。在需求时间栏至计划时间栏,根据客户订单和预测定货量中的最大值进行计划,如果预测量超出实际订单,则表示可能还有订单没有到达;若实际超出预测量,则表示预测偏低,以实际为准。而在计划时间栏之后,一般根据预测的订货量做计划。

需求时间栏和计划时间栏以及对应的订单如图 6.5 所示。

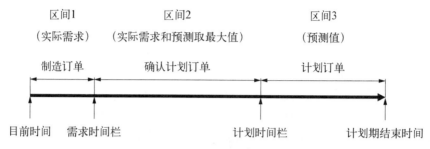

图 6.5　主生产计划时间栏的说明

6.2　主生产计划的计算逻辑

6.2.1　设计和制订程序

主生产计划的制订主要取决于以下因素：① 客户订单;② 经销商订单;③ 库存补货订单;④ 个别成品的预测;⑤ 厂际需求;⑥ 配销中心需求;⑦ 成品的库存水准;⑧ 安全库存量;⑨ 已发出的完成品指令单;⑩ 库存的限制。

主生产计划与物料需求计划一样,通常要解决以下三个基本问题：① 制造的目标是什么? ② 制造的资源是什么? ③ 如何协调目标(需求)与资源(能力)之间的关系?

设计主生产计划时遵循以下步骤：① 选择物料;② 根据产品族安排主生产计划;③ 制订计划的总周期、需求时间栏、计划时间栏以及相关的准则;④ 选择计算和显示可供销售量的方法。

主生产计划的建立必须以首先进行市场的需求预测为前提,在整个计划期的不同时段,主生产计划的输入数据是不一样的。在需求时界内,根据顾客订单制订,所以除了进行市场需求预测外,还要对客户的订单进行需求的管理。然后,制订初步的主生产计划,并用粗能力计划技术核算生产能力是否满足需求,如果能力小于负荷,则要修改主生产计划。此外,在主生产计划执行期间,还要不断对主生产计划进行实时控制。

6.2.2　主生产计划的制订及计算逻辑

1) 相关原始参数的确定

制订主生产计划时,应以时间分段记录来说明主生产计划量、销售预测、预计可用库存量与可供销售量之间的关系,制订主生产计划的结果是形成主生产计划报表。报表通常由表头和表体构成,表体是进行主生产计划计算所需的重要原始参数,常用的原始参数有物料名称、物料编号、现有库存量、提前期、需求时界、计划时界、安全库存量、批量等参数值，如表 6.1 所示。报表主体则是主生产计划的计算主体，要根据主生产计划的计算逻辑分别确定预计可用库存量、净需求量、计划产出量和可供销售量等信息。编制主生产计划除了上述原始参数外，还需预测量和实际订单量的信息，如表 6.2 所示，这是制订主生产计划最重要的输入。

表 6.1　相关原始参数

参 数 名 称	参 数 值	参 数 名 称	参 数 值
物料号	LA001	提前期/周	1
物料名称	灯具	需求时界/周	3
期初库存量/个	15	计划时界/周	8
安全库存量/个	5	计划日期	02/04/01
批量/个	60	计划员	PES

表 6.2　预测量和合同量

参　数	期间/周									
	1	2	3	4	5	6	7	8	9	10
预测量/个	20	20	20	20	20	20	20	20	20	20
合同量/个	25	18	23	16	28	15	24	18	20	18

需求时界点　　　　　　　　　　　　计划时界点

主生产计划的编制过程与第 7 章物料需求计划的编制过程基本一致，只是关注的信息不太一样，主生产计划比较关心产品的可供销售量，而物料需求计划则比较关心物料的可用库存量。计算过程基本上是首先根据预测量和合同量确定毛需求，再根据毛需求和现有库存量以及计划接受量计算净需求，从而确定何时投入、何时产出、投入多少、产出多少这些基本问题。下面依次说明主生产计划的相关计算逻辑。

2) 计算毛需求

毛需求（gross requirement，GR）不再是预测信息，而是生产信息。毛需求是有时段性的，而不是某一计划期的一个平均值。毛需求的确定没有固定的模式，由系统和企业的实际需求而定。其中用得较多的是考虑每阶段所在的时段，在需求时界内，毛需求等于实际顾客合同量；在计划时界内，毛需求取预测量和合同量中的最大值；在计划时界以外，毛需求取预测值。设产品 i 在期间 t 的毛需求为 $GR_i(t)$，则其计算公式为

$$GR_i(t) = \begin{cases} D_i(t) & t \leqslant t_d \\ \max[D_i(t), F_i(t)] & t_d < t \leqslant t_p \\ F_i(t) & t_p < t \end{cases} \tag{6.1}$$

式中,$D_i(t)$为产品i在期间t的实际订单量;$F_i(t)$为产品i在期间t的需求预测量;t_d为需求时界;t_p为计划时界。

根据表6.2,毛需求的计算结果如表6.3所示。

表6.3   毛需求计算结果

参　数	期间/周									
	1	2	3	4	5	6	7	8	9	10
预测量/个	20	20	20	20	20	20	20	20	20	20
合同量/个	25	18	23	16	28	15	24	18	20	18
毛需求/个	**25**	**18**	**23**	**20**	**28**	**20**	**24**	**20**	**20**	**20**

3) 确定在途量

在途量(scheduled receipts,SR)表示已经订购或已经生产,预计在期间t到货的物料量,设产品i在期间t的在途量为$SR_i(t)$。计算净需求量和预计可用库存量时应考虑在途量,如何考虑在途量,将在计算净需求量和预计可用库存量中介绍。当该产品提前期大于1周时,如提前期为3周,则已核发和执行的订单既可以在第1周到达,也可以在第2周或第3周到达。因为本例提前期是1周,故已在途的订货量应在第1周到达。当然,如果考虑实际的特殊情况,在途量可以在计划期间的任一期到达。

4) 计算预计在库量

某期间若没有计划订单产出,则期末预计的在库量称为预计在库量(projected on-hand,POH)。物料需求计划利用预计在库量POH来决定某期是否有净需求。设产品i在期间t的预计在库量为$POH_i(t)$。第一期的预计在库量等于期初库存量加上第一期的在途量减去毛需求,计算公式为

$$POH_i(1) = OH + SR_i(1) - GR_i(1) \tag{6.2}$$

其他期别的预计在库量为

$$POH_i(t) = PAB_i(t) + SR_i(t) - GR_i(t) \tag{6.3}$$

式中,$PAB_i(t)$为产品i在期间t的预计可用库存量,后文将有介绍。

预计在库量用来决定某期是否有净需求。若预计在库量比安全库存量少,则净需求等于安全库存量减去预计在库量。反之,若预计在库量比安全库存量大,则没有净需求。

5) 计算净需求

净需求(net requirement,NR)是实际的需求,与毛需求不一定相等,因为毛需求是一个比较粗的需求,它只是根据客户订单和预测得到的一个需求值,并没有考虑这种物料的现有库存量。举例来说,如果某种产品在某期的毛需求是100单位,现有库存为40单位,则若不设置安全库存,实际需求并非100单位,而是60单位。除了考虑现有库存量,还必

须考虑在途量,若上例中在途量为 20 单位,则实际需求就变为 $60-20=40$(单位)。若考虑安全库存,则实际需求还应加上安全库存量。所以说,净需求的确定要根据该产品的毛需求、现有库存量、在途量和安全库存量计算,若不考虑安全库存,则净需求可用本期毛需求减去本期在途量和上期可用库存量得到,设产品 i 在期间 t 的净需求量为 $\mathrm{NR}_i(t)$,则其计算公式可以写成

$$\mathrm{NR}_i(t) = \mathrm{GR}_i(t) - \mathrm{SR}_i(t) - \mathrm{PAB}_i(t-1) \tag{6.4}$$

式中, $\mathrm{PAB}_i(t-1)$ 为上期(即第 $t-1$ 期)的预计可用库存量。

如果净需求计算结果为负值,也就是现有库存与计划订单入库量之和超过了毛需求,则净需求为零,此时,不需要下达生产订单或采购订单。反之,如果净需求的计算结果为正值,表明可提供的量小于需求量,则有净需求,净需求量即为式(6.4)的计算结果。

若考虑安全库存,并设安全库存为 SS,则净需求为毛需求加安全库存并减去在途量和上期可用库存量,计算公式为

$$\mathrm{NR}_i(t) = \mathrm{SS} + \mathrm{GR}_i(t) - \mathrm{SR}_i(t) - \mathrm{PAB}_i(t-1) \tag{6.5}$$

式(6.5)也可写成

$$\mathrm{NR}_i(t) = \mathrm{SS} - \mathrm{POH}_i(t) \tag{6.6}$$

同理,若计算结果为负,则表明没有净需求;当计算结果为正时,表明有净需求。至于每一期的净需求的计算,则可以逐期往前推移。表 6.4 显示了净需求的计算,因本例安全库存为 5,故应用式(6.3)计算净需求,如第 1 期和第 2 期的净需求计算为

$$\begin{aligned}
\mathrm{NR}_i(1) &= \mathrm{SS} + \mathrm{GR}_i(1) - \mathrm{SR}_i(1) - \mathrm{PAB}_i(0) \\
&= 5 + 25 - 20 - 15 \\
&= -5 \\
\mathrm{NR}_i(2) &= \mathrm{SS} + \mathrm{GR}_i(2) - \mathrm{SR}_i(2) - \mathrm{PAB}_i(1) \\
&= 5 + 18 - 0 - 10 \\
&= 13
\end{aligned}$$

第 1 期的净需求为 -5,小于 0,表明第 1 期无净需求。第 2 期的净需求计算结果为 13,表明第 2 期产生净需求。其他期别依次类推。

表 6.4　主生产计划计算结果

参　数	期初	期间/周									
		1	2	3	4	5	6	7	8	9	10
毛需求/个		25	18	23	20	28	20	24	20	20	20
在途量/个		20									
预计在库量/个	10	-8	29	9	-19	21	-3	37	17	-3	

(续表)

参　数	期间/周										
	期初	1	2	3	4	5	6	7	8	9	10
预计可用库存量/个	15	10	52	29	9	41	21	57	37	17	57
净需求/个		0	13	0	0	24	0	8	0	0	8
计划订单产出量/个			60	0	0	60	0	60	0	0	60
计划订单投入量/个		60	0	0	60	0	60	0	0	60	
可供销售量/个		10	0	0	0	12	0	0	0	0	

6) 确定计划订单的产出

由净需求的计算可以看出,并非所有期间都有净需求,如果可提供的量能满足毛需求,则表明有净需求,净需求是一个随机的结果。某一期间 t 有净需求,就要求在该期必须获得等于或超过净需求的物料量,这就是计划订单的产出(planned order receipts,PORC),产出的期别与净需求的期别相对应。通常设产品 i 在期间 t 的计划订单产出量为 $\text{PORC}_i(t)$。如表 6.4 中第 1 期的净需求为 0,则第 1 期的计划订单产出量也为 0,第 2 期的净需求为 13,则在第 2 期就有一定量的产出。产出量的确定通常要考虑订货的经济批量因素,所以说,计划订单的产出量应为批量的整数倍。批量的大小通常在系统运行之初即已确定。当然,在系统运行过程中也可以根据实际情况做相应调整,主要指正在执行中的在未来某时段达到的订单数量。本例中,批量为 60,因第 2 期的净需求为 13 单位,故只要有一个批量的产出即能满足净需求,如果净需求为 75 单位,则计划订单的产出应为 2 个批量大小。

7) 确定计划订单的投入

订单的下达到交货通常有一个周期,这个周期就是所谓的提前期,计划订单的下达时段用产出日期即净需求的需求日减去计划订单的提前期。设产品 i 在期间 t 的计划订单产出量(planned order release,POR)为 $\text{POR}_i(t)$,则其计算公式为

$$\text{POR}_i(t) = \text{PORC}_i(t - \text{LT}) \tag{6.7}$$

式中,LT 为订货提前期。

如第 2 周有 13 单位的净需求,考虑到提前期为 1 周,故该计划订单应在第 1 周下达。

8) 计算预计可用库存量

可用库存量是现有库存中扣除了预留给其他用途的已分配量后,可以用于需求计算的那部分库存,它与现有库存量不是一个概念。每期预计可用库存量(projected available balance,PAB)可用上期可用库存量加上本时段的在途量和本时段的计划产出量后减去本期的毛需求。设第 i 种产品在第 t 期的预计可用库存为 $\text{PAB}_i(t)$,$\text{PAB}_i(0)$ 即表示期初库存,$\text{PAB}_i(t)$ 的计算公式为

$$PAB_i(t) = PAB_i(t-1) + SR_i(t) + PORC_i(t) - GR_i(t) \tag{6.8}$$

式中，$PORC_i(t)$ 为第 t 期的计划订单接受量。

式(6.8)也可写成

$$PAB_i(t) = POH_i(t) + PORC_i(t)$$

如第 1 周的预计可用库存量为

$$
\begin{aligned}
PAB_i(1) &= PAB_i(0) + SR_i(1) + PORC_i(1) - GR_i(1) \\
&= 15 + 20 + 0 - 25 \\
&= 10
\end{aligned}
$$

第 2 周的预计可用库存量为

$$
\begin{aligned}
PAB_i(2) &= PAB_i(1) + SR_i(2) + PORC_i(2) - GR_i(2) \\
&= 10 + 0 + 60 - 18 \\
&= 52
\end{aligned}
$$

第 3 周的预计可用库存量为

$$
\begin{aligned}
PAB_i(3) &= PAB_i(2) + SR_i(3) + PORC_i(3) - GR_i(3) \\
&= 52 + 0 + 0 - 23 \\
&= 29
\end{aligned}
$$

若预计可用库存量为负值，则表示订单将被推迟。计算结果如表 6.4 所示。

9) 可供销售量

可供销售量(available to promise, ATP)的信息主要为销售部门提供决策信息，向客户承诺订单交货期，它是销售人员与临时来的客户洽谈供货条件时的重要依据。在某个计划产出时段范围内，计划产出量超出下一次出现计划产出量之前各时段合同量之和的数量是可以随时向客户出售的，这部分数量称为可供销售量。可供销售量出现在所有主生产计划期间。在第一期中，可供销售量等于在库量加上某时段计划产出量减去已到期和已逾期的客户订单量。在第一期之后的任何有计划产出量的期间，可供销售量应为某时段的计划产出量(含计划接受量)减去下一次出现计划产出量之前的各毛需求量之和。设产品 i 在期间 t 的可供销售量为 $ATP_i(t)$，则其计算公式为

$$ATP_i(t) = POR_i(t) + SR_i(t) - \sum_{j=t}^{t'-1} GR_j \tag{6.9}$$

式中，$POR_i(t)$ 为期间 t 的计划订单产出量；t' 为下一次出现计划产出量前的期间。

如果计算第 1 周的可供销售量，则还应考虑期初库存。如第 1 周的可供销售量为

$$
\begin{aligned}
ATP_i(1) &= POR_i(1) + SR_i(1) - GR_1 \\
&= 15 + 20 - 25 \\
&= 10
\end{aligned}
$$

第 2 周的可供销售量为

$$ATP_i(2) = POR_i(2) + SR_i(2) - \sum_{j=2}^{4} GR_j$$
$$= 60 + 0 - 18 - 23 - 20$$
$$= -1$$

第 5 周的可供销售量为

$$ATP_i(5) = POR_i(5) + SR_i(5) - \sum_{j=5}^{6} GR_j$$
$$= 60 + 0 - 28 - 20$$
$$= 12$$

若某期间计算出来的可供销售量为负数,则表示业务员已超量承诺订单。计算结果如表 6.4 所示。

6.2.3 主生产计划中的批量

主生产计划中批量的确定主要有两种策略:一种是固定批量战略,即批量为一恒定的数值,固定批量策略不会发生解雇和招聘的费用,也不用对生产能力进行调整;另一种为追逐战略,追逐战略要求调动生产以追求市场需求。显然,这两种截然不同的战略会有很多可选用的主生产计划,目标是找出一个在成本和利润之间求得最佳平衡点的计划。等同策略有一个特例,就是如果一个批量大小不能满足需求,则取该批量的整数倍作为实际的批量值。

例 6.1 表 6.5 为固定策略下的批量,假定提前期为 1 周,安全库存量为 0,批量为 20 单位。如果在第 4 周净需求为 24,则对应的批量应为 40 单位。为防止预测错误或制造问题,应设置安全库存量。

表 6.5 固定策略下的主生产计划

参 数	当期	期间/周 1	2	3	4	5	6	7	8	9	10
毛需求/个		12	12	10	15	10	10	10	10	15	15
预计可用库存量/个	15	3	11	1	6	16	6	16	6	11	16
净需求/个		0	9	0	14	4	0	4	0	9	4
计划订单产出量/个			20		20	20		20		20	20
计划订单投入量/个		20		20	20		20		20	20	

例 6.1 如果采用追逐策略,则应如表 6.6 所示。每次批量的大小根据实际净需求来确定。

表 6.6　追逐策略下的主生产计划

参　数	期间/周										
	当期	1	2	3	4	5	6	7	8	9	10
毛需求/个		12	12	10	15	10	10	10	10	15	15
预计可用库存量/个	15	3	0	0	0	0	0	0	0	0	0
净需求/个		0	9	10	15	10	10	10	10	15	15
计划订单产出量/个		0	9	10	15	10	10	10	10	15	15
计划订单投入量/个		9	10	15	10	10	10	10	15	15	

6.3　主生产计划的评价和维护

6.3.1　粗能力计划

图 6.6 所示为在生产计划的各个阶段所对应的能力和需求的平衡分析。粗能力计划是对关键工作中心进行能力和负荷平衡分析,以确定关键的工作中心上的能力能否满足主生产计划的要求。本节主要介绍三种粗能力计划的技术,即综合因子法(capacity planning using overall factors,CPOF)、能力清单法(bill of resources)、资源负载法(resources profile)。这三种粗能力计划对数据的要求和计算量都不尽相同。第一种技术是使用所有因素的能力计划,这是三种技术中最简单的技术,对计算数据要求最少,计算量也最小,计算数据是综合因子法的基础。第二种是能力清单法,它需要使用每一产品在关键资源上标准工时的详细信息。标准工时是以具有平均技术水平的操作工的操作速度来测定的生产单位产品所需要的工人工作的平均时间,标准工时已考虑疲劳技术修正系数、性别等个人因素以及个人生理需求和休息时间的宽放时间。标准工时

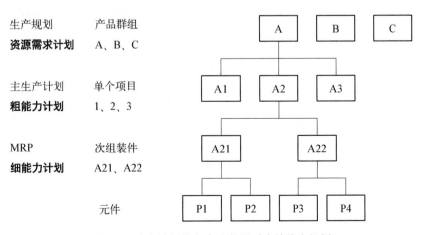

图 6.6　生产计划的各个阶段所对应的能力规划

若是固定不变的,则能力清单也无须变动。若在一个实施精益生产的公司,因为强调持续改进,不断完善,故标准工时也是一个动态的概念,此时,能力清单也应做实时调整。第三种是能力资源负载法,它的计算较复杂,除了需要标准工时资料,还需要物料清单、提前期等数据。这三个方法是粗略的能力计划的方法,因为只对其中关键工作中心进行能力计划。更细的是下一节中介绍的细能力计划,它通过分时段的物料需求计划记录和车间作业系统记录来计算所有工作中心的能力,然后通过这些能力来制订未结车间订单(计划接收量)和计划订单。

1) 综合因子法

综合因子法是一种相对简单的能力计划方法,它一般可通过手工完成。数据输入是由主生产计划确定的,而不是细的物料需求计划。综合因子法需要三个主要输入数据:主生产计划、生产某物料所需总时间以及每一关键工作中心所需总时间的百分比。这一程序以计划因素为基础,这些因素来源于标准或成品的历史数据。当把这些计划因素用作主生产计划的数据时,就能估算出总的劳动或机器工作时间的能力需求。把估算出的能力分配给各关键工作中心,分配额是依据车间工作载荷的历史记录确定的。综合因子法通常以周和月为时间分段,并且根据企业主生产计划的变化而修改。下面以一个例子说明综合因子法的计算过程以及其他两种计算技术。

例 6.2　有两种产品 X 和 Y,未来 10 周的主生产计划如表 6.7 所示;两种产品的物料清单表如表 6.8 所示;两种产品的工艺路线和标准工时数据如表 6.9 所示,共有三个工作中心 100、200 和 300;单位产品 X 和 Y 所需的能力如表 6.10 所示。

表 6.7　产品 X 和 Y 的主生产计划

产品	期间/周									
	1	2	3	4	5	6	7	8	9	10
X	30	30	30	40	40	40	32	32	32	35
Y	20	20	20	15	15	15	25	25	25	30

表 6.8　产品 X 和 Y 的物料清单

父件	子件	所需数量/个
X	A	1
X	B	2
Y	B	1
Y	C	2
C	D	2

表 6.9　产品 X 和产品 Y 的工艺路线和标准工时数据

物料	所需工步	工作中心	单位准备时间/小时	单位作业时间/小时	单位总时间/小时
X	1	100	0.025	0.025	0.05
Y	1	100	0.050	1.250	1.30
A	1	200	0.025	0.575	0.60
	2	300	0.025	0.175	0.20
B	1	200	0.033	0.067	0.10
C	1	200	0.020	0.080	0.10
D	1	200	0.020	0.042 5	0.062 5

表 6.10　产品 X 和 Y 的能力需求

最终产品	单位能力需求/小时
X	1.05
Y	1.85

　　粗能力计划的第一步是根据表 6.10 所示的单位产品的能力需求和表 6.7 所示的产品主生产计划计算未来 10 周的总能力需求,如第 1 周总能力需求为 $1.05\times30+1.85\times20=68.5$(小时),计算结果如表 6.11 所示。

表 6.11　总 能 力 需 求

参　数	期间/周									
	1	2	3	4	5	6	7	8	9	10
总能力需求/小时	68.50	68.50	68.50	69.75	69.75	69.75	79.85	79.85	79.85	92.25

　　能力计划的第二步是根据以前的分配比例,把每个时间周期需要的总能力分配给各工作中心。三个关键工作中心的直接工时的分配比例由前一年的分配比例确定,假设分配到的工时的百分比分别为 60%、30%、10%,则第一周三个工作中心的能力需求如下。

　　(1) 工作中心 100 所需工时: $68.50\times60\%=41.1$(小时)。

　　(2) 工作中心 200 所需工时: $68.50\times30\%=20.55$(小时)。

　　(3) 工作中心 300 所需工时: $68.50\times10\%=6.85$(小时)。

　　其他 9 周均按该算法可以得到未来 10 周各关键工作中心的能力需求,如表 6.12 所示。

表 6.12　根据综合因子法得到的各关键工作中心的能力需求计划　　（单位：小时）

工作中心	历史比例/%	期间/周									
		1	2	3	4	5	6	7	8	9	10
100	60	41.10	41.10	41.10	41.85	41.85	41.85	47.91	47.91	47.91	55.35
200	30	20.55	20.55	20.55	20.93	20.93	20.93	23.96	23.96	23.96	27.68
300	10	6.85	6.85	6.85	6.98	6.98	6.98	7.99	7.99	7.99	9.23
	总计	68.50	68.50	68.50	69.75	69.75	69.75	79.85	79.85	79.85	92.25

这就得到每个周期各关键工作中心所需的工时数。综合因子法计算过程简单，所需数据少且取得也比较容易，计算相对简单，可以通过手工完成。该方法只对各关键工作中心能力需求进行粗略的计算，适用于那些工作中心间的产品组成或工作分配不变的企业。

2）能力清单法

能力清单有时也称为资源清单或人力清单，Conlon 于 1977 年对能力清单有如下定义：能力清单针对物料或零件，是根据主要资源和物料所需能力列出的清单，它不是为了计划之用，而只是估计特定物料所需生产能力的方法。可为每一独立需求物料或相关需求物料的群组建立资源清单，并根据排定的数量延伸以决定生产能力需求。

能力清单法是在产品主生产计划和各关键工作中心的能力需求之间提供更多的相关关系的粗略计算方法，这种程序需要的数据比综合因子法多。必须提供准备时间和机器加工时间，表 6.9 列出了所需的工作时间的数据。

与综合因子法相比，能力清单法需要根据产品的物料清单展开得到最终产品在各个关键工作中心上的细能力清单，而不是总能力需求，各个关键工作中心所需总时间的百分比不是根据历史数据得到的，而是根据产品的工艺路线及标准工时数据得到的。能力清单的计算过程描述如下：假定有 n 个主生产计划的物料，工作中心 i 的产品 k 的能力清单为 a_{ik}，期间 j 的产品 k 的主生产计划的数量为 b_{kj}，则期间 j 在工作中心 i 所需生产能力为

$$\text{所需能力} = \sum_{k=1}^{d} a_{ik} b_{kj} \qquad \text{对于所有的} \ i \ \text{和} \ j \qquad (6.10)$$

对表 6.8 所示产品 X 和 Y 的物料清单以及表 6.9 所示的时间数据进行展开，可以得到产品 X 和产品 Y 对三个关键工作中心的能力清单，如表 6.13 所示。如产品 X 对关键工作中心 200 的能力需求的计算如下：产品 X 的最终装配对工作中心 100 有需求，对工作中心 200 没有需求，而产品 X 下属物料 A 和 B 却对工作中心 200 有需求，需求分别为物料 A 需求 0.60 小时，物料 B 需求 0.10×2＝0.20(小时)，则总的需求就为 0.60＋0.20＝0.80(小时)。

表 6.13　产品 X 和产品 Y 的能力清单　　　　（单位：小时）

工作中心	产　品	
	X	Y
100	0.05	1.30
200	0.80	0.55
300	0.20	0.00

　　根据表 6.7 所示的产品 X 和产品 Y 的主生产计划以及表 6.13 所示的能力清单，可以根据式（6.10）计算得到关键工作中心的能力需求，如表 6.14 所示。以第一周为例，三个关键工作中心的能力计划分别如下：

　　（1）$0.05 \times 30 + 1.30 \times 20 = 27.5$（小时）；

　　（2）$0.80 \times 30 + 0.55 \times 20 = 35.00$（小时）；

　　（3）$0.20 \times 30 + 0.00 \times 20 = 6.00$（小时）。

表 6.14　使用能力清单法得到工作中心的需求计划　　　　（单位：小时）

工作中心	期间/周									
	1	2	3	4	5	6	7	8	9	10
100	27.50	27.50	27.50	21.50	21.50	21.50	34.10	34.10	34.10	40.75
200	35.00	35.00	35.00	40.25	40.25	40.25	39.35	39.35	39.35	44.50
300	6.00	6.00	6.00	8.00	8.00	8.00	6.40	6.40	6.40	7.00
总计	68.50	68.50	68.50	69.75	69.75	69.75	79.85	79.85	79.85	92.25

3）资源负载法

　　不管是综合因子法还是能力清单法，都没有考虑不同工作中心工作开始的时间安排。资源负载法则考虑了生产的提前期，以便为各生产设备的能力需求提供分时段的计划。因此，资源负载法为粗能力计划提供了更精确的方法，但不如细能力计划详细。任何能力计划技术中，能力计划的时间周期是不同的（如周、月、季）。因为资源负载法计算比较复杂，所以通常由计算机来完成。

　　应用资源负载法必须使用物料清单、工序流程和标准作业时间，还须把各产品和零件的生产提前期信息加入数据库，就是说，应用资源负载法时还需要生产提前期的数据，下面先说明资源负载法考虑生产提前期的计算逻辑。表 6.15 所示为考虑提前期的关键工作中心 1 的资源负载，表 6.16 所示为考虑提前期的关键工作中心 2 的资源负载，表 6.15 和表 6.16 所示均为两个产品 3 个月的资源负载。表 6.17 所示为两个产品 3 个月的主生产计划。两个关键工作中心在 3 个月的能力计划如表 6.18 所示。

表 6.15　关键工作中心 1 的资源负载

产　品	离到期日的时间/月		
	2	1	0
P1	A_{112}	A_{111}	A_{110}
P2	A_{212}	A_{211}	A_{210}

表 6.16　关键工作中心 2 的资源负载

产　品	离到期日的时间/月		
	2	1	0
P1	A_{122}	A_{121}	A_{120}
P2	A_{222}	A_{221}	A_{220}

表 6.17　产品的主生产计划

产　品	月　份		
	M1	M2	M3
P1	B_{11}	B_{12}	B_{13}
P2	B_{21}	B_{22}	B_{23}

表 6.18　粗 能 力 计 划

工作中心	月　份		
	M1	M2	M3
WC1	C_{11}	C_{12}	C_{13}
WC2	C_{21}	C_{22}	C_{23}

在表 6.18 中,两个工作中心 3 个月的能力计划计算公式如下:

$$C_{11} = A_{110}B_{11} + A_{111}B_{12} + A_{112}B_{13} + A_{210}B_{21} + A_{211}B_{22} + A_{212}B_{23} \tag{6.11}$$

$$C_{12} = A_{110}B_{12} + A_{111}B_{12} + A_{210}B_{22} + A_{211}B_{23} \tag{6.12}$$

$$C_{13} = A_{110}B_{13} + A_{210}B_{23} \tag{6.13}$$

$$C_{21} = A_{120}B_{11} + A_{121}B_{12} + A_{122}B_{13} + A_{220}B_{21} + A_{221}B_{22} + A_{222}B_{23} \tag{6.14}$$

$$C_{22} = A_{120}B_{12} + A_{121}B_{12} + A_{220}B_{22} + A_{221}B_{23} \tag{6.15}$$

$$C_{23} = A_{120}B_{13} + A_{230}B_{23} \tag{6.16}$$

工作中心 1 产品 1 的资源负载分成三部分：产品 P1 的订单到期的月份中工作中心 1 所需的时间，产品 P1 到期的前 1 个月工作中心 1 所需的时间，产品 P1 到期的前 2 个月工作中心 1 所需的时间。表 6.16 中产品 P1 在工作中心 WC1 一月份的能力需求为 1 月份 P1 的需求量乘以工作中心 1 在产品到期日的月份所需时间，加 2 月份 P1 的需求量乘以工作中心 1 在产品到期前 1 个月所需时间，再加上 3 月份 P1 的需求量乘以工作中心 1 在产品到期日的前 2 个月所需时间。同样，产品 P2 在工作中心 WC1 一月份的能力需求为 1 月份 P2 的需求量乘以工作中心 1 在产品到期日的月份所需时间，将 2 月份 P2 的需求量乘以工作中心 1 在产品到期前 1 个月所需时间，以及将 3 月份 P2 的需求量乘以工作中心 1 在产品到期日的前 2 个月所需时间，然后将两者相加，即可得到工作中心在 1 月份的能力需求。表 6.16 中，其他参数计算过程即如此。

在综合因子法和资源清单法所用的例 6.2 中，假设提前期偏置时间如表 6.19 所示，两种产品的主生产计划如表 6.7 所示，则可以利用式(6.11)～式(6.16)计算得到使用资源负载法的能力计划，如工作中心 1 在第 1 个月的细能力需求为 $30 \times 0.05 + 30 \times 0.0 + 30 \times 0.0 + 20 \times 1.3 + 20 \times 0.0 + 20 \times 0.0 = 27.5$(小时)，计算结果如表 6.20 所示。

表 6.19 考虑提前期偏置的资源负载表　　　　　　　（单位：小时）

产　品	工作中心	离到期日的时间/月		
		2	1	0
X	100	0.00	0.00	0.05
	200	0.60	0.20	0.00
	300	0.00	0.20	0.00
Y	100	0.00	0.00	1.30
	200	0.25	0.30	0.00

表 6.20 使用资源负载表计算得到的能力需求计划　　　　　　　（单位：小时）

工作中心	期间/周									
	1	2	3	4	5	6	7	8	9	10
100	27.50	27.50	27.50	21.50	21.50	21.50	34.10	34.10	34.10	40.75
200	35.00	39.80	40.30	40.30	38.00	39.40	39.35	42.45	44.55	44.50
300	6.00	6.00	6.00	8.00	8.00	6.40	6.40	6.40	6.40	7.00
总计	68.50	73.30	75.80	69.80	67.50	67.30	79.85	82.95	85.05	92.25

6.3.2　粗能力计划的决策

进行粗能力计划时，要计算实际可用的生产能力，大部分软件可确定所需生产能力和可用生产能力,当生产能力不满足需求时,可采用四种方法来增加生产能力：加班、外包、改变加工路线和增加人员。如果这四种方法都不能增加生产能力,则应改变主生产计划。

1）加班

加班虽然可能不是最好的方法,但确实是经常使用的方法,因为它的安排最方便,而且员工有时也喜欢多加班,因为可以得到加班费。但也必须有一定限度,超过这一限度,加班就不一定能达到预期效果。如果加班的强度太大,则可能要采取其他决策,如雇佣新的员工、外包等。

2）外包

外包一定程度上可以解决能力不足的问题,但也会面临一定风险,即可能会面临失去顾客的风险。外包必须提前进行,因为必须耗费一定时间寻找承包商。通常在计算外包成本时会计算外包的边际成本,即外包费用减去零组件本身的费用。虽然外包发生边际成本,但是应该比加班费用要低,一般是在加班实在不能实现的情况下,才将超出的需求外包出去。外包的缺点是增加成本,当然,与自制相比,外包会增加成本（如额外的运输费用）,但与加班相比,外包的费用则相对低一些。另外,外包时还需要加大提前期。外包可能会造成难以控制质量,带来质量问题,同时,外包商的生产水平对产品质量也有一定影响。

3）改变加工路线

如果仅有少量的工作中心过载,而其余大多数工作中心都有一定的闲置,则此时应考虑改变加工路线,将工作进行重新分配,暂时改变加工路线。如果两个工作中心,其中一个过量,另一个有闲置,则应将过量的工作中心上的一部分作业分配给闲置的工作中心,这种做法要比让过量工作中心加班好一些,因为这样做有利于整个生产线能力的均衡。

4）增加人员

当设备不是约束时,人员可能成为生产线的约束,这时可增加人员来提高生产能力。有三种增加能力的方法：增加轮班、聘用新人员、对人员进行重新分配。所以说,这时广义的增加人员,可能是局部人员的增加,整体并不增加,也可能是整体人员的增加。增加轮班次数一般在主生产计划初次形成时采用。雇佣新的人员应该从长期的角度考虑,因为雇佣人员要产生费用。如果是短期需求的增大,则没有必要雇佣新的人员,因为当需求降低时,会造成人员的闲置,再解聘多余的人员时又会发生解聘费用。对人员进行重新分配不失为一个很好的方法,在精益生产中,强调员工多技能的训练,如果员工是多能工,将有利于人员的重新分配,因为这样的员工能很快地适应新的岗位。

5）修改主生产计划

如果加班、外包、改变工艺路线、增加人员均不能提供可用的生产能力,则唯一也是最后可以采取的技术只能是修改主生产计划,闭环的生产计划与控制即源于这种反馈系统。许多公司通常将主生产计划看作在生产能力不足时最后的解决方案,实际上,修改主生产计划应该是公司首先要考虑的。修改主生产计划时要考虑延缓哪些订单对企业总体计划的冲击最小,最终使企业的总耗费成本最少。作为管理人员,必须负责确定粗能力计划的执行,如果负荷超过能力实在无法避免,管理人员必须负责修改作业到期日,以提供可行的主生产计划。

6.3.3　主生产计划的改变

在 MRP 系统中,计划总是随着时间变化,系统处理这种变化的方法有全重排法(regeneration)和净改变法(net change)。

1) 全重排法

全重排法指主生产计划完全重新制订,重新展开物料清单,重新编排物料需求的优先顺序。原有计划订单都会被系统删除并重新编排。优点是计划全部理顺一遍,避免差错。其重排时间间隔要根据产品结构的复杂程度等来确定。缺点是耗时较长。由于全重排法本身固有的缺点,全重排法的时间周期相对较长,一般需要 1 周或 2 周的时间对主生产计划进行重排。表 6.21 显示的是三种产品在未来 6 个月的主生产计划,编制过程中,系统要计算三种产品 6 个月中每个月的计划量,共 18 个变量。1 月份结束后,要重新编制 2—7 月的主生产计划。假设编制 2—7 月的主生产计划时,第 5 个月产品 A 的计划量有改变,即从 50 调整为 100,则采用全重排法,重新计算 18 个变量,结果如表 6.22 所示,表 6.22 中黑体表示在该周期计算时较上周期变化的量,其他量保持不变。

表 6.21　三种产品在 6 个月的主生产计划

产品	期间/月					
	1	2	3	4	5	6
A	50	0	100	150	50	100
B	60	30	90	120	0	120
C	40	80	80	80	40	80

表 6.22　主生产计划的改变

产品	期间/月						
	1	2	3	4	5	6	7
A	50	0	100	150	**100**	100	**50**
B	60	30	90	120	0	120	**30**
C	40	80	80	80	40	80	**40**

2) 净改变法

净改变法指系统只对订单中有变动的部分进行局部修改,一般改动量比较小,如只变动部分产品结构、需求量和需求日期等。净需求因为计算量较小,故运算时间快,可以随时进行，一般用于计划变动较多但影响面不大的情况。上例中，如果采用净改变法，则在滚动编制 2—7 月的主生产计划时，只需要重新计算变动部分，只需要计算表 6.22 中四个黑体变量即可。第 7 章介绍的物料需求计划中同样也存在这两种改变计划的情况。

6.3.4　主生产计划的批准和控制

不管是手工编制主生产计划，还是利用计算机软件系统编制主生产计划，都应将主生产计划的结果报上级主管审批，如审批合格，则签发以进行下一步工作，即编制物料需求计划；如审批不合格，则应做更改处理。具体来讲，主生产计划的审核和批准遵循以下 4 个步骤：

(1) 提供 MPS 初稿相对于生产计划大纲的分析；

(2) 向负责进行审批的人提交 MPS 初稿并认真地分析；

(3) 获得 MPS 的正式批准；

(4) 将 MPS 下发使用者。

另外，在主生产计划执行期间，还要实时监控主生产计划执行结果，以决定是否修改主生产计划，进行主生产计划的控制遵循如下步骤：① 追踪实际生产量与计划生产量之间的差异；② 比较这种差异是否在 MPS 规定的范围内以及可供销售量是否满足要求；③ 计算下一期的可供销售量；④ 计算现有在库量以决定计划生产量；⑤ 根据提前期的大小决定何时应投入生产；⑥ 决定主生产计划与能力计划是否需要修正。

6.3.5　主生产计划员的职责

主生产计划员负责管理、建立、接受并维护特定产品的主生产计划。主生产计划是一个分时段的计划，有需求时间栏和计划时间栏，并对应三种订单。对于主生产计划员来说，他的职责就是对订单进行转换，如把计划订单转换成确认计划订单，把确认计划订单转换为制造订单，并要管理这一确认计划订单的时间和数量。标准物料需求计划的异常编码系统可以指出确认计划订单不能满足需求的时间和程度。

要管理好确认计划订单中的时间和数量，就一定要根据每次主生产计划的变动对物料和能力的影响来仔细评价这些变动。关键就是要确切理解客户需求与其他主生产计划系统目标之间的平衡。

主生产计划员应对实际需求和预测值进行比较分析，并且要提出预测和主生产计划的修改建议，然后将预测或客户订单转换成主生产计划。主生产计划员除了生成初步的主生产计划外，还要核实和调整系统生成的主生产计划订单，以保证物料需求计划的正常运行。

主生产计划员负有对主生产计划记录进行增减或变动的主要责任，主生产计划必须与上层的综合生产计划相匹配。当有超越计划员期限的决定需要做出时，通知高级管理人员。作为一个闭环的生产计划控制系统，主生产计划员应该监督主生产计划和综合生产计划的实际操作，并整理操作结果，上报更高层管理人员。主生产计划员还可分析计划变动对主生产计划的影响，这是十分有益于"如果怎样，将会怎样"问题的分析。

主生产计划员也有责任进行最终装配计划的发布。这一计划要尽可能晚地进行，它为最终产品做出了最后的"计划"。也就是说,最终装配计划应该建立在具体成品的基础之上。主生产计划员的其他责任还包括与订单输入、生产控制人员一起对变化要求的可行性进行评估。

大多数这些活动都要求在有限的能力内解决一些相互冲突的要求。很显然,如果在时间跨度的末期出现了负数,就必须进行一些调整。并不是所有的事情都可以一次计划好。确认计划订单管理要在生产能力的限制下进行。排列位置指出了做出调整时的优先顺序。供货期的数字越小,订货期的数字越大,需求就越紧急。如果有太多的紧急需求,则必须反馈给营销部门,要求进行方案调整。

主生产计划员必须时刻保持与市场销售、设计、物料、生产、财务等部门的联系与合作,与这些部门进行配合,预见未来可能发生的问题,防患于未然。如需求预测是销售部门的责任,而主生产计划由物控部门来负责,可以根据主生产计划结果计算预计可用库存量,为销售部门提供决策信息;主生产计划的制订需考虑仓库现有库存量的大小,所以主生产计划员必须了解物料库存信息;财务部门负责提供资金、估算库存以及决策所需成本数据。

为了使主生产计划员可以有效地工作,有一个唯一且统一的数据库是十分关键的。它连接综合生产计划和更上层的生产规划以及具体的物料计划系统,并且要求各层次间要协调统一。

在主生产计划下,许多数据交换都发生在不同的功能区域。例如,有关成品的信息可能来自已完成的装配(生产)、订单完成后的装运(营销)或提单(财务)。主生产计划系统与文件间的数据连接要有严格的定义和维护,这是非常重要的。

另外,要适当控制物料清单数据库中的工程和非工程变化。主生产计划经常用不可制造的计划清单单位来描述(如一辆普通的别克牌汽车)。这需要一个更复杂的物料清单或产品结构数据库。结果有更大的需求产生,要求控制所有的物料清单变化,并从工程师和非工程师的角度来评价这些变化对物料清单的影响。

为了支持主生产计划员,必须有基于"分时段 MPS 记录"的软件系统以产生各种建立在时段基础上的记录来维护数据库,提供与其他关键系统的各种连接,提供主生产计划监控及异常信息。并可向所有的 MPS 交换行为提供 MRP 订单输入,确认计划订单处理、MPS 订单数量更改,改变后者的时间和数量,把 MPS 数量转化为 FAS(最终装配计划)数量,启动最终装配,当时间和数量变化时监控最终装配计划,结转 FAS 产品为成品库存,并提供所有客户订单的输入约束与承诺活动。

6.4　最终装配计划

最终装配计划表示在某时期内要完成的一个确定的最终产品的实际组装计划。在收到客户订单后才安排并制订最终装配计划,必须考虑物料以及生产能力的限制。它用于计划和控制最终的装配和测试操作,包括最终装配订单的发放,部件的挑选、分装、喷漆和其他作业。对那些不受主生产计划控制,但又为总装所必需的部件的组装或采购进行规划。简言之,最终装配计划控制着从组装好的部件到可装运的完整产品的部分业务,它可能以客户订单、最终产品、序列号或特殊装配订单号码来表述。

主生产计划提供了一种期望的制造计划,最终组装计划则是实际的制造计划。主生产计划把生产规划分解到最终产品、选项或产品组。而最终装配计划是最终的分解,成为确切的终端产品。区别在于主生产计划总体上表现为在准备阶段对实际客户订单的预测和估计,并由随后的实际订单来消耗这些预测。最终装配计划则是对主生产计划的最后一次调整。因此,使这种调整尽可能晚是十分明智的,最终装配计划中任何未售出的产品都将成为公司成品库存中的一部分。

最终装配计划明显不同于主生产计划,这种不同在订单装配型企业中更明显。在订单装配型企业中,主生产计划主要以超级清单和选项来描述,而最终装配计划则必须以确切的最终产品形式来描述。然而,即使在备货生产型企业里,主生产计划也是以具有紧密连接的产品组来描述的。例如,一个桌子的所有型号,它们只是在最终完成时有所不同;或一个电钻的各种型号,它们只是在速度和传动装置上不同。在这样的情况下,可以尽可能晚地得出关于最终产品的最终决定。

在备货生产型企业中,注意到每个最终产品都有一个单级物料清单是非常重要的。这就意味着从最终装配计划到主生产计划的转换只是用一个最终产品代码来简单替换另一个最终产品代码。它们都是有用的,并且以相同的方式分解部件。就一些备货生产型企业来说,主生产计划是以那些最常用或最完整的最终产品来描述的。当收到实际销售信息后,其他最终产品就被替换掉。这一过程将持续到所有最终替换都完成时为止。

就订货装配和订货生产型企业来说,并没有最终物料清单。如果最终装配计划是以客户订单形式来描述的,这些订单就应转换成一个单级物料清单的等同物。也就是说,处理这些订单必须要有大量增加的物料清单,以便进行订单发布、选择等。如果客户订单是用与计划用物料清单相同的结构来表示的话,这是很容易做到的。就耕地机来说,这就意味着客户订单要以品牌名、马力、驱动系这些选项来描述。

在尽可能晚的时刻实行最终装配计划,就意味着最终装配计划的时间跨度只能与最后装配提前期(包括文件准备和物料发放)一致。有助于延迟最终装配计划的技术有清单结构、订单输入/销售同步系统、零件装配、库存分装,即为此目标进行的工艺/产品设计。

例 6.3 某产品 A 为订货生产,产品 A 由多个部件组成,其中部件 SA 有两个选项(SA1 和 SA2),则 A 为最终装配计划对象,部件 SA1 和 SA2 为主生产计划对象,这两种部件需进行预测,而最终产品 A 则根据实际订单进行组装。所以说,最终产品 A 不会多余,而 SA1 和 SA2 则有可能超出实际需求,超出部分需滚动到下个周期进行计算。假设产品 A 的最终装配提前期为 1 个月,每月需要 6 个部件 SA1 和 SA2,有三种组合:5 个 SA1 配 5 个 SA2,4 个 SA1 配 6 个 SA2,6 个 SA1 配 4 个 SA2。假设产品 A 在第 1 个月的实际订单为 10 单位,需要 4 个 SA1 和 6 个 SA2 进行配合,则第 1 个月一定会多余 2 个 SA1,第 1 个月的主生产计划主要用于第 2 个月的装配计划。多出的 2 个 SA1 在第 2 周期需考虑,所以第 2 个月的主生产计划只要生产 4 单位的 SA1 和 6 单位的 SA2 即可,如

表 6.23 和表 6.24 所示。

表 6.23 主生产计划

部 件	期间/月		
	1	2	3
SA1	6	4	
SA2	6	6	

表 6.24 最终装配计划

产 品	期间/月		
	1	2	3
A		10	10

6.5 习题

1. 主生产计划的对象与综合生产计划的对象有何不同?

2. 主生产计划的柔性取决于哪些因素?

3. 预计可用库存及可供销售量的计算分别起什么作用?

4. 可否由预测值和客户订单直接展开至物料需求计划? 如果可以,如何展开?

5. 综合因子法与能力清单法有什么区别? 如果产品的组合稳定并且作业的标准工时不可靠,则使用哪一种方法比较合适?

6. 如何理解主生产计划是物料需求计划的最重要的输入?

7. 已知某产品在未来 10 个月的预测量和客户合同量如表 6.25 所示,需求时界为 3 个月,计划时界为 6 个月,期初库存量为 200 个,第二周有 100 个的在途量。试编制该产品的主生产计划,假设提前期为 2 个月,批量为 150 个。

表 6.25 主生产计划表

参 数	期间/周									
	1	2	3	4	5	6	7	8	9	10
预测量/个	150	120	130	100	90	80	70	90	80	100
合同量/个	140	130	120	90	110	100	80	70	90	90

（续表）

参　数	期间/周									
	1	2	3	4	5	6	7	8	9	10
在途量/个		100								
净需求/个										
预计可用库存量/个										
计划订单产出量/个										
计划订单投入量/个										
可供销售量/个										

第 *7* 章

物料需求计划

在竞争日趋激烈的环境下,产品结构越来越复杂,对快速响应市场的要求也越来越高,特别是计算机的出现以及 20 世纪 60 年代在库存管理中的应用,传统的订货点库存管理方法受到了严重的挑战。物料需求计划是一种面向相关需求物料的计划方法,在生产计划与控制体系中位于主生产计划之后,是根据产品主生产计划、产品构成和相关物料的库存记录进行展开得到相关需求物料的详细需求计划。其管理目标是在正确的时间提供正确的零件以满足主生产计划对产品计划的要求。本章主要包括以下几个部分: ① 物料需求计划的基本概念;② 物料需求计划的数据处理逻辑;③ 物料需求计划系统批量的确定;④ 实施方法与步骤;⑤ 物料需求计划实施方法和步骤;⑥ 细能力计划。

7.1　物料需求计划的基本概念

7.1.1　物料需求计划的定义和目标

1970 年,美国的 Joseph A. Orlicky、George W. Plossl 和 Oliver W. Wight 三人在美国生产与库存控制协会(American Production and Inventory Control Society,APICS)第十三次国际会议上第一次提出了物料需求计划的概念。1975 年,Josep A. Orlicky 出版了物料需求计划的经典著作 *Material Requirements Planning*。

物料需求计划的发展经历了开环物料需求计划和闭环物料需求计划两个阶段。开环物料需求计划没有对能力和负荷进行平衡分析,闭环物料需求计划则增加了能力计划,考虑了系统的反馈作用。无论是开环还是闭环,均只考虑物料的流动。在闭环物料需求计划的基础上,增加财务分析和成本控制,即将物料流动和资金流动相结合,就进一步发展成制造资源计划。为区别起见,人们通常将物料需求计划称为 MRP,而将制造资源计划称为 MRP Ⅱ。这里所谓的物料是一个广义的概念,不仅指原材料,还包含自制品、半成品、外购件、备件等。美国生产与库存控制协会(APICS)对物料需求计划所做的定义如下: 物料需求计划就是依据主生产计划、物料清单、库存记录和已订未交订单等资料,经计算而得到的各种相关需求物料的需求状况,同时提出各种新订单补充的建议,以及修正各种已开出订单的实用技术。

相对于主生产计划而言,物料需求计划是一个更详细的计划,执行物料需求计划以保证在正确的时间提供正确数量的所需零件。物料需求的输入数据来自主生产计划结果、物料清单、库存状态、物料主文件、工厂日历等,虽然它比较适用于大量生产方式,库存水平相对于准时化生产而言较多,但一定程度上它还是具有许多优点的,尤其是与传统的订货点库存管理方法相比。物料需求计划克服了订货点法将所有物料都看成独立需求的物料的缺点,把物料按照需求特性分成独立需求物料和相关需求物料;按照主生产计划和产品的物料结构,采用倒排计划的方法,确定每个物料在每个时间分段上的需求量,以保证在正确的时间提供正确数量的正确零件。具体讲,实施物料需求计划拟达成如下目的:① 保证库存处于一个适当的水平——保证在正确的时间订购正确数量的所需零件。正确的时间根据各个组件和物料的提前期(包括装配提前期和生产提前期等)推算,而正确的数量则由产品的物料清单展开得到。② 控制物料优先级——要求按正确的完成日期订货并保持完成日期有效。③ 能力计划——制订一个完整、精确的能力计划,计划的制订要有充足的时间考虑未来的需求,最终使能力满足需求。如果某个时候因物料短缺而影响整个生产计划,应该很快提供物料;当主生产计划延迟以及推迟物料需求时,物料也应该被延迟。

7.1.2 物料需求计划的地位

生产计划总框架如图 1.6 所示,在整个生产计划体系或比较流行的企业资源规划系统中,物料需求计划是最关键的模块,对企业生产管理起到决定性作用。与物料需求计划直接相关的有主生产计划、物料清单、库存状态信息、细能力计划、车间作业计划以及采购计划,如图 7.1 所示。物料需求计划的前端最重要的是主生产计划以及基于独立需求的最终产品的生产计划,另外还有物料清单。物料清单表示产品的结构,例如,对于一辆汽

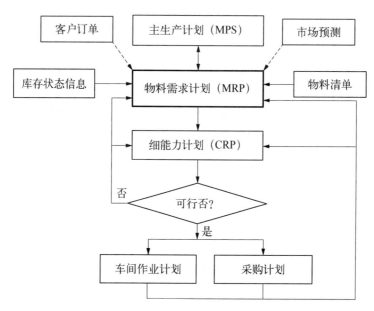

图 7.1 物料需求计划系统的输入及输出

车来说,要求有 5 个轮子(4 个加上 1 个备用轮子),而对于每个轮子,又包括轮轴、轮胎等零件。另外一个基本输入是库存记录信息,比如在制订汽车的生产计划时,我们要想知道生产给定数量的汽车究竟需要多少汽车轮子,则我们不仅要知道由汽车的物料清单展开后需要多少,更要知道仓库里现有多少轮子,有多少可以分配,有多少已被订购,这样才可以计算实际需要多少。除了上述三项输入外,另考虑两项输入,即客户订单和市场预测,在图 7.1 中以虚线表示。有的系统则将客户订单和市场预测纳入主生产计划,即输入有三项,故这里以虚线表示。也有的系统可以直接由客户订单和市场需求展开为制造单和采购单,这是特例。配件的订单则包括服务性零件的需求、工厂内自用的需求、供应外厂的零配件、专用物料需求。产品的主生产计划的可行性、物料编码的独立性、产品物料清单的正确性和库存记录数据的准确性就构成了物料需求计划的前提条件。物料需求计划就像汽车的引擎一样,是整个生产计划和控制系统中最核心的部分。

物料需求计划的后端是具体的执行系统,体现在两个方面:车间的作业计划和采购部门的采购计划。生产作业计划下达生产车间,进入车间作业控制系统;采购计划下达采购部门,由采购部门执行。从比较细的角度看,执行物料需求计划将会产生两种基本报告,即主报告和辅助报告,主报告是用于库存和生产控制的最普遍和最主要的报告。主要包括以下方面。

(1) 将来要下达的计划订单的通知。

(2) 执行计划订单的计划下达通知。

(3) 重新改变订单的交货期的通知。

(4) 取消或暂停主生产计划中某些准备下达的订单的通知。

(5) 库存状态数据的通知。

辅助报告一般分成三类,具体如下。

(1) 用于预测在未来某一时刻的库存和需求的计划报告。

(2) 用于指出呆滞的物料以及确定物料的提前期、数量和成本的计划情况与实际情况之间差别的绩效报告。

(3) 指出严重偏差的例外报告,包括一些错误、超出某种范围、过期的订单、过多的残料或不存在的零件等。

计划在下达车间或采购部门之前,还要对其可行性进行检查,与物料需求计划相对应的能力计划是细能力计划。细能力计划将计算生产线上每个工作中心的可用能力和需求能力(即负荷),然后对每个生产中心进行能力和负荷的比较,以确认每个生产中心都满足负荷的要求,如果发现出现偏离的情况,则应采取相应措施。

7.1.3　物料需求计划的优缺点

物料需求计划系统与以往的订货点库存管理系统和其他信息管理系统相比有显著的优点,具体如下。

(1) 企业的职能部门,包括决策、市场、销售、计划、生产和财务等,通过物料需求计划有机地结合在一起,在一个系统内进行统一协调的计划和监控,从而实现企业系统的整体优化。

（2）物料需求计划系统集中管理和维护企业数据，各子系统在统一的集成平台和数据环境下工作，最大限度地达到信息的集成，提高信息处理的效率和可靠性。

（3）在各职能部门信息集成的基础上，物料需求计划系统为企业高层管理人员进行决策提供了有效的决策手段和依据。

上述物料需求计划的优点是会使库存显著减少、生产成本降低、更快地响应市场、改变计划的能力更强。这些特点使它在世界各国的制造企业中得到了大力推广，成为改革企业管理的有力工具。

物料需求计划在实施过程中也会存在以下缺点：

（1）物料需求计划的处理逻辑建立在固定提前期和无限能力假定的基础上，在系统运行之前，提前期将作为固定的数据建立在系统的数据库中，这与生产实际是不相符的，如果计划情况与实际情况不一致，由此生产计划得到的交货期必然不能反映实际情况，如果销售部门根据计划结果对客户做出承诺，则必定无法实现。当然，把提前期考虑为一个动态变化的值也是可以实现的，但需要经常更新系统数据，操作起来比较麻烦。

（2）没有反映出加工路线中的"瓶颈"资源。对计划物料没有划分关键物料和非关键物料。在物料需求计划编制过程中并没有考虑不同零部件在产品中的重要程度，使得所有零部件不分主次地竞争有限资源。当能力不足时，不可避免地会出现关键件生产不出来，而生产了许多非关键件的情况，以及无法装配出所要的产品，也无法通过外购等方法来解决。

（3）按零件组织生产，不利于需求的反查。物料需求计划是按零件组织生产的，在编制物料需求计划时合并零部件的不同需求数量，当生产能力不足，在无法按预期的时间和数量生产出所需的所有零部件时，由于不能确定零部件在具体产品中的需求数量，无法确定具体影响哪些客户订单，也无法针对具体情况做出相应处理。

7.1.4　制造资源计划

图7.1中的物料需求计划将主生产计划的结果转变成最终详细的零部件作业计划，主生产计划是为作为独立需求件的最终产品制订的一个计划。物料需求计划是生产计划和控制系统中的一个主要突破点，当物料需求计划重新执行时，车间生产订单和采购订单也要改变。市场是动态的，所以说，物料需求计划不能看作一个简单的集成的计划技术，而应该视为一个动态的优先计划。

当车间作业计划的柔性提高时，则要将重点转移到物料需求计划的前端，即建立并维护一个可行的主生产计划，当一个较好的主生产计划和物料需求计划集成并考虑物料需求计划到主生产计划的反馈，还要执行粗能力计划和细能力需求计划以进行能力和负荷的平衡分析时，此系统就是闭环物料需求计划系统。图7.1中所示的物料需求计划就是一个闭环的物料需求计划。

除了基本的物料需求计划系统包括的模块外，如果进一步包含基于详细生产计划和控制过程的财务计划，因为考虑成本的概念，结果更加可信。另外，进一步增加了仿真的功能，系统可以很容易地回答"如果—怎样"之类的问题，此种计划与控制系统和物料需求计划概念有根本的不同。Joe Orlicky,公认的物料需求计划之父,将这种计划控制系统命名为MRPⅡ。这里 MRP 并不代表物料需求计划,而是制造资源计划(manufacturing resources planning),其缩写与物料需求计划一样,也是 MRP,为区别这两个概念,在制造资源计划缩写 MRP 后加Ⅱ,即 MRPⅡ,这些术语为从事生产计划和控制的技术人员所接受。

在物料需求计划的基础上,MRPⅡ进一步拓展了财务的管理功能,真正实现了物料、信息流和资金流的统一。MRPⅡ的基本框架如图 7.2 所示。

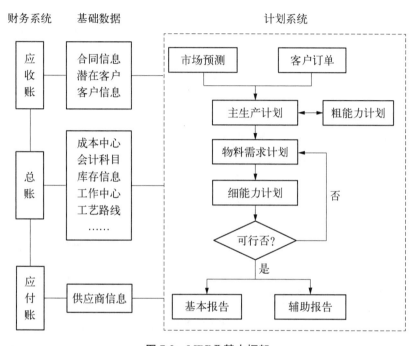

图 7.2　MRPⅡ基本框架

7.2　物料需求计划系统的数据处理逻辑

7.2.1　基本原理

1) 案例

为说明物料需求计划的基本原理,先举两个简单的例子。

例 7.1　图 7.3 是一个产品 Product 的结构图,该产品由部件 Assembly 1 和 Assembly 2,以及零件 Part 3 构成,数量分别为 2,1 和 1;部件 Assembly 1 由两种零件(Part 1 和 Part 2)构成,数量分别为 2 和 1;部件 Assembly 2 由两种零件(Part 2 和 Part 3)构成,数量分别为 2 和 2。若要生产 100 单位的产品 Product,需要零部件的数量是多少? 又若产品和零部件的提前期分别为 Product 需要 1 周,Assembly 1 需要 1 周,Assembly 2 需要 2 周,Part 2 需要 2 周,Part 1 需要 4 周,Part 3 需要 1 周。现在考虑获得上述物料项的时间,所有物料何时订货,何时到货,才能满足生产产品 Product 的需要?

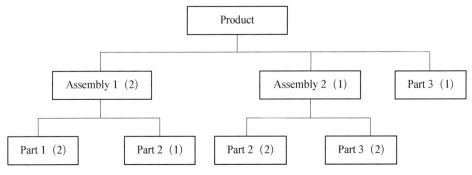

图 7.3　产品 Product 的结构树

先计算零部件所需要的量,过程如下:

部件 Assembly 1:　　　 2×Product 的数量＝2×100＝200

部件 Assembly 2:　　　 1×Product 的数量＝1×100＝100

零件 Part 1:　　　　　 2×Assembly 1 的数量＝2×200＝400

零件 Part 2:　　　　　 1×Assembly 1 的数量＋2×Assembly 2 的数量

　　　　　　　　　　　＝1×200＋2×100＝400

零件 Part3:　　　　　　1×Product 的数量＋2×Assembly 2 的数量

　　　　　　　　　　　＝1×100＋2×100＝300

计算需求的过程如表 7.1 所示。

表 7.1　在 7 周内完成 100 单位产品 Product 的 MRP 计划

物　　料	需求和订货时刻	期间/周						
		1	2	3	4	5	6	7
Product	需求时刻							100
LT＝1 周	订货时刻						100	
Assembly 1	需求时刻						200	
LT＝1 周	订货时刻					200		
Assembly 2	需求时刻						100	
LT＝2 周	订货时刻				100			
Part 1	需求时刻					400		
LT＝4 周	订货时刻	400						
Part 2	需求时刻				200	200		
LT＝2 周	订货时刻		200	200				
Part 3	需求时刻				200		100	
LT＝1 周	订货时刻			200		100		

由此 MRP 的简单例子中可以看出,MRP 实际上是一个后向倒排计划的过程,根据这个计算过程,可以计算出最迟的订货和生产时间。由此也可以得出能否按时交货以满足客户需求的结论。

例 7.2　某产品的产品结构如图 7.4 所示。

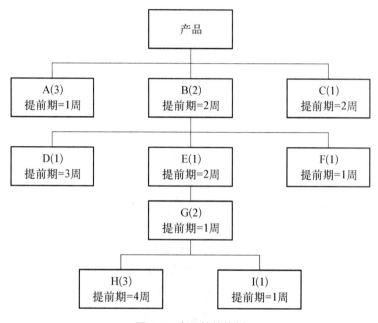

图 7.4　产品的结构树

假设该产品的主生产计划如表 7.2 所示。

表 7.2　产品的主生产计划

期间/周	30	31	32	33	34	35
净需求量	165	180	300	220	200	240

请使用逐批方法确定组件 F 的订购计划。

根据题目所给的图表,我们可以列表计算(见表 7.3)。

表 7.3　产品的 MRP 计划

期间/周	27	28	29	30	31	32	33	34	35
产品需求时刻				165	180	300	220	200	240
零件 B 需求时刻				330	360	600	440	400	480
零件 B 订货时刻		330	360	600	440	400	480		

(续表)

期间/周	27	28	29	30	31	32	33	34	35
零件 F 需求时刻		330	360	600	440	400	480		
零件 F 订货时刻	330	360	600	440	400	480			

上述简单的例子尚可以列表进行计算,如果一个产品由成千上万个物料所构成,则手工制订一个物料需求计划的工作量之大是可想而知的。所以,有必要借助计算机工具,使用物料需求计划软件系统来制订计划。

2) 错误的计算过程

若产品 Product 和组件 Assembly 1、Assembly 2 以及零件 Part 1、Part 2、Part 3 现有库存量均为零,则表 7.1 中实际订货量即为净需求量。若上述产品和组件及零件存在一定的库存量,则在计算净需求时要将此考虑进去,现以计算机为例说明。

例 7.3 计算机的部分层次结构如表 7.4 所示。

表 7.4 计算机的四个层次

层次	物　　料	现有库存量/个
0	计算机(产品)	0
1	光驱(分总成)	5
2	激光头(组件)	10
3	光电二极管(零件)	6

若接受 100 单位的订单,则首先计算需求量,常常有人按下式计算:

计算机:$100-0=100$(个)；　　　　光驱:$100-5=95$(个)；

激光头:$100-10=90$(个)；　　　　光电二极管:$100-6=94$(个)。

该计算并没有考虑层次之间的关系,其结果必然是不正确的,正确的计算如下:

计算机的需求量	100 个
光驱的毛需求	100 个
减光驱的现有库存量	5 个
得到光驱的净需求量	95 个
激光头的毛需求量	95 个
减激光头的现有库存量	10 个
得到激光头的净需求量	85 个
光电二极管的毛需求量	85 个
减光电二极管的现有库存量	6 个
得到光电二极管的净需求量	79 个

所以,光电二极管的实际净需求量是 79 个,而非 94 个。

　　3) 物料需求计划解决的问题

　　由例 7.1 可以看出,物料需求计划制订的是构成产品所需的零部件何时生产及生产多少的详细计划,与主生产计划一样,它主要回答三个问题:① 订购什么?② 订购多少? ③ 何时订购? 由前面已知,执行物料需求计划的计算,需要根据主生产计划及产品的物料清单进行展开。订购的对象指产品下层的所有物料,这就回答了第一个问题;这里的订购是一个广义的概念,即下达生产车间的生产作业计划也是一种订购,在计算订购多少时需要考虑现有库存量是多少,以准确地计算净需求,库存记录信息作为物料需求计划的一个输入,用来回答第二个问题;何时订购就取决于构成产品的所有物料的提前期,根据提前期由交货期采用倒排计划的方法就可以确定什么时候订购。

7.2.2　计算处理逻辑

　　1) 前提条件和基本假设

　　物料需求计划系统以其良好的集成效果和较高的运作效率受到企业的普遍欢迎,物料需求计划系统是否能达到预期的效果,存在以下前提条件:① 应有主生产计划,并且主生产计划的对象,即最终产品,可以用物料清单来表示。在产品的物料清单中,主生产计划用来确定最上层物料(即最终产品)的分时段需求计划,在第 6 章已有详细介绍。② 所有的库存物料都必须有一个唯一的物料编码。③ 计划之前,物料清单已准备好,由 7.2.1 节可以看出,执行物料需求计划的计算还需产品的结构,即构成产品所需物料和产品之间的层次关系,物料清单将在 7.3.5 节中详细描述。在计算机系统中,物料清单是以数据库的形式来表示的,物料清单也需在执行系统前作为已知数据输入。④ 需有库存信息,库存状况代表物料的库存信息,该库存信息不仅在执行物料需求计划时需要,还可以为销售、财务、决策等部门提供依据。库存信息的基本数据有现有库存量、订购量、毛需求量、净需求量和可供销售量等。这些信息基本上可以分为库存数据和需求数据,前两项属于库存数据,而后三项则属于需求数据。⑤ 数据文件,包括物料主文件等完整的数据。

　　基本假设如下:① 物料的提前期作为已知数据输入计算机系统中;② 每一库存物料进出仓库时进行监控,以保证物料处于受控状态,从而可以准确地知道每一物料的现有库存量;③ 配件物料的消耗呈现间断性,下达装配指令时,配件均已配齐。

　　2) 物料需求计划的工作流程

　　使用产品订单来生成一个主生产计划,它指出在特定的时间内应生产的物料数量。物料清单文件指出用于制造每一种物料所用的材料及正确的数量。库存记录文件包括现有物料数量和已订购数量等数据。这三个数据来源,即主生产计划、物料清单和库存记录文件,成为物料需求程序的数据来源,该程序将生产计划扩展成关于整个生产流程的详细的订单计划。MRP 的工作流程如图 7.5 所示。

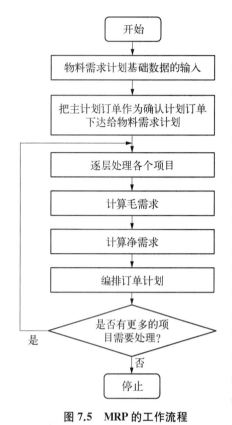

图 7.5　MRP 的工作流程

3) 物料需求计划计算处理逻辑

由图 7.5 所示的工作流程可以很清楚地看出，物料需求计划的计算处理逻辑实际上与主生产计划一致。首先计算物料的毛需求。这一点有所不同，一方面体现在计划对象，即主生产计划计算的是最终产品的毛需求，而在物料需求计划中计算的则是属于相关需求件的物料的毛需求。另一方面体现在主生产计划中的毛需求根据需求预测量和实际合同量计算得到，而物料需求计划中物料的毛需求是根据产品物料清单中父项物料对子项物料的一种等价的需求量，其需求时间是产品 A 的计划订单投入时间。举例来说，某产品 A 由 2 个部件 B 和 1 个零件 C 所构成，产品 A 的毛需求是根据对产品 A 的预测和实际订单得到，这在第 5 章已有详细论述。假设产品 A 分别在第 2 周和第 5 周需要下达计划订单，下达量分别为 20 单位和 40 单位，则部件 B 的毛需求分别在第 2 周和第 5 周，第 2 周的需求量为 $20 \times 2 = 40$(单位)，第 5 周的需求量为 $40 \times 2 = 80$(单位)。

物料需求计划计算的第 2 步是确定在途量。第 3 步则根据现有库存量、计划订单产出量(包括在途量)以及毛需求计算净需求。第 4 步净需求计算完成后，就可以根据物料的批量确定计划订单的产出量，产出量为批量的整数倍。第 5 步根据物料的生产或采购提前期决定何时下达该订单。第 6 步计算预计可用库存量。编制物料需求计划时不需要计算物料的可供销售量，可供销售量的计算都是针对最终产品，即可以销售的产品。

4) 需求的展开计算

我们知道，在产品结构相邻两层物料之间，唯一的逻辑联系是父项物料计划订单的下达与子项物料毛需求之间的直接联系。因为在父项物料订单下达时，父项物料就要开始消耗子项物料，所以对子项物料来说，必须在规定的时间内以足够数量满足父项物料的需求。设某产品的物料清单如表 7.5 所示，假设提前期为 1 周，订货批量均为 10，不考虑安全库存，则其需求的展开计算如表 7.6 所示。

表 7.5　产品 A 的物料清单

父项物料	子项物料	所需数量/个
A	B	2
B	C	1

表 7.6　父项记录与子项记录之间的联系

物料 A(父项)	期初	1	2	3	4	5	6	7	8	9
毛需求/个		10	0	15	10	20	5	0	10	15
在途量/个		15								
预计可用库存量/个	12	17	17	2	2	2	7	7	7	2
净需求/个					8	18	3	0	3	8
计划订单产出量/个					10	20	10	0	10	10
计划订单投入量/个				10	20	10	0	10	10	

物料 B(A 的子项,C 的父项) 期初		1	2	3	4	5	6	7	8	9
毛需求/个		0	0	20	40	20	0	20	20	
在途量/个										
预计可用库存量/个	15	15	15	5	5	5	5	5	5	
净需求/个				5	35	15	0	15	15	
计划订单产出/个				10	40	20	0	20	20	
计划订单投入/个			10	40	20	0	20	20		

物料 C(B 的子项) 期初		1	2	3	4	5	6	7	8	9
毛需求/个			10	40	20	0	20	20		
在途量/个	12									
预计可用库存量/个		12	2	2	2	2	2			
净需求/个				38	18	0	18	18		
计划订单产出量/个				40	20	0	20	20		
计划订单投入量/个			40	20	0	20	20			

　　这种处理的过程就是按照物料清单的层次,只有当同一层的所有物料都处理结束后,才转入下一层去处理。由于物料清单采取低层编码原则,故每个物料只处理一次。这样做是为了计算上的方便,从而获得最佳的效率。

　　这种一层一层处理(level-by-level processing)的重复计算过程就是 MRP 计算逻辑的核心所在,也是 MRP 与传统作业计划的区别所在。它能保证物料在正确的时间按照正确的数量进行制造或采购,而这种所谓正确的时间和数量正是按照 MRP 的处理逻辑计算出来的。

5) 净改变法和重改变法

与主生产计划一样,物料需求计划是一种基于时间分段的计划,在每一个计划期结束后,要对计划进行更新并将更新后的结果延伸至未来的某个时段。同样有两种重排的方法,即净改变法和重改变法,并且通常是与主生产计划一起改变的。

净改变法是考虑执行物料需求计划计算一次需很长时间,所以在重排计划时,只运算其中变化的部分,而重改变法是重新运行系统,计算所有的量,包括变化的量和不变化的量。计划的改变主要基于下述情况:① 主生产计划下的每一种产品的数据均需更新;② 每个库存项目需要重新计算;③ 会产生大量的输出情况。在主生产计划的滚动重排过程中变化的只有计划的产量,而在物料需求计划中,物料清单也存在变动的可能性,所以在物料需求计划的重排中,如果发生物料清单发生变动的情况,则计算的复杂性和计算的时间又较主生产计划中的重排有所增加。

7.2.3　基础数据的建立和维护

1) 数据的规范性和准确性

物料需求计划是将主生产计划中的独立需求产品转换为其构成的零件和原材料的需求,主生产计划是物料需求计划的最直接数据,除此之外,还有物料主文件、物料清单、库存记录、物料编码、工作中心、工厂日历等数据。任何一个 MRP 系统或 MRP Ⅱ 系统乃至 ERP 系统,要想取得实施的成功,必须首先有规范化和准确的数据。规范化是准确性的前提,数据必须有统一的标准,这是实现信息集成的首要条件。数据的及时性、准确性和完整性是实施物料需求计划系统的基本要求。"及时"指必须在规定的时间进行和完成数据的采集和处理;"准确"就是必须去伪存真,符合实际;"完整"指要满足系统对数据项规定的要求。

2) 数据类型

从性质上讲,物料需求计划系统常用的数据有以下三种类型。

(1) 静态数据(或称固定信息)一般指生产活动开始之前要准备的数据,如物料清单、工作中心的能力和成本参数、工艺路线、仓库和货位代码、会计科目的设定等。

(2) 动态数据(或称流动信息)一般指生产活动中发生的数据,不断发生,经常变动,如客户合同、库存记录、完工报告等。

(3) 中间数据(或称中间信息)是根据用户对管理工作的需要,由计算机系统按照一定的逻辑程序,综合上述静态和动态两类数据,经过运算形成各种报表。

另外,在物料需求计划系统里数据的表示通常有以下三种。

(1) 字母数字型。由任意字母、数字或符号(键盘上的符号)组成,如物料号的代码等。

(2) 整数型。无小数的数字,如物料的件数,通常用 I 表示。

（3）实数型。有小数的数字,如金额数,通常用 R 表示。

3）物料编码

计算机识别和检索物料的首要途径是物料编码,统称物料号(item number)。最基本的要求是唯一性。字段多为字符型,长度为 15～20 位。物料码可以是无含义的,采用流水码,按数字顺序编号,这样的代码简短、存储量少且能保证唯一性。物料码也可以是有含义的,如将总位数分成几段,依次表示成品、部件、零件、版次或其他标识。成组技术采用成组编码。对物料进行编码取决于公司的需求,一个好的编码应使人一看到就知道是什么物料。物料的编码是 MRP 或 ERP 实施的最基础的工作,对系统能否实施成功有最直接的影响。在系统实施之前,一定要对物料的编码统筹考虑,不可疏忽大意。

4）物料主文件

每一种物料有一份文档,称为物料主文件(item master),用来说明所有物料的各种参数、属性及有关信息,这里的物料包括原材料、中间在制品、半成品和成品等。这些物料的属性能反映物料与各个管理功能之间的联系,体现信息集成。物料主文件包含的信息主要如下。

（1）最基本的信息。最基本的信息包括物料编码、物料名称、物料规格、计量单位、库存分类、设计图号等。

a. 计量单位用在对外采购时,若对方的采购单位与公司内部计量单位不一致,则必须设定转换参数。例如,某一物料在公司内部的计量单位为个,而采购时以“打”为单位来计量,在公司向其供应商下达的订单和收到供应商的发货单上的单位应为一个统一的单位,所以在软件系统里应设定此转换参数。

b. 进行库存分类是为了管理的需要,如在统计查询作业中,可能要定期对各库存做分类统计,在某些作业中可能要以此为条件。如在汽车行业,通常将物料分为铸造件、橡胶件、五金件等。

（2）与计划管理有关的信息。与计划管理有关的信息包括物料的来源、是不是虚拟件、是不是 MPS 物料、批量的增量倍数、批量法则、最小量、最大定购量、物料表码(BOM code)、提前期、安全时间、安全库存等。

a. 物料的来源通常有自制、采购、外包和调拨。

b. 虚拟件从物料的形态结构上讲有相应物料,从管理和计划角度讲则没有,因为它只是中间过程的一个物料,不入仓库,也不需要进行库存的计算。

c. 如果某物料是 MPS 物料,则是 MPS 的计划对象。

d. 批量的倍数是指有时净需求量为多个批量,用此参数决定定购的数量。例如,某物料倍数为 3,净需求量为 27 个单位,批量的大小为 10 个单位,则用批量乘以倍数得到定购的数量为 30 个单位。

e. 批量法则有按需确定批量法(lot for lot,LFL)、固定批量法(fixed order quantity,FOQ)、期间定购法(periodic order quantity,POQ)等。

f. 安全时间是用来保证当前置时间发生变动时仍能使订单按期完成而设立的一个时

间值。这里需要说明的是,提前期不变,只是计划订单投入和计划订单接受时间同时提前,提前量即安全时间。

(3)主要与库存管理有关的信息。主要与库存管理有关的信息包括是否需要库存控制、是否为虚拟件、是否需要批量控制、物料的 ABC 分类、库存的盘点期、存放形式(容器容量、体积、重量)等。

a. 如果物料需要批量控制,则要明确物料的批次和批量,以对物料进行跟踪和记录。

b. 物料的 ABC 分类通常依物料订单的年度总使用金额进行排序。

c. 虚拟件不需要库存控制,但并非所有不需要库存控制的物料都是虚拟件。

d. 要设定库存盘点的时间间隔。

(4)主要与成本管理有关的信息。必须设定非虚拟件的制造成本,包括直接材料、直接人工和制造成本。在 ERP 的会计系统中,上述成本科目又可细分为更细的会计科目,如直接人工可分为装配人工、设备操作人工和技术性人工等。

(5)主要与质量管理有关的信息。设定产出率、检验等级、检验水准、抽样标准、可接受的质量水平等。

5)物料清单

最终产品通常由一系列的物料构成,由哪些物料构成、每种物料的数量是多少、物料与物料之间的关系如何,这些都可以通过产品的结构看出。为了便于计算机识别,需将用图表表示的产品结构转换成数据格式,这种利用数据格式来描述产品结构的文件称为物料清单(BOM)。物料清单是运行 MRP II 的主导文件,企业各业务部门都应依据统一的物料清单来工作,如对制造工程师而言,可以根据 BOM 决定哪些零件需制造,哪些零件需购买,会计部门则利用 BOM 来计算成本。BOM 体现了数据共享和信息集成。

物料清单在狭义上被认为是一种用来确定装配每种产品所需的部件或分装件的工程文件。单级 BOM 仅包括那些立即需要的分装件,不包括部件下的部件。多级 BOM 表是一种部件列表,把最终产品全方位分解到原材料。

物料清单文件是设计用来输出期望表格的计算机记录,物料清单结构则与物料清单文件的排列结构或总体设计有关。物料清单结构需要包含所有期望的表格或记录。物料清单处理程序是一种计算机软件包,它组织和维护由物料清单结构所制订的物料清单文件间的连接。大多数物料清单处理程序是用单级物料清单,维护单级 BOM 文件间的连接或链接。正是这些用在 MRP 中的物料清单处理程序把父零件的计划订单转换成它所需部件的总需求。

单级和多级 BOM 是物料清单的两种不同的输出格式。不同的输出格式在不同的环境下都是有用的。例如,单级 BOM 可提供关于部件可用数量的检查,分配和选择数据以支持订单发出。工业工程师则经常使用全面的多级 BOM 来决定如何将产品组装在一起。财务人员使用它来进行成本累积计算,但基本原则是一个公司应该有且只有一个系列的物料清单或产品结构记录,并且它应像一个实体一样得到维护。该物料清单应该设计用来满足公司内所有合理的用途。

（1）单层 BOM。

单层 BOM 即从产品到下面的零组件只有一层的产品结构。表 7.7 所示为某灯具公司生产的灯 LA001 的 BOM。在单层 BOM 中能反映出这样的信息：① 构成产品的所有零组件；② 零组件的编号；③ 零组件的相关描述；④ 构成单位产品所需零组件的数量；⑤ 零组件的单位。

表 7.7　某公司灯具产品 LA001 的 BOM

零组件编号	简单描述	所需数量	零组件单位
Base100	灯座	1	个
Shade100	灯罩	1	个
Plug100	插座	1	个

该灯具产品的 BOM 可以用图 7.6 来表示。

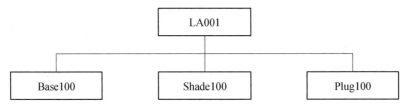

图 7.6　某灯具的单层 BOM 结构

（2）多层 BOM。

如果产品在公司里是一次装配，则单层 BOM 就足够了，但是如果组件下面还有次组件或零件，则单层 BOM 就不足以来表达，此时就需用多层 BOM 来描述。如前面所示，灯具是由灯座、灯罩和插座所构成的，可是这些组件都是由其他许多零件构成的，如果灯具是由最低层的这些物料组装成的，则必须用到多层 BOM。图 7.7 所示是构成灯具的一个完整的BOM，这里有两层。其中最顶层的最终产品称为 0 层，往下依次称为 1 层、2 层……

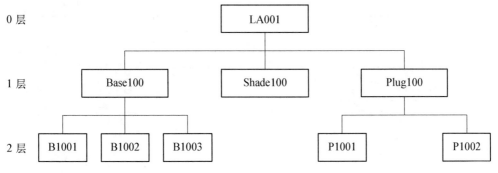

图 7.7　灯具的多层 BOM 结构

同样可以将该 BOM 结构用表 7.8 的形式表示。

表 7.8 某公司灯具产品 LA001 的完整物料清单

物 料 编 码	子 件 号	所需数量/个
LA001	Base100	1
LA001	Shade100	1
LA001	Plug100	1
Base100	B1001	1
Base100	B1002	1
Base100	B1003	1
Plug100	P1001	1
Plug100	P1002	1

物料清单中物料的层次遵循低层代码的原则(low level code,LLC),所谓低层代码原则,是指在产品结构中,最上层物料的层次为 0 层,其下依次为 1 层、2 层……一个物料在物料清单中可能出现在两个以上的层次中,则该物料在产品结构中出现的最低层次码定为其层次码。举例说,如果有两个产品 X 和 Y,其物料清单如表 7.9 所示,则系统会自动决定每一物料的最低层次码,如表 7.10 所示。

表 7.9 产品 X 和 Y 的物料清单

父件	子件	所需数量/个
X	B	2
X	C	1
B	D	1
Y	A	1
Y	C	1
A	B	1
A	E	1

表 7.10 物料最低层次码

物料	最低层次码
X	0
Y	0
A	1
B	2

（续表）

物料	最低层次码
C	1
D	3
E	2

物料需求计划的顺序由各物料的最低层次码数值大小决定。从最低层次码最小的物料开始执行，并依次执行最低层次码数值较大的物料，也就是说，依据物料最低层次码递增的顺序来执行。

（3）模块化物料清单。

在上述灯具的例子中，灯座有两种形式（Base100 和 Base200），灯罩有三种形式（Shade100、Shade200 和 Shade300），插座有两种形式（Plug100 和 Plug200），如图 7.8 所示。这样，灯具就有 $2\times3\times2=12$（种），则全部物料清单有 12 种。这种产品由多个模块组成，每个模块又有多种选择时，如果可选件又较多，则要建立全部物料清单的工作量显然太大，一种解决的方法是以选项或模块来建立 MPS，即建立模块化的物料清单。模块化的物料清单的 0 层为可选件，在上述例子中，如果采用模块化的物料清单，则全部物料清单将为 $2+3+2=7$（种），当可选件较多时，这种优势将比较明显。

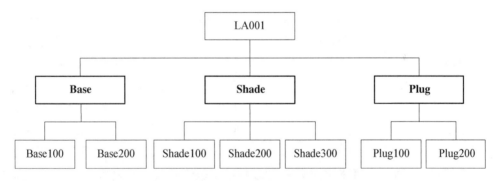

图 7.8　灯具 LA001 的模块化清单示意图

在模块化物料清单中，必须设定单位用量为一个产品的预测需求百分比，可选件的需求百分比加起来为 1；若是附件，则附件的需求百分比加起来要小于 1，因为有的客户不一定选择。灯具 LA001 的模块化清单可以用表 7.11 表示。

表 7.11　灯具 LA001 的模块化物料清单

物 料 编 码	子 件 号	所需数量/个
LA001	Basee	1
LA001	Shade	1

（续表）

物 料 编 码	子 件 号	所需数量/个
LA001	Plug	1
Base	Base100	0.6
Base	Base200	0.4
Shade	Shade100	0.1
Shade	Shade200	0.3
Shade	Shade300	0.6
Plug	Plug100	0.1
Plug	Plug200	0.9

（4）计划用物料清单。

按照物料的类型,物料清单可分为计划用物料清单、制造物料清单和成本物料清单等。为了更好地进行主生产计划活动,有时需要重建物料清单,如前面所示的模块化的物料清单,建立这种清单将使数据的存储量大大减少,有利于系统的优化。除了模块化的物料清单外,计划物料清单也是一种,它只适用于计划,与用于制造产品的那些清单是不同的,刚才所述的模块化物料清单就包含一种计划清单的形式,它用于制作物料计划和模型,并且有些模型是不可制造的。

应用最广泛的计划用物料清单是超级清单。它描述了组成一个平均最终产品的相关选项或模块。例如,一辆平均的通用别克车可能有 0.6 独有部件、2.6 门、4.3 气缸、0.4 空调,诸如此类。这种最终产品是不可能制造出来的。但是,从物料清单的逻辑来看,它对计划和主生产计划是十分有用的。物料清单处理程序指明超级清单应该作为合法的单级物料清单而建立在产品结构文件中,这就意味着超级清单将把各种可能的选项看作部件,并有它们的平均十进制使用率。物料清单的运算逻辑允许进行单级清单部件使用率的十进制乘法。超级清单用十进制使用率把模块、型号结合在一起,用于描述一辆平均的汽车。物料清单的逻辑在互不相容的选项中强加入了数学连接。举例来说,两个可能的发动机选项之和应等于汽车总和。

超级清单不仅是制造工具,而且也是营销工具。有了它,就不再需要预测和控制个体模型了,而可以用总平均单位数进行预测,这时就需要重点进行百分比分析,即关注单级物料清单。同时也要注意当有顾客订单出现时,用建立在工作日基础上的可供销售量计算逻辑来管理库存。

让我们来看一下上述例子。灯具 LA001 的选项如下。

（1）灯座：Base100、Base200。

（2）灯罩：Shade100、Shade200、Shade300。

（3）插座：Plug100、Plug200。

总的可制造产品数是 12(2×3×2)。如按最终产品进行管理,则每一种都将不得不进行预测。此时可以只对其中的部件进行管理,只建立部件的预测模型(按一定的百分比),而不用建立全部最终产品的预测模型。

(5) 制造物料清单。

计划用物料表用于计划阶段,制造物料表则用于执行阶段。执行阶段始于接受顾客订单。接到订单后利用产品构造系统决定产品规格,系统自动生成制造物料表。后续的领料单作业及制令单作业即以该制造物料清单为依据。

(6) 成本物料清单。

与最基本的物料清单及缩排式物料清单类似,成本物料清单表明每个物料的材料本身、人工和其他间接费用,从成本构成说明物料的单价及其总值,在计划的同时体现资金流的概念。可以用图 7.9 说明。

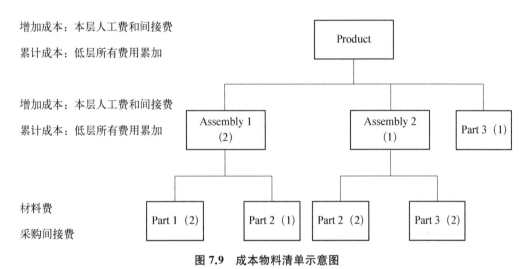

图 7.9　成本物料清单示意图

6) 工作中心

工作中心(work center,WC)是各种生产能力单元的统称,也是发生加工成本的实体。它是一个特定的区域,可视为粗能力计划和细能力需求计划的一个单位,它可以是一台设备,也可以是一组设备。工作中心主要是计划与控制范畴,而不是固定资产或设备管理范畴的概念。

编制工艺路线之前,先要划定工作中心,建立工作中心主文件。工艺路线中一般每道工序要对应一个工作中心,也可以几个连续工序对应一个工作中心。工件经过每个工作中心要发生费用,产生加工成本。因此,可以定义一个或几个工作中心为一个成本中心,这是成本范畴的概念。

值得注意的是,工作中心与加工中心(machining center,MC)不能混淆起来。众所周知,加工中心只是一种高精度、多种加工功能、带刀具库的数控机床。工作中心的范畴要比加工中心广,加工中心都可以设定为工作中心,而并非所有工作中心都是加工中心。工作中心有以下作用。

（1）作为平衡负荷与能力的基本单元，是运行能力计划时的计算对象。分析能力计划执行情况也要以工作中心为对象，进行工作量的投入/产出分析。

（2）作为车间作业分配任务和编排详细作业进度的基本单元，派工单以工作中心为对象并说明各加工单的优先级。

（3）作为车间作业计划完成情况的数据采集点，也可用作反冲的控制点。

（4）作为计算加工成本的基本单元。计算零件的加工成本是以工作中心文件记录中的单位小时费率乘以工艺路线文件记录中占用该工作中心的小时数得出的。

物料需求计划中的能力需求分析有两个主要层次：主生产计划对其中关键工作中心进行能力和负荷平衡分析，而物料需求计划则对所有工作中心都进行能力和负荷平衡分析。关键工作中心或瓶颈工作中心(critical work center, CWC)必须单独划出，以作为粗能力计划的对象。通常满足下列条件的工作中心可视为关键工作中心。

（1）经常满负荷或加班加点。

（2）需要熟练技术工人使用，不能任意替代或随时招聘。

（3）工艺独特的专用设备，不能替代或分包外协。

（4）设备昂贵且不可能随时增添。

（5）受成本或生产周期的限制，不允许替代。

任何一个工作中心通常具备以下数据。

（1）基本数据，如工作中心代码、名称和所属车间部门的代码。工作中心代码的字段为6～8位。

（2）能力数据，如工作中心每日可提供的工时或台时数（或每小时可加工的件数、可生产的吨数）、是否为关键工作中心、平均等待时间等。额定能力计算工时如下：

$$工作中心能力 = 每日班次 \times 每班工作时数 \times 工作中心效率 \times$$
$$工作中心利用率(小时/日)$$

加入效率和利用率这两个因素是为了使工作中心的可用能力更符合实际，从而使计划和成本也更加符合实际。效率用来说明实际消耗工时或台时与标准工时或台时的差别，与工人的技术水平或者机床的使用年限有关，其公式如下：

$$效率 = 完成的标准定额小时数/实际直接工作小时数$$

而利用率与设备的完好率、工人的出勤率、任务的饱满程度和自然休息时间有关，是一种统计平均值。其公式如下：

$$利用率 = 实际直接工作小时数/计划工作小时数$$

7）提前期

以交货或完工日期为基准，倒推到加工或采购的开始日期的这段时间称为提前期，也是从工作开始到工作结束的时间。物料需求计划中的提前期通常是指从订单发出至订单接收的这段时间。物料需求计划是一种倒向排序的计划，主要回答何时生产或需要的问题,何时下达生产或采购计划主要取决于物料的提前期,有以下几种基本的提前期。

(1) 采购提前期,即从采购订单下达到订单入库所需时间。

(2) 生产准备提前期,从计划开始到完成生产准备所需时间。

(3) 加工提前期,开始加工到加工完成所需时间。

(4) 装配提前期,开始装配到装配结束所需时间。

(5) 总提前期,产品的整个生产周期,包括产品设计提前期、生产准备提前期、采购提前期、加工、装配、检测、包装、发运提前期。

(6) 累计提前期,采购、加工、装配提前期的总和称为累计提前期。

提前期在系统中作为固定不变的参数进行设置,一般在建立物料主文件时有此字段。对于采购件设置的提前期为采购提前期;对于自制件而言,设置的提前期为加工提前期;对于累计提前期而言,则根据产品的物料清单进行累加而得到。

8) 工艺路线

工艺路线是制造某种产品过程的细化描述,包括要执行的作业顺序、作业名称、有关的工作中心、每个工作中心所需的设备、设备或工作中心的准备时间、运行时间的标准时间、作业所需零部件、配置人力以及每次操作的产出量。作业是指在一个地点完成的工作,包含工件和地点(机器、工作站或工作中心),作业编号是某个设备要处理某个项目的专用识别编号。在软件系统中,应将工艺路线中所需设备的详细信息,如设备描述、作业顺序、准备时间和加工时间以及工作中心的配置等,用说明零部件加工或装配过程的文件来描述。在 MRP 系统中,它要根据企业通常用的工艺过程卡来编制,但它不是技术文件,而是计划文件或管理文件。工艺路线通常有以下作用。

(1) 计算加工件的提前期,提供运行 MRP 的计算数据。

(2) 计算占用工作中心的负荷小时,提供运行能力计划的数据。

(3) 计算派工单每道工序的开始时间和完工时间。

(4) 提供计算加工成本的标准工时数据。

(5) 按工序跟踪在制品。

工艺路线有下述特点。

(1) 在工艺路线文件中,除了说明工序顺序、工序名称、工作中心代码及名称外,MRP系统的工艺路线还把工艺过程和时间定额汇总到一起显示;指定工时定额与编制工艺在同一部门进行。工艺人员掌握时间定额,有助于分析工艺的经济合理性。

(2) 除列出准备和加工时间外,还列出运输时间(含等待时间),并作为编制计划进度的依据。

(3) 每道工序对应一个工作中心。

(4) 包括外协工序、外协单位代码和外协费用。

(5) 为便于调整计划,必须说明可以替代的工艺路线。

(6) 从逻辑上讲,可以把设计、运输、分包等作为一道工序来处理。

9) 库存信息

库存中每一项物料的记录都作为一个独立的文件,并且关于一项物料的资料详细程度几乎是无限制的。MRP 程序允许产生一个反查记录文件,作为库存文件记录的一部分或单独存在。反查需求允许我们通过每一层产品结构向上追踪物料需求,确定每一个产生需求的父项。

物料需求计划的计算逻辑是根据总需求和现有库存量的大小确定净需求量,对于 MRP 系统来讲,只要在正式使用之前将现行库存数据输入系统,这些资料包括现有库存量、计划接受量、已分配量等信息。在使用之前,只要建立起库存的初始值即可,其他阶段的净需求量则依次根据具体公式进行计算。

另外,在库存信息中要对仓库与货位的作用有所反映,在每条物料的库存记录文件中,仓库和货位必须有相应的编码。

10) 供应商及客户信息

(1) 供应商信息。供应商主文件一般包括供应商代码(说明供货类型、地区)、名称、地址、邮政编码、联系人、电话号码、银行账号、使用货币、报价、优惠条件、付款条款、交货提前期、税则、交货信用记录。在 MRP II 系统中,供应商的信息直接与财务管理模块中的应付账模块相对应。

(2) 客户信息。客户主文件一般包括客户代码(说明类型、地区)、名称、地址、邮政编码、联系人、电话号码、银行账号、使用货币、报价记录、优惠条件、付款条款、交货提前期、税则、交货信用记录,而客户信息则直接与财务管理模块中的应收账模块相对应。

11) 工作日历

物料需求计划系统采用分期间的计划方式,它将连续的时间分成不连续的区段单位,称为时段。较通用的是以周或日为单位,有工厂周历和工厂日历之说。一般 ERP 系统根据工厂日历排定计划,工厂日历也称生产日历,说明企业各部门、车间或工作中心在一年可以工作或生产的日期。MPS 和 MRP 展开计划时,要根据工厂日历,非工作日不能安排任务。系统在生成计划时,遇到非工作日会自动跳过。软件应能允许用户自行设置多种工作日历,赋以代码,用于公司、各工厂、不同车间、不同工作中心,甚至成品发运涉及的运输航班。

7.3   批量的确定

MRP 根据毛需求和现有库存量计算净需求,再考虑批量的大小,从而确定计划订单投入和产出的数量。MRP 的计划订单的投入量应为批量的整数倍,批量可以是固定的,也可以是动态变化的。一般来讲,一次订货的数量应能满足一个或多个时段的物料需求。所谓批量,对于生产零部件而言,就是一次所要生产的数量;对于采购件而言,就是一次向供应商订货的数量。

在确定最佳批量时,用得比较多的方法是寻求总成本最小。总成本主要由保管成本和采购成本组成,由经济批量订货模型可知,当保管成本和采购成本平衡时,对应的总成本最低,许多批量的确定就是基于这种考虑。在 MRP 系统中,批量作为一个已知的数据输入系统,即 MRP 系统本身并不具备确定批量的功能,批量的确定建立在数据分析的基础上,由系统之外的工具和方法来确定。本书介绍几种常用的批量确定方法。

7.3.1　按需确定批量法

按需确定批量法(lot for lot,LFL)确定的批量是动态变化的,即根据净需求的计算结果确定批量,订购批量恰好与净需求相匹配,这样,计划订单的产出量正好等于每周的净需求量,而不会产生剩余库存转移到未来时段。因为按需确定,不会有多余的量转移到下一时段,故保管费用相对最少,准备费用和能力限制可以忽略不计。按需确定批量方法的应用如表 7.12 所示。

表 7.12　按需确定批量

参　数	期间/月								
	1	2	3	4	5	6	7	8	9
净需求量/个	35	10		40		20	5	10	30
计划订单产出批量/个	35	10		40		20	5	10	30
期末剩余库存/个	0	0	0	0	0	0	0	0	0

7.3.2　经济订购批量法

经济订购批量法(economic order quantity,EOQ)是平衡保管费用和采购费用,寻求总费用最小的一种方法,第 3 章已经介绍过。假定年需求量为 200 个,单位存货的年成本为 12 元,一次订货的业务成本为 100 元,将已知参数代入经济批量的计算公式,可得批量为

$$Q = \sqrt{\frac{2 \times 200 \times 100}{12}} \approx 58(\text{个})$$

经济订购批量的应用如表 7.13 所示。

表 7.13　经济订购批量

参　数	期间/月								
	1	2	3	4	5	6	7	8	9
净需求量/个	35	10		40		20	5	10	30
计划订单产出量/个	58			58				58	
期末剩余库存/个	23	13	13	31	31	11	6	54	24

7.3.3　固定批量法

固定批量法(fixed order quantity,FOQ)每次订购的数量固定不变,该数量可以根据某种设施或程序的产能、锻模寿命、一定的包装量等确定。假定每次订购量为 60,则其计划如表 7.14 所示。

表 7.14　固 定 批 量

参　数	期间/月								
	1	2	3	4	5	6	7	8	9
净需求量/个	35	10		40		20	5	10	30
计划订单产出量/个	60			60					60
期末剩余库存/个	25	15	15	35	35	15	10	0	30

7.3.4　定期订购法

定期订购法(fixed order period,FOP)是指每次订购批量变化,但订购期间固定,这与第 3 章中的定期库存系统一样。假设订购期间为 2 期,如后续的 2 期需求为 0,则跳过,如表 7.15 所示。

表 7.15　定期订购批量

参　数	期间/月								
	1	2	3	4	5	6	7	8	9
净需求量/个	35	10		40		20	5	10	30
计划订单产出量/个	45			40		25		40	
期末剩余库存/个	10	0	0	0	0	5	0	30	0

7.3.5　期间订购法

期间订购法(period order quantity,POQ)是在 EOQ 法的基础上按间断需求的特定修正后得到的,如前面经济订购批量为 58 单位,每年共有 12 期,年需求总量为 200 单位,故每年订购次数为 200/58=3.4(次),每次订购间隔为 12/3.4=3.5(个)期间。计算结果如表 7.16 所示。

表 7.16 期间订购批量

参数	期间/月								
	1	2	3	4	5	6	7	8	9
净需求量/个	35	10		40		20	5	10	30
计划订单产出量/个	85					35			30
期末剩余库存/个	50	40	40	0	0	15	10	0	0

7.3.6 最小总费用法

最小总费用法(least total cost,LTC)是一个动态确定订购批量的方法,其原理是比较不同订货量所对应的保管费用和准备(或订货)费用,从中选择使两者尽可能接近的订货批量。最小总费用法实际上是一种试算法,在确定期初的订货批量时,首先试算 9 种情况,即分别满足第 1 个月、前 2 个月、前 3 个月、前 4 个月、前 5 个月、前 6 个月、前 7 个月、前 8 个月和前 9 个月的总需求,有 9 种情况,如表 7.17 所示。由表 7.17 可知,当第 1 月订货量满足前 8 月的需求时,保管成本与准备成本最接近,所以第 1 月的订货量为 270 单位。8 月后的订货策略按照这种思路类推即可得到。最小总费用法本质上讲是一种用试算寻求保管费用和准备费用间的一个平衡点,是一种简化的经济订购批量法。

表 7.17 最小总费用法确定批量

参数	期间/月								
	1	1—2	1—3	1—4	1—5	1—6	1—7	1—8	1—9
净需求量/个	30	20	35	30	40	50	20	45	30
订货批量/个	30	50	85	115	155	205	225	270	300
保管成本/元	0	2.08	5.73	8.86	13.03	18.24	20.32	25.01	28.14
准备成本/元	25.00	25.00	25.00	25.00	25.00	25.00	25.00	25.00	25.00

7.3.7 最小单位费用法

最小单位费用法(least unit cost,LUC)是一个动态确定订购批量的方法,这种方法将每个试验批量的订货费用和库存保管费用相加,再除以该订购批量的单位总量,选择单位费用最小的那个批量作为订购批量。如表 7.18 所示,第 1 月订货批量需满足前 9 个月的需求。

表 7.18　最小单位费用法确定批量

参　数	期间/月								
	1	1—2	1—3	1—4	1—5	1—6	1—7	1—8	1—9
净需求量/个	30	20	35	30	40	50	20	45	30
订货批量/个	30	50	85	115	155	205	225	270	300
保管成本/元	0	2.08	5.73	8.86	13.03	18.24	20.32	25.01	28.14
准备成本/元	25.00	25.00	25.00	25.00	25.00	25.00	25.00	25.00	25.00
总成本/元	25.00	27.08	30.73	33.86	38.03	43.24	45.32	50.01	53.14
单位成本/元	0.83	0.54	0.36	0.29	0.25	0.21	0.20	0.19	0.18

7.4　物料需求计划的范例

已知产品 A 和产品 B 的结构如图 7.10 所示,对应的 BOM 如表 7.19 所示,物料主文件如表 7.20 所示,物料库存记录如表 7.21 所示,两种产品的需求信息如表 7.22 所示,要求制订未来 8 周的物料需求计划。需要说明的是,在该例中,产品 A 和产品 B 是独立需求件,毫无疑问是主生产计划的制订对象,另外,部分部件 D 和零件 F 作为维修件和换型所用。所以对于部件 D 和零件 F 来讲,如果作为组装产品 A 和产品 B 所用,则是相关需求件,是物料需求计划的对象;如果作为维修件或换型用,则应视为独立需求件。在本例中,有部分 D 和 F 作为维修件使用。

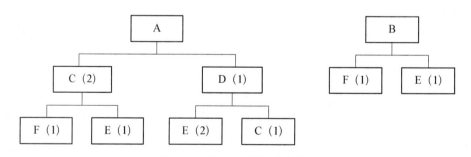

图 7.10　产品 A 和产品 B 的结构

表 7.19　产品 A 和 B 的 BOM

父件	子件	所需数量/个
A	C	2
A	D	1

（续表）

父件	子件	所需数量/个
D	E	2
D	C	1
C	E	1
C	F	1
B	E	1
B	C	1

表 7.20　物料主文件

物料	提前期/周	安全时间/周	安全库存/个	批量规则
A	1	0	25	LFL
B	1	0	20	LFL
C	1	0	5	FOQ=500
D	1	0	5	FOQ=200
E	2	0	50	POQ=3
F	1	1	100	POQ=2

表 7.21　物料库存记录

物料	现有量/个	已分配量/个	在途量/个								
			0	1	2	3	4	5	6	7	8
A	20	0	100	0	0	0	0	0	0	0	0
B	40	0	50	100	0	0	0	0	0	0	0
C	60	0	200	0	0	0	0	0	0	0	0
D	60	20	0	0	0	0	0	0	0	0	0
E	100	0	1 500	0	0	0	0	0	0	0	0
F	100	0	1 000	0	0	0	0	0	0	0	0

表 7.22　产品的订单和预测数据

物料	类型	期间/周							
		1	2	3	4	5	6	7	8
A	订单	80	50	100	60	80	70	60	60
A	预测	80	50	100	50	100	50	100	50

（续表）

物料	类型	期间/周							
		1	2	3	4	5	6	7	8
B	订单	70	100	50	90	60	110	60	50
B	预测	50	100	50	100	50	100	50	100
D	订单	20	12	25	15	20	18	15	15
D	预测	20	12	25	12	25	12	25	12
F	订单	200	300	200	300	350	230	2 600	250
F	预测	200	200	100	250	200	250	200	170

根据上述数据可以编制产品 A 的主生产计划，如表 7.23 所示。可以确定产品 A 的可供销售量，如表 7.24 所示。同理，可以编制产品 B 的主生产计划，如表 7.25 所示。产品 B 的可供销售量计算结果如表 7.26 所示。展开可以得到各个物料的需求计划，如表 7.27～表 7.30 所示。

表 7.23　产品 A 的主生产计划　　　　（单位：个）

参　数	期间/周								
	0	1	2	3	4	5	6	7	8
订单		80	50	100	60	80	70	60	60
预测		80	50	100	50	100	50	100	50
毛需求		80	50	100	60	100	70	100	60
在途量	100								
预计在库量	40	−10	−75	−35	−75	−45	−75	−35	
预计可用库存量	40	25	25	25	25	25	25	25	
净需求	0	35	100	60	100	70	100	60	
计划订单产出量	0	35	100	60	100	70	100	60	
计划订单投入量	35	100	60	100	70	100	60	100	

注：毛需求取订单和预测的最大值。

表 7.24　产品 A 的可供销售量的计算　　　　（单位：个）

参　数	期间/周								
	0	1	2	3	4	5	6	7	8
订单		80	50	100	60	80	70	60	60
在途量		100							

（续表）

参　数	期间/周								
	0	1	2	3	4	5	6	7	8
计划订单产出量		0	35	100	60	100	70	100	60
主生产计划		100	35	100	60	100	70	100	60
可供销售量		20	0	0	0	20	0	40	0

表 7.25　产品 B 的主生产计划　　　　　　（单位：个）

参　数	期间/周								
	0	1	2	3	4	5	6	7	8
订单		70	100	50	90	60	110	60	50
预测		50	100	50	100	50	100	50	100
毛需求		70	100	50	100	60	110	60	100
在途量		50	100						
预计在库量		20	20	−30	−80	−40	−90	−40	−80
预计可用库存量		20	20	20	20	20	20	20	20
净需求		0	0	50	100	60	110	60	100
计划订单产出量		0	0	50	100	60	110	60	100
计划订单投入量		0	50	100	60	110	60	100	50

表 7.26　产品 B 的可供销售量计算　　　　　　（单位：个）

参　数	期间/周								
	0	1	2	3	4	5	6	7	8
订单		70	100	50	90	60	110	60	50
在途量		50	100						
计划订单产出量		0	0	50	90	60	110	60	100
主生产计划		50	100	50	90	60	110	60	100
可供销售量		20	0	0	0	0	0	0	50

表 7.27　物料 C 的物料需求计划　　　　　　（单位：个）

参　数	期间/周								
	0	1	2	3	4	5	6	7	8
毛需求		270	250	410	260	450	260	220	450
在途量		200	150	0	0	0	0	0	0

（续表）

参　数	期间/周								
	0	1	2	3	4	5	6	7	8
预计在库量		−10	390	−20	220	−230	10	−210	−160
预计可用库存量		490	390	480	220	270	10	290	340
净需求		15	0	25	0	235	0	215	165
计划订单产出量		500	0	500	0	500	0	500	500
计划订单投入量	500	0	500	0	500	0	500	500	

表 7.28　物料 D 的物料需求计划　　　　　　（单位：个）

参　数	期间/周								
	0	1	2	3	4	5	6	7	8
毛需求		55	112	85	115	95	118	85	115
在途量		0	0	0	0	0	0	0	0
预计在库量		−15	73	−12	73	−22	60	−25	60
预计可用库存量		185	73	188	73	178	60	175	60
净需求		20	0	17	0	27	0	30	0
计划订单产出量		200	0	200	0	200	0	200	0
计划订单投入量		0	200	0	200	0	200	0	

表 7.29　物料 E 的物料需求计划　　　　　　（单位：个）

参　数	期间/周								
	0	1	2	3	4	5	6	7	8
毛需求	500	400	550	490	560	510	560	600	450
在途量		1 500	0	0	0	0	0	0	0
预计在库量		700	150	−340	560	50	−510	500	50
预计可用库存量		700	150	1 120	560	50	1 100	500	50
净需求		0	0	390	0	0	560	0	0
计划订单产出量		0	0	1 460	0	0	1 610	0	0
计划订单投入量		1 460	0	0	1 610	0	0	750	0

注：物料 E 的固定期间为 2 周，其订购量的计算应满足下次产出之前的净需求和合同量之和。

表 7.30　物料 F 的物料需求计划　　　　　　　　　　（单位：个）

参　数	期间/周								
	0	1	2	3	4	5	6	7	8
毛需求	500	200	800	200	800	350	750	760	250
在途量		1 000	0	0	0	0	0	0	0
预计在库量		400	−400	−100	−400	−250	−500	−260	−10
预计可用库存量		400	100	400	100	250	500	240	490
净需求		0	500	200	500	350	600	260	110
计划订单产出量		0	500	500	500	500	1 000	500	500
计划订单投入量		500	500	500	500	1 000	500	500	0

　　在展开计算物料的需求计划时应同时考虑 A 中的相关物料和 B 中的相关物料，可以采取先单独计算再叠加的方法进行。如物料 C 在产品 A 的 BOM 表中的第一层和第三层同时存在，在产品 B 中则作为第二层存在，计算时不可遗漏任何一个，否则就会造成计算不准。在本例中，产品 A 和产品 B 作为独立需求产品，是主生产计划的对象，其他则是物料需求计划的对象。如果其中构成产品 A 和产品 B 的某些物料是作为维修件或其他用途相对独立使用，则这种物料应部分作为主生产计划对象，部分作为物料需求计划对象，在制订计划计算过程中要分开计算。

7.5　实施方法和存在的问题

　　1）实施方法和步骤

　　物料需求计划是一个庞大的系统工程，涉及面广，投入大，实施周期长，存在一定的风险。企业应建立一套科学的实施办法和程序来保证项目的成功。总结国内外众多企业物料需求计划的实施经验和教训，一般要经过以下步骤。

　　（1）总体规划，分步实施。物料需求计划项目包含内容很广，如财务、分销、生产等，每一部分又包含很多模块。所以在上一个物料需求计划系统中，一般要有总体规划，按管理上的亟需程度、实施中的难易程度等确定优先次序，在效益驱动、重点突破的指导下，分阶段、分步骤实施。总之，科学的实施方法可以起到事半功倍的作用，保证物料需求计划项目的顺利推行。

　　（2）专项机构。为了顺利实施物料需求计划系统，在企业内部应成立完善的三级组织机构，即领导小组、项目小组和职能小组。物料需求计划系统不仅是一个软件系统，它更多的是先进管理思想的体现，关系到企业内部管理模式的调整、业务流程的变化及相关人员的变动，所以企业的最高决策人要亲自参加到领导小组中，负责制订计划的优先级、资源的合理配置以及重大问题的改变及政策的制订等。项目小组负责协调公司领导层和部门,其负责人员一般应由公司高层领导担任,要有足够的权威和协调能力,同时要有丰富的项目管理和实施经验。职能小组是实施物料需求计划系统的核心,负责保证物料需求计划系统在本部门的顺利实施,由各部门的关键人物组成。

(3) 教育与培训。物料需求计划作为管理技术和信息技术的有机结合,其在管理上所反映出的思想和理论比实际运作中的要先进,这就首先要求企业各级管理层要不断学习先进的管理理论,如精良生产、准时制生产、全面质量管理等,对物料需求计划项目涉及的人员分不同层次、不同程度做软件具体功能的培训。

(4) 原型测试。通过培训,了解物料需求计划能干什么,再结合自己的需求,即想要解决哪些问题,进行适应性实验,来验证系统对目标问题解决的程度,决定有哪些用户化的工作,有多少二次开发的工作量。原型测试的数据可以是模拟的,不必采用企业实际的业务数据。

(5) 数据准备。物料需求计划系统实现了企业数据的全局共享,它只有运行在准确、完整的数据之上,才能发挥实际作用。所以在实施物料需求计划项目时,要花费大量时间准备基础数据,如基本产品数据信息、客户信息、供应商信息等。

(6) 模拟运行。在完成了用户化和二次开发后,就可以用企业实际的业务数据进行模拟运行。这时可以选择一部分比较成熟的业务进行试运行,以实现以点带面,由粗到细,保证新系统平稳过渡。

(7) 切换。经过一段时间的试运行后,如果没有发生什么异常现象,就可以抛弃原来的业务系统。只有这样,整个物料需求计划系统才能尽快走出磨合期,完整并独立地运作下去。

2) 存在的问题

在系统实施过程中,也常常存在下列问题。

(1) 高层管理人员未承担相关义务。物料需求计划项目应当被高层领导所接受,有人称实施物料需求计划项目是"一把手"工程,必须有最高层领导的推动,因为实施物料需求计划系统涉及多个职能部门的协作,由高层管理人员挂帅有助于实施过程的协调。同时,必须强调物料需求计划作为闭环、集成和战略性的计划。

(2) 过分强调物料需求计划的功能。物料需求计划往往被描述成一个运行公司独一无二的系统,其实施的效果如何,取决于人的作用和基础数据的准确性等。选用物料需求计划时尤其强调软件系统的适用性,要量体裁衣,而不是根据衣服调整体形。

(3) 基础数据准备不到位。物料需求计划实施成功与否,很大程度上取决于是否有一套准确、完整的数据。基础数据的准备应由实施顾问提出建议,企业参加人员按照顾问的建议做充分的准备。应建立一套符合要求、规范且完整的数据,包括物料清单、工艺路线、库存记录、工作中心、物料主文件等。

(4) 物料需求计划如何与准时化生产相结合的问题。物料需求计划是一个强调推动的系统,与先进准时化生产强调拉动的系统相悖,此为物料需求计划的一大缺点。

7.6　细能力计划

美国生产与库存控制协会(APICS)对细能力计划的定义如下：建立、评估及调整产能界线及水准的功能,细能力计划是详细决定需要多少人工和机器以完成生产工作的过程。物料需求计划系统中的已核发车间制造订单与计划订单会被输入细能力计划中,并转换成根据工作中心在一定期间的工作小时。

由定义可以看出,细能力计划是对各生产阶段和各个工作中心所需的资源进行计算,得到各工作中心的负荷,再根据物料需求计划产生的加工单、工作中心数据、工艺路线和工厂日历等数据计算各工作中心所能提供的资源,即生产能力,将负荷和能力进行比较,做平衡分析,最后制订物料需求计划,形成细能力计划报表,如图 7.11 所示。

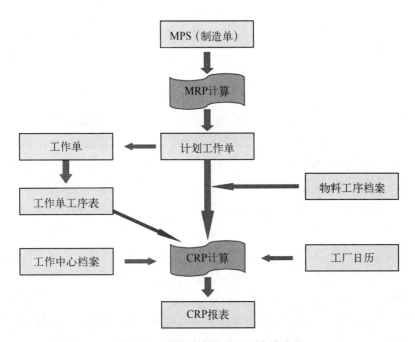

图 7.11　细能力需求计划形成的流程

在生产计划控制系统发展的开环物料需求计划初期,不需做细能力计划,而发展到闭环物料需求计划阶段时,则要考虑能力计划。细能力计划主要用来检验物料需求计划是否可行,以及平衡各工序的能力与负荷,检查在计划期间是否有足够的能力处理全部制造订单。

7.6.1　作用和分类

1) 细能力计划的作用

细能力计划与粗能力计划一样,都是对能力和负荷的平衡分析。在进行细能力计划时，必须知道各个物料经过哪些工作中心加工，即加工路线必须已知，还必须计算各个工作中心的负荷和可用能力，因为物料需求计划是一个分时段的计划，所以相应的细能力计划也是一个分时段的计划，故必须知道各个时间段的负荷和可用能力。

由上一节可知，粗能力计划对主生产计划结果进行检验，而细能力计划则对物料需求计划进行检验。两者的对象也不一样，粗能力计划对关键工作中心进行能力负荷平衡分析，而细能力计划则是对每个工作中心进行能力分析。除此之外，还存在其他差别，如表 7.31 所示。

表 7.31　细能力计划和粗能力计划的区别

对 比 项	粗能力计划	细能力计划
计划对象	关键工作中心	各个工作中心
所处计划阶段	主生产计划	物料需求计划
需求对象	独立需求件	相关需求件
计划的订单类型	计划和确认订单	全部订单

细能力需求计划与粗能力计划程序不同。第一，细能力计划使用了物料需求计划系统给出的分时段的物料计划信息。这就考虑了所有实际的订货批量、计划接收量及计划订单。第二，物料需求计划系统的特点是确定完成的零件和产品需要的能力，它们是以库存方式存储的。第三，车间作业控制系统考虑了车间在制品的状态，所以在计算工作中心的能力需求时，未结车间订单剩余的工作能力才会被计入。第四，细能力计划考虑了服务部门的需求、主生产计划没有计入的需求、物料需求计划规划者为应付突发事件而附加的能力、记录错误等。为完成这一工作，细能力计划程序不仅需要资源结构程序必备的信息（物料清单、工艺路线、时间标准和提前期），而且还要各工作中心的物料需求计划订单和未结车间订单（计划接收量）现时状态。

作为一种中期能力计划程序，细能力计划利用物料需求计划的信息，只计算用于完成主生产计划的能力需求。通过在物料需求计划数据库中计算实际的未结车间订单和计划订单的能力需求，细能力计划考虑了已经完成的和库存的能力。因为主生产计划数据包括这些未结和计划订单的时间安排，它就能在提高能力需求和时间安排精度上发挥潜力。精度对后继的时间周期很重要。粗能力计划会夸大所需的能力，因为有一部分是以库存形式储存起来。发挥细能力计划的潜在价值不是没有成本的，它需要一个更大的数据库，并且还有更大的计算量。

2) 细能力计划的分类

有两种基本的能力计划方式，即有限能力计划和无限能力计划。有限能力计划认为工作中心的能力是固定的。通常安排物料的优先级进行计划，首先将能力安排给优先级较高的物料，按照这样的顺序排定，如果出现工作中心负荷不能满足要求时，则优先级相对比较低的物料将被推迟加工。这里所谓的优先级是用紧迫系数来衡量的,紧迫系数的计算方式为需求日期减去当日日期再除以剩余的计划提前期,当日日期是不变的,需求日期越近,紧迫系数越小,表示其优先级越高,则应优先安排。

无限能力计划是指当将工作分配给一个工作中心时,只考虑它需要多少时间,而不直接考虑完成这项工作所需的资源是否有足够的能力,也不考虑在该工作中,每个资源完成这项工作时的实际顺序,通常仅仅检查关键资源,大体上看看是否超出负荷。这里所说的无限能力知识暂时不考虑能力的约束,尽量去平衡和调度能力,发挥最大能力,或增加能力,目的是满足市场需求。

7.6.2　计算流程和步骤

物料需求计划制订物料在各时段的需求计划,最后形成加工单和采购单,分别下达生产车间和采购部门。加工单下达各个加工中心,由物料主文件中物料的加工提前期数据可以计算得到各个工作中心在每一时段的负荷,进而与各个工作中心的已知能力进行比较,形成能力需求计划。

细能力需求计划的分析步骤如图 7.12 所示。收集的数据主要有加工单数据、工作中心数据、工艺路线数据和工厂生产日历数据。加工单是执行物料需求计划后产生的面向工作中心的加工任务书;工作中心的数据涉及每天生产班次、每班小时数、每班人数、设备效率、设备利用率等数据,这些数据在物料需求计划系统中建立工作中心档案时作为已知数据输入系统;工艺路线数据主要有物料加工工序、工作中心和加工时间等;工厂生产日历是企业用于编制生产计划的特殊日历。数据收集完毕后,就要计算各个工作中心的负荷以及能力,对能力和负荷进行比较,并在出现偏差时对能力或负荷进行调整,修改能力或者负荷,最后形成详细能力需求计划,最终的能力需求计划必须满足能力需求。

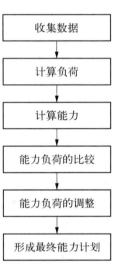

图 7.12　细能力需求计划的分析步骤

7.6.3　计算技术

粗能力计划和细能力计划的过程相似,最主要的区别如下:粗能力计划对其中关键资源进行分析,而细能力计划主要对全部工作中心进行负荷平衡分析,工作中心能力需求的计划更精确。因为计算是基于所有的零件和成品的,并且贯穿于物料需求计划记录的所有周期,我们会发现细能力计划的计算量很大。一些企业在实施物料需求计划时,尽量减少收集数据的费用。细能力计划的计算比较烦琐,为说明其计算过程,用一个例子详细分析。

例 7.4　图 7.13 所示为某产品 A 的物料清单,产品 A 由 2 个组件 B 和 1 个零件 C 构成,组件 B 又由 4 个零件 D 和 2 个零件 E 构成。产品 A 在未来 8 周的主生产计划如表 7.32 所示。假设现在的日期是 8 月 10 日,本例中所有物料均不考虑安全库存。所有物料的批量、现有库存量、计划接受量等数据如表 7.33 所示。

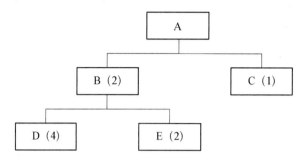

图 7.13   产品 A 的物料清单

表 7.32   产品 A 的主生产计划

参 数	期间/周							
	1	2	3	4	5	6	7	8
计划数量/个	180	200	220	250	200	150	200	160

表 7.33   产品 A 所有物料的批量等数据

物料	批量/个	已有库存/个	在途量/个	提前期/周	到期日
A	100	100	100	1	8 月 12 日
B	200	450	200	1	8 月 19 日
C	200	300	200	1	8 月 19 日
D	600	1 600	600	1	8 月 19 日
E	400	1 000	400	1	8 月 19 日

为简化起见,假设已知所有物料要经过三个工作中心 1、2 和 3,所有物料的工艺路线及相应的准备时间和操作时间如表 7.34 所示。

表 7.34   生产产品 A 所需所有物料的工艺路线和时间数据

物料	工作中心	批量/个	每批准备时间/分钟	每件加工时间/分钟
A	1	100	25	3.0
B	2	200	20	0.5
	1	200	15	0.9
C	3	200	10	1.0
	2	200	20	0.8

（续表）

物料	工作中心	批量/个	每批准备时间/分钟	每件加工时间/分钟
D	3	600	25	0.4
	1	600	20	0.3
	2	600	15	0.5
E	3	400	15	0.4
	2	400	20	0.3
	1	400	10	0.5
	3	400	25	0.6

三个工作中心的可用能力如表 7.35 所示。工作中心的负荷计算如表 7.36 所示。计算物料占用工作中心的负荷时，每件作业时间（即完成该工序的时间）的计算公式为

$$每件作业时间＝每批准备时间／批量＋单件加工时间$$
$$＝单件准备时间＋单件加工时间$$

如计算物料的加工提前期，则还应考虑排队时间和转运时间，即加工提前期为

$$物料的加工提前期＝排队时间＋转运时间＋准备时间＋（加工时间×标准批量）$$

表 7.35　三个工作中心的可用能力

工作中心	可用能力/分钟
1	2 600
2	2 000
3	2 400

表 7.36　三个工作中心的负荷

物料	作业序列	工作中心	批量/个	每批准备时间/分钟	每件准备时间/分钟	每件加工时间/分钟	每件作业时间/分钟	BOM中数量/个	总作业时间/分钟
A	1	1	100	25	0.250	3.0	3.250	1	3.250
B	1	2	200	20	0.100	0.5	0.600	2	1.200
	2	1	200	15	0.075	0.9	0.975	2	1.950
C	1	3	200	10	0.050	1.0	1.050	1	1.050
	2	2	200	20	0.100	0.8	0.900	1	0.900
D	1	3	600	25	0.042	0.4	0.442	8	3.536
	2	1	600	20	0.033	0.3	0.333	8	2.664
	3	2	600	15	0.025	0.5	0.525	8	4.200

（续表）

物料	作业序列	工作中心	批量/个	每批准备时间/分钟	每件准备时间/分钟	每件加工时间/分钟	每件作业时间/分钟	BOM中数量/个	总作业时间/分钟
E	1	3	400	15	0.038	0.4	0.438	4	1.752
	2	2	400	20	0.050	0.3	0.350	4	1.400
	3	1	400	10	0.025	0.5	0.525	4	2.100
	4	3	400	25	0.063	0.6	0.663	4	2.652

三个工作中心的总负荷如表 7.37 所示。

表 7.37　三个工作中心总负荷

工作中心	单件产品 A 的负荷/分钟
1	9.964
2	7.7
3	8.99

将表 7.37 中的结果和表 7.32 中产品 A 的主生产计划相乘即可以得到未来几周每个工作中心的负荷,如表 7.38 所示。

表 7.38　三个工作中心的分时段总负荷　　　　　　（单位：分钟）

工作中心	期间/周							
	1	2	3	4	5	6	7	8
1	1 794.06	1 993.4	2 192.74	2 491.75	1 993.4	1 495.05	1 993.4	1 594.72
2	1 386.00	1 540.00	1 694.00	1 925.00	1 540.00	1 155.00	1 540.00	1 232.00
3	1 616.94	1 796.6	1 976.26	2 245.75	1 796.6	1 347.45	1 796.6	1 691.84

三个工作中心的负荷曲线如图 7.14～图 7.16 所示。

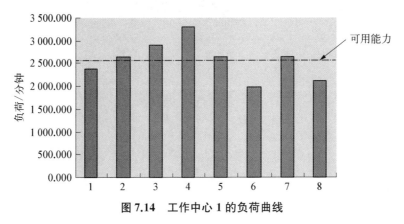

图 7.14　工作中心 1 的负荷曲线

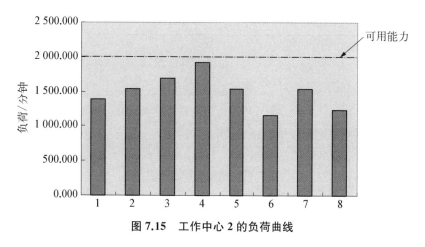

图 7.15　工作中心 2 的负荷曲线

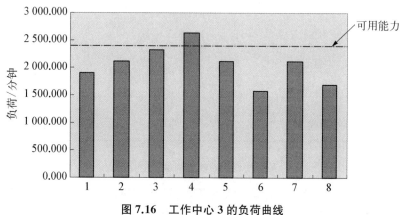

图 7.16　工作中心 3 的负荷曲线

　　粗能力计划建立在主生产计划的基础上,直接根据主生产计划结果对其中关键工作中心进行负荷和能力平衡分析。由图 7.14～图 7.16 可知,主生产计划对应的粗能力计划在某些时段不能满足负荷要求,可以进行适当调整,即将部分超出的负荷调整至低负荷的时段。若要编制全部工作中心的能力需求计划,即细能力计划,则应首先展开得到物料需求计划。几种物料的需求计划如表 7.39～表 7.43 所示,假定最后一期计划订单下达量为批量大小。本例中,假定计划订单投入量是最后一期数值。

表 7.39　物料 A 主生产计划　　　　　　　　　　　　(单位:个)

参　　数	期间/周							
	1	2	3	4	5	6	7	8
毛需求	180	200	220	250	200	150	200	160
在途量	100							
预计可用库存量	20	20	0	50	50	0	0	40
净需求	0	180	200	250	150	100	200	160

（续表）

参　数	期间/周							
	1	2	3	4	5	6	7	8
计划订单产出量		200	200	300	200	100	200	200
计划订单投入量	200	200	300	200	100	200	200	100

表 7.40　物料 B 需求计划　　　　　　（单位：个）

参　数	期间/周							
	1	2	3	4	5	6	7	8
毛需求	400	400	600	400	200	400	400	200
在途量		200						
预计可用库存量	50	250	50	50	50	50	50	250
净需求	0	150	350	350	150	350	350	150
计划订单产出量		400	400	400	200	400	400	400
计划订单投入量	400	400	400	200	400	400	400	200

表 7.41　物料 C 需求计划　　　　　　（单位：个）

参　数	期间/周							
	1	2	3	4	5	6	7	8
毛需求	200	200	300	200	100	200	200	100
在途量	0	200	0	0	0	0	0	0
预计可用库存量	100	100	0	0	100	100	100	0
净需求	0	0	200	200	100	100	100	0
计划订单产出量		0	200	200	200	200	200	0
计划订单投入量	0	200	200	200	200	200	0	200

表 7.42　物料 D 需求计划　　　　　　（单位：个）

参　数	期间/周							
	1	2	3	4	5	6	7	8
毛需求	1 600	1 600	2 400	1 600	800	1 600	1 600	800
在途量		600						
预计可用库存量	0	200	200	400	200	400	0	400

（续表）

参　数	期间/周							
	1	2	3	4	5	6	7	8
净需求	0	1 000	2 200	1 400	400	1 400	1 200	800
计划订单产出量		1 200	2 400	1 800	600	1 800	1 200	1 200
计划订单投入量	1 200	2 400	1 800	600	1 800	1 200	1 200	600

表 7.43　物料 E 需求计划　　　　　　　　（单位：个）

参　数	期间/周							
	1	2	3	4	5	6	7	8
毛需求	800	800	1 200	800	400	800	800	400
在途量		400						
预计可用库存量	200	200	200	200	200	200	200	200
净需求	0	200	1 000	600	200	600	600	200
计划订单产出量	0	400	1 200	800	400	800	800	400
计划订单投入量	400	1 200	800	400	800	800	400	400

　　建立准备时间矩阵和加工时间矩阵，准备时间矩阵如表 7.44 所示，加工时间矩阵如表 7.45 所示。

表 7.44　产品 A 的准备时间　　　　　　　　（单位：分钟）

工作中心	物料	期间/周							
		1	2	3	4	5	6	7	8
工作中心 1	A	50	50	75	50	25	50	50	25
	B	30	30	30	15	30	30	30	15
	D	40	80	60	20	60	40	40	20
	E	10	30	20	10	20	20	10	10
	合计	130	190	185	95	135	140	130	70
工作中心 2	B	40	40	40	20	40	40	40	20
	C	0	20	20	20	20	20	0	20
	D	30	60	45	15	45	30	30	15
	E	20	60	40	20	40	40	20	20
	合计	90	180	145	75	145	130	90	75

（续表）

工作中心	物料	期间/周							
		1	2	3	4	5	6	7	8
工作中心 3	C	0	10	10	10	10	10	0	10
	D	50	100	75	25	75	50	50	25
	E	40	120	80	40	80	80	40	40
	合计	100	230	165	75	165	140	90	75

表 7.45　产品 A 的加工时间　　　　　（单位：分钟）

工作中心	物料	期间/周							
		1	2	3	4	5	6	7	8
工作中心 1	A	600	600	900	600	300	600	600	300
	B	360	360	360	180	360	360	360	180
	D	360	720	540	180	540	360	360	180
	E	200	600	400	200	400	400	200	200
	合计	1 520	2 280	2 200	1 160	1 600	1 720	1 520	860
工作中心 2	B	200	200	200	100	200	200	200	100
	C	0	160	160	160	160	160	0	160
	D	600	1 200	900	300	900	600	600	300
	E	120	360	240	120	240	240	120	120
	合计	920	1 920	1 500	680	1 500	1 200	920	680
工作中心 3	C	0	200	200	200	200	200	0	200
	D	480	960	720	240	720	480	480	240
	E	400	1 200	800	400	800	800	400	400
	合计	880	2 360	1 720	840	1 720	1 480	880	840

综合考虑表 7.44 和表 7.45，可以得到三个工作中心的能力需求，如表 7.46 所示。

表 7.46　三个工作中心的能力需求　　　　　（单位：分钟）

工作中心	物料	期间/周							
		1	2	3	4	5	6	7	8
工作中心 1	ABDE	1 650	2 470	2 385	1 255	1 735	1 860	1 650	930
工作中心 2	BCDE	1 010	2 100	1 645	755	1 645	1 330	1 010	755
工作中心 3	CDE	980	2 590	1 885	915	1 885	1 620	970	915

考虑已经核发的订单,本例中即为在途量,已经核发订单的作业时间如表 7.47 所示。

表 7.47 已核发订单的作业时间

物料	周次	工作中心	已核发量/个	每批准备时间/分钟	每件加工时间/分钟	总加工时间/分钟	总作业时间/分钟
A	1	1	100	25	3.0	300	325
B	1	2	200	20	0.5	100	120
	2	1	200	15	0.9	180	195
C	1	3	200	10	1.0	200	210
	2	2	200	20	0.8	160	180
D	1	1	600	20	0.3	180	200
	2	2	600	15	0.5	300	315
E	1	3	400	15	0.4	160	175
	2	2	400	20	0.3	120	140

计算核发订单所需三个工作中心的能力,如表 7.48 所示。

表 7.48 已核发订单的能力需求 (单位:分钟)

工作中心	物料	周次 1	周次 2
工作中心 1	A、B	525	195
工作中心 2	B、C、E	120	635
工作中心 3	C、E	385	0

综合考虑表 7.32 和表 7.34,得到最终三个工作中心总的能力需求,如表 7.49 所示。可以绘制相应的能力计划,如图 7.17 所示。

表 7.49 三个工作中心总能力需求 (单位:分钟)

工作中心	1	2	3	4	5	6	7	8
工作中心 1	2 175	2 665	2 385	1 255	1 735	1 860	1 650	930
工作中心 2	1 130	2 735	1 645	755	1 645	1 330	1 010	755
工作中心 3	1 205	2 110	1 565	755	1 585	1 300	810	755

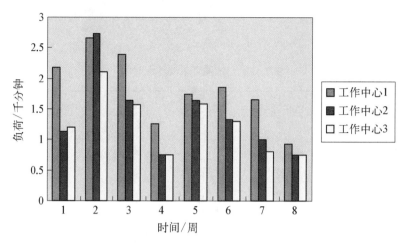

图 7.17　三个工作中心的能力计划

7.7　习题

1. 何为开环的 MRP? 何为闭环的 MRP? 何为 MRPⅡ? 何为 ERP?

2. MRP 实施能否成功受哪些因素的影响? 必须具备哪些条件才能使物料需求计划发挥其功能?

3. 如何理解 MRP 是一个推式的系统?

4. 对经济订货模型中的提前期和 MRP 中的提前期进行比较分析。

5. MRP 适用于制造业的关键是独立需求和相关需求的概念,根据独立需求和相关需求建立物料清单,显示出资源间的关系。依此观点,试问 MRP 可以应用于服务业吗? 如能,举例说明如何建立资源表(bill of resource),如何做计划。

6. 某公司产品的物料清单如表 7.50 所示,表中的物料清单采用单层式表示。各产品未来 10 周的主生产计划如表 7.51 所示。物料的提前期、现有库存量、安全库存量和已订未交量(将于第 1 周入库)数据如表 7.52 所示。试制订未来 10 周详细的物料需求计划。

表 7.50　物 料 清 单 表

父件	子件	所需数量/个
X	A	1
X	B	2
X	C	3
Y	B	1
Y	D	2

（续表）

父件	子件	所需数量/个
Z	A	2
Z	C	1
Z	D	2
A	B	1
A	C	3
B	C	3
B	D	2

表 7.51　主 生 产 计 划　　　　（单位：个）

物料	期间/周									
	1	2	3	4	5	6	7	8	9	10
A	3	3	3	3	3	3	3	3	3	3
B	0	0	0	0	0	0	0	0	0	0
C	0	0	0	0	0	0	0	0	0	0
D	2	2	2	2	2	2	2	2	2	2
X		20					20		20	
Y				30				10		20
Z			20			30				

表 7.52　提前期、现有库存量、安全库存量和已订未交量

物料	提前期/周	现有库存量/个	安全库存量/个	已订未交量/个
A	2	10	50	0
B	1	20	10	0
C	2	15	10	500
D	1	10	5	200
X	2	0	0	0
Y	1	0	0	0
Z	2	0	0	0

7. 某产品 A 有两种类型 A1 和 A2，在第三季度和第四季度的总需求量分别是 2 400 单位和 3 000 单位。其中，A1 需求比为 30%，A2 需求比为 70%。假定每个季度的每个月的需求呈平均分布。A1 由一个 B 和一个 C 构成，A2 由一个 B 和一个 D 构成。A1 和 A2

的提前期均为 1 个月,B 的提前期为 3 个月,C 和 D 的提前期为 1 个月。MRP 系统按月运行,目前,A1 的库存量是 200,A2 的库存量是 100。同时,B 的库存量是 250,C 的库存量是 50,D 的库存量是 125。批量用按需确定批量法确定。试编制详细的物料需求计划。

第 *8* 章

车间作业计划与控制

当物料需求计划已执行,并且能力需求计划核准后确认生产能力满足负荷的要求时,就应根据物料的特性生成生产作业计划和采购计划,其中的生产作业计划以订单的形式下达生产车间。生产作业控制在整个生产计划和控制系统中是将物料需求计划的结果转变成可执行的作业活动,包括订单的核准、订单的排序、订单的调度、等候线的管理和车间的控制等活动。在订单执行的过程中,还必须对订单执行中的状态进行跟踪,包括订单的各种例外报告,以保证订单按期按量完成。本章主要包括以下几个部分: ① 车间作业计划与控制的基本概念;② 车间作业排序;③ 作业调度;④ 车间作业控制。

8.1 基本概念

第 1 章介绍了生产方式和生产过程的组织,其中生产流程有流线式、零工式制造和定位式三种,流线式又分为连续式、专一重复式、批量生产、混线生产四种形式。其中,零工式制造、专一重复式、批量生产和混线生产都是制造装配型。流线式的生产重视的是长期的计划,车间的作业计划和控制功能较弱,定位式生产的计划和控制将在第 10 章中介绍,本章所介绍的车间作业计划和控制是针对制造装配型的生产。

8.1.1 基本架构和目标

1) 基本架构

车间作业控制活动是物料需求计划的执行层次,包括订单的排序、等候线的管理、输入/输出的控制、订单的调度、生产活动控制及反馈等,其结果要反馈至物料需求计划及细能力计划层次,以对物料需求计划和细能力计划进行修改。车间作业计划与控制的基本架构如图 8.1 所示。

2) 目标

车间作业计划(scheduling)是安排零部件(作业、活动)的出产数量、设备及人工使用、投入时间及产出时间。生产控制是以生产计划和作业计划为依据,检查、落实计划执行情况,发现偏差即采取纠正措施,保证实现各项计划目标。制订车间作业计划和进行车间作业控制,可以使企业实现如下目标:

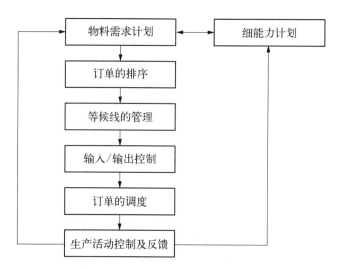

图 8.1　车间作业计划与控制的基本架构

(1) 满足交货期要求。

(2) 使在制品库存最小。

(3) 使平均流程时间最小。

(4) 提供准确的作业状态信息。

(5) 提高机器/工人的时间利用率。

(6) 减少调整准备时间。

(7) 使生产和人工成本最低。

8.1.2　典型功能

为保证在规定的提前期内提交满足顾客要求的产品,在生产订单下达车间时,必须分配订单、设备和人员到各工作中心或其他规定的地方。典型的生产作业排序和控制的功能包括以下几种:① 决定订单顺序(priority),即建立订单优先级,通常称为排序;② 对已排序作业开始安排生产,通常称为调度(dispatch),调度的结果是形成调度单并分别下发给各个工作中心;③ 输入/输出(input/output)的车间作业控制。车间的控制功能主要包括以下几种:① 在作业进行过程中,检查其状态和控制作业的速度;② 加快为期已晚的作业和关键的作业。

车间作业计划与控制是由车间作业计划员来完成的,作业计划员的决策取决于以下因素:每个作业的方式和规定的工艺顺序要求、每个工作中心上现有作业的状态、每个工作中心前作业的排队情况、作业优先级、物料的可得性、当天较晚发布的作业订单、工作中心资源的能力。

8.1.3　影响因素

生产计划制订后将生产订单以加工单形式下达车间,加工单面向的是工作中心。对于物料或零组件来讲,有的经过单个工作中心,有的经过两个工作中心,有的甚至可能经过三个或三个以上的工作中心。经过的工作中心复杂程度不一,直接决定了作业计划和控制的难易程度。这种影响因素还有很多,在作业计划和控制过程中通常要综合考虑下列因素的影响:① 作业到达的方式;② 车间内机器的数量;③ 车间拥有的人力资源;④ 作业移动方式;⑤ 作业的工艺路线;⑥ 作业在各个工作中心上的加工时间和准备时间;⑦ 作业的交货期;⑧ 批量的大小;⑨ 不同的调度准则以及评价目标。

8.1.4　信息源及基本术语

车间作业计划和控制主要来自车间计划文件和控制文件。计划文件主要包括以下几方面:① 项目主文件,用来记录全部有关零件的信息;② 工艺路线文件,用来记录生产零件的加工顺序;③ 工作中心文件,用来记录工作中心数据。其中控制文件主要包括以下几方面:① 车间任务主文件,为每个生产中的任务提供一条记录;② 车间任务详细文件,记载完成每个车间任务所需工序;③ 从工作人员处得到的信息。除了了解车间作业计划和控制的信息源外,还要了解相关的术语,下面简单介绍一些常用术语。

1) 加工单

加工单(work order),有时候也称车间订单(shop order),是一种面向加工作业说明物料需求计划的文件,可以跨车间甚至厂际协作。加工单的格式与工艺路线报表相似,加工单要反映出需要经过哪些加工工序(工艺路线),需要什么工具、材料、能力的提前期。加工单的形成必须首要确定工具、材料、能力和提前期的可用性,解决工具、材料、能力和提前期可能出现的短缺问题。加工单形成后要下达,同时发放工具、材料和任务的有关文件给车间。

2) 派工单

派工单(dispatch list),有时也称调度单,是一种面向工作中心说明加工优先级的文件,说明工作在一周或一个时期内要完成的生产任务。说明哪些工作已经达到,正在排队,应当在什么时间开始加工,什么时间完成,加工单的需用日期是哪天,计划加工时数是多少,完成后又应传给哪道工序。说明哪些作业即将达到,什么时间到,从哪里来。根据派工单,车间调度员、工作中心操作员就对目前和即将到达的任务一目了然。

3) 工作中心特征和重要性

工作中心是生产车间中的一个单元,在这个单元中,组织生产资源来完成工作。工作中心可以是一台机器、一组机器或完成某一类型工作的一个区域。这些工作中心可以按工艺专业化的一般作业车间组织,或者按产品流程、装配线、成组技术单元结构进行组织。在工艺专业化情况下,作业需按规定路线在各个按功能组织的工作中心之间移动。作业排序涉及决定作业加工顺序以及分配相应的机器来加工作业。一个作业排序系统区别于另一个作业排序系统的特征是在进行作业排序时如何考虑生产能力。

4) 有限负荷方法和无限负荷方法

无限负荷指的是当将工作分配给一个工作中心时,只考虑它需要多少时间,而不直接考虑完成这项工作所需的资源是否有足够的能力,也不考虑在该工作中,每个资源完成这项工作时的实际顺序。通常仅检查一下关键资源,大体上看其是否超负荷。判定方法是根据各种作业顺序下的调整和加工时间标准,计算出一段时间内所需的工作量。

有限负荷实际上是用每一订单所需的调整时间和运行时间对每一种资源进行详细计划。提前期由期望作业时间(调整和运行时间)加上由材料运输和等待订单执行引起的期望排队延期时间而估算出。从理论上讲,当运用有限负荷时,所有的计划都是可行的。

5)前向排序和后向排序

区分作业排序的另一个特征是基于前向排序还是后向排序。在前向排序和后向排序中,最常用的是前向排序。前向排序指的是系统接受一个订单后对订单所需作业按从前向后的顺序进行排序,前向排序系统能力告诉我们订单能完成的最早日期。后向排序是从未来的某个日期(可能是一个约定交货日期)开始,按从后向前的顺序对所需作业进行排序。后向排序告诉我们为了按规定日期完成,一个作业必须开始的最晚时间。

8.2　车间作业排序

8.2.1　排序的目标

当执行物料需求计划生成生产订单并下达生产车间后,须将众多不同的工作按一定顺序安排到机器设备上,以使生产效率最高。在某机器上或某工作中心决定哪个作业首先开始工作的过程称为排序或优先调度排序。在进行作业排序时,需用到优先调度规则。这些规则可能很简单,仅需根据一种数据信息对作业进行排序。这些数据可以是加工时间、交货期货到达的顺序。

作业排序的目标是使完成所有工作的总时间最少,也可以是平均每项作业的流程延迟时间最少,或平均流程时间最少。除了总时间最少的目标外,还可以用其他目标来排序。车间作业排序通常存在以下目标:① 满足顾客或下一道作业的交货期;② 极小化流程时间(作业在工序中所耗费的时间);③ 极小化准备时间或成本;④ 极小化在制品库存;⑤ 极大化设备或劳动力的利用。最后一个目标是有争议的,因为仅仅依靠保持所有设备/员工处于繁忙的状态可能不是在工序中管理生产的最有效方法。

8.2.2　排序和计划的关系

编制作业计划(scheduling)与排序(sequencing)不是同义词。编制作业计划是安排零部件(作业、活动)的出产数量、设备及人工使用、投入时间及出产时间,而排序只是确定作业在机器上的加工顺序。可以通过一组作业代号的一种排列来表示该组作业的加工顺序。编制作业计划则不仅包括确定作业的加工顺序,而且包括确定机器加工每个作业的开始时间和完成时间。因此,只有作业计划才能指导每个工人的生产活动。

编制作业计划与排序的概念和目的都是不同的,但是,编制作业计划的主要工作之一就是要确定最佳的作业顺序。而且,在通常情况下都是按最早可能的开(完)工时间来编排作业计划。因此,当作业的加工顺序确定之后,作业计划也就确定了。所以,人们常常不加区别地使用"排序"与"编制作业计划"。

确定最佳的作业顺序看似容易,只要列出所有的顺序,然后再从中挑出最好的就可以了,但要实现这种想法几乎是不可能的。例如,考虑 32 项任务(作业),有 32!种方案,假定计算机每秒可以检查 10 亿个顺序,则全部检验完毕需要 8.4×10^{15} 个世纪。如果只有 16 项作业,同样按每秒可以检查 10 亿个顺序计算,也需要 2～3 年。以上问题还没有考虑其他的约束条件,如机器、人力资源、厂房场地等。如果加上这些约束条件,所需要的时间就无法想象了。所以,很有必要寻找一些有效算法,解决管理中的实际问题。

8.2.3 排序问题的分类与表示法

作业的排序问题可以有多种分类方法,如按机器的种类和数量,可以分为单台机器排序问题和多台机器排序问题;按加工路线的特征,可以分为单件车间排序问题和流水车间排序问题;按作业到达车间情况的不同,可以分为静态排序问题和动态排序问题;按目标函数,可以分为平均流程时间最短或误期完工的作业数最少;按参数的性质,可以分为确定型排序问题与随机型排序问题;按实现的目标,可以分为单目标排序和多目标排序。排序问题必须建立合适的模型,Conway 等提出了排序问题的通用模型,即任何排序问题都可以用此模型描述,该模型是 $n/m/A/B$,其中 n 表示作业数量,n 必须大于 2,否则不存在排序问题;m 表示机器数量,m 等于 1 为单台机器的排序问题,m 大于 1 则为多台机器的排序问题;A 表示车间类型(F 表示流水车间排序,P 表示流水车间排序问题,G 表示单件车间);B 为目标函数,目标函数可以是单目标,也可以是多目标,即 8.1.1 节中列出的目标。

8.2.4 n 个作业单台工作中心的排序

当 n 个作业全部经由一台机器处理时,排序问题属于 n 个作业单台工作中心的排序问题,即 $n/1$ 问题,这里的作业可以理解为到达工作中心的工件。排序模型如图 8.2 所示,图中,$J_i(i=1,2,\cdots,n)$ 表示作业。

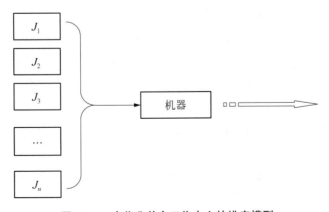

图 8.2 n 个作业单台工作中心的排序模型

n 个作业单台工作中心的排序目标通常有以下两种。

(1) 平均流程时间最短。平均流程时间即 n 个作业经由一台机器的平均流程时间。

若已排定顺序,则对于任何一个作业,假设排在第 k 位,其流程时间 $F_k = \sum_{i=1}^{k} p_i$,其中 p_i

表示作业 i 的加工时间。总的流程时间为 $\sum_{k=1}^{n} F_k$,全部作业的平均流程时间为

$$\overline{F} = \frac{\sum_{k=1}^{n} F_k}{n} = \frac{\sum_{k=1}^{n} \sum_{i=1}^{k} p_i}{n} = \frac{\sum_{i=1}^{n} (n-i+1) p_i}{n} \tag{8.1}$$

相应目标函数为 $\min \overline{F}$,即式(8.1)中的分子最小,故 $\min \overline{F}$ 可以写为

$$\min \overline{F} = \min[n p_1 + (n-1) p_2 + (n-3) p_3 + \cdots + 2 p_{n-1} + p_n] \tag{8.2}$$

(2) 最大延迟时间、总延迟时间(或平均延迟时间)最小。单个工作中心的延迟时间为 T_i,如果以最大延迟时间最小为目标,则其目标函数为

$$\min T_{\max} = \min \max\{T_i\} \qquad i = 1, 2, \cdots, n$$

若以总延迟时间最小为目标,则目标函数为

$$\min \sum_{i=1}^{n} T_i \qquad i = 1, 2, \cdots, n$$

进行作业排序,需利用优先调度规则,这些规则比较适用于以工艺专业化为导向的场所。优先规则通常以定量的数值来描述,常用的排序规则有以下几种:

(1) 先到先服务(first come first served, FCFS)。根据订单到达工作中心的先后顺序来执行加工作业,先来的先加工。在服务业,通常利用这种规则以满足顾客的要求,有时这种规则的实施要利用一些排队论的方法来配合。与此类似的还有后到先服务(last come first served, LCFS)规则。

(2) 最短作业时间(shortest operation time, SOT)。所需加工时间最短的作业首先进行,然后是加工时间第二短的,即按照作业时间的反向顺序来安排订单。SOT 规则也可称为最短加工时间(shortest processing time, SPT)规则。

通常在所有的作业排序规则当中,最短加工时间规则是经常使用的规则,它可以获得最低的在制品数量、最小的平均工作完成时间以及最低的工作平均延迟时间。

(3) 剩余松弛时间(slack time remained, STR)。剩余松弛时间是交货期前剩余的时间减去剩余的总加工时间所得的差值,剩余松弛时间值越小,越有可能拖期,故 STR 最短的任务最先进行加工。

(4) 每个作业的剩余松弛时间(STR/OP)。STR 表示剩余松弛时间,OP 表示作业的数量,则 STR/OP 表示平均每个作业的剩余时间,这种规则不常用,因为该规则计算的每个作业的剩余松弛时间只是一个平均的松弛时间,而每个作业的剩余松弛时间应该是不

同的。

（5）最早交货期(earliest due date,EDD)。根据订单交货期的先后顺序安排订单，即交货期最早的订单最早加工，将交货期最早的作业放在第一个进行。这种方法在作业时间相同时往往效果非常好。

（6）紧迫系数(critical ratio,CR)。紧迫系数是交货期减去当前日期后除以剩余的工作日数，即

$$CR = \frac{\text{到期日} - \text{现在的日期}}{\text{正常制造所剩余的提前期}} \tag{8.3}$$

CR 的值有如下几种情况：

① CR＝负值，说明已经脱期；

② CR＝1，说明剩余时间刚好够用；

③ CR＞1，说明剩余时间有富裕；

④ CR＜1，说明剩余时间不够。

需要说明的是，当一个作业完成后，其余作业的 CR 值会有变化，应随时调整。紧迫系数越小，其优先级越高，故紧迫系数最小的任务先进行加工。

（7）最少作业数(fewest operations,FO)。订单根据剩余作业数优先安排，该规则的逻辑是较少作业意味着有较少的等待时间，该规则的平均在制品少，制造提前期和平均延迟时间均较小。

（8）后到先服务(last come first served,LCFS)。该规则经常作为缺省规则使用。因为后来的工单放在先来的上面，操作人员通常是先加工上面的工单。

上述排序规则适用于若干作业在一个工作中心上的排序，这类问题称为"n 个作业单台工作中心的问题"或"$n/1$ 问题"。理论上，排序问题的难度随着工作中心数量的增加而增大，而不是随着作业数量的增加而增大，对 n 的约束是其必须是确定的有限数。下面以例 8.1 说明上述排序规则。

例 8.1　现有 5 个订单需要在一台机器上加工，5 个订单到达的顺序为 A、B、C、D、E，相关数据如表 8.1 所示。

表 8.1　5 个订单的原始数据

订单	交货期/天	加工时间/天	剩余的制造提前期/天	作业数
A	7	1	5	5
B	5	2.5	6	3
C	6	4.5	6	4
D	8	5	7	2
E	9	2	11	1

分析：分别采用先到先服务(FCFS)规则、最短作业时间(SOT)规则、最早交货期(EDD)规则、剩余松弛时间(STR)规则、每个作业的剩余松弛时间(STR/OP)规则、紧迫系数(CR)规则、最少作业数(FO)规则进行排序，并对排序的结果进行比较分析。

(1) 先到先服务。订单按照到达的先后顺序决定优序，到达的顺序为 A、B、C、D、E，则总的流程时间为 1+3.5+8+13+15=40.5(天)，平均流程时间为 40.5/5=8.1(天)，如表 8.2 所示。

表 8.2　先到先服务的计算结果

订单	交货期/天	加工时间/天	作业数	流程时间/天	延迟时间/天
A	7	1	5	0+1=1	−6
B	5	2.5	3	1+2.5=3.5	−1.5
C	6	4.5	4	3.5+4.5=8	2
D	8	5	2	8+5=13	5
E	9	2	1	13+2=15	6

将每个订单的交货日期与其流程时间相比较，发现只有 A 和 B 订单能按时交货。订单 C、D 和 E 将会延期交货，表 8.2 中延迟时间为负的表示不会延迟，三个订单的延期时间分别为 2 天、5 天和 6 天。总的延迟时间为 2+5+6=13(天)，每个订单的平均延迟时间为 13/5=2.6(天)。

(2) 最短作业时间。订单加工顺序为 A、E、B、C、D。总的流程时间为 1+3+5.5+10+15=34.5(天)。平均流程时间为 34.5/5=6.9(天)。A 和 E 将准时完成，订单 B、C 和 D 将延迟，延迟时间分别是 0.5 天、4 天和 7 天。总的延迟时间为 0+0+0.5+4+7=11.5(天)，每个订单平均延迟时间为 11.5/5=2.3(天)。计算结果如表 8.3 所示。

表 8.3　最短作业时间的计算结果

订单顺序	交货期/天	加工时间/天	作业数	流程时间/天	延迟时间/天
A	7	1	5	0+1=1	−6
E	9	2	1	1+2=3	−6
B	5	2.5	3	3+2.5=5.5	0.5
C	6	4.5	4	5.5+4.5=10	4
D	8	5	2	10+5=15	7

(3) 最早交货期。订单加工顺序为 B、C、A、D、E。只有订单 B 按期完成，总的流程时间为 2.5+7+8+13+15=45.5(天)，平均流程时间为 45.5/5=9.1(天)。订单 B 按期完成，订单 C、A、D 和 E 将延迟，延迟时间分别为 1 天、1 天、5 天和 6 天。总的延迟时间为

0＋1＋1＋5＋6＝13（天），平均延迟时间为 13/5＝2.6（天）。计算结果如表 8.4 所示。

表 8.4 最早交货期的计算结果

订单顺序	交货期/天	加工时间/天	作业数	流程时间/天	延迟时间/天
B	5	2.5	2	0＋2.5＝2.5	－2.5
C	6	4.5	3	2.5＋4.5＝7	1
A	7	1	5	7＋1＝8	1
D	8	5	4	8＋5＝13	5
E	9	2	1	13＋2＝15	6

（4）剩余松弛时间。订单加工顺序为 C、B、D、A、E。只有订单 C 按期完成，总的流程时间为 4.5＋7＋12＋13＋15＝51.5（天），平均流程时间为 51.5/5＝10.3（天）。订单 B、D、A 和 E 将延迟，延迟时间分别为 2 天、4 天、6 天和 6 天。总的延迟时间为 0＋2＋4＋6＋6＝18（天），平均延迟时间为 18/5＝3.6（天）。计算结果如表 8.5 所示。

表 8.5 剩余松弛时间的计算结果

订单顺序	交货期/天	加工时间/天	松弛时间/天	流程时间/天	延迟时间/天
C	6	4.5	1.5	4.5＋0＝4.5	－1.5
B	5	2.5	2.5	4.5＋2.5＝7	2
D	8	5	3	7＋5＝12	4
A	7	1	6	12＋1＝13	6
E	9	2	7	13＋2＝15	6

（5）每个作业的剩余松弛时间。订单加工顺序为 C、D、A、B、E。只有订单 C 按期完成，总的流程时间为 4.5＋7＋8＋13＋15＝47.5（天），平均流程时间为 47.5/5＝9.5（天）。订单 B、A、D 和 E 将延迟，延迟时间分别为 2 天、1 天、5 天和 6 天。总的延迟时间为 0＋2＋1＋5＋6＝14（天），平均延迟时间为 14/5＝2.8（天）。计算结果如表 8.6 所示。

表 8.6 每个作业剩余松弛时间的计算结果

订单顺序	加工时间/天	交货期/天	作业数	松弛时间/天	每个作业剩余松弛时间/天	流程时间/天	延迟时间/天
C	4.5	6	4	1.5	0.375	4.5＋0＝4.5	－1.5
B	2.5	5	3	2.5	0.83	4.5＋2.5＝7	2
A	1	7	5	6	1.2	7＋1＝8	1

(续表)

订单顺序	加工时间/天	交货期/天	作业数	松弛时间/天	每个作业剩余松弛时间/天	流程时间/天	延迟时间/天
D	5	8	2	3	1.5	8+5=13	5
E	2	9	1	7	7	13+2=15	6

(6) 紧迫系数。订单顺序为 E、B、C、D、A。总的流程时间为 2+4.5+9+14+15＝44.5(天)，平均流程时间为 44.5/5＝8.9(天)。订单 E 和 B 能按期完成，订单 C、D 和 A 的延期时间分别为 3 天、6 天和 8 天，总的延迟时间为 0+0+3+6+8＝17(天)，平均延迟时间为 17/5＝3.4(天)。计算结果如表 8.7 所示。

表 8.7 紧迫系数的计算结果

订单顺序	交货期/天	加工时间/天	剩余的制造提前期/天	紧迫系数	流程时间/天	延迟时间/天
E	9	2	11	0.82	0+2=2	−7
B	5	2.5	6	0.83	2+2.5=4.5	−0.5
C	6	4.5	6	1.00	4.5+4.5=9	3
D	8	5	7	1.14	9+5=14	6
A	7	1	5	1.40	14+1=15	8

(7) 最少作业数。订单加工顺序为 E、D、B、C、A。只有订单 E 和 D 能按期完成，总的流程时间为 2+7+9.5+14+15＝47.5(天)，平均流程时间为 47.5/5＝9.5(天)。订单 B、C、A 将延迟，延迟时间分别为 4.5 天、8 天、8 天，总的延迟时间为 0+0+4.5+8+8＝20.5(天)，平均延迟时间为 20.5/5＝4.1(天)。计算结果如表 8.8 所示。

表 8.8 最少作业数的计算结果

订单顺序	加工时间/天	交货期/天	作业数	流程时间/天	延迟时间/天
E	2	9	1	0+2=2	−7
D	5	8	2	2+5=7	−1
B	2.5	5	3	7+2.5=9.5	4.5
C	4.5	6	4	9.5+4.5=14	8
A	1	7	5	14+1=15	8

上述七大规则的排序结果对比如表 8.9 所示。

表 8.9　七种规则的排序结果对比

排序规则	订单顺序	平均流程时间/天	平均延迟时间/天
LCLS	A、B、C、D、E	8.1	2.6
SOT	A、E、B、C、D	6.9	2.3
EDD	B、C、A、D、E	9.1	2.6
STR	C、B、D、A、E	10.3	3.6
STR/OP	C、D、A、B、E	9.5	2.8
CR	E、B、C、D、A	8.9	3.4
FO	E、D、B、C、A	9.5	4.1

由表 8.9 可知,采用最短作业时间规则进行排序所获得的结果最好,对于"$n/1$"排序问题,无论是采用例 8.1 中的评价指标还是采用其他指标(如等待时间最小等),最短作业时间都能获得最佳的方案,所以,该规则被称为"在整个排序学科中最重要的概念"。

当然,最终采取什么排序方式,将取决于决策部门的目标是什么,通常的目标有满足顾客或下一道工序作业的交货期、平均延迟的订单数最少、极小化流程时间(作业在工序中所耗费的时间)、极小化在制品库存、延迟时间极小化、极小化设备和工人的闲置时间。这些目标也不是绝对的,因为有的订单可能强调交货期,而有的订单可能对交货期的要求不严格,有的则可能强调设备的利用率等。完成这些排序的目标还必须取决于设备以及人员的柔性,而获得这种柔性则与作业方法的改善、设施规划、缩短作业交换期、多能工的训练、制造单元技术、群组技术等相关。

8.2.5　n 个作业两台工作中心排序

1) $n/2$ 排序问题的模型

设有 n 个作业,加工过程经过 2 个工作中心 A 和 B,并且所有作业的加工顺序都是先经过工作中心 A,再到工作中心 B,这种问题称为"$n/2$"排序问题,可以用约翰逊(Johnson)规则或方法来排序。"$n/2$"排序问题的模型如图 8.3 所示。

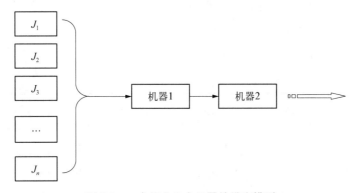

图 8.3　n 个作业 2 台机器的排序模型

2) $n/2$ 排序问题的描述

约翰逊规则是约翰逊于 1954 年提出的,其目的是极小化从第一个作业开始到最后一个作业为止的全部流程时间。约翰逊规则可以描述如下:设 $p_{ij}(i=1,2,\cdots,n;j=1,2)$ 表示第 i 个作业在第 j 个机器上的加工时间,在所有的 $p_{ij}(i=1,2,\cdots,n;j=1,2)$ 中,取最小值。如果 $j=1$,即表示该作业在机器 1 上的加工时间,即最短的作业来自第 1 个工作中心,则应首先加工该作业,排序时排在最优;如果 $j=2$,则排序时该作业放在后面,该作业删除后,再重复上述步骤,直至所有作业排完为止。如果出现最小值相同的情况,则任意排,即既可以尽量往前排,又可以尽量往后排。

3) $n/2$ 排序问题的目标

n 个作业在两台机器上排序的目标是使最大完成时间(总加工周期)F_{max} 最短。多台机器排序的目标一般也是使最大完成时间(总加工周期)F_{max} 最短。可以将"$n/2$"排序问题用图 8.4 所示的甘特图描述,在图 8.4 中,可以很清楚地看出 F_{max} 的构成。

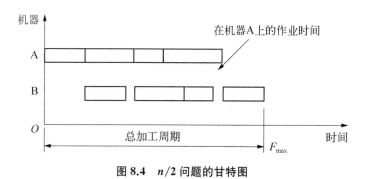

图 8.4 $n/2$ 问题的甘特图

例 8.2   现有 5 个订单,每个订单在两台工作中心上的作业时间如表 8.10 所示。

表 8.10   五个订单在两台工作中心上的作业时间

订单	在工作中心 1 上的作业时间/天	在工作中心 2 上的作业时间/天
1	4	3
2	1	2
3	5	4
4	2	3
5	5	6

分析:如表 8.10 所示,$p_{11}=4$,$p_{12}=3$,$p_{21}=1$,$p_{22}=2$,$p_{31}=5$,$p_{32}=4$,$p_{41}=2$,$p_{42}=3$,$p_{51}=5$,$p_{52}=6$。从上述 10 个时间值中找最小值 $p_{21}=1$,因为 $i=2,j=1$,则作业 2 排在最前面,然后将该作业从表中划掉。在剩下的 4 个作业中,最小值为 $p_{41}=2$,因为 $i=4,j=1$,则作业 4 尽量往前排,故排在作业 2 的后面。同样,将作业从表中划掉,此时,从

作业 1、3 和 5 中找最小值,即 $p_{12}=3$,因为 $i=1,j=2$,故作业 1 尽量往后排,应排在最后面。依次类推,最后得到的排序结果为 2、4、5、3、1。过程如表 8.11 所示。对应的甘特图如图 8.5 所示。由图 8.5 可知,机器 1 无闲置时间(一定是这样的),机器 2 的闲置时间为 2 天。总的完成时间为 21 天。

表 8.11　排序过程和结果

步骤	p_{ij} 最小值	排 序 结 果
1	$p_{21}=1$	2 、___ 、___ 、___ 、___
2	$p_{41}=2$	2 、4 、___ 、___ 、___
3	$p_{12}=3$	2 、4 、___ 、___ 、1
4	$p_{32}=4$	2 、4 、___ 、3 、1
5	$p_{51}=5$	2 、4 、5 、3 、1

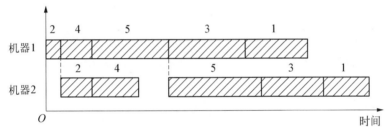

图 8.5　例 8.2 对应的甘特图

对于 n 个作业在两台机器上的排序,须注意下列问题:

(1) 第一台机器为连续安排作业,无需等待时间,故闲置时间为零。

(2) 第一台机器的排序与第二台机器的排序结果相同,显而易见,如果第二台机器的排序与第一台机器的排序不一样,则势必会造成等待时间的增加,从而不能保证总的完成时间最小。

(3) 第二台机器的闲置时间是造成总时间增加的唯一因素,应尽量缩短这种闲置浪费时间。

(4) 最小所有作业完成总时间有时不一定是唯一的排序结果,如果在排序时出现最小时间值相同的两个作业,则可任意选择一种进行排序,这样就会有不同的排序结果。

4) 两台机器排序问题算法的扩展

一般情况下,当机器数为 3 台以上时,就很难找到最优解了。但是,对于 n 个作业由 3 台机器流水作业时,即 n 个作业均按相同次序经过机器 1、2 和 3,在满足某些条件后可以采用约翰逊规则解决问题。

设有 3 台机器 A、B、C,如果作业在 3 台机器上的加工时间满足以下条件,则可以转化

为 2 台机器的排序问题,即

$$\min\{p_{i1}\} \geqslant \max\{p_{i2}\} \tag{8.4}$$

或者

$$\min\{p_{i3}\} \geqslant \max\{p_{i2}\} \tag{8.5}$$

式中,p_{i1}、p_{i2}、p_{i3} 表示任何第 i 项作业在机器 1、2 及 3 上的加工时间。式(8.4)和式(8.5)表示 n 项作业在机器 2 上的最大加工时间比在机器 1 或机器 3 上的最小加工时间少或相等,两者有一即可,所以可以定义

$$p'_{i1} = p_{i1} + p_{i2} \tag{8.6}$$

$$p'_{i2} = p_{i2} + p_{i3} \tag{8.7}$$

将 p'_{i1} 和 p'_{i2} 看成两台机器上第 i 个作业的加工时间,然后再用约翰逊规则来排序。

例 8.3 有 5 个作业需要在机器 A、B、C 上加工,所有作业均按照 A、B、C 的加工次序,加工时间如表 8.12 所示。试确定最短的作业排序。

表 8.12　5 个作业在 3 台机器上的作业时间　　　　　　　　　(单位:天)

作业	机器 A	机器 B	机器 C
1	4	5	8
2	9	6	10
3	8	2	6
4	6	4	7
5	8	4	11

解: 由表 8.12 可知 $\min\{p_{i1}\} = 4$,$\min\{p_{i3}\} = 6$,$\max\{p_{i2}\} = 6$,满足 $\min\{p_{i3}\} \geqslant \max\{p_{i2}\}$ 的条件,故可进行合并,并利用约翰逊规则进行排序。首先进行合并,合并的结果如表 8.13 所示。

表 8.13　合并后的时间　　　　　　　　　(单位:天)

作业	机器 A'(p'_{i1})	机器 B'(p'_{i2})
1	9	13
2	15	16
3	10	8
4	10	11
5	12	15

用约翰逊规则进行排序,最后得到的排序结果为 1、4、5、2、3,如表 8.14 所示。对应的甘特图如图 8.6 所示,总的完成时间为 51 天,其中机器 A 的利用率为 100%,机器 B 的闲

置时间为 12 天,机器 C 的闲置时间为 0 天。

表 8.14 排 序 结 果

步骤	p'_{ij} 最小值/天	排 序 结 果
1	$p'_{32} = 8$	___ 、___ 、___ 、___ 、3
2	$p'_{11} = 9$	1 、___ 、___ 、___ 、3
3	$p'_{41} = 10$	1 、4 、___ 、___ 、3
4	$p'_{51} = 12$	1 、4 、5 、___ 、3
5	$p'_{21} = 15$	1 、4 、5 、2 、3

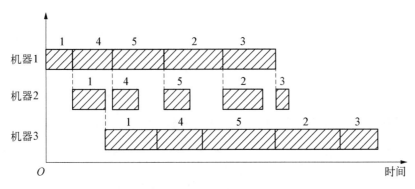

图 8.6 例 8.3 对应的甘特图

8.2.6 n 个作业 m 台工作中心排序

如果 n 个作业需要在 m 台机器上加工,这就是"n/m"排序问题,这种车间作业相对比较复杂,排序的计算量非常大,此时,必须借助计算机,利用一定数学算法编制程序进行排序。算法有很多,本章拟介绍一种整数规划方法。利用整数规划进行排序,首先要建立数学模型,建立数学模型时要考虑几个约束条件。第一个约束条件就是考虑每个作业在机器上的作业次序。例如,对于第 i 个作业,如果需要先在第 j 个机器上加工,然后再到第 k 个机器上,则应满足如下约束条件:

$$t_{ik} \geqslant t_{ij} + p_{ij} \qquad i = 1, 2, \cdots, n \tag{8.8}$$

式中,t_{ij} 表示第 i 个作业在第 j 个机器上的开始加工时间;p_{ij} 表示加工时间。所有作业都必须满足这个约束条件,该约束条件共有 $n(m-1)$ 个乘法。第二个约束条件是保证某一作业没有完成之前,不要插入其他作业,这里需要引入整数变量 x_{ir},该变量取值如下:

$$x_{ir} = \begin{cases} 0, & \text{表示 } i \text{ 作业应在 } r \text{ 作业后面} \\ 1, & \text{表示 } i \text{ 作业应在 } r \text{ 作业前面} \end{cases} \tag{8.9}$$

若 $x_{ir}=1$,则第 i 个作业先做,此时必须满足约束条件:

$$t_{rj}-t_{ij}\geqslant p_{ij}\qquad j=1,2,\cdots,m \qquad (8.10)$$

即保证第 r 个作业开始时间至少等待第 i 个作业完成后。若 $x_{ir}=0$,则第 r 个作业先做,此时,应满足以下约束条件:

$$t_{ij}-t_{rj}\geqslant p_{rj}\qquad j=1,2,\cdots,m \qquad (8.11)$$

式(8.10)和式(8.11)共有 $n(n-1)m$ 个乘法。第三个约束条件是保证所有作业完成总时间必须大于或等于最后一个作业的开始时间与加工时间之和。即

$$F\geqslant t_{ij}+p_{ij}\qquad i=1,2,\cdots,n;j=1,2,\cdots,m \qquad (8.12)$$

式(8.12)中, F 为完成所有作业的总时间。该式共有乘法 nm 个,目标函数为

$$\min F \qquad (8.13)$$

式(8.10)～式(8.12)共有约束条件 $n(nm+m-1)$ 个,变量 $2nm+1$ 个,还应该考虑变量的非负性限制约束条件。

8.2.7　指派法

　　前面介绍的几种排序问题都是各个作业按照一定的次序在所有工作中心上完成加工,各个作业不是同时开始,有些情况下车间有足够数量合适的工作中心,这样所有的作业都可以在同一时间开始进行。对于这样的排序问题,问题的关键不在于哪个作业最先进行,而是将哪个作业指派给哪个工作中心,以使排序最佳。所以,对于 n 个作业来讲,因为是同时进行,其排序问题就是" n 个作业 n 台工作中心排序"。可以使用指派法对" n/n "排序问题进行排序,指派法是线性规划中运输方法的一个特例,其目的是极小化或极大化某些效率指标。指派方法比较适合解决具有如下特征的问题:① 有 n 个"事项"要分配到 n 个"目的地";② 每个事项必须派给一个而且是唯一的目的地;③ 只能用一个标准(如最小成本、最大利润或最少完成时间等)。

　　指派法用于" n/n "排序问题的具体步骤如下:

　　(1) 将每行中的数减去该行中的最小数(这将会使每行中至少有一个 0)。

　　(2) 将每列中的各个数量减去该列中的最小数(这将会使每列中至少有一个 0)。

　　(3) 判断覆盖所有 0 的最少线条数是否等于 n。如果相等,就得到了一个最优方案,因为作业只在 0 位置上指派给工作中心,如果满足上述要求的线条数少于 n 个,转至第(4)步。

　　(4) 画尽可能少的线,使这些线穿过所有 0[这些线可能与步骤(3)中的线一样]。将未被这些线覆盖的数减去其中最小的,并将位于线交点位置上的数加上该最小的数,重复步骤(3)。

例 8.4 现有 5 个作业要在 5 台工作中心上完成,完成每个订单的成本分配矩阵如表 8.15 所示。

表 8.15 5 个作业在 5 台工作中心上的成本分配矩阵 （单位：元）

订 单	A	B	C	D	E
第 1 个工作中心	5	6	4	8	3
第 2 个工作中心	6	4	9	8	5
第 3 个工作中心	4	3	2	5	4
第 4 个工作中心	7	2	4	5	3
第 5 个工作中心	3	6	4	5	5

以下是指派法的求解步骤。

步骤一：行减,即从本行中减去本行最小数,结果如表 8.16 所示。

表 8.16 行减后的成本矩阵 （单位：元）

订 单	A	B	C	D	E
第 1 个工作中心	2	3	1	5	0
第 2 个工作中心	2	0	5	4	1
第 3 个工作中心	2	1	0	3	2
第 4 个工作中心	5	0	2	3	1
第 5 个工作中心	0	3	1	2	2

步骤二：列减,即每一列减去本列中最小的数,结果如表 8.17 所示。

表 8.17 列减后的成本矩阵 （单位：元）

订 单	A	B	C	D	E
第 1 个工作中心	2	3	1	3	0
第 2 个工作中心	2	0	5	2	1
第 3 个工作中心	2	1	0	1	2
第 4 个工作中心	5	0	2	1	1
第 5 个工作中心	0	3	1	0	2

步骤三：应用线覆盖表 8.17 中的零元素,因为覆盖所有 0 的线条数是 4(见表 8.18),而要求应为 5 才能获得最佳解,所以应转至下一步。

表 8.18 覆盖所有 0 的最少线条数示意 （单位：元）

订　单	A	B	C	D	E
第 1 个工作中心	2	3	1	3	0
第 2 个工作中心	2	0	5	2	1
第 3 个工作中心	2	1	0	1	2
第 4 个工作中心	5	0	2	1	1
第 5 个工作中心	0	2	1	0	2

步骤四：将未覆盖的数减去前面直线交点最小的数，并将该最小的数加到直线的交点上，如表 8.19 所示。再用步骤三所示的线检验画线，得到如表 8.20 所示的结果，这种覆盖全部元素的画法可能不止一种。

表 8.19 成本矩阵的调整 （单位：元）

订　单	A	B	C	D	E
第 1 个工作中心	1	3	0	2	0
第 2 个工作中心	1	0	4	1	1
第 3 个工作中心	2	2	0	1	3
第 4 个工作中心	4	0	1	0	1
第 5 个工作中心	0	3	1	0	3

表 8.20 最后分配结果 （单位：元）

订　单	A	B	C	D	E
第 1 个工作中心	1	3	0	2	0
第 2 个工作中心	1	0	4	1	1
第 3 个工作中心	2	2	0	1	3
第 4 个工作中心	4	0	1	0	1
第 5 个工作中心	0	4	1	0	3

最优的分配及其成本如下：

作业 1 分配给 E，3 元；

作业 2 分配给 B，4 元；

作业 3 分配给 C，2 元；

作业 4 分配给 D，5 元；

作业 5 分配给 A，3 元；

　　总成本＝17 元。

　　这样，排序的第一步已经完成，5 个作业同时进行，则在后续的几个作业步骤中，继续用指派法进行排序，直至所有作业完成所有的加工。

8.3　作业调度

　　作业调度是等候线的管理，等候线是指若干个作业到达某个工作中心时处于等待的一种状态，最理想的情况是作业到达工作中心时能够立即加工，从而可以降低在制品的数量和制造提前期。在准时化生产环境下，可以最大限度地降低在制品的库存量和提前期。

　　对工作中心前的若干作业进行管理的目的是控制提前期和在制品，同时能使瓶颈工作中心充分利用。按照限制理论，其排序的顺序是首先安排关键工作中心的任务，然后再安排其他非工作中心的任务。为了缩短制造的提前期，可以采取的策略有分批作业和作业分割，并行作业即将原来的作业分成多个批次，各个批次同时加工。

8.3.1　分批作业

　　分批作业即把原来一张加工单加工的数量分成几批，由几张加工单来完成，以缩短加工周期。每批的数量可以不同。采用加工单分批或分割只有在用几组工作中心能完成同样的工作时才有可能。每组工作中心需要有准备时间，因此，分批作业的准备时间增加了。此外，还可能需要几套工艺装备，成本也会增加。有时，一道工序由一台工作中心完成，下一道工序由两组不同的工作中心加工，然后又由一台工作中心来完成第三道工序。

　　有一个订单，需要在两个工作中心上来完成，如果是一个批次，则总的提前期如图 8.7 所示。设批量为 Q，S_A 为在工作中心 A 上的准备时间；S_B 为在工作中心 B 上的准备时间；T_{AB} 为工作中心 A 至工作中心 B 的转移时间；P_A 为在工作中心 A 上每单位的加工时间；P_B 为在工作中心 B 上每单位的加工时间，则总的提前期为

$$L = S_A + S_B + QP_A + QP_B + T_{AB} \tag{8.14}$$

如果作业转移到工作中心 B 之前，工作中心 B 即已准备好，则此时总的提前期为

$$L = S_A + QP_A + QP_B + T_{AB} \tag{8.15}$$

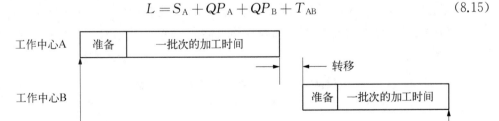

图 8.7　提前期的构成

一个批次的提前期构成如图8.8所示。

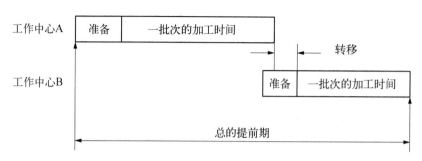

图8.8 一个批次的提前期构成

现在将订单分成两个或两个以上的批次,且至少两个连接起来作业。这里我们将该订单分成两个批次,具体由以下步骤组成:

(1)一批作业分成两个批次。

(2)在第一个工作中心完成第一批次作业时,直接转移到第二个工作中心上。

(3)当第一个工作中心将执行第二批次时,第二个工作中心也将执行第一批次作业。

(4)当第一个工作中心完成第二批次时,立即转移至第二个工作中心。

分成两个批次的结果如图8.9所示。设两个批次分别为Q_1和Q_2,则有

$$Q = Q_1 + Q_2 \tag{8.16}$$

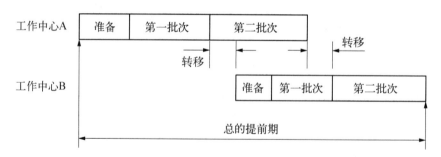

图8.9 分成两个批次的提前期构成

如果在第二个工作中心上加工的时间比较短,则可能会产生第二个工作中心等待的时间。为避免这种情况的发生,第一批量应尽可能大一些,为使第二个工作中心的闲置时间为零,则应满足

$$Q_1 P_B + T_{AB} + S_B \geqslant Q_2 P_A + T_{AB} \tag{8.17}$$

由式(8.16)可得

$$Q_2 = Q - Q_1 \tag{8.18}$$

代入式(8.17),可得

$$Q_1 \geqslant (QP_A - S_B)/(P_B + P_A) \tag{8.19}$$

缩短的提前期为

$$\begin{aligned}
\text{LS} &= (S_A + S_B + QP_A + QP_B + T_{AB}) - (S_A + QP_A + T_{AB} + Q_2 P_B) \\
&= Q_1 P_B + S_B
\end{aligned} \tag{8.20}$$

例 8.5　若 Q 为 100 单位，P_A 为 10 分钟/单位，P_B 为 5 分钟/单位，A 的准备时间 S_A 为 50 分钟，B 的准备时间 S_B 为 40 分钟，转移时间 T_{AB} 为 30 分钟，则将上述数据代入式（8.19）可得批量为

$$Q_1 \geqslant (100 \times 10 - 40)/(5 + 10) = 64$$

分批前的提前期为

$$L = 50 + 40 + 100 \times (10 + 5) + 30 = 1\,620\,(\text{分钟})$$

分批后的提前期为

$$L = 50 + 30 + 100 \times 10 + 36 \times 5 = 1\,260\,(\text{分钟})$$

缩短的提前期为

$$\text{LS} = 64 \times 5 + 40 = 360\,(\text{分钟})$$

当然，将作业分批可以很有效地缩短总的提前期，但是，作业的批次加大必然会导致作业转换时间的加大，作业转移的次数也增多，这些都会产生成本。因此，计划和控制的成本将增多。在将作业分批考虑时，一定要将成本的因素考虑进来，以追求总成本最小。

8.3.2　作业分割

将作业分割也是为了缩短提前期，通常将作业分成两个或两个以上的批次，但是，多个批次同时作业，在每个工作中心上都会有准备时间。一般在作业准备时间较短、一人多工位操作、重复性设备闲置等情况下，可将作业进行分割处理，如图 8.10 所示。

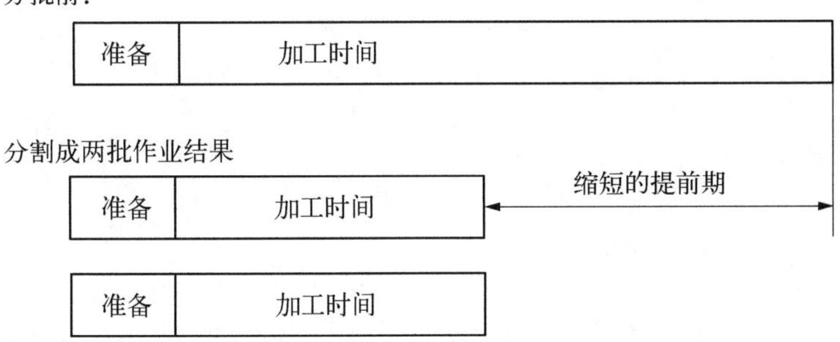

图 8.10　将原有作业分割成两批进行

　　分割成两批作业进行后,因为是同时作业,每一工位均需要一名员工操作机器,如果两台机器由一名工人操作,即该工人在机器 1 上准备结束后,第 1 台机器开始加工时,即

图 8.11　有偏差的作业分割

走向第 2 台机器进行作业的准备,则此两台机器的开始加工时间有一个偏差,偏差值为第二个作业的准备时间,结果如图 8.11 所示。虽然作业的总时间比图 8.10 所对应的总时间多了一个作业准备时间,但需要的操作工人可以减少 1 人。

　　与作业分割类似,串行作业可以转换成并行作业,一人操作三个工作中心。若采取串行作业,则如图 8.12 所示;若利用作业分割思想,可以采取并行作业,则如图 8.13 所示。总的提前期可以大大缩短。

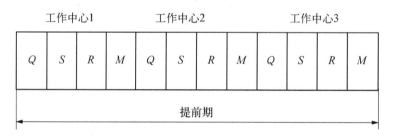

Q—排队时间;S—准备时间;R—加工时间;M—传送时间。

图 8.12　串行作业

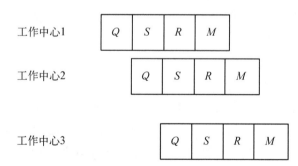

Q—排队时间;S—准备时间;R—加工时间;M—传送时间。

图 8.13　并行作业

8.4　车间作业控制

8.4.1　作业控制的基本概念

　　美国生产与库存控制协会(APICS)对车间控制系统的定义如下:应用来自车间的数据以及数据处理文件,维护和传递有关车间工单和工作中心状态信息的系统。

车间作业控制的功能如下：

（1）为每一车间工单分配优先级。

（2）维护在制品数量信息。

（3）将车间工单状态信息传递到办公室。

（4）为能力控制提供实际产出数据。

（5）根据工单和工位要求，为制品库存管理提供数量依据。

（6）提供效率、利用率、人力和设备生产率等数据。

对生产作业进行控制可以避免生产作业在执行中偏离 MPS/MRP 计划。当出现偏离时，采取措施，纠正偏差；若无法纠正，则反馈到计划层，并报告生产作业执行结果。

生产作业控制的内容如下：控制加工单的下达；控制加工作业在工作中心加工的工序优先级；控制投入和产出的工作量，保持物流稳定；控制加工成本，结清订单，完成库存事务处理。

8.4.2　输入/输出控制

输入/输出控制（input/output control，I/O）是控制能力计划执行的方法，或者说是一种衡量能力执行情况的方法，它也可以用来计划和控制排队时间和提前期。投入/产出报表要用到的数据是计划投入、实际投入、计划产出、实际产出、计划排队时间、实际排队时间以及投入、产出时数的允差。这是一种需要逐日分析的控制方法。

输入/输出控制是生产计划和控制系统的一个主要特征，它的主要规则是输入一个工作中心的工作应该永远不超过该工作中心的输出工作。

当输入超过输出时，一定是在工作中心发生了积压，这反过来又使上游作业的提前期估计值增加。另外，当工作中心的作业积压后，就会出现阻塞，作业效率就会降低，而且使流向下游工作中心的工作流变得时断时续。

控制过程能够找出问题的原因，并相应地调整能力和输入。基本方法是提高瓶颈部位的生产能力，或者减少瓶颈部位的输入。

车间作业控制依据不同的加工情况而不同，以单一工作中心和复合工作中心为例加以说明。

8.4.3　单一工作中心的输入/输出控制

有些制造过程只需要一个工作中心，有些虽然有多个工作中心，却有一个瓶颈工作中心，瓶颈则是应该控制的关键点。输入/输出控制主要在于比较计划订单的输入和输出以及实际订单的输入和输出，这些数据信息根据订单到达工作中心的数量、工作中心订单的完成数量以及生产的报表等得到。

用 PI 表示计划输入数量，AI 表示实际输入数量，PO 表示计划输出数量，AO 表示实际输出数量，i 表示计划期间，ICD 表示输入累积差异量，OCD 表示输出累计差异量，PWIP 表示最终计划的在制品数量，AWIP 表示实际的在制品数量。上述变量之间存在如下关系：

$$\mathrm{ICD}_i = \mathrm{ICD}_{i-1} - \mathrm{PI}_i + \mathrm{AI}_i \tag{8.21}$$

$$\mathrm{OCD}_i = \mathrm{OCD}_{i-1} - \mathrm{PO}_i + \mathrm{AO}_i \tag{8.22}$$

$$\mathrm{PWIP}_i = \mathrm{PWIP}_{i-1} + \mathrm{PI}_i - \mathrm{PO}_i \tag{8.23}$$

$$\mathrm{AWIP}_i = \mathrm{AWIP}_{i-1} + \mathrm{AI}_i - \mathrm{AO}_i \tag{8.24}$$

例 8.6　表 8.21 所示为一个输入和输出的计算关系的例子。

表 8.21　输入/输出和偏差

输入/输出	当期	期间/日				
		1	2	3	4	5
输入						
计划输入/个		16	16	16	16	16
实际输入/个		15	13	17	16	15
累计偏差/个		−1	−4	−3	−3	−4
输出						
计划输出/个		16	16	16	16	16
实际输出/个		15	15	16	15	16
累计偏差/个		−1	−2	−2	−3	−3
在制品						
计划排队/个		36	36	36	36	36
实际排队/个	36	36	34	35	36	35

计划输入数量、实际输入数量、计划输出数量和实际输出数量的对比结果如表 8.22 所示。

表 8.22　输入/输出的对比结果

对 比 结 果	说 明 问 题
PI>AI	加工作业推迟达到
PI=AI	加工作业按计划达到
PI<AI	加工作业提前达到
AI>AO	在制品增加
AI=AO	在制品维持不变
AI<AO	在制品减少
PO>AO	工作中心落后计划
PO=AO	工作中心按计划
PO<AO	工作中心超前计划

出现超出控制情况的原因通常如下：① 等候超出了上限。可能引起的原因有设备因故障而停顿、无效率的作业和过量的输入。避免等候超过上限的措施有减少输入的数量或增加输出。② 输出低于最低的下限。可能引起的原因有设备停顿、无效率的作业、不适当的输入。设备停顿与无效率的作业是制造工程的问题，不适当、过量或错误的输入是输入/输出的问题，必须用派工来矫正。

对输入/输出进行控制的原则如下：① 计划输出必须是实际的，且必须以人工及机器设备能力表示；② 若计划或实际输入大于实际输出，将使在制品增加，阻碍生产，增加制造提前期；③ 由计划输入、计划输出所显示出的显著偏差必须被验证及解决。

8.4.4 复合工作中心的输入/输出控制

如果工作流程不是经过单个工作中心，而是如图 8.14 所示的多个工作中心，则对不同的工作中心所采取的策略是不同的。图中 A1 和 A2 两个工作中心是初始工作中心；B1、B2、B3、C1、C2 和 C3 六个工作中心是中间工作中心；D1 和 D2 是最终工作中心。控制初始工作中心会影响所有下游工作中心的投入，通常初始工作中心等候线的长度较长。下游工作中心的投入与等候控制是借上游工作中心的派工来控制的。如图 8.14 所示，如果工作中心 C3 加工流程时间短的工作，此时如果工作中心 C2 的等候时间较长，在 B2 工作中心的作业将依序在工作中心 C3 加工。最终工作中心的产出将影响出货、订单承诺交货期等，通常也是生产管理绩效的主要衡量方法之一。欲达到希望的产出，必须对最后工作中心的投入进行控制，最后的装配必须综合考虑到所有作业、组件和次组件的流动。当某个工作中心的需求超过能力时，则该工作中心为瓶颈工作中心。出现瓶颈工作中心时，可以应用约束理论(TOC)的思维流程和解决问题的步骤来消除瓶颈。

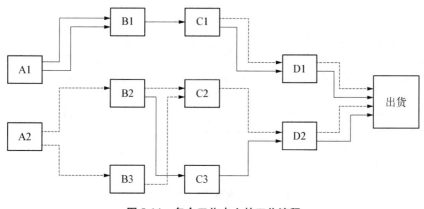

图 8.14 多个工作中心的工作流程

8.4.5 车间控制的基本工具

对车间作业进行控制的基本工具有日常调度单、各种状态和例外报告。日常调度单告诉主管将进行哪个作业，它们的优先级如何以及每项作业用多长时间，表 8.23 所示为调度单的一个例子。

表 8.23　调 度 单 例 子

开始日期	作 业 号	零件名称	运行时间/小时
10/9	12345	轴	7.0
11/9	12346	螺钉	7.4
12/9	12347	插销	14.5
14/9	12348	轴	8.1
15/9	12349	螺栓	6.5
16/9	12350	垫片	4.6

各种状态和例外报告主要有以下几种。

(1) 预期延期报告,由车间计划员每周制作一次,并由车间计划负责人进行审核,看是否有会影响主计划的严重延期,如表 8.24 所示。

表 8.24　例外报告——预期延期报告

订单号	计划日期	新日期	脱 期 原 因	采 取 措 施
12400	20/9	22/9	刀具损坏	购买/更换刀具
12401	25/9	27/9	焊接工罢工	工程部重新安排

(2) 废品报告如表 8.25 所示。

表 8.25　例外报告——废品报告

订 单 号	作 业 号	数 量	返 工 原 因
12402	12360	20	作业员错误
12403	12361	10	机器设备行程调整误差

(3) 返工报告如表 8.26 所示。

表 8.26　例外报告——返工报告

订 单 号	作 业 号	数 量	返 工 原 因
12404	12370	30	工程变更
12406	12371	40	工程变更
12407	12375	20	工程变更

（4）作业总结报告,包括报告完成订单的数量和百分比以及未完成的情况等,如表 8.27 所示。

表 8.27 例外报告——作业总结报告

订 单 号	作 业 号	计划数量/件	已完成数量/件	未完成原因
12450	12380	20	15	部分零件缺陷
12451	12381	20	15	机器设备故障
12452	12382	30	25	操作工操作误差

当然,报告还有其他许多类型,这里只列出其中几种典型的报表。对于每种例外的报告,必须找出引起例外情况的原因。找原因可以与提合理化建议的制度结合起来,充分发挥工人的主观能动性,以彻底改进,消除缺陷率。在车间计划和控制系统中,除了上述例外报告外,通常还有以下报表:① 物料和能力报表——根据加工单上物料的数量和时间,系统自动显示所需的物料及能力,若出现能力不足,则会自动提示;② 加工单状态报表——分别形成已下达、已发料、短缺或例外情况、部分完成、完成未结算、完成已结算等报表;③ 工序状态报表——说明需求量、完成量、报废量、传送量,同时说明材料和工时消耗以及发生的成本等。

8.5 习题

1. 作业排序的目的是什么?
2. 排序适用于按工艺专业化组织的车间还是适用于按产品为对象组织的车间?
3. 如何理解 SOT 规则是众多排序规则中最优的方案?
4. 约翰逊规则和指派方法各适用于什么样的情况?
5. 物料需求计划系统可不可以对车间作业进行控制? 为什么?
6. 将作业进行分批,批量的大小如何确定?
7. 现有 5 个作业需要经过两个工作中心 WC1 和 WC2,作业的顺序是先 WC1 后 WC2,作业的时间如表 8.28 所示。请问如何安排这 5 个作业的顺序,以保证尽早完成的时间是多少?该工人的闲置时间是多少?

表 8.28 两个工作中心的作业时间

作业	WC1 作业时间/分钟	WC2 作业时间/分钟
1	12	6
2	0	8

（续表）

作业	WC1 作业时间/分钟	WC2 作业时间/分钟
3	10	4
4	16	12
5	4	2

第 *9* 章

生产的不确定性分析

生产过程并不是一成不变的,而是暴露在普遍存在的不确定性因素之中的。不确定来源也并非仅在于下游需求的变动,生产链上游、内部等都具有不确定性。在基本的生产过程中,通常会涉及原材料是否发生短缺、生产设备是否正常运转、生产能力是否达到设计要求等多种不确定性。不确定性造成的后果有好有坏,企业为了正确做出决策,通常需要识别、理解、评判生产的不确定性,并通过多方面的考量进行综合评价,计算各种不确定性发生的概率以及对决策方案的影响,从而选择最佳的生产方案。本章主要包括以下几个部分:① 生产中存在的不确定性;② 加工时间的不确定性;③ 不确定性的来源;④ 流水线的不确定性;⑤ 不确定性模型。

9.1 生产中存在的不确定性

生产过程并不总是能按照原有的计划按部就班地有序进行。随着商业环境的复杂化以及供应链各环节内的成员联系愈来愈紧密,在实际生产运作中,往往会受到上、下游企业的影响而不可避免地出现一些突发事件,扰乱正常的流程,例如,临时加入订单、原材料短缺等。此外,生产过程中发生的设备老旧故障和工人操作熟练程度不一等也容易造成生产系统的波动。不确定性几乎存在于所有的生产系统中。现如今,企业对精益生产的追求在一定程度上削弱了生产的弹性,如果忽视不确定性,可能会造成难以预料的影响和后果。因此,学会识别、理解并管理不确定性,对于企业实施正常的生产经营活动是非常重要和有益的。

9.1.1 定义和分类

不确定性是指事前不能准确判断某个事件或某种决策的结果,或者说,只要该事件或决策的可能结果不止一种,就会产生不确定性。客观事物发展多变的特点以及人们对客观事物认识的局限性,使得客观事物的预测结果会偏离人们的预期,这就会带来不确定性。对于生产来说,不确定性是指在实际的生产过程中,由于受到各种事前无法预料和估计的外部、内部因素的变化,生产系统偏离原有的生产预期。在制造系统中存在多种属性,如物理尺寸、机器故障/维修时间、加工时间、质量、材料硬度、温度、设备启动时间等,这些属性的变动都是容易造成生产不确定性的因素。

不确定性与随机性在现实中经常被混淆,两者密切相关,但却并不等同。为了理解不确定性产生的原因和影响,首先需要了解随机性的概念以及与之相关的概率论。例如,扔一颗骰子,结果只能是 6 面之一,且每一面出现的概率均为 1/6,这是随机事件;买一张福利彩票,最后的结果只会是中奖或不中奖,每种情况出现的概率可提前计算出,这也是随机事件。因此,随机性的一个重要特征是结果的范围可预先知晓,但最终具体出现哪一种结果不可知。不过,我们可以对每种结果出现的概率做定量的计算,我们还能通过计算结果做出最佳的选择。精确起见,有时候我们会引入概率分布,特别是通过均值和标准差来刻画随机变量。随机性仅是不确定性的一种。除了随机不确定性外还有另外一类,称为可控不确定性,它是决策的直接结果。例如,如果多种产品在同一家工厂生产,由于产品自身的特性(如物理尺寸、生产时间)等不同,生产情况就会产生波动。同样地,如果选择将零部件从一个工序批量移动到下一个工序,那么第一个完成的零部件一定会比最后一个完成的零部件等待更长的时间才能移动,因此该方案下不同零部件的等待时间将比一次移动一个零部件的时间波动更大,这些都是决策导致的可控不确定性。

相比之下,随机不确定性是无法直接控制的事件的结果。例如,下游客户的需求通常不在我们的控制范围之内,因此应该提前做好波动的预期。同样,生产设备发生故障的时间也无法控制,由于作业必须等到设备修复后才能继续进行,这种停机时间就会使作业的有效加工时间增加。由于此类偶然事件至少在短期内无法预测和控制,以随机形式出现的设备停机便会增加加工过程的不确定性。

可控不确定性和随机不确定性都会使生产系统的性能产生一些扰动。然而,可控不确定性是完全可预测的,它是控制不当的结果;而随机不确定性是由不可预测的随机事件造成的。例如,可控不确定性可能导致出现理论上的最差情况,而实际的最差情况可能更好或更差,这是随机不确定性带来的。虽然这两种类型的不确定性都可能对生产系统造成破坏,但随机不确定性的影响更微妙,需要复杂的工具来描述。

9.1.2   不确定性的影响

生产现场的活动是很复杂的,可能包含许多烦琐的流程,因此生产的不确定性会产生多方面的后果。虽然这种不确定性可能不可避免,但它并非我们故意引入生产系统的。表 9.1 列举了有害不确定性的几个来源,它们所产生的一些常见的不利影响包括以下方面。

表 9.1   不确定性的例子

类　　别	来　　源	例　　子
有害不确定性	计划内停机	设备启动设置
	计划外停机	设备故障
	质量问题	良率损失与返工
	操作问题	操作员技能差异
	设计不足	工程变更

（续表）

类　别	来　源	例　子
有利不确定性	产品多样性 技术变更 需求不确定	1930—1940 年代的通用公司 1980—1990 年代的英特尔 捷飞络

（1）作业流程不顺畅。一条生产线一般包含多个流程，最直接的影响是作业流程不顺畅，从而提高生产产品所需的平均工时，降低生产现场工作效率，甚至导致产品无法按时交货。

（2）不良品混入。生产的波动会造成产品质量参差不一，使相应产品重复返工，产品质量不断下降。不合格的产品将导致客户满意度和对企业的依赖度降低，企业品牌声誉受损，甚至影响下一步合作。

（3）产能受限。不确定性会使产品良率无法提升，生产线的实际产能与理论产能相差大，从而使单位产品的平均成本增大，企业利润空间挤压。

（4）安全事故。任何企业只要有生产活动就难免存在不安全的因素，生产不确定性会造成生产作业环境的危险程度上升，如果不加以防范，则往往会出现安全事故。

不确定性会对生产系统造成一定的影响，但这并不意味着不确定性绝对是有危害的。例如，通过对产品标准化以及生产流程操作保持简单高效，福特创造了一项重大的革命，使大部分普通群众都能负担得起昂贵的汽车。然而，当通用汽车选择在 20 世纪 30 年代至 40 年代提供更多车型的汽车时，福特公司却失去了大部分的市场份额，几乎陷入破产的境地。更多的车型品种意味着通用汽车生产系统的不确定性更大，使通用的生产线无法像福特那样高效地运行。尽管如此，通用汽车的表现仍然好于福特。

为什么呢？答案很简单。无论是通用还是福特，它们的战略目的都不是降低不确定性，也不是减少浪费，而是获得长期良好的投资回报。加大产品的多样性会使不确定性增加，从而产生浪费，但如果额外获得的收入超过了额外产生的成本，那么它会是一个有效的业务战略。表 9.1 给出了一些有利不确定性的例子，在这些例子中，一些优秀的公司战略会有意识地将不确定性引入生产系统。

如上所述，对于 1930—1940 年代的通用汽车来说，不确定性是车型种类多样性带来的结果。此外，1980—1990 年代，英特尔通过快速地进行技术更迭不断设计出新产品，基于上一代的稳定工艺积极推出下一代的微型处理器，刺激市场对新计算机的需求，相对于竞争对手来说形成了行业高壁垒。在汽车快速保养连锁服务的著名品牌捷飞络公司中，提供快速换油服务是公司的核心业务，每位客户对汽油需求的不确定性是不可避免的，捷飞络本可以像传统汽车保养店一样通过汽油调度来减少这种不确定性，但这样做会丧失公司的竞争优势。

然而，无论不确定性对于公司的战略目标来说是好还是坏，它都有可能导致操作问题,因此还是必须加以管理和控制。处理不确定性的具体策略将取决于生产系统的结构和公司的战略目标。

9.2 加工时间的不确定性

对于企业来说,工作站上一项工作有效的加工时间是其需要重点关注的变量,如果波动较大,极易造成生产节奏的不稳定,使流程混乱。这里所说的"有效的加工时间"是指工作从进入工作站至离开该工作站的总时间,而并非仅包含工作被加工处理的时间。这是因为从物体流通的角度看,如果站点 B 因为需要等待作业在站点 A 上完成而出现闲置,那么该作业是否真的在被处理,或是由于站点 A 在做其他事(如正在维修、重置、重新加工其他有质量问题的产品或等待操作员休息返回)而被滞留搁置都无关紧要,因为这对站点 B 来说,效果是一样的。出于这个原因,将这些因素以及其他因素造成的影响全都考虑进来,组合成一个综合指标来衡量加工时间的不确定性。

9.2.1 加工时间不确定性的描述

为了有效分析加工时间,首先必须能够对其进行量化。为此,可以通过使用统计数据的标准度量来定义这些不确定性。

在概率论中,方差通常能够度量随机变量与其数学期望(即均值)之间的偏离程度。在一个有 N 个观察值的样本中,第 i 个观察值所对应的数据为 X_i,μ 代表所有观察值的均值。那么,方差(variance)σ^2 表示为

$$\sigma^2 = \frac{\sum (X_i - \mu)^2}{N} \tag{9.1}$$

式(9.1)可以用来计算每一个变量(观察值)与总体均值之间的差异,是衡量变量不确定性的常用指标,其算术平方根——标准差(standard deviation,表示为 σ)称为不确定性的绝对度量指标。然而,虽然方差或标准差数值的大小可以直观地展示出所观测对象波动的高低,但是,如果观测值的测量尺度相差太大或者数据量纲不同,直接使用方差或标准差进行比较并不合适,此时应当消除测量尺度和量纲的影响。例如,对于 2 米高的门框来说,5 毫米的标准差说明该门框的生产工艺稳定,波动很低,但是对于 3 厘米长的螺钉来说,5 毫米的标准差却是一个较大的偏差。因此,衡量随机不确定性的另一类合理指标是相对度量指标,即标准差除以均值,称为变异系数(coefficient of variation,CV)。对于加工时间来说,假设均值为 t,标准差为 σ,那么变异系数 c 可以表示为

$$c = \frac{\sigma}{t} \tag{9.2}$$

需要注意,变异系数只在均值不为零时有定义,并且一般适用于均值大于零的情况。在许多情况下,为了简化计算,使用变异系数平方(SCV)会更加方便。变异系数平方 c^2 表

示为

$$c^2 = \frac{\sigma^2}{t^2} \tag{9.3}$$

在接下来的描述中,将用 CV 和 SCV 分析生产系统中加工时间的不确定性。

9.2.2　加工时间不确定性的分类

如果一个随机变量的 CV 小于 0.75,我们将说它具有低不确定性(LV);如果它的 CV 在 0.75 和 1.33 之间,则它具有中等不确定性(MV);如果 CV 大于 1.33,则表现为高不确定性(HV)。以下将详细介绍这三类不确定性。

1) 低不确定性

对于低不确定性的加工时间,主要考虑没有发生中断的加工时间。当提及加工时间,往往会想到机器或操作员花费在该项工作上的实际时间(即不考虑机器故障、设置等)。这种时间并非固定不变,而是处于正常的波动状态,一般会具有如钟形曲线的概率密度分布,即正态分布,如图 9.1 所示,曲线下方的区域在 20 分钟左右时对称分布。在图 9.1 中,平均加工时间为 20 分钟,标准差为 6.3 分钟,所对应的 CV 约为 0.32,处于低不确定性范围。因此,具有钟形的概率密度分布通常是低不确定性(LV)加工时间的特征。

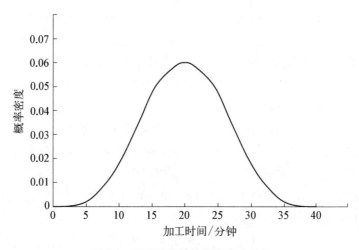

图 9.1　低不确定性的概率密度分布

2) 中等不确定性

现在考虑平均加工时间仍为 20 分钟,但加工时间的 CV 提升至 0.75 的情况,这是中等不确定性(MV)变异系数的最低临界值,所对应的实际情况一般是在加工过程中,大部分操作很容易,但偶尔会出现困难,造成波动的增加。比如,在加工过程中,机器会发生短暂的调整。图 9.2 比较了 LV 和 MV 的两种概率密度分布,可以发现,在 LV 情况下,大部分的概率都集中在加工时间为 20 分钟的附近,而在 MV 情况下,出现概率最大的加工时间实际上低于均值,约为 9 分钟。此外,超过 40 分钟的加工时间在 LV 情况下基本不会出现，而在 MV 情况中，当加工时间超过 80 分钟后，概率密度才几乎为零，因此 MV 情况表现出更明显的长尾效应。在两种情况下，虽然加工时间均值相同，但方差大大不同，这种差异对于工作站的运行性能好坏至关重要。

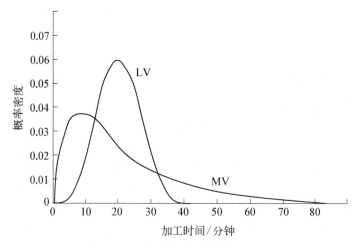

图 9.2　低不确定性和中等不确定性概率密度分布

为了明晰不确定性对生产过程的影响，想象一个场景，产品加工经过两道工序，第一道工序的加工时间具有低不确定性，第二道工序的加工时间具有中等不确定性。初始时，两道工序之间能保持正常流转。然而，如果当第二道工序突然产生一个很长的加工时间，那么将会出现第一道工序已经加工完的产品排队等待在该工序前的情况。我们可能会认为，两道工序的平均加工时间相同，那么总会有较短的加工时间将较长的加工时间所产生的影响抵消，但是这并不总会发生。在第二道工序中，一系列较短的加工时间可能会将排队队列逐渐消除，并使第二道工序出现闲置，这时，第二道工序的工作能力被浪费，并不会"储存"起来以便为下一次的较长加工时间做准备。因此，两个工序下的加工能力实际上并不对等。

在生产管理中，存在一个非常重要的定理，即利特尔定律（Little's law）。该定理阐述了生产过程中物料的运动过程规律，并指出系统中物体的平均数量等于物体到达系统的平均速率与物体在系统中平均停留时间的乘积。一般来说，有效加工时间的不确定性越大，物体在系统中停留的时间越长。因此，不确定性越大，生产流程时间会越长，平均排队等候的队列就会越长。

3) 高不确定性

考虑一个 CV 大于 1.33 的生产系统，比如，生产过程中发生长时间机器停机的情景。假设在不发生停机（如机器故障）的情境下，一台机器的平均加工时间是 15 分钟，变异系数 CV 为 0.225，此时加工时间具有低不确定性。现在，设定这台机器的平均停机时间为 248 分钟，并且停机一般发生在重新开始生产后的 744 分钟。可以证明（见 9.3 节），这会使平均加工时间增加至 20 分钟，而变异系数 CV 高达 2.5，加工时间具有高不确定性。图 9.3 比较了在有无停机情况下的概率密度分布。与 LV 情况下的分布相比，HV 下的分布曲线更高、更窄,直观感觉上可能比 LV 下的不确定性更小,这是因为没有比较加工时间非常大(超过 40 分钟)时的情况。

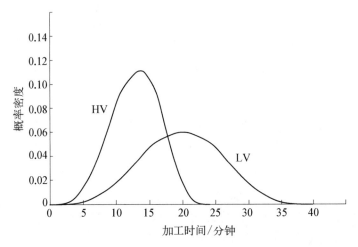

图 9.3　低不确定性和高不确定性概率密度分布

图 9.4 给出了当加工时间超过 40 分钟后两种情况下的分布。可以看到,在 LV 情况下,加工时间的概率会立即下降到几乎为 0;而在 HV 情况下,则呈现近似均匀的分布,下降速度缓慢,意味着仍然有小概率会出现极长的加工时间(如 100 分钟、110 分钟、120 分钟),说明在 HV 情况下,加工时间的长尾效应更加显著。这也是图 9.3 中 HV 情况下的加工时间均值看起来偏小(约 15 分钟)的原因。虽然加工时间出现在 15 分钟附近的概率很高,但是,每 50 个产品中可能会有 1 个需要约 17 倍的加工时间,从而使均值提高到 20分钟,并使 CV 增大到 2.5。

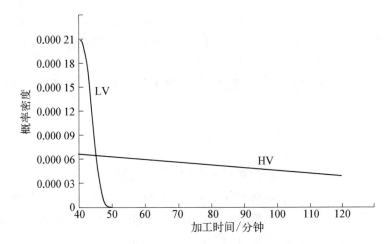

图 9.4　低不确定性和高不确定性概率密度分布(超过 40 分钟)

这种长尾效应对生产线造成的影响可能非常严重。例如,假设每隔 22 分钟会有一个产品到达系统,从速率的角度看,似乎没有什么问题,因为包含停机时间在内,系统的平均加工时间仅为 20 分钟。但实际上,每隔 250 分钟就会产生 12 个产品排队等候的队列。当机器重新恢复正常时,队列被逐渐耗尽的速率为 $\frac{1}{15} - \frac{1}{22} \approx \frac{1}{47}$。所以,如果机器不再出现停机,清除队列的时间约为 536 分钟。而如果在此期间再次发生停机,又会有新的产品添加进队列。基于复杂设备的常见分布(如指数分布),发生此类停机的概率为 $1 - e^{536/744} \approx 0.51$,这意味着有超过 50% 的概率停机会发生在队列被清除之前。所以,系统的平均等待队列远不止 12 个,实际上约为 20 个。

9.3   不确定性的来源

为了为存在不确定性的生产系统制订合适的管理决策,首先需要了解产生不确定性的原因。对制造业来说,普遍的不确定性来源有以下几种。

(1)固有不确定性,如由于操作员、机器和材料差异而导致的加工时间的微小波动。

(2)设备的随机故障。

(3)机器设置,如机器变更参数、更换刀具、添加机油等。

(4)操作员短缺,如操作员休息使得无人加工产品等。

(5)回收,如产品由于质量不合格而需要重新回到机器上加工等。

9.3.1   固有的不确定性

在不考虑随机的设备故障、机器设置或任何其他外部影响的情况下,定义加工时间为自然加工时间。固有不确定性是指在生产过程中固有且难以消除的自然加工时间波动。这类不确定性包含的内容非常广泛,它考虑了所有未明确指出的不确定性来源,如操作员眼中的灰尘。由于这些未明确的不确定性来源大多数都与操作员有关,所以对于人工生产来说,其固定不确定性通常比自动化生产高得多。即使是在非常严苛控制的情况下,也总是存在一些固有不确定性。例如,在全自动生产操作中,材料之间的成分可能不同,从而导致加工速度略有差异。

分别用 t_0 和 σ_0 表示自然生产过程中加工时间的均值和标准差,因此,自然加工时间的变异系数可以表示为

$$c_0 = \frac{\sigma_0}{t_0} \tag{9.4}$$

对于大多数系统而言,自然加工时间是低不确定性的,一般 $c_0 < 0.75$。自然加工时间只是衡量有效加工时间的开始,在实际的任意生产系统中,工作站总会受到各种不利因素的扰动,如机器停机、重置或无可用操作员等。如前文分析,这类不利因素会增加有效加工时间的均值和标准差。接下来,我们进一步量化其产生的影响。

9.3.2   来自设备故障的不确定性

在前面所讨论的高不确定性情况的案例中,可以看到计划外的设备停机(机器故障)

会大大增加有效加工时间的均值和变异系数。除了停机外，突发停电、操作员被紧急叫走、机器消耗品用完等都是其他可能增加不确定性的来源。由于这些因素都会使设备临时停机，对生产线造成的影响是相似的，因此将它们统一视为来自设备故障的不确定性。对于许多生产系统而言，这是其不确定性增加的最大来源。幸运的是，通常可以采取一些实用的手段来减弱它带来的影响。首先，定义两种时间，如图 9.5 所示。

图 9.5　设备在不同时间下的状态

（1）平均失效前时间（mean time to failure，MTTF）：对于可修复的系统来说，指系统从上次故障修复后到下次故障前预计的平均运作时间；而对于不可修复的系统来说，即为系统的平均使用寿命。计算公式为总的正常运行时间除以发生故障的次数，记为 m_f。

（2）平均修复时间（mean time to repair，MTTR）：从系统故障到修复完成开始重新正常运行的平均时间。计算公式为总的故障时间除以发生故障的次数，记为 m_r。

下面，我们通过一个案例来理解设备故障如何影响系统的不确定性。假设有两台机器，每台机器的自然加工时间均值 $t_0 = 15$ 分钟，自然标准差 $\sigma_0 = 3.35$ 分钟。因此，它们的自然 SCV 相同，均为 $c_0^2 = (\sigma_0/t_0)^2 = (3.35/15)^2 = 0.05$（低不确定性）。在正常情况下，机器每小时可以加工 4 个产品（r_0）。但是，两台机器都有可能出现设备故障，正常运转的时间比率为 75%，即 75% 的概率处于正常运转状态。不同的是，机器 1 的故障时间长但并不频繁发生，而机器 2 的故障时间短但发生频繁。其中，机器 1 的 MTTF 为 12.4 小时（或 744 分钟），MTTR 为 4.133 小时（或 248 分钟）。机器 2 的 MTTF 为 1.9 小时（或 114 分钟），MTTR 为 0.633 小时（或 38 分钟）。可以看到，机器 1 的故障时间和正常运行时间均约为机器 2 的 6 倍。此外，它们的维修时间也存在不确定性，并且变异系数 CV 都为 1.0（中等不确定性）。

当存在潜在的计划外故障时，生产系统并非是完全可靠的，只有处于正常运行状态时才能有效地利用其产能。对于生产系统来说，其可用性（availability）表示为

$$A = \frac{m_f}{m_f + m_r} \tag{9.5}$$

因此，两台机器的可用性均为

$$A = \frac{744}{744 + 248} = \frac{114}{114 + 38} = 0.75 \tag{9.6}$$

考虑其不可用性（故障状态），机器的加工时间不再仅仅等效于自然加工时间。因此，需要进行调整，机器的平均有效加工时间 t_e 表示为

$$t_e = \frac{t_0}{A} \tag{9.7}$$

那么,两台机器的平均有效加工时间 $t_e = 20$ 分钟。有效产出率 r_e 为

$$r_e = \frac{1}{t_e} = \frac{A}{t_0} = Ar_0 = 0.75 \times 4 = 3(\text{个}/\text{小时}) \tag{9.8}$$

机器存在于工作站中,每个工作站是由 m 个功能相同的机器组成的集合。因此,对于工作站来说,其有效产出率 r_s 应为机器数量 m 除以每台机器的平均有效加工时间 t_e,即

$$r_s = \frac{m}{t_e} = A \frac{m}{t_0} \tag{9.9}$$

由于工业上对系统可靠性维护的分析都只考虑可用性和产能的影响,因此,这两台机器可以视为等效的。然而,当我们考虑不确定性时,两者却有很大的差异。当把两台机器视为生产线的一部分时,如果机器 1 发生故障,那么需要满足 12.4 小时加工时间的在制品数量才能避免生产线出现饥饿(starving),而使用机器 2 则只需要 1/6 的在制品库存。由于设备故障的出现是随机的,因此必须对机器下游的在制品进行管理,以避免浪费下游的生产力而使产出率下降。这时,采用机器 2 显然是更好的选择,因为在满足相同产出率时,只需保有更少的在制品库存,从而实现成本更低。

在上一节的案例中,在考虑设备停机时间后,变异系数将从 0.225 变为 2.5。下面,我们通过已有的数学模型来推导这一结果。假设正常运行时间服从指数分布,维修时间的标准差定义为 σ_r,其变异系数 $c_r = \sigma_r/m_r$(m_r 为平均维修/故障时间)。基于以上设定,可以计算得到有效加工时间的均值、方差和变异系数平方(SCV),表达式为

$$t_e = \frac{t_0}{A} \tag{9.10}$$

$$\sigma_e^2 = \left(\frac{\sigma_0}{A}\right)^2 + \frac{(m_r^2 + \sigma_r^2)(1-A)t_0}{Am_r} \tag{9.11}$$

$$c_e^2 = \left(\frac{\sigma_e}{t_e}\right)^2 = c_0^2 + (1+c_r^2)A(1-A)\frac{m_r}{t_0} \tag{9.12}$$

推导过程不做赘述。注意,式(9.10)给出的平均有效加工时间仅取决于平均自然加工时间和系统的可用性。因此,两个工作站的平均有效加工时间是相同的,都为

$$t_e = \frac{t_0}{A} = \frac{15}{0.75} = 20(\text{分钟}) \tag{9.13}$$

然而,式(9.12)给出的变异系数的平方 c_e^2 不仅仅取决于这两个变量。为了理解 c_e^2,可以将式(9.12)改写为

$$c_e^2 = c_0^2 + A(1-A)\frac{m_r}{t_0} + c_r^2 A(1-A)\frac{m_r}{t_0} \tag{9.14}$$

式中,第一项表示加工过程中的固有不确定性,第二项是随机的设备故障导致的不确定性。可以发现,即使故障时间(或维修时间)是恒定的(即 $c_r = 0$),该项不确定性也是存在的。因此,当每隔一段时间就需要相同的时间进行周期性维修时,消除维修时间的波动对减少此项没有任何作用。最后一项则是维修时间的不确定性,如果消除了这种不确定性,最后一项就会消失。可以发现,当系统可用性 A 固定时,最后两项都随着平均维修时间 m_r 的增加而增大,所以较长的维修时间会比较短的维修时间引起更多的不确定性。

将案例中的数值代入式(9.14),可以得到机器 1 的变异系数平方为

$$c_e^2 = 0.05 + (1 + 1) \times 0.75 \times (1 - 0.75) \times \frac{248}{15} = 6.25 \qquad (9.15)$$

因此,其变异系数为 2.5,机器 1 具有高不确定性。而对于另一个机器来说,有

$$c_e^2 = 0.05 + (1 + 1) \times 0.75 \times (1 - 0.75) \times \frac{38}{15} = 1.0 \qquad (9.16)$$

机器 2 的变异系数为 1,具有中等不确定性。所以,使用机器 1 的生产线将比使用机器 2 的生产线表现出更大的波动。从而可以得出结论,当设备可用性相同时,在某种程度上,频繁发生故障但故障时间较短的设备会优于故障时间长但故障并不频繁发生的设备。这是一个很有价值的见解,因为在实际生产中,我们可以将偶尔发生但每次发生后需要花费长时间维修的故障转化为更频繁但每次时间更短的停机(如采取预防性维护)。

9.3.3 来自计划内停机的不确定性

计划外的停机是由设备故障引起的,无论当前工件或作业是已经完成还是正在进行,都会迫使加工流程暂停。此外,部分计划内的安排也有可能使产线停工。虽然这些计划内停机对于系统执行基本的维护是必要的,但是也会造成有效加工时间不确定性的上升。下面将继续讨论一些引起计划内停机的不确定因素。

1) 来自机器设置的不确定性

对于设备来说,当机器刀具钝化或机油耗尽时,为了保证后续加工的质量,都应该停止机器进行更换。不同的是,对于这类停机,我们可以控制具体的时间,等到当前工件或作业完成后再停止生产,这种情况称为计划内的停机。机器设置是计划内停机最常见的来源,除此之外,还有预防性维护、产线放假停工、操作员换班等,这些因素对系统造成的影响都是相似的。对于计划内设备停机造成的加工时间不确定性分析,有不同的处理方法。

同样地,我们也采用两台机器做比较。机器 1 生产效率高,平均每小时可加工 1 件产品,但需要定期进行停机,平均每完成 4 个产品的加工就要停机 2 小时进行机器设置。机器 2 生产速度慢,平均每 1.5 小时才能加工完 1 件产品,但无设置需要。对于两台机器来说,它们的有效产出率 r_e 均为

$$r_e = \frac{4}{4 + 2} = \frac{1}{1.5} = \frac{2}{3} (个 / 小时) \qquad (9.17)$$

有效加工时间 c_e 为

$$c_e = \frac{1}{r_e} = 1.5 (\text{小时}) \tag{9.18}$$

从传统的产能分析角度看,这两台机器的平均产能可视为等同。但是,当把这两台机器视为生产线的一部分时,在此前对设备故障的处理过程中,我们发现考虑不确定性对机器性能的评估很重要。在其他条件都相同的情况下,机器 2 的加工时间不确定性比机器 1 更小。所以,采用机器 2 而不是机器 1 将有助于降低加工时间的波动,从而使生产线的效率提高。这也是在准时化生产(just in time)中偏好具有更短设置时间的机器的原因。

在上述例子中,我们视这两台机器具有相同的固有不确定性,其中机器 1 的有效加工时间不确定性即为固有不确定性,而机器 2 的有效加工时间不确定性还需要考虑设置时间的波动,因此很容易判断出机器 2 的总体不确定性要高于机器 1。那么,当两者的固有不确定性不同时,又该如何处理?

要计算具有设置时间的机器的有效加工时间变异系数,首先从自然加工时间开始,其均值和标准差分别为 t_0 和 σ_0,变异系数平方 $c_0^2 = \sigma_0^2 / t_0^2$。假设设置时间的均值和变异系数分别为 t_s 和 c_s,机器在两次设置之间平均可加工 N_s 个产品。由于机器设置的时间可供选择,那么对于两次设置期间进入的产品来说,加工完每个产品后,都有可能停机并进行机器设置。因此,假设在每个产品之后进行机器设置的概率是相等的。例如,如果两次设置之间平均有 5 个产品会被处理,那么在每个产品生产完成后,有 1/5 的概率机器会进入设置状态。

基于这些假设,有效加工时间的均值、方差和变异系数平方可表示为

$$t_e = t_0 + \frac{t_s}{N_s} \tag{9.19}$$

$$\sigma_e^2 = \sigma_0^2 + \frac{\sigma_s^2}{N_s} + \frac{N_s - 1}{N_s^2} t_s^2 \tag{9.20}$$

$$c_e^2 = \left(\frac{\sigma_e}{t_e}\right)^2 \tag{9.21}$$

为了说明式(9.19)~式(9.21)的实用性,再次考虑两台机器的例子。机器 1 无设置时间,平均自然加工时间 t_0 为 1.2 小时,变异系数 c_0 为 0.5;机器 2 则需要定期进行设置,在两次设置间隔期平均会加工 $N_s = 10$ 个产品,其生产效率更高,平均自然加工时间 t_0 为 1.0 小时,变异系数 c_0 为 0.25,平均设置时间 t_s 为 2 小时,变异系数 c_s 为 0.25。现在讨论这两台机器的性能。

从产能看,机器 1 的有效产出率为

$$r_e = \frac{1}{t_0} = \frac{1}{1.2} = 0.833 \tag{9.22}$$

机器 2 的有效产出率为

$$r_e = \frac{1}{t_e} = \frac{1}{t_0 + \dfrac{t_s}{N_s}} = \frac{1}{1.0 + \dfrac{2}{10}} = 0.833 \tag{9.23}$$

两者的有效产出率相同,下面来比较它们的不确定性。对于机器 1 来说,其变异系数平方 $c_e^2 = c_0^2 = 0.25$,而机器 2 的 SCV 为

$$c_e^2 = \left(\frac{\sigma_e}{t_e}\right)^2 = \frac{\left(0.25^2 \times 1.0^2 + \dfrac{0.25^2 \times 2^2}{10} + \dfrac{10-1}{10^2} \times 2^2\right)}{\left(1.0 + \dfrac{2}{10}\right)^2} \approx 0.31 \tag{9.24}$$

因此,如果不考虑设置时间,机器 1 的不确定性高于机器 2;而如果考虑了设置时间,机器 1 的总体不确定性要低于机器 2。

2) 来自返工的不确定性

造成生产系统波动的另一大来源是质量问题。最常见的情况是当工作站加工产品并会检查产品是否按质完成时,有可能出现部分产品在该工作站上重新加工。当然,何时进行重新加工也是可以选择和操控的。如果把返工所花费的额外加工时间看作一次停机,那么它所造成的影响其实与计划内停机是一样的,既浪费了产能,又极大地增加了有效加工时间的不确定性。

类似于分析计划内停机造成的不确定性的方法,可以假设两台机器具有相同的有效产能但有不同的返工率。很容易发现,有效加工时间的变异系数会随着返工率的增加而增大。因此,更多的返工产品意味着系统具有更大的不确定性,这会导致更多的产品堵塞和更长的排队队列,并使生产流程变长。

表 9.2 分别总结了固有不确定性、来自计划外停机的不确定性和来自计划内停机的不确定性。

表 9.2　有效加工时间的不确定性

情景	固　有	计 划 外 停 机		计 划 内 停 机
来源	可靠机器	随机故障		机器设置、返工
参数	t_0, c_0^2	m_f, m_r, c_r^2		N_s, t_s, c_s^2
t_e	t_0	$\dfrac{t_0}{A}, A = \dfrac{m_f}{m_f + m_r}$		$t_0 + \dfrac{t_s}{N_s}$
σ_e^2	$c_0^2 t_0^2$	$\left(\dfrac{\sigma_0}{A}\right)^2 + \dfrac{(m_r^2 + \sigma_r^2)(1-A)t_0}{A m_r}$		$\sigma_0^2 + \dfrac{c_s^2 t_s^2}{N_s} + \dfrac{N_s - 1}{N_s^2} t_s^2$
c_e^2	c_0^2	$c_0^2 + (1 + c_r^2) A (1-A) \dfrac{m_r}{t_0}$		$\left(\dfrac{\sigma_e}{t_e}\right)^2$

需要注意,当系统内同时存在计划内停机和计划外停机时,需要结合使用这些公式。首先,仍是从固有不确定性开始,使用参数 t_0 和 c_0^2。 其次,考虑来自计划外停机的不确定性,增加使用参数 m_f、m_r 和 c_r^2 来合并这两种影响。最后,考虑来自计划内停机的不确定性,进一步增加使用参数 N_s、t_s 和 c_s^2,并使用计划内停机情景下的 t_e、σ_e^2 和 c_e^2 代替计划外停机情景下的 t_0、σ_0^2 和 c_0^2。 最终,在两种额外不确定因素下,有效加工时间均值 t_e、方差 σ_e^2 以及变异系数平方 c_e^2 都会被"膨胀"。

9.4   流水线的不确定性

9.3 节的讨论主要集中于单个机器或单个工作站的不确定性。对于整条生产线来说,一个工作站的不确定性往往可以对其他工作站的行为造成影响,称为流水线的不确定性。在流水线上,工件或作业会从一个工作站转移到下一个工作站继续加工。显然,如果上游工作站的加工时间波动很大,那么它提供给下游工作站的产品数量或产品到达时间也会具有高度的不确定性。因此,为了研究不确定性对整个生产系统的影响,必须分析和表征流水线的不确定性。

9.4.1   流水线不确定性的描述

研究的起点是产品到达某个工作站,然后产品会离开该工作站并到达下一工作站。因此,一旦我们描述了产品到达工作站的不确定性,并确定这如何影响产品离开工作站(或到达下一工作站)的不确定性,就可以刻画流水线的不确定性了。

首先介绍相关的参数及其含义。第一个参数为平均到达率 r_a,以每单位时间平均到达的产品数量来衡量。到达率的量纲必须与工作站产出率的量纲相同。例如,如果我们以每小时加工的产品数量来描述产出率,那么,到达率也应该以每小时到达的产品数来说明。第二个参数为平均到达间隔时间 t_a,即前后两个产品到达所相隔的平均时间。这两个参数满足关系式

$$r_a = \frac{1}{t_a} \tag{9.25}$$

为了使工作站的加工速度能够跟上产品到达的速度,产出率必须超过到达率,即

$$r_a < r_e \tag{9.26}$$

除了加工时间存在不确定性外,产品到达的间隔时间也会存在波动,这是由产品到达和工作站加工的波动导致的,其不确定性的度量可以与处理加工时间不确定性一样。设定 σ_a 是到达间隔时间的标准差,那么,到达间隔时间的变异系数 c_a 表示为

$$c_a = \frac{\sigma_a}{t_a} \tag{9.27}$$

将其称为到达 CV,并与有效加工时间 CV 区分开来。直观来看,当 c_a 很小时,产品到达是有规则或均匀的;而当 c_a 较大时,则表现为不均匀或"突发"的到达,如图 9.6 所示。变异系数 c_a 和平均到达间隔时间已经可以很全面地刻画产品到达工作站过程的不确定性了。

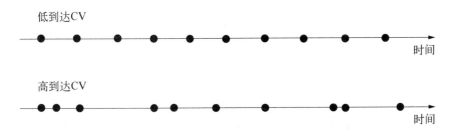

图 9.6　到达 CV(c_a)较小或较大时的到达过程

下一步,对产品离开工作站的情况进行描述。同样地,设定产品平均离开间隔时间为 t_d,那么离开速率 $r_d = 1/t_d$,离开间隔时间的变异系数为 c_d,简称离开 CV。对于流水线来说,工作站 i 的输出将是工作站 $i+1$ 的输入,因此有

$$t_a(i+1) = t_d(i) \tag{9.28}$$

对于没有停机或返工的串联生产线来说,每个工作站上产品的到达速率就等于其产出速率,如图 9.7 所示。此外,工作站 i 的离开 CV 与工作站 $i+1$ 的到达 CV 相同,即

$$c_a(i+1) = c_d(i) \tag{9.29}$$

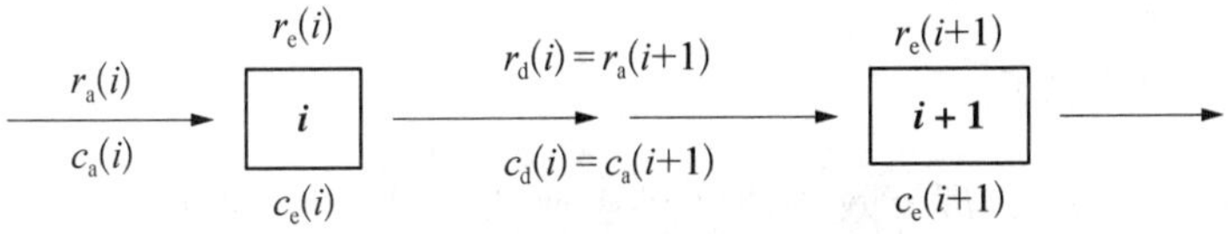

图 9.7　流水线上不确定性的传播

接下来需要处理的是,如何基于到达和加工时间的不确定性来表征离开间隔时间的不确定性。这两个因素所产生的相对影响取决于工作站的利用率 u,它是工作站处于繁忙(加工)状态的时间与总的可用时间的比值。从 9.3 节可知,如果工作站内包含 m 个相同的机器,工作站的有效产出率 $r_s = m/t_e$,那么其利用率可表示为

$$u = \frac{r_a}{r_s} = \frac{r_a t_e}{m} \tag{9.30}$$

需要注意,u 的上限为 1,说明有效加工时间必须满足

$$t_e < \frac{m}{r_a} \tag{9.31}$$

当 u 接近 1 时,说明工作站几乎总是处于繁忙状态。在这种情况下,产品从工作站离

开的间隔时间将等于产品的有效加工时间,离开 CV 主要受到加工 CV 的影响。当 u 接近于 0 时,工作站的负载非常轻,说明每一个产品加工完成后,工作站都需要等待非常长的一段时间,直到下一个产品到达,因此加工时间只占两个产品到达间隔时间的很小一部分。在这种情况下,离开 CV 主要受到达 CV 的影响。如果 u 介于 0 和 1 之间,则离开 CV 是到达 CV 和加工 CV 共同作用的结果,可表示为

$$c_d^2 = u^2 c_e^2 + (1-u^2)c_a^2 \tag{9.32}$$

如果 $u=1$,则 $c_d^2 = c_e^2$,加工 CV 与离开 CV 相等;如果 $u=0$,则 $c_d^2 = c_a^2$,到达 CV 与离开 CV 相等。

类似于有效加工时间的不确定性,流水线的不确定性在实际生产下也可能会有很大的波动。同样,使用加工时间不确定性的分类方法,基于到达 CV 对产品到达的波动进行分类,有

低不确定性(LV): $c_a \leqslant 0.75$

中等不确定性(MV): $0.75 < c_a \leqslant 1.33$

高不确定性(LV): $c_a > 1.33$

离开的不确定性高低也可以根据离开 CV 进行分类。如果工作站负载大且具有低不确定性,那么离开 CV 也是低的;如果工作站负载大且具有高不确定性,那么离开 CV 也会是高的;而如果工作站的到达不确定性和加工不确定性都处于中等,那么离开不确定性也将是中等的。

9.4.2　批量生产的特点

随着生产规模的扩大,规模效应的优势逐渐被意识到,批量生产的生产策略应运而生。当产品生产的数量较多时,企业为了降低单位产品分摊的生产成本,产品往往会批量进入产线,然后在一段时间内不间断地连续生产。

每当产品被分批运往工作站时,产品的分批到达会增加流水线的不确定性。例如,假设一台叉车每隔 2 小时便会把 10 个产品同时运往工作站。从整体批量的角度看,到达间隔时间均为 2 小时,不存在不确定性,因此到达间隔时间的不确定性 $c_a^2 = 0$。

但是,如果从单个产品的角度看,则并非如此。对于第 1 个产品来说,距离上一批量到达已经过去 2 小时,因此其到达间隔时间为 2 小时。而对于其余 9 个产品来说,由于它们与其前面的产品都是同时到达的,因此到达间隔时间应该为 0。因此,该批次的平均到达间隔时间 $t_a = 2/10 = 0.2$(小时)。到达间隔时间的方差为

$$\sigma_a^2 = \frac{\sum X^2}{N} - t_a^2 = \left[\frac{1}{10} \times 2^2 + \frac{9}{10} \times 0^2\right] - 0.2^2 = 0.36 \tag{9.33}$$

式中,X 代表每个产品的到达间隔时间;N 代表批量中包含的产品数量。那么,到达

SCV 为

$$c_a^2 = \frac{\sigma_a^2}{t_a^2} = \frac{0.36}{0.2^2} = 9 \tag{9.34}$$

可以发现，$c_a^2 = N - 1$。那么，在批量生产下，流水线的到达 SCV 为 0 还是 9 呢？结果是"介于两者之间"，原因在于批量生产混淆了两种视角。

9.5　不确定性模型

上述对有效加工时间不确定性和流水线不确定性的分析是描述整条生产线不确定性影响的基石。现在，我们继续评估这些不同类型的不确定性对生产线关键性能（如在制品、流转时间、产出等）度量的影响。可以发现，在实际生产中，有效加工时间（包括机器设置、停机等）通常仅占整个流转时间的 5%～10%，大部分的额外时间都花费在各种资源的等待上。作业会在等待加工、等待移动、等待配料等过程中形成队列，即排队。因此，有必要继续对制造系统的排队现象进行探讨以探明工件的整个流转过程。

排队论（queuing theory）是研究随机系统排队现象的数学理论和方法，可作为分析制造系统的有力工具。它起源于 1909 年，丹麦电话工程师 A. K. 爱尔朗（A. K. Erlang）首先对电话通话拥挤问题进行了研究，初步展开了对由于随机需求的出现而产生非稳定队列的现象的讨论。除了工厂生产外，在日常生活中也会经常遇到排队现象，如顾客到商店购买物品时需要排队、患者到医院看病时需要排队。排队系统几乎包含了产品在整个流转过程中的所有过程，如到达过程、服务（即生产）过程以及排队过程。排队系统的基本特征包括以下几种。

（1）需求群体：寻求加工的作业构成需求群体，作业可以同质，也可以具有不同的特征。

（2）到达过程：到达可以是单个产品到达，也可以是批量到达；相继到达的时间间隔可能是确定的，也可能是随机的。

（3）排队规则：可以是先到先服务（first come first served，FCFS）、后到先服务（last come first served，LCFS）、随机服务或有优先权的服务。

（4）排队结构：如果为单条队，遵循"先到先服务"的规则，保证公平性；如果为多条队，产品则可以从一条队伍转移到另一条队伍的尾端。

（5）服务过程：工作站可以仅由一台机器组成，或有多个并行的机器；每台机器可以有恒定或随机的加工时间、排队规则。

排队系统的种类有很多，不管所考虑的排队系统如何，排队论的工作就是用描述性参数来表征系统的性能指标。下面我们将讨论一些常见的适用于制造环境的排队系统。

9.5.1　单机器排队模型

一般来说，可以通过四个参数来表征排队系统的类别：$A/B/m/b$。其中，A 用来描述到达时间的分布;B 用来描述加工时间的分布;m 代表工作站的并行机器数量;b 表示队列中可以存在的最多作业数量,即缓冲区容量。A 和 B 的典型分布有常数分布 D、指数分布 M 以及一般分布 G(如正态、均匀分布)。在许多情况下,通常假设缓冲区非常大,队列的长度没有明确的限制,将这种类别的排队系统表示为 $A/B/m/\infty$ 或者 $A/B/m$。例如,$G/M/5$ 表示具有一般分布的到达时间和指数分布的加工时间、具有无限缓冲区的五台机器组成的工作站。

1) 模型参数

为了使用排队论描述生产系统的性能,假设以下参数。

r_a:单位时间到达工作站的作业数量,即作业的到达率。对于没有产能损失或返工的串行生产系统来说,每个工作站的到达率等于其产出率,即 $r_a=\mathrm{TH}$。

t_a:相邻两个作业到达之间的平均时间间隔,等于 $1/r_a$。

c_a:作业到达间隔时间的变异系数,即平均 CV。

t_e:工作站的平均有效加工时间。

r_e:单位时间工作站加工的作业数量,即工作站的加工效率。对有 m 台并行机器的工作站来说,其加工效率 $r_e=m/t_e$。

c_e:有效加工时间的变异系数。

重点关注的系统性能指标主要包括以下几个。

p_n:工作站内有 n 个作业的概率。

$\mathrm{CT_q}$:队列中作业的排队等待时间期望值。

CT:作业从到达至离开工作站的流转时间期望值(包括排队等待时间和加工时间),即 $\mathrm{CT}=\mathrm{CT_q}+t_e$。

WIP:工作站内的平均在制品数量(以作业为单位,包括处于等待和处于加工的作业)。

$\mathrm{WIP_q}$:队列中的平均在制品数量(以作业为单位)。

对于只考虑一个工作站的生产系统,参数之间存在一些重要的关系。首先是工作站的利用率 u,即工作站处于繁忙状态的概率,可表示为

$$u=\frac{r_a}{r_e}=\frac{r_a t_e}{m} \tag{9.35}$$

其次,将利特尔定律分别应用于工作站和队列,可以得到关于在制品数量、时间和速率的关系,有

$$\mathrm{WIP}=\mathrm{TH}\times\mathrm{CT} \tag{9.36}$$

$$\mathrm{WIP_q}=r_a\times\mathrm{CT_q} \tag{9.37}$$

2) $M/M/1$ 模型

考虑一个单机器排队模型,考虑一个服从指数分布的 $M/M/1$ 排队系统,从特定的分

布逐步推广到具有更一般分布的 $G/G/1$ 系统。简单起见,把生产范围限制在具有单类作业的系统上。$M/M/1$ 排队模型假设作业的到达时间服从指数分布,单个机器的加工时间也服从指数分布,采取"先到先服务"的排队结构,队列中等待的作业数量可以无限。虽然 $M/M/1$ 模型并非大多数制造系统的准确场景,但它易于处理,并为更复杂和更现实的系统提供了宝贵的基本见解。

分析 $M/M/1$ 模型的关键是指数分布的无记忆性。要了解其原因,需要注意哪些信息被采用来表征系统的未来状态演变。也就是说,我们需要了解系统的当前状态,才能回答诸如系统在一定时间内处于空闲状态的可能性有多大之类的问题。

首先,我们需要获取有关到达间隔时间和加工时间的信息,用于定义系统的状态转移情况。由于两者都被假设为指数,其标准差与均值相等,因此只需要知道均值即可。已知作业的平均到达间隔时间为 t_a,因此到达率 $r_a = 1/t_a$。 工作站的平均加工时间为 t_e,因此加工速率 $r_e = 1/t_e$。 除此之外,还需获取目前系统中作业数量的信息。由于到达间隔时间和加工时间分布是无记忆的,系统当前的状态与未来的行为无关。因此,系统的状态可以表示为单个数字 n,即系统中当前的作业数量。

p_n 表示系统处于状态 n(即共有 n 个作业在加工和队列中)的概率。由于作业每次到达一个,机器每次也只处理一个作业,因此系统状态一次只能改变一个单位。例如,如果工作站当前有 n 个作业,那么唯一可能的状态变化是增加到 $n+1$(一个作业到达)或减少到 $n-1$(一个作业加工完离开)。假设系统当前处于状态 n,那么系统从状态 n 转移到状态 $n+1$ 的速率为 r_a,即到达速率。同样,如果系统当前处于状态 n,则从 n 转移到 $n-1$ 的速率为 r_e,即加工速率。系统的状态转移如图 9.8 所示。

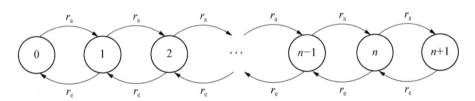

图 9.8　系统的状态转移

那么,系统从状态 $n-1$ 转移到状态 n 的无条件(即稳态)速率由 $p_{n-1}r_a$ 给出,即系统处于状态 $n-1$ 的概率,乘以从 $n-1$ 转移到 n 的速率。与此类似,系统从状态 n 转移到状态 $n-1$ 的速率为 $p_n r_e$。 为了使系统稳定,这两个速率必须相等,否则处于任何给定状态的概率都会随着时间的推移而"漂移"。因此,有

$$p_{n-1}r_a = p_n r_e \tag{9.38}$$

可改写为

$$p_n = \frac{r_a}{r_e}p_{n-1} = up_{n-1} \tag{9.39}$$

基于利用率的定义,可知工作站处于空闲状态的概率为 $1-u$。 由于机器只有在系统

中没有作业时才空闲,这意味着 $p_0 = 1 - u$,所以以下推导成立:

$$p_1 = up_0 = u(1-u)$$
$$p_2 = up_1 = u \cdot u(1-u) = u^2(1-u)$$
$$p_3 = up_2 = u \cdot u^2(1-u) = u^3(1-u)$$
$$\cdots$$

$$(9.40)$$

观察式(9.40)的规律,可以得到一般性的表达式为

$$p_n = u^n(1-u) \tag{9.41}$$

系统处于所有状态的概率之和为1,因此有

$$p_0 + p_1 + p_2 + \cdots = (1 + u + u^2 + \cdots)p_0 = 1 \tag{9.42}$$

由于 $0 < u < 1$,根据等比数列求和,同样可以得到

$$p_0 = 1 - u \tag{9.43}$$

然而,如果 $u \geqslant 1$,即当系统中作业无限多时,其概率会无限大,违反了概率的准则。因此,为了使工作站具有稳定的长期行为(没有"爆炸"队列出现),必须使 $u < 1$,即工作站利用率严格低于100%。

在制品的数量是衡量系统运行优良的最直接指标,对于 $M/M/1$ 模型来说,系统内在制品的期望值为

$$\begin{aligned}
\text{WIP} &= \sum_{n=0}^{\infty} np_n = (1-u)\sum_{n=0}^{\infty} nu^n \\
&= u(1-u)\sum_{n=1}^{\infty} nu^{n-1} \\
&= u(1-u)(1-u)^{-2} \\
&= \frac{u}{1-u}
\end{aligned} \tag{9.44}$$

作业在系统内的平均流转时间为

$$\text{CT} = \frac{\text{WIP}}{r_a} = \frac{t_e}{1-u} \tag{9.45}$$

作业在队列中的平均排队等待时间为

$$\text{CT}_q = \text{CT} - t_e = \frac{u}{1-u}t_e \tag{9.46}$$

队列中的平均在制品数量为

$$\text{WIP}_q = r_a \times \text{CT}_q = \frac{u^2}{1-u} \tag{9.47}$$

可以发现，WIP、CT_q 和 WIP_q 都随着利用率 u 而增加，繁忙系统比轻负载系统表现出更多的排队现象。对于给定的 u，CT 和 CT_q 也会随着 t_e 的增加而递增，说明加工速度较小的机器会导致更多的等待时间。此外，当 u 接近 1 时，以上四个度量指标都会呈现爆炸式增大。这意味着，随着利用率接近 100%，在制品水平和循环时间会迅速地呈现非线性增加。

例 9.1　某工厂产线末端设有一个包装工作站，产线上的产品经由此处加工包装后运往销售点进行售卖。通过调查发现，每天到达的产品服从指数分布，平均到达率为 75 个/小时。对收集到的加工信息进行观察和统计后得到，每个产品从进入包装加工站到离开平均需要花费 28.8 秒，并且该时间服从指数分布。如果该系统可视为一个 $M/M/1$ 模型，请计算这个系统的特征。

解：从题意可知，产品的到达速率 r_a 为 75 个/小时，工作站的加工速率 r_e 为 125 个/小时，工作站的利用率为

$$u = \frac{r_a}{r_e} = \frac{75}{125} = 0.6$$

工作站处于空闲状态（没有产品）的概率为

$$p_0 = 1 - u = 1 - 0.6 = 0.4$$

工作站中的平均产品数量为

$$\text{WIP} = \frac{u}{1-u} = \frac{0.6}{1-0.6} = 1.5 \text{（个）}$$

产品从进入工作站至离开的平均流转时间为

$$\text{CT} = \frac{\text{WIP}}{r_a} = \frac{1.5}{75} = 0.02 \text{（小时）} = 1.2 \text{（分钟）}$$

产品的平均排队等待时间为

$$\text{CT}_q = \text{CT} - t_e = 1.2 - \frac{1}{125} \times 60 = 0.72 \text{（分钟）}$$

平均排队等待的产品数为

$$\text{WIP}_q = r_a \times \text{CT}_q = \frac{75}{60} \times 0.72 = 0.9 \text{（个）}$$

3）$G/G/1$ 模型

实际上，大多数真实的制造系统并不满足 $M/M/1$ 排队模型的假设，加工时间很少是指数型分布的。当工作站由上游非指数型工作站供给作业时，到达间隔时间也不太可能呈现指数型分布。要处理具有非指数型分布的到达间隔时间和加工时间的系统，必须使用 $G/G/1$ 模型。

　　然而,由于没有指数型分布的无记忆特性来简化计算,我们很难分析出 $G/G/1$ 模型的精确性能度量。但是,可以通过其均值和标准差(或 CV)来近似估计,该结果在大多数典型的制造系统中是相当准确的(除了 c_e 和 c_a 远大于1,或者 u 大于0.95 或小于0.1 的情况外)。

　　Kingman 在 1961 年首次研究出了 $G/G/1$ 模型的 CT_q 近似值,由下式给出

$$CT_q = \left(\frac{c_a^2 + c_e^2}{2}\right)\left(\frac{u}{1-u}\right)t_e \tag{9.48}$$

那么,其余性能指标如 WIP、WIP_q 和 CT 均可由式(9.48)转化得到。近似 CT_q 巧妙地由三部分组成:无量纲的变异系数 V、利用率 U 以及时间 T,称为 VUT 方程。从中可以看出,如果 V 小于1,那么 $G/G/1$ 模型的平均排队等待时间以及其他性能度量将小于 $M/M/1$ 模型的指标。相反,如果 V 大于1,则说明其排队程度将大于 $M/M/1$ 模型。

　　例 9.2　考虑工作站内单机器加工情况,该机器的加工时间具有高不确定性,$c_e^2 = 6.25$,机器的平均加工时间为 20 秒,利用率为 95%。假设作业的到达时间服从指数分布,那么 $c_a^2 = 1$。试计算该工作站内作业的平均排队等待时间。如果该机器加工完的作业继续进入下游机器生产,假设两台机器的参数完全一致,那么作业在下游机器的平均排队等待时间如何?

　　解: 首先,不考虑下游机器,从题意可知,该系统为 $G/M/1$ 系统,采用 VUT 方程来近似计算 CT_q,可得

$$
\begin{aligned}
CT_q &= \left(\frac{c_a^2 + c_e^2}{2}\right)\left(\frac{u}{1-u}\right)t_e \\
&= \left(\frac{1+6.25}{2}\right)\left(\frac{0.95}{1-0.95}\right)\times 20 \\
&= 1\,377.5(秒)
\end{aligned}
$$

对于下游机器来说,作业到达间隔时间的变异系数平方 c_a^2 与作业离开上游机器的间隔时间的变异系数平方 c_d^2 相等。根据式(9.32),有

$$
\begin{aligned}
c_d^2 &= u^2 c_e^2 + (1-u^2)c_a^2 \\
&= 0.95^2 \times 6.25 + (1-0.95^2)\times 1 \\
&= 5.74
\end{aligned}
$$

所以,对于下游机器来说,作业的平均排队等待时间为

$$
\begin{aligned}
CT_q &= \left(\frac{c_d^2 + c_e^2}{2}\right)\left(\frac{u}{1-u}\right)t_e \\
&= \left(\frac{5.74+6.25}{2}\right)\left(\frac{0.95}{1-0.95}\right)\times 20 \\
&= 2\,278.1(秒)
\end{aligned}
$$

分析结果可知,尽管两台机器具有完全一样的参数,但作业在下游机器的排队等待时间要更长。这是因为来自上游的不确定性进一步传导,影响了下游的生产加工,使下游的不确定性进一步放大,造成更多的堵塞。

9.5.2　多机器模型

在实际的生产系统中,工作站通常由多台并行的机器组成,因为往往需要不止一台机器才能完成所需的工作量。为了分析和理解并行工作站的行为,我们需要分析更通用的多机器模型。

1) $M/M/m$ 模型

在本节中,我们将首先分析到达间隔时间和加工时间服从指数分布、拥有 m 个并行机器的工作站,该模型可表示为 $M/M/m$ 模型。对于多机器并行的工作站来说,每台机器的加工效率为 r_e。当工作站处于满负荷运行时(即系统内的作业数量 n 不少于 m,每台机器都处于繁忙状态),工作站的加工效率为 mr_e。而当系统内的作业数量 n 少于 m 时,并非所有机器的产能都被充分利用,此时工作站的加工效率应为 nr_e。在多机器模型中,系统的状态同样地也可以用作业数量来表征,为了避免出现某一状态"爆炸"现象,工作站的利用率应该满足

$$u = \frac{r_a}{mr_e} < 1 \tag{9.49}$$

系统的状态转移如图 9.9 所示。由于作业按照每次一个的规律到达,系统从状态 $n-1$ 转移到状态 n 的稳态速率仍由 $p_{n-1}r_a$ 给出。但是,对于系统从状态 n 转移到状态 $n-1$,如果 $n < m$,其转移速率为 np_nr_e;如果 $n \geq m$,其转移概率为 mp_nr_e。

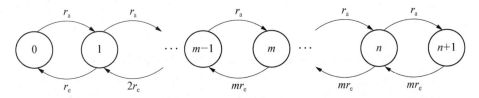

图 9.9　$M/M/m$ 系统的状态转移

为了使系统稳定,进入状态的转移速率和离开状态的转移速率必须相等,因此建立平衡方程,可以得到

$$p_{n-1}r_a = \min\{n,m\}p_nr_e \qquad n = 1,2,\cdots \tag{9.50}$$

通过推导,可改写为

$$p_n = \frac{(mu)^n}{n!}p_0 \qquad n = 0,1,\cdots,m \tag{9.51}$$

$$p_{m+n} = u^n p_m = u^n \frac{(mu)^m}{m!}p_0 \qquad n = 0,1,\cdots \tag{9.52}$$

由于所有状态的概率之和为 1,所以

$$p_0 = \left[\sum_{n=0}^{m-1} \frac{(mu)^n}{n!} + \frac{(mu)^m}{m!} \frac{1}{1-u} \right]^{-1} \qquad (9.53)$$

下面,考察系统的性能指标。在 $M/M/m$ 模型中,当系统内的作业数量超过 m 时,工作站处于满负载状态,新到达的作业必须先排队等待。此时,系统处于繁忙状态,其概率为

$$\begin{aligned} p_b &= p_m + p_{m+1} + p_{m+2} + \cdots \\ &= \frac{p_m}{1-u} \\ &= \frac{(mu)^m}{m!} \left[(1-u) \sum_{n=0}^{m-1} \frac{(mu)^n}{n!} + \frac{(mu)^m}{m!} \right]^{-1} \end{aligned} \qquad (9.54)$$

系统中排队等待的平均作业数量为

$$\begin{aligned} \mathrm{WIP}_q &= \sum_{n=0}^{\infty} n p_{m+n} \\ &= \frac{p_m}{1-u} \sum_{n=0}^{\infty} n(1-u)u^n \\ &= p_b \frac{u}{1-u} \end{aligned} \qquad (9.55)$$

根据利特尔定律,作业在队列中的平均排队等待时间为

$$\mathrm{CT}_q = \frac{\mathrm{WIP}_q}{r_a} = p_b \frac{1}{1-u} \frac{1}{m r_e} \qquad (9.56)$$

当平均到达间隔时间 $r_a = 0.9$,平均加工时间 $r_e = 1$ 时,系统的相关指标与机器数量的关系如表 9.3 所示。

表 9.3　系统繁忙概率和平均排队等待时间与机器数量的关系

机器数量	繁忙概率	平均排队等待时间
1	0.90	9.00
2	0.85	4.26
5	0.76	1.53
10	0.67	0.67
20	0.55	0.28

工作站中处于加工状态的平均机器数量为

$$S = \sum_{n=0}^{m-1} n p_n + \sum_{n=m}^{\infty} m p_n = mu = \frac{r_a}{r_e} \qquad (9.57)$$

S 也可视作平均加工产品数量。由于系统内的在制品数量为处于排队等待的作业数和处于加工状态的作业数之和，因此，系统内在制品的期望值为

$$
\begin{aligned}
\mathrm{WIP} = \mathrm{WIP_q} + S &= p_b\,\frac{u}{1-u} + mu \\
&= \frac{(mu)^m}{m!(1-u)}\,\frac{u}{1-u}\,p_0 + mu \qquad (9.58) \\
&= \frac{(mu)^{m+1}}{m\cdot m!(1-u)^2}\,p_0 + mu
\end{aligned}
$$

作业在系统内的平均流转时间为

$$
\mathrm{CT} = \frac{\mathrm{WIP}}{r_a} \qquad (9.59)
$$

尽管 $M/M/m$ 模型的性能指标可以精确求解，但其表达式较复杂，不易计算。VUT 方程为我们提供了一种简便计算的工具。由于 $M/M/m$ 模型的到达间隔时间和加工时间均服从指数分布，因此变异系数 $c_a=1$ 且 $c_e=1$。 在这个模型中，所有的作业都在一个队列中等待下一台可用的机器。Sakasegawa 在 1997 年基于 VUT 方程，提出了平均排队等待时间的近似简单形式，即

$$
\mathrm{CT_q} = \frac{u^{\sqrt{2(m+1)}}}{m(1-u)}\,t_e \qquad (9.60)
$$

当 $m=1$ 时，与 $M/M/1$ 模型下的 $\mathrm{CT_q}$ 近似值表达式相同，也是 $M/M/1$ 模型下 $\mathrm{CT_q}$ 的精确值。

例 9.3　某纸制品印刷厂内部设有 A、B、C、D 共 4 台切纸机，分别为厂内的 4 种纸品提供纸张裁切服务。但是，每台机器的工作强度不一样。其中，机器 A 平均每分钟会被分派裁切 3 批纸品，其余 3 台机器每分钟仅被分派裁切 2 批纸品。无论是哪一类纸品，完成一次裁切任务的平均时间都是 15 秒，服务时间和分派工作的间隔时间都服从指数分布。厂长认为，如果将所有的切纸机集中起来面向整个工厂，那么服务状况可以得到一定改善。试证明该想法是否正确。

解：如果将所有切纸机集合起来，将构成一个 $M/M/4$ 系统。整个工厂内平均每分钟会产生 $3+2\times3=9$（件）工作，每个切纸机平均每分钟能处理 4 件工作，那么整个切纸系统的最大利用率为

$$
u = \frac{9}{4\times4} = \frac{9}{16}
$$

系统的空闲概率为

$$
p_0 = \left[\sum_{n=0}^{4-1} \frac{(4u)^n}{n!} + \frac{(4u)^4}{m!}\,\frac{1}{1-u}\right]^{-1} = 0.099
$$

系统内平均切纸批数为

$$\mathrm{WIP} = \frac{(mu)^{m+1}}{m \cdot m!(1-u)^2} p_0 + mu$$

$$= \frac{\left(4 \times \dfrac{9}{16}\right)^5}{4 \times 4! \times \left(1 - \dfrac{9}{16}\right)^2} \times 0.099 + \frac{9}{4} \approx 2.56(\text{个})$$

系统内纸品的平均流转时间为

$$\mathrm{CT} = \frac{\mathrm{WIP}}{r_a} = \frac{2.56}{9} \approx 0.28(\text{分钟})$$

如果不把切纸机集合起来,那么对于切纸机 A 来说,任务的平均流转时间为

$$\mathrm{CT} = \frac{t_e}{1-u} = \frac{0.25}{1 - 3/4} = 1(\text{分钟})$$

其他机器的任务平均流转时间为

$$\mathrm{CT} = \frac{t_e}{1-u} = \frac{0.25}{1 - 2/4} = 0.5(\text{分钟})$$

通过计算可以发现,集合切纸机后,平均流转时间从最短 0.5 分钟缩减至 0.28 分钟,说明所有的切纸机集中起来的方案是有效的。

　　2) $G/G/m$ 模型

　　对于 $G/G/1$ 模型来说,其性能参数的近似表达与 $M/M/1$ 模型的关系如下:

$$\mathrm{CT_q}(G/G/1) = \left(\frac{c_a^2 + c_e^2}{2}\right) \mathrm{CT_q}(M/M/1) \tag{9.61}$$

对于到达间隔时间和加工时间均服从一般分布的 $G/G/m$ 模型,同样也可以采用 VUT 方程对其性能参数进行近似表达,即

$$\mathrm{CT_q}(G/G/m) = \left(\frac{c_a^2 + c_e^2}{2}\right) \mathrm{CT_q}(M/M/m) \tag{9.62}$$

可以改写为

$$\mathrm{CT_q}(G/G/m) = \left(\frac{c_a^2 + c_e^2}{2}\right) \frac{u^{\sqrt{2(m+1)}}}{m(1-u)} t_e \tag{9.63}$$

式(9.63)是 VUT 方程在多机器模型下的表达。其中,V 和 T 部分与单机器模型相同,而 U 部分不同。尽管它看起来较复杂,但由于不需要进行任何类型的迭代算法来求解,因此很容易计算得到。

9.5.3　堵塞模型

到目前为止,我们只考虑了队列增长不受限制的系统。事实上,对于前文所研究的系统,随着系统的利用率接近 100%,平均队列长度和流转时间都会增加到无穷大。但在现实世界中,队列长度永远不会变得无限大,会受到空间、时间或操作策略的限制。因此,下面将继续分析具有有限排队空间的系统的行为。

考虑一个到达间隔时间和加工时间都服从指数分布的单机器工作站,类似于 $M/M/1$ 模型。不同的是,系统中只有容纳 b 个作业(包括处于排队和加工状态的作业)的空间。当系统的空间变满时,作业的到达过程就会停止。每当这种情况发生时,就定义系统被"堵塞"了。该模型也是制造工厂中常见的类型。例如,在一个由两个工作站组成的制造单元中,两个工作站之间存在一个有限的缓冲区。原材料首先经由第一台机器处理,然后被输送至第二台机器前的缓冲区。那么 $M/M/1/b$ 模型可以很好地描述第二台机器的行为。

对于具有堵塞情况的排队系统来说,作业到达率 r_a 具有不同的含义。在 $M/M/1/b$ 模型中,r_a 表示系统处于未满时的潜在到达率。因此,$u = r_a t_e$ 也不再是机器处于繁忙状态的概率,而是表示在作业到达没有停止时的机器利用率,所以 u 可能等于或超过 1。

与 $M/M/1$ 模型一样,$M/M/1/b$ 模型的状态仍定义为系统中的作业数量。不同的是,它将具有有限数量的状态 $n = 1, 2, \cdots, b$。建立平衡方程,得到等式

$$p_{n-1} r_a = p_n r_e \tag{9.64}$$

可以推知系统的稳态概率满足

$$p_n = u^n p_0 \tag{9.65}$$

系统所有状态的概率之和为 1,即

$$p_0 + p_1 + \cdots + p_b = 1 \tag{9.66}$$

由此可以得到系统的空闲概率为

$$p_0 = \frac{1-u}{1-u^{b+1}} \tag{9.67}$$

当 b 趋于无穷大时,$p_0 = 1 - u$,与 $M/M/1$ 模型下的空闲概率一致。当 u 等于 1 时,$p_0 = p_n$,可以得到此时 $p_0 = p_n = 1/(1+b)$,所有状态的概率都相等。

接下来,分析单机器堵塞系统的性能指标。对于 $u = 1$ 的情况,其平均在制品数量为

$$\mathrm{WIP} = \sum_{n=0}^{b} n p_n = \frac{b}{2} \tag{9.68}$$

当系统未满时,到达速率等于其产出速率;当系统变满时,不再有新作业到达。因此系统的整体平均产出速率为

$$\mathrm{TH} = (1 - p_b) r_a = \frac{b}{b+1} r_a = \frac{b}{b+1} r_e \tag{9.69}$$

对于 $u \neq 1$ 的情况,平均在制品数量和产出率则满足

$$\text{WIP} = \frac{u}{1-u} - \frac{(b+1)u^{b+1}}{1-u^{b+1}} \tag{9.70}$$

$$\text{TH} = \frac{1-u^b}{1-u^{b+1}} r_{\text{a}} \tag{9.71}$$

此外,根据利特尔定律,可以得到平均流转时间 $\text{CT} = \text{WIP}/\text{TH}$,平均排队等待时间 $\text{CT}_{\text{q}} = \text{CT} - t_{\text{e}}$,平均等待队列长度 $\text{WIP}_{\text{q}} = \text{TH} \cdot \text{CT}_{\text{q}}$。

比较 $M/M/1/b$ 和 $M/M/1$ 两种模型,可以发现 $M/M/1/b$ 模型的在制品数量将始终小于 $M/M/1$ 模型的在制品数量,这是因为第二台机器会堵塞,以防止在制品过度堆积。但是这会使系统的产出率有损失。回想一下,在 $M/M/1$ 模型中,由于在稳定状态下,任何进来的东西都必须出去,系统到达速率等于产出速率,而在堵塞模型下并非如此。$M/M/1/b$ 模型下的产出率将总是小于 $M/M/1$ 模型下的产出率,即

$$TH(M/M/1/b) = \frac{1-u^b}{1-u^{b+1}} u r_{\text{e}} < u r_{\text{e}} = TH(M/M/1) \qquad u \neq 1 \tag{9.72}$$

或者

$$TH(M/M/1/b) = \frac{b}{b+1} r_{\text{e}} < r_{\text{e}} = TH(M/M/1) \qquad u = 1 \tag{9.73}$$

对于上下游两台机器和一个缓冲区组成的生产系统而言,第一台机器被认为拥有足够的原材料,所以它永远不会"挨饿",而第二台机器总是可以将其作业移出,永远不会堵塞。但是,两台机器之间的缓冲区是有限的(假定为 Q)。当缓冲区和第二台机器都变满时,第一台机器内的作业暂停流转。如果两台机器的相关时间都服从指数分布,则第二台机器和缓冲区构成的系统可定义为 $M/M/1/b$ 模型,$b = Q+2$,其中额外的 2 表示两台机器本身的容量。

例 9.4　设计一个由一台机器和有限缓冲空间组成的制造单元,其到达和服务过程服从指数分布,将单元建模为 $M/M/1/b$ 系统。设计目标是保证不超过 10% 的到达零件被堵塞,零件的到达率为每分钟 1 个零件。假设机器有三种选择,如表 9.4 所示,单位容量缓冲区需要花费 80 元建造成本。试确定合适的机器加工速率和缓冲区容量以最小化总成本。

表 9.4　三种机器选择

机器类型	加工速率/(个/分钟)	费用/元
1	0.5	100
2	1.2	300
3	2	500

解：系统的堵塞概率可表示为 $p_b = \frac{1-u}{1-u^{b+1}}u^b$，其中 $u=1/r_e$。对于机器 1，$u=2$，其堵塞概率为

$$p_b = \frac{1-2}{1-2^{b+1}}2^b < 0.1$$

可以发现，对于任意 b，该不等式都不成立，因此机器一不会被选择。

对于机器 2，$u=5/6$，其堵塞概率为

$$p_b = \frac{1-\dfrac{5}{6}}{1-\dfrac{5}{6}^{b+1}}\dfrac{5}{6}^b < 0.1$$

可得当 $b=6$ 时满足条件，$p_b = 0.077\,4$，总费用为 $300 + (6-1) \times 80 = 700$(元)。

对于机器 3，$u=0.5$，其堵塞概率为

$$p_b = \frac{1-0.5}{1-0.5^{b+1}}0.5^b < 0.1$$

可得当 $b=3$ 时满足条件，$p_b = 0.066\,7$，总费用为 $500 + (3-1) \times 80 = 660$(元)。按照总费用最小原则，应选用机器 3，系统的加工速率为每分钟 2 个零件，缓冲区容量为 2 个单元。

9.6　习题

1. 考虑以下几组来自不同机器的加工时间输出，计算每个样本的变异系数，并分析在什么情况下会出现这样的波动。

a. 6.0　6.0　6.0　6.0　6.0　6.0　6.0　6.0　6.0　6.0

b. 6.1　5.9　6.0　6.1　6.0　6.2　6.1　5.8　5.9　6.0

c. 6.0　6.0　6.0　30.0　6.0　6.0　6.0　30.0　6.0　6.0

d. 6.0　0.0　0.0　0.0　6.0　6.0　0.0　0.0　0.0　6.0

2. 一家面包店制作一个面包的平均时间是 2 分钟，标准差为 1.5 分钟。

(1) 面包制作时间的变异系数为多少？

(2) 如果每个面包的制造时间之间保持独立，制作 100 个面包的平均时间、标准差以及变异系数为多少？

(3) 假设面包机的故障时间和维修时间均服从指数分布，平均每 60 小时机器会发生故障，每次需要花费 2 小时进行维修。那么，完成 100 个面包的制作的平均有效加工时间为多长？

3. 考虑一个单机器工作站，每分钟到达 20 个产品，平均每个产品需要 1.5 分钟加工处理。

(1) 机器的利用率是多少?

(2) 如果到达间隔时间和加工时间都服从指数分布,单个产品从到达工作站至离开平均需要花费多长时间? 工作站内的平均在制品数量为多少? 平均排队等待的产品数量有多少?

4. 现有两台机器可供工作站使用。机器 A 的平均有效加工时间为 0.85 小时,SCV为 4;机器 B 的平均有效加工时间为 1 小时,SCV 为 0.25。当产品每小时到达 0.92 个,并且到达间隔时间的 SCV 为 1 时,使用哪台机器可以使流转时间更短?

5. 某汽车修理店内仅有一个修理工人,平均每小时会有 3 辆汽车进来维修,到达间隔时间服从泊松分布,汽车的修理时间服从指数分布,平均需要 19 分钟,试求:

(1) 店内空闲的概率。

(2) 店内有 4 辆汽车的概率。

(3) 店内至少有 1 辆汽车的概率。

(4) 店内汽车的平均数量。

(5) 汽车平均等待维修时间。

6. 一个美容院内有 3 个服务台,平均每小时有 12 个顾客到达,平均美容时间为 30 分钟。时间均服从指数分布,试求:

(1) 顾客等待服务的概率。

(2) 只有 1 个服务台被占用的概率。

7. 某车站集中设置有一个售票点,每个窗口会有一个售票员。已知平均每小时会有200 个顾客前来买票,售票员平均每小时能服务 40 人。现在要保证售票员的工时利用率不低于 60%,乘客平均等待时间不超过 2 分钟,那么应设置几个窗口?

8. 某医院门诊部晚上仅一位医生值班,备有 6 张椅子供患者等候应诊。当椅子坐满后,后续的患者会自动离去,不再进来。已知平均每小时会有 4 名患者前来应诊,平均每名患者需要花费 12 分钟的诊断时间,到达间隔时间和诊断时间均服从指数分布,试求:

(1)患者无须等待的概率。

(2)需要等待的患者平均数。

(3)患者在门诊部的平均逗留时间。

9. 考虑一个由两道防线组成的防空系统。第一道防线上配备两座武器,第二道防线上配备三座武器。所有武器类型一样,对来犯敌机的射击时间服从均值为 1 分钟的指数分布,敌机来犯间隔时间服从均值为 0.5 分钟的指数分布。试估计该防控系统的有效率。

第10章

项目进度计划与控制

大型的复杂产品通常为单件生产,如船舶、大型发电机组、桥梁等,这种生产方式一般采用定位布置组织生产。相应的计划主要是进度的计划,即满足规定的交货期,而数量的计划则是次要的。控制则是对进度、成本和质量等要素的控制。企业进行生产计划和控制通常都必须借助计算机软件系统(如 MRP 或 ERP 系统)来实现。同样,项目进度计划与控制也有相应的软件,利用软件可以管理、规划制订的计划目标,在计划目标执行过程中进行跟踪,使企业可以实时地掌握项目进度、实际成本差异、资源使用情况等信息,从而控制项目的整个过程。本章主要包括以下内容:① 项目的基本概念;② 项目的计划方法;③ 网络计划的优化和修改;④ 项目的控制。

10.1 基本概念

10.1.1 项目管理产生的背景及发展过程

从人类有组织地进行作业开始,就一直进行着各种规模的项目,中国的长城、埃及的金字塔等都是人类历史上大型复杂项目的典范。早期的项目,由于其规模和复杂性都相对比较小,且对成本、质量和进度等的要求不是很高,往往只凭个人的经验即可,或用简单的进度计划表(如甘特图)就可以进行分析和控制,并没有出现项目管理的概念。但随着社会和科学技术的进一步发展,出现了许多技术复杂、投资规模和系统庞大、工作量繁重的大型项目,并且市场越来越呈现动态的特性。此时,用传统的项目管理方法已经不能适应日益增长的对高质量、低成本和较短交货期的要求,所以发展出相应的比较先进的项目管理方法对项目进行计划和控制。项目管理的概念从无到有经历了近 80 年的历史发展过程,其发展过程可以分为三个阶段。

(1) 第一个阶段(始于 20 世纪 30 年代)。这个阶段主要提出了项目管理的概念,项目管理通常被认为是第二次世界大战的产物,这与美国研制原子弹的曼哈顿计划有直接关系,由于该项目规模大、系统复杂,所以开始应用项目管理的模式进行管理。这个阶段主要的工具为甘特图和阶段进度标志图。

(2) 第二个阶段(20 世纪 50 年代—20 世纪 70 年代)。这个阶段发展出来的主要方法有关键路线方法(critical path method,CPM)、项目计划和评审技术(program evaluation and review technique,PERT)。关键路线方法是由 Remington-Rand 公司的 J. E. Kelly 和 Dupont 公司的 M. R. Walker 在 1957 年提出的,当时是为了帮助一个化工厂制订停机期间的维护计划。而项目计划和评审技术则是由美国海军特别计划委员会在 1958 年制订北极星导弹研制计划时,作为一种计划与管理技术而最先使用并由此发展出来的一种方法。这个阶段的项目主要组织形式为矩阵型项目组织,应用领域主要为航空航天、军事工业和大型建筑工程项目。

(3) 第三个阶段(20 世纪 70 年代至今)。这个阶段的许多项目用纯项目型组织进行,最大的特点是计算机信息技术的发展对项目计划方法的促进,同时,项目的计划和控制也体现了多学科的综合和整合,如交叉了工程科学、行为科学、经济学、运筹学等学科,应用领域也逐渐由军事部门向非军事应用发展,如广泛应用于建筑工程项目、农业、工业、教育、卫生、科技等领域。尤其是进入 20 世纪 90 年代以后,随着知识经济时代的来临和高新技术产业的飞速发展并成为支柱产业,项目的特点发生了巨大变化。管理人员发现传统的管理原则已不适合飞速发展的知识经济时代,同时项目管理的运作方式最大限度地利用了内外资源,从根本上改善了管理人员的工作效率,于是纷纷采用该管理模式,该管理模式成为企业重要的管理手段,得到了广泛的应用。例如,20 世纪 80 年代末,IBM 在小型计算机市场危机四伏、摇摇欲坠,为改变这一局面,IBM 公司应用项目管理的思想,在 5 000 余人的参与下,仅用了 28 个月的时间就成功地开发出令人难以想象的由一千万个零部件组成的 AS/400 计算机,保卫了在小型机市场上"蓝色巨人"的地位,由此可见项目管理的重要性。

目前,项目管理研究中心仍然在欧美,理论上属于多学科之间的整合以及利用计算机工具进行项目的管理。不仅是制造业,服务业及其他各个行业都广泛应用项目管理的方法对项目进行计划和控制。不论如何,项目管理包含的基本内容没有变化,通常都包括项目的计划、项目的控制及项目的组织,这些作业要求以统一指挥、相互协调以及相应激励措施作为前提条件。

10.1.2　项目和项目管理的概念及特点

1) 项目的概念及特点

项目是指那些要求在规定的时间、限定的预算内并且符合规定质量的一次性系列工作。项目是各个相关工作的组合,这些工作在完成整个项目的过程中必须按特定的次序执行。这里的一次性意指项目所包括的系列相关工作在一个项目过程中是不可能重复的,在另外一个项目中却可能是重复的。例如,对于工程建设项目,一个建筑物建设过程中的作业,如招投标,在另外一个工程建筑项目中是可能重复的。任何项目,虽然投资规模和复杂程度各不相同,但都有其共性的一面,主要体现在以下方面:

(1) 一次性是项目区别于其他重复式流程生产、批量生产等生产方式的最根本的特征。

（2）项目具有明确的目标。项目要达成的目标在招标并签订合同时必须做明确的说明，常用的目标有工程质量标准、投资预算范围、项目的工期。如果项目的目标不明确，则在项目进行过程中就不能有效地进行控制。

2）项目管理的概念及特点

项目管理的定义是运用系统工程的观点、理论和方法，计划、组织和控制相关资源（人员、设备和材料），在有限的时间和资金前提下完成一个预定的目标。它是一种实际的工作方法，能动态地控制项目计划的进度，同时又考虑了项目中人力、物力和财力等资源的合理分配。任何项目管理都是基于对目标的管理，所以说，项目管理是为贯彻目标管理的原则，对企业管理的各个方面，如财务管理、质量管理等，进行全面、直观的控制，及时了解项目耗用情况、任务进展。对一个企业内部来说，还要考虑到项目间的关联、内外部环境的变化，及时解决存在的或潜在的问题，使单个项目或整个企业达到预定的目标。

项目管理主要有项目的组织、项目的计划、项目的优化和项目的控制。项目的组织通常有项目型组织、职能型组织和矩阵型组织三种形式，比较常用的是矩阵型组织。项目计划主要包括以下主要内容：① 项目的描述；② 项目的规划；③ 项目的分解；④ 项目的任务和责任分派；⑤ 项目预算和成本估算；⑥ 项目的进度和网络计划；⑦ 项目的报告和检查制度。通常所说的狭义的项目计划则是指项目的进度和网络计划。项目的描述是指规定项目要达到的目标，项目的规划包括对项目进行组织建设，项目的分解、项目的任务和责任分派的目的是将复杂问题拆分为若干个简单问题以便于解决。项目的优化主要是对时间、成本及资源的优化。项目控制包括对成本、进度、质量等进行的控制。

3）项目管理的目标

在所有企业的生产与运作过程中，质量、成本和交货期是最基本的任务，也是企业追求的根本目标。目标不明确，企业的运作不可能成功，同样，若项目的目标不明确，则项目最终就难以取得令人满意的效果，无法得到顾客的认同。与产品一样，项目通常也是以顾客的满意度作为评价，质量、成本和交货期就是具体的评价指标。

项目的质量是指项目完成后必须达到预先确定的各项技术指标或服务水平的要求。管理人员必须找出并重点控制项目进程中的各个质量控制点。

项目成本是指实施所有直接成本和间接成本的总和，管理者的任务是要合理组织和控制成本，尽可能为企业节省资金。

项目的完工日期一旦确定下来，项目管理的任务就是以此为目标，通过控制各项作业的进度，确保整个项目按期完成。但是，项目进度有时与成本和质量是矛盾的。

项目的上述目标能否实现，一方面取决于制订的计划是否切实可行，项目实施成本是否能让顾客接受；另一方面，项目包含的作业相互联系且要运用一定资源，必须对有限的资源进行优化组合，以求对资源的合理利用。例如，若要缩短完工期，则势必要赶工，赶工会造成额外的赶工成本从而导致总成本增加，同时，可能还会影响项目的质量水准。可以说,质量、成本和完工期这三者是矛盾的对立面,亦是矛盾的统一体。另外,在项目的实施过程中存在着许多不确定的因素,这就要求管理者必须实时掌握项目进展,并进行控制。

4) 项目管理在我国的发展

从我国的情况看,20 世纪 80 年代起,项目管理就开始在我国部分重点建设项目中运用,云南鲁布革水电站是我国第一个聘请外国专家采用国际标准并运用项目管理进行建设的水利工程项目,该项目取得了巨大的成功。随后,在二滩水电站、三峡水利枢纽建设和其他大型工程建设中,都相应采用了项目管理这一有效手段,并取得了良好的效果。但是,与国际先进水平相比较,中国的项目管理应用面窄,发展缓慢,没有形成自己的理论体系,更缺乏具有国际水平的项目管理专业人才,因此还需要加大推广项目管理的力度,建立起完备的项目管理培训体系,实现项目管理专业化。

随着中国成功加入 WTO,成为世贸组织成员之一,中国的改革开放进入新的发展阶段,许多国外大公司纷纷抢占中国市场,致使我国企业面临严峻的挑战。我国企业必须从自己的实际情况出发,调整经营战略,转化经营机制,进行有效的观念更新、机制创新、管理创新、技术创新,迅速增强核心竞争能力,在竞争中求生存,在竞争中求发展。另外,在我国西部开发战略的实施过程中,加强基础设施建设是一个重要方面,每年都有巨大资金投向基础设施建设,例如修路、架桥、西气东送等。因此,迫切需要提高我国项目的运营能力,避免"豆腐渣工程"。项目管理由于注重成效,注重团队精神,注重柔性,以及注重跨部门间的配合,可大大提高内外资源的有效配置,降低成本,保证质量,增加企业的竞争力。因此,在我国开展现代化项目管理的推广和应用,培养一批现代项目管理的高级人才,对于提高我国企业的竞争能力将具有重要意义。

10.1.3 项目的生命周期

项目的整个过程可以分为以下几个阶段: ① 概念阶段; ② 可行性研究阶段; ③ 计划与组织阶段; ④ 项目实施阶段; ⑤ 项目结束验收阶段。概念阶段主要明确需求,拟订目标。可行性研究阶段主要对需求进行分析,包括经济分析及其评价和要达到的预期效果,从技术角度分析项目是否可行,这是项目是否能够成功的第一步。计划与组织阶段主要要求进行项目的组织建设,选择合理、科学的组织结构,进行项目的招标和投标,签订项目合同和责任书,并且要对项目进行计划。在项目的实施阶段,主要进行项目的施工,对项目过程进行控制,并且对项目的完成时间、成本和资源进行优化。最后是项目的验收,分析项目是否达到合同中所规定的要求,是否让顾客满意。

项目生命周期的各个阶段可以用图 10.1 所示的链形结构形象地表示,表明项目的各个阶段是环环相扣、相互影响的。例如,如果在概念阶段没有明确需求且目标模糊,就不能合理地进行组织,也不能制订可行的计划,最终将导致项目失败。同样,如果项目的计划没有周全地考虑,严密地论证,那么在项目实施过程中,就不能对成本进行有效控制,这将影响项目的预算,使项目资金出现短缺,最终导致项目不能按期完成。

图 10.1　项目生命周期各个阶段

10.2　项目计划的甘特图方法

在出现关键路线方法和项目计划评估技术以前,一般用甘特图(Gantt chart)和阶段标志系统(mile stone system)对项目制订计划和进行进度控制。甘特图是在第一次世界大战期间由美国的 Frank Ford 兵工厂顾问 H. L. Gantt 发明的,最早称为作业进度计划图,是组成项目的各项作业和日历表的对照图,因该图为甘特所发明,后来经常被称为甘特图。甘特图具有简单明了、易读易懂的优点,因而深受基层管理人员的欢迎。但由于它不能全面而准确地反映各工作之间相互制约、相互依赖、相互影响的关系,不能反映整个项目中关键工作和非关键工作,对于大型复杂项目,甘特图显得不太适用,它还难以测定某项作业能推迟多久才对整个项目无不利影响。此外,当作业多或当工程项目实际进度与原计划有偏差时,采用甘特图也难以进行调整和重新安排。因此,甘特图比较适用于小型项目而通常不适用于大中型项目。

表 10.1 所示是一个对现有计算机系统进行改进的项目,由 12 个作业组成,该表表明了各项作业的先后顺序关系。

表 10.1　改进计算机系统项目的作业构成及完成时间

作业代号	作 业 名 称	作业时间/周	紧前作业
A	需求分析	1	—
B	重新设计现有系统架构	6	A
C	设计新增部分	3	A
D	接口设计	1	C
E	增补新代码	6	C
F	开发整体计划	2	C
G	修改现有代码	5	B,D
H	完成单元测试	1	E,G
I	更新文档	2	E,G
J	整体测试准备	1	F
K	执行整体测试	1	H、I,J
L	完成验收测试	1	K

　　根据表 10.1 所示的该项目的构成及作业先后顺序,可以绘制成图 10.2 所示的甘特图。

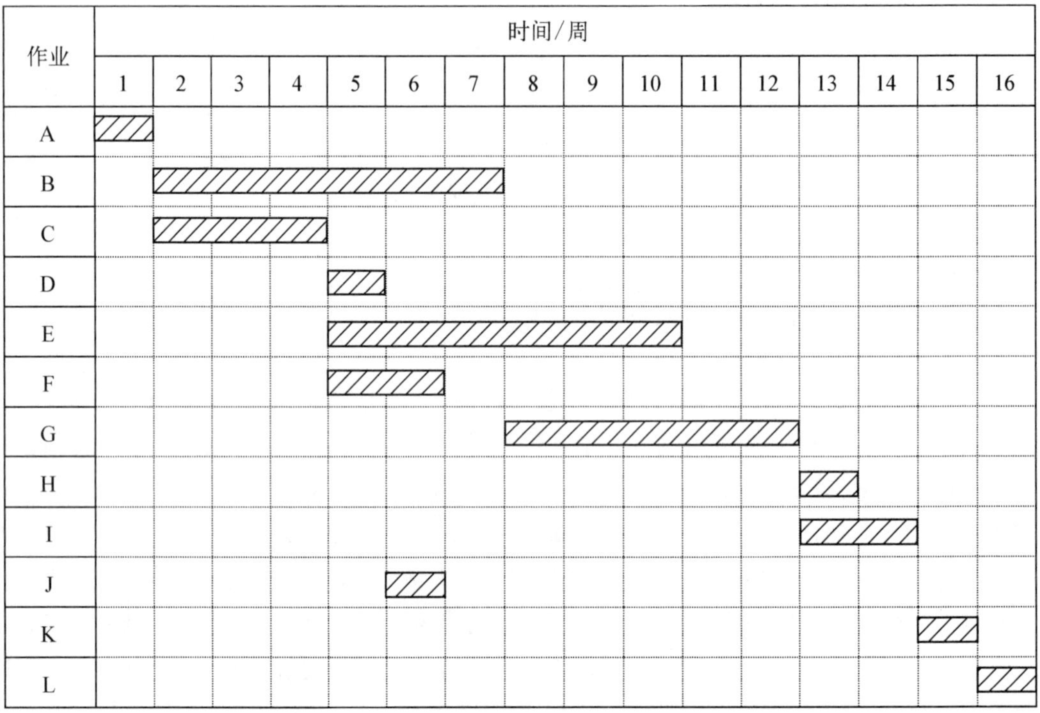

作业	时间/周															
	1	2	3	4	5	6	7	8	9	10	11	12	13	14	15	16
A	▧															
B		▧	▧	▧	▧	▧	▧									
C		▧	▧	▧												
D					▧											
E					▧	▧	▧	▧	▧	▧	▧	▧				
F					▧	▧										
G								▧	▧	▧	▧	▧				
H													▧			
I													▧	▧		
J						▧										
K															▧	
L																▧

图 10.2　改进计算机系统项目的甘特图

　　甘特图规定了构成项目的所有作业的开始时间和结束时间,适用于比较简单的项目,在早期项目中常常采用甘特图进行项目的进度计划和控制。甘特图的缺点是无法找出其中的关键路线,无法对关键路线进行重点控制,也无法进行时间-成本的优化和时间-资源的优化,不能最合理地利用现有资源。

10.3　项目计划的网络图计划方法

　　网络计划分析方法通常也称为关键路线方法,是一套用于计划和控制项目实施的图形技术,要考虑的因素是工期、成本和资源可利用性。此方法源于美国,产生于 20 世纪 50 年代后期。1957 年,美国杜邦化学公司在停机期间进行设备维修作业时,采用了一种新的计划管理方法,即关键路线方法(CPM),在第一年就为公司节约了 100 多万美元,相当于研究 CPM 所花成本的 5 倍以上。1958 年,美国海军武器局特别规划室在研制北极星导弹潜艇时,应用了称为项目计划和评审的计划方法(PERT),使北极星导弹比预期提前 2 年完成。据统计,在不增加人力、物力和财力的条件下,采用 PERT 就可以使进度提前 15%～20%,节约成本 10%～15%。

CPM 和 PERT 是独立发展起来的计划方法,在具体方法方面有一些不同,如 CPM 是假定每一作业的时间是确定的,而 PERT 则基于概率估计,其作业时间是不确定的;CPM 不仅考虑作业时间,也考虑作业成本及成本与时间的均衡问题,而 PERT 则较少考虑成本问题。两者所依据的基本原理和表现形式基本相同,都是通过网络形式表达某项计划中各项具体作业的逻辑关系(前后顺序及相互关系),因此人们将其合称为网络图计划方法。

10.3.1　作业和时间的表示

网络图主要由两种符号组成,即箭头和以圆圈表示的结点。通常用箭头表示作业,每一作业需要消耗一定的资源,箭头的方向表示作业的先后次序,箭头上方标明作业的名称,箭头下方则标明完成作业所需的时间,如图 10.3 所示。

构建网络图时,用结点表示事件,以圆圈符号表示。每一箭头始端和末端各有一个结点,表示前一个作业的结束和后一个作业的结束,即两个事件。圆圈内的结点编号无任何意义,只是在计算机系统中处理作业时用结点的编号表示作业。如图 10.4 所示,以 (i,j) 表示作业 A,编号为 i 的结点表示作业 A 的开始,编号为 j 的结点表示作业 A 的结束。为计算处理的方便,结点编号通常遵循以下规则:① 任一项目的开始结点编号均小于对应的终结点的编号;② 初始结点编号为大于等于零的任何一个自然数;③ 结点编号可采用任何无规则的自然数,但必须满足规则①;④ 结点编号必须是唯一的。一般而言,用箭头表示作业,用结点表示事件,有的则用箭头表示事件,用结点表示作业。

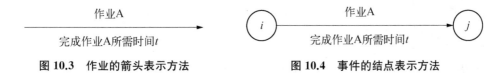

图 10.3　作业的箭头表示方法　　　　**图 10.4　事件的结点表示方法**

网络图中的结点通常有三种情况,如图 10.5 所示。

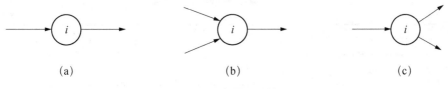

图 10.5　结点的三种情况

(a) 前一作业完成后,再开始后续作业;(b) 前 2 个作业全部完成后再开始后续作业;(c) 前一作业完成后,可同时开始 2 个作业

绘制网络图时,有时会出现作业的先后顺序难以表达的情况,这时可借助虚结点来描述。虚结点,即在项目进行过程中假设存在的作业,它既不耗用任何资源,也不占用时间,只是表示一个作业与其他作业的先后顺序,此时,该虚作业用虚线箭头表示,如图 10.6 所示。

此外,绘制网络图时,常会出现下列错误情况:

图 10.6　虚作业的表示方法

(1) 循环网络图,如图 10.7 所示。图中 2→4→3 就是一个循环,这实际上是不可能发生的。

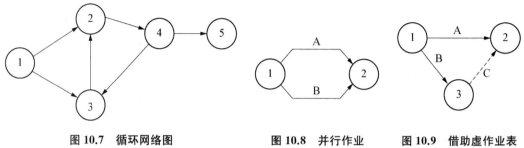

图 10.7　循环网络图　　　　图 10.8　并行作业　　　图 10.9　借助虚作业表示的并行作业

(2) 并行作业,如图 10.8 所示。由图 10.8 可以看出,作业 A 和作业 B 是两个并行的作业,在计算机系统中,作业 A 和作业 B 均用(1,2)表示,如此就无法区别这两个作业,此时,可以借助虚作业来表示,如图 10.9 所示。图 10.9 中,虚作业 C 是不消耗资源的,这样,就可以用(1,2)表示作业 A,用(1,3)表示作业 B。

(3) 重复结点编号,如图 10.10 所示,结点 2 在网络图中重复出现,这实际上形成了 2→3→4 的循环,也是不被允许的。

图 10.10　循环网络图

例 10.1　说明网络图的画法,假设一个项目由七个作业组成,每个作业的完成时间如表 10.2 所示。

表 10.2　各个作业的完成时间

作　业	A	B	C	D	E	F	G	H	I
时间/天	10	15	12	20	18	8	16	10	20

作业的先后顺序如下。

(1) A、B、C 三个作业同时开始。

(2) A 作业结束后,D 和 E 作业开始。

(3) D 作业结束后,H 作业开始。

(4) B 作业结束后,F 作业开始。

(5) C 作业结束后,G 作业开始。

(6) E 和 F 作业均结束后,I 作业开始。

（7）H、I 和 G 作业结束后，项目结束。

根据作业的先后顺序，可以构建图 10.11 所示的网络图，共有 9 个箭头（作业）和 7 个结点（事件）。

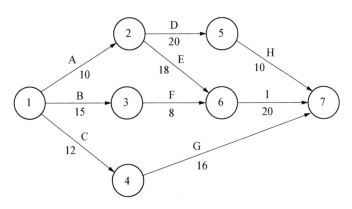

图 10.11 项目的网络图

10.3.2 关键路线计划方法

在项目管理方法发展的第二个阶段，即 CPM 和 PERT 的发展初期，两个方法的区别之一是 PERT 用箭头表示作业，用结点表示事件，而 CPM 用结点表示作业，用箭头表示事件。CPM 的表示方法会造成虚作业太多，目前已不太用。另外，CPM 网络图的绘制也比较困难，所以目前均采用 PERT 的网络图表示方法，即用箭头表示作业，用结点表示事件。其他方面的区别如下：CPM 只使用最可能时间，通常认为作业的完成时间是确定的，而 PERT 则认为作业完成时间是不确定的，符合一定概率分布，常用三个时间来表示，即最可能时间、乐观时间和悲观时间。正是因为这一差别，通常将 PERT 方法用于研究和开发项目，因为这类项目存在一定的不确定性，而 CPM 则用于例行性和（或）已有先例的项目。用关键路线法进行计划时构建的网络图要计算四种时间，即每个作业的最早开始时间、最早结束时间、最迟开始时间和最迟结束时间，有时在图上标出。在确定关键路线计算四种时间时，先计算最早开始和最早结束时间，这是正向路线，然后再按反向线路计算最迟开始和最迟结束时间，如图 10.12 所示。

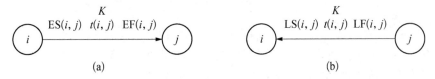

K — 作业名称，通常用 $K(i, j)$ 表示；$t(i, j)$ — 作业 $K(i, j)$ 的过程时间长短；$ES(i, j)$ — 作业 $K(i, j)$ 的最早开始时间；$EF(i, j)$ — 作业 $K(i, j)$ 的最早结束时间；$LS(i, j)$ — 作业 $K(i, j)$ 的最迟开始时间；$LF(i, j)$ — 作业 $K(i, j)$ 的最迟结束时间。

图 10.12 网络图的时间表示

（a）正向线路图；（b）反向线路图

另外,设 $TF(i,j)$ 为各个作业的松弛时间,$TL(i,j)$ 为各个作业的自由松弛时间,S_r 为第 r 条线路的总松弛时间,S_r 必有一个最小的总松弛时间为 0,也会存在一个最大的松弛时间,总松弛时间为 0 的路线即为关键路线,而最大的松弛时间则为进行时间-资源优化时所用。上述四个时间有以下关系:

$$EF(i,j) = ES(i,j) + t(i,j) \tag{10.1}$$

和

$$LS(i,j) = LF(i,j) - t(i,j) \tag{10.2}$$

在计算分析时首先要从前向后计算,即图 10.12(a)所示的正向线路图,然后再由后向前计算,即图 10.12(b)所示的反向线路图。具体讲,网络图计划方法的步骤如下。

(1) 画出网络图。

(2) 在图上标出正向线路所需时间,即每项作业的最早开始时间和最早结束时间。

(3) 在图上标出反向线路所需时间,即每项作业的最迟结束时间和最迟开始时间。

(4) 计算每个作业的松弛时间。

(5) 计算每条路线的总时差。

(6) 确定关键路线。

下面对照例 10.1 说明上述步骤,计算四种时间并找出关键路线。

(1) 画出网络图,如图 10.11 所示,在图上需标出各个作业的时间。

(2) 计算各个作业的最早开始时间 ES 和最早结束时间 EF,并在图上标出。

① 计算各个作业的最早开始时间 $ES(i,j)$。

a. 从始点开始工作的最早开始时间为 0,假设开始结点编号为 1,结束处结点编号为 n,则可得

$$ES(1,j) = 0 \tag{10.3}$$

如果起始点不止一个,则可在起点前再画一个起始结点,以虚作业表示。

b. 网络中任一项作业的最早开始时间,等于它的紧前作业的最早开始时间加上紧前作业的作业时间之和。若紧前作业有多个,则取时间之和中最大的一个,即

$$ES(i,j) = \max\{ES(h,i) + t(h,i)\} \tag{10.4}$$

式中,$(i,j) = 2,3,\cdots,n$;h 为紧前作业的前结点编号,$h = 1,2,\cdots,n-1$;$ES(h,i)$ 为紧前作业的最早开始时间;$t(h,i)$ 为紧前各个作业的作业时间。

例 10.1 中作业 $F(3,6)$ 和作业 $I(6,7)$ 的开始时间分别计算如下:

$$\begin{aligned}
ES(3,6) &= ES(1,3) + t(1,3) \\
&= 0 + 15 \\
&= 15(\text{天})
\end{aligned}$$

$$\begin{aligned}
\mathrm{ES}(6,7) &= \max\{\mathrm{ES}(2,6)+t(2,6), \mathrm{ES}(3,6)+t(3,6)\} \\
&= \max\{10+18, 15+8\} \\
&= \max\{28, 23\} \\
&= 28(\text{天})
\end{aligned}$$

② 计算各个作业的最早结束时间 $\mathrm{EF}(i,j)$。

任意一项的作业的最早结束时间就是它的最早开始时间加上该作业的作业时间,即

$$\mathrm{EF}(i,j) = \mathrm{ES}(i,j) + t(i,j) \qquad (10.5)$$

式中,$(i,j) = 1,2,\cdots,n$。 如作业 $I(6,7)$ 的最早结束时间为

$$\begin{aligned}
\mathrm{EF}(6,7) &= \mathrm{ES}(6,7) + t(6,7) \\
&= 28 + 20 \\
&= 48(\text{天})
\end{aligned}$$

各个作业的最早开始时间 $\mathrm{ES}(i,j)$ 和最早结束时间 $\mathrm{EF}(i,j)$ 计算完成后,即可以画出正向线路图,如图 10.13 所示。

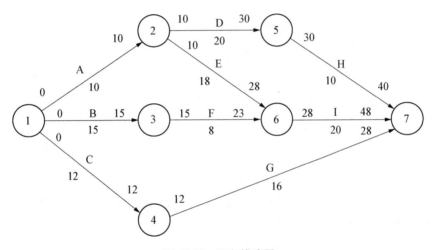

图 10.13　正向线路图

(3) 计算各个作业的最迟结束时间 $\mathrm{LF}(i,j)$ 和最迟开始时间 $\mathrm{LS}(i,j)$,并在图上标出,以构建反向线路图。计算时与前面过程正好相反,即由项目结束处首先计算每个作业的最迟结束时间,然后从后向前依次计算每个作业的最迟开始和最迟结束时间。

① 计算各个作业的最迟结束时间 $\mathrm{LF}(i,j)$。

a. 与终点相连的作业的最迟结束时间等于这些作业的最早结束时间中取最大的一个,即

$$\mathrm{LF}(i,n) = \max\{\mathrm{EF}(i_1,n), \mathrm{EF}(i_2,n), \cdots, \mathrm{EF}(i_m,n)\} \qquad (10.6)$$

式中,假设与终点相连的作业共有 m 个,即 $(i_1,n),(i_2,n),\cdots,(i_m,n)$。 例如,作业 H $(5,7)$ 的最早结束时间为 40 天;作业 $I(6,7)$ 的最早结束时间为 48 天;作业 $G(4,7)$ 的最早结束时间为 28 天,则项目的最早结束时间为 48 天。

b. 网络中任一项工作的最迟结束时间,等于它的紧后工作的最迟结束时间减去该紧后工作的作业时间之差,若后续作业仅为一个,则该作业的最迟结束时间等于后续作业最迟开始时间。若紧后工作有多个,则取时间之差中最小的一个,即

$$LF(i,j) = \min\{LF(j,k) - t(j,k)\} \qquad (10.7)$$

式中,$(i,j) = 1,2,\cdots,n-1$;k 为紧后作业的后编号,$k = 2,3,\cdots,n$;$LF(j,k)$ 为紧后作业的最迟结束时间;$t(j,k)$ 为紧后作业的作业时间。

如计算作业 B(1,3)和作业 A(1,2)的最早结束时间,计算分别如下:

$$LF(1,3) = LF(3,6) - t(3,6)$$
$$= 28 - 8$$
$$= 20(\text{天})$$

$$LF(1,2) = \min\{LF(2,5) - t(2,5), LF(2,6) - t(2,6)\}$$
$$= \min\{38 - 20, 28 - 18\}$$
$$= 10(\text{天})$$

② 计算各个作业的最迟开始时间 LS(i,j)。

为了不影响其紧后作业的按时开始,每项作业应有一个最迟开始时间,用 LS(i,j) 表示,可以通过将作业的最迟结束时间减去该作业的作业时间求得,即

$$LS(i,j) = LF(i,j) - t(i,j) \qquad (10.8)$$

式中,$(i,j) = 1,2,\cdots,n$。 如作业 B(1,3)的最迟开始时间为

$$LS(1,3) = LF(1,3) - t(1,3)$$
$$= 20 - 15$$
$$= 5(\text{天})$$

所有作业的最迟结束时间 LF(i,j) 和最迟开始时间 LS(i,j) 计算结束后,即可画出反向线路图,如图 10.14 所示。

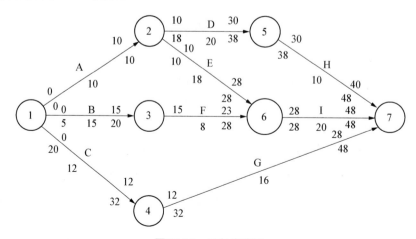

图 10.14   反向线路图

（4）计算每个作业的松弛时间 TF(i,j) 和自由松弛时间 TL(i,j)。

作业松弛时间即在不影响整个计划的完工期限的条件下，该项工作可以推迟开始或推迟结束的最大机动时间。计算公式为

$$\text{TF}(i,j) = \text{LF}(i,j) - \text{ES}(i,j) - t(i,j) \tag{10.9}$$

或者

$$\text{TF}(i,j) = \text{LF}(i,j) - \text{EF}(i,j) \tag{10.10}$$

或者

$$\text{TF}(i,j) = \text{LS}(i,j) - \text{ES}(i,j) \tag{10.11}$$

各个作业的自由松弛时间可以用其后续作业的最早开始时间减去本作业的最早结束时间，即

$$\text{TL}(i,j) = \text{ES}(j,k) - \text{EF}(i,j) \tag{10.12}$$

式中，ES(j,k) 表示作业 (i,j) 的后续作业的最早开始时间，当作业有多个前续作业时，通常其中的某些前续作业会有自由松弛时间，如作业 F(3,6) 的自由松弛时间为 $28-23=5$（天），而作业 E(2,6) 的自由松弛时间为 $28-28=0$（天）。

根据前面计算的最迟结束时间和最早开始时间及作业本身的作业时间，即可计算每个作业的总时差，计算结果如表 10.3 所示。

表 10.3　各个作业的时间参数

作业名称	时间参数/天					
	t	ES	EF	LS	LF	TF
A	10	0	10	0	10	**0**
B	15	0	15	5	20	5
C	12	0	12	20	32	20
D	20	10	30	18	38	8
E	18	10	28	10	28	**0**
F	8	15	23	20	28	5
G	16	12	28	32	48	20
H	10	30	40	38	48	8
I	20	28	48	28	48	**0**

关键路线是从项目开始到项目结束时间最长的路线，关键路线上所有作业的松弛时间的和为零，也就是其开始时间或结束时间没有任何机动余地的工作。某个项目的关键路线可能不止一条。该例中从项目的开始到项目的结束可能的路线共有 4 条，每条路线及总的松弛时间如表 10.4 所示，由此可知，该例中关键路线为 A→E→I，即图 10.14 中结

点编号为①→②→⑥→⑦的路线。

表 10.4   各个路线及其总松弛时间

路 线	总松弛时间/天
A→D→H	16
A→E→I	0
B→F→I	10
C→G	40

对于特别复杂的项目,计算关键路径利用线性规划来求解,可以建立如下的线性规划数学模型:

$$\max f(x) = \sum_i \sum_j t_{ij} X_{ij} \tag{10.13}$$

满足如下的约束条件:

$$\sum X_{1j} = 1 \tag{10.14}$$

$$\sum X_{in} = 1 \tag{10.15}$$

$$\sum X_{kj} - \sum X_{ik} = 0 \qquad k \neq 1, k \neq n \tag{10.16}$$

$$\sum X_{ij} \geqslant 0 \tag{10.17}$$

式(10.13)中变量 X_{ij} 为 1 或 0。目标函数意为找出总时间最长的路线,即关键路线, X_{ij} 均为 1 所构成的路线即为关键路线。式(10.14)表示在网络图中结点①为起始结点,同理,式(10.15)表示在网络图中结点 n 为最终结点,式(10.16)表示在网络图中 k 结点的流出值和流入值相等。根据建立的线性规划模型,用相应的数学方法去解就可以得到关键路线。更为简单的方法是计算构成项目的所有路线的完成时间,时间最长的路线即为关键路线。

10.3.3   项目计划及评审方法

关键路线方法(CPM)认为作业的完成时间是确定的,这是一种理想状态,实际有可能变化,考虑完成时间服从一定概率分布就是 PERT 方法的基本出发点。在 PERT 分析模型中,假定构成项目的每项作业的完成时间均服从 β 分布,其概率分布密度函数表达式为

$$f(x) = \frac{\Gamma(p+q)}{\Gamma(p)\Gamma(q)} \frac{(x-t_o)^{p-1}(t_p-x)^{q-1}}{(t_p-t_o)^{p+q-2}} \tag{10.18}$$

式中, $\Gamma(\eta) = \int_0^\infty x^{\eta-1} \mathrm{e}^{-x} \mathrm{d}x$; $f(x)$ 为 β 分布的概率密度函数; p、q 为两种形状函数; t_o、t_p

为概率分布的下限和上限控制点。可得期望值和方差的计算公式为

$$\mu = t_o + (t_p - t_o)\,\frac{p}{p+q} \tag{10.19}$$

$$S = (t_p - t_o)^2\,\frac{pq}{(p+q)^2(p+q+1)} \tag{10.20}$$

由于 β 分布的期望值和方差的计算都比较复杂,故在实际工程应用中进行简化处理近似计算。为此,对每项作业完成时间的期望值和方差用三个不同可能性的时间进行描述:乐观时间 t_o、悲观时间 t_p 和最可能时间 t_m,乐观时间和悲观时间发生的概率比较小。

用上述公式建立 PERT 模型计算每一项作业的期望完成时间和方差均太复杂,因为每项作业因环境的不同造成概率分布的不同,对每项作业都根据样本数据计算相应 β 分布的期望值和方差几乎不可能,因此,在实际工程应用中,必须进行简化处理。从 PERT 方法提出到现在,一直不断有学者提出 β 分布的近似计算公式,大部分学者采用三点估计法,也有部分学者采用两点估计法和五点估计法。两点估计法计算结果与实际相差太大,在实际中很少采用,而五点估计法要求对工作执行期的五个样本点进行估计,这无疑大大增加了计算的工作量。S. M. AbouRizk 和 D. W. Haopin 提出的三点估计简化算法是目前采用最多的计算公式,即将每项作业的期望完成时间和方差用三个不同可能性的时间进行描述,这三个时间分别是乐观时间、悲观时间和最可能时间,由此可得作业完成期望值的计算公式为

$$t_e = \frac{t_o + 4t_m + t_p}{6} \tag{10.21}$$

方差的计算公式为

$$\sigma^2 = \left(\frac{t_p - t_o}{6}\right)^2 \tag{10.22}$$

式中,t_o 为乐观时间,即作业顺利进行所需的完成时间;t_p 为悲观时间,即作业于不良状态下所需的完成时间;t_m 为最可能时间,即正常情况下,完成作业所需时间。

PERT 方法中计算关键路线的过程与 CPM 方法一致,唯一区别是 CPM 方法认为作业完成时间是确定的固定值,而在 PERT 方法中,作业完成时间服从一定概率分布。利用 PERT 方法除了可以确定项目的关键路线外,还可以根据作业的期望值、作业的方差和项目规定的完工时间计算项目按规定时间完成的概率。其计算步骤如下:① 计算每一作业的期望时间和方差,计算公式为式(10.21)和式(10.22);② 根据每项作业的期望完成时间和作业的先后顺序计算最早开始时间、最早结束时间、最迟开始时间和最迟结束时间;③ 计算各作业的时差;④ 求关键路线,所有作业时差均为零的路线即为所求的关键路线;⑤ 求关键路线上总的期望完工时间和总的方差,计算公式为

$$T_e = \sum_{i=1}^{k} t_{ei} \tag{10.23}$$

和

$$\sigma_T^2 = \sum_{i=1}^{k} \sigma_{ti}^2 \tag{10.24}$$

式中,i 为关键路线上第 i 个作业;k 为关键路线上的作业数;t_{ei} 为第 i 个作业的期望完成时间;T_e 为关键路线总的期望完成时间;σ_{ti}^2 为第 i 个作业的完成时间方差;σ_T^2 为关键路线上全部作业的方差之和。

⑥ 将关键路线上总的期望完成时间、总的方差和规定的完工日期代入如下公式就可以计算按期完工的概率。

$$Z = \frac{T_D - T_e}{\sigma_T} \tag{10.25}$$

式中,T_D 为项目的规定完工日期;Z 为分位数,表示 T_D 与 T_e 的偏离程度。

由中心极限定理可知,不管随机变量服从何种分布,随机变量的总和将服从正态分布,故在 PERT 模型中,虽然作业完成时间服从 β 分布,关键路线的作业总和仍服从正态分布。所以,根据式(10.25)所计算出来的分位数查正态分布表就可以得到项目按期完工的概率。

例 10.2 假设例 10.1 中作业的完成时间采用三点时间估计,如表 10.5 所示。试说明用 PERT 方法确定关键路线及确定项目按期完工的概率的计算步骤。

表 10.5   各作业的三点时间估计值

作业描述	三点时间估计/周			期望时间/周	作业方差
	t_o	t_m	t_p		
A	6	9	18	10	4.00
B	12	14	22	15	2.78
C	8	11	20	12	4.00
D	15	19	29	20	5.44
E	13	18	23	18	2.78
F	6	8	10	8	0.44
G	10	15	26	16	7.11
H	7	10	13	10	1.00
I	16	19	28	20	4.00

确定关键路线的方法和上一节所述的关键路线方法(CPM)一致,这里不加以详细求解,A、E、I 为该项目的关键路线,则这条路线的作业总方差为 10.78 周,如果要计算项目在 45 周内的完工概率,则 T_D 为 45 周,项目期望完工时间也就是关键路线的总的期望完工时间,经计算为 48 周。将上述值代入式(10.25),得

$$Z = \frac{T_D - T_e}{\sqrt{\sigma_T^2}} = \frac{45 - 48}{\sqrt{10.78}} \approx -0.91$$

经查表得到分位数 Z 对应的概率值为 0.181 4,也就意味着项目在 45 周内按期完成的概率为 18.14%。

10.4　网络计划的优化分析

项目制订好计划后,在实施过程中并不是一成不变的,而是要根据作业完成的实际情况,进行不断修正及控制,所以定期或定时修订计划就显得非常重要。修正时要根据实际作业完成情况进行,若某项作业滞后,则相应松弛时间就要适当调整。另外,关键路线中部分作业在项目执行过程中发生变更时也要进行修正。修正一般可按如下方法进行: ① 在起始结点前增设虚作业,并令作业时间为项目计划开始时间到修正期间的时间; ② 对于已经完成的作业,令其作业时间为零;③ 对于部分完成的作业,重新估计其剩余部分所需完成的时间,为其作业时间;④ 如有需要,修正还没有开始的作业时间;⑤ 根据上述计算,重新确定关键路线,并对新的关键路线进行重点控制。

除了网络计划的不定期修正外,有时要对项目的网络计划进行优化,就是在满足既定条件下,按一定的衡量指标寻求最优的网络计划过程。理想的衡量指标应综合工程周期、资源、成本等因素,但目前尚没有一个这样的能反映所有因素的综合模型。对于具体问题,只能确定优先规则,按某一衡量指标优化。从管理的角度看,网络计划的优化可以分为两个主要内容。

(1) 寻求总成本最低的最佳工期,即时间-成本优化。

(2) 工期基本不变,但资源利用最合理,即时间-资源优化。

10.4.1　时间-成本优化分析

项目实施过程中,如果项目的完工期要求发生变更,可以通过增加人力设备等资源降低作业完成时间从而达到赶工的目的,赶工必然会增加成本,进行时间-成本优化分析的目标是基于建立最小成本计划,寻求使项目完工期缩短且成本增加最少的方案,以控制总成本。

在建立优化模型时要考虑的总成本包括两类,即直接成本和间接成本。其中,与单个作业有关的成本称为作业的直接成本,直接成本可能与人工有关,如加班费、雇佣更多工人的支出等,也可能与资源有关,如购买或租赁设备等。与维持项目正常进行有关的成本称为项目的间接成本,包括日常的管理成本、设施维护成本、资源的机会成本等。这两种成本与工期的关系是不同的,一般而言,直接成本随工期缩短而增加,间接成本则相反。

本节进行的时间-成本优化分析针对的是直接成本,制订计划的关键是在时间与直接成本之间寻找平衡点,通常假设作业完成时间与直接成本之间存在一定关系。作业时间与直接成本的关系曲线如图 10.15 所示。在图 10.15 中存在如下四个变量:

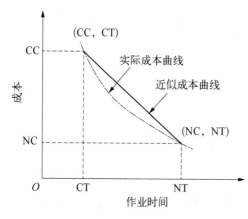

图 10.15 作业时间与直接成本的关系

① 正常成本(normal cost,NC),即作业的最低期望成本;② 正常时间(normal time,NT),即正常成本对应的完工时间;③ 赶工时间(crash time,CT),即作业完成的最小可能时间;④ 赶工成本(crash cost,CC),即赶工时间所对应的成本。实际成本曲线应为一条下凹的曲线(见图 10.15 中点画线),是一种非线性的关系,为简化起见,通常将图中两点以直线相连,作为近似的成本曲线,即作为近似线性处理。在近似直线图中,斜率即为赶工成本率。

若项目较简单,组成项目的作业较少,则可用手算方法,否则,应利用线性规划数学模型或借助电子计算机求解。这里,先以例 10.1 说明手算的基本方法,再说明线性规划数学模型的建立,手算法的基本步骤如下。

(1) 绘制项目按照正常作业完成的网络图,如图 10.11 所示,并找出关键路线,例 10.1 的关键路线为 A→E→I。

(2) 列出项目中每个作业的正常完成时间、赶工时间、正常成本和赶工成本,如表 10.6 所示。

表 10.6 各个作业的正常时间、赶工时间及其对应成本

作业编号	正常时间 NT/天	赶工时间 CT/天	正常成本 NC/元	赶工成本 CC/元
A	10	8	30	38
B	15	12	40	55
C	12	10	35	47
D	20	16	54	74
E	18	14	48	64
F	8	6	28	32
G	16	13	40	52
H	10	9	21	25
I	20	16	50	62

(3) 计算每项作业的赶工成本率 CCT,赶工成本率是指作业缩短单位时间所需的赶工成本,如图 10.15 所示,计算公式为

$$CCT = \frac{CC - NC}{NT - CT} \tag{10.26}$$

(4) 绘制赶工成本率表,如表 10.7 所示。

表 10.7　项目作业的赶工成本率

作业	(CC－NC)/元	(NT－CT)/天	赶工成本率(CC－NC)/ (NT－CT)	可能缩短的 天数/天
A	38－30＝8	10－8＝2	4	2
B	55－40＝15	15－12＝3	5	3
C	47－35＝12	12－10＝2	6	2
D	74－54＝20	20－16＝4	5	4
E	64－48＝16	18－14＝4	4	4
F	32－28＝4	8－6＝2	2	2
G	52－40＝12	16－13＝3	4	3
H	25－21＝4	10－9＝1	4	1
I	62－50＝12	20－16＝4	3	4

（5）计算关键路线，这里关键路线的确定过程和方法与前面的计算过程相同，因为此时还没有缩短，故关键路线与前面的例子一致，为 A→E→I，在缩短某个作业后必须重新确定关键路线。

（6）最后一步是优化的过程，基本思想是在成本增加最小的前提下缩短关键路线的完工时间。最简单的办法是从初始计划入手，找到关键路线，将关键路线上赶工成本率最低的作业的完工时间减少一天，然后重新计算并寻找新的关键路线，在新的关键路线上同样逐日减少完工时间。重复这一步骤，直到获得满意的完工时间或完工时间不能进一步缩短为止。由表 10.7 可知，关键路线为 A→E→I；赶工成本率最低的作业是 I，则首先将作业 I 缩短 1 天，即 I 的完工时间由原来的 20 天缩短为 19 天，当 I 缩短为 19 天后，新的时间和成本矩阵如表 10.8 所示，此时 I 作业为 19 天，赶工时间不变（16 天），赶工成本也不变（62 元），正常成本须将缩短 1 天的赶工成本考虑进来，因为赶工费用率为 3 天，所以缩短 1 天后正常成本变为 53 元。此时，新网络图的先后作业顺序保持不变，用同样的方法可以求出缩短后的新网络图的关键路线，I 缩短 1 天后的关键路线不变，依然为 A→E→I。这是一个反复循环的过程，直至得到可行的最优解。本章给出试算 11 次后的时间和成本结果，如表 10.9 所示。前 10 次关键路线均为 A→E→I，到第 11 步时，关键路线为 A→E→I 和 B→F→I，此时，比较两条关键路线所包含的所有作业的赶工成本率。由表 10.7 可知，F 赶工成本率为 2，故应将作业 F 从 8 天缩短至 7 天，而非将 E 从 15 天缩短为 14 天。

表 10.8　作业 I 缩短 1 天后的时间和成本

作业 编号	正常时间 NT/天	赶工时间 CT/天	正常成本 NC/元	赶工成本 CC/元
A	10	8	30	38
B	15	12	40	55

(续表)

作业编号	正常时间 NT/天	赶工时间 CT/天	正常成本 NC/元	赶工成本 CC/元
C	12	10	35	47
D	20	16	54	74
E	18	15	48	64
F	8	6	28	32
G	16	13	40	52
H	10	9	21	25
I	**19**	16	**53**	62

表 10.9　试算 11 次的结果

序号	关键路线	赶工费用率最低的作业	完成时间/天	赶工时间/天	项目总时间/天	项目总成本/元
1	A→E→I	I	20	16	48	346
2	A→E→I	I	19	16	47	349
3	A→E→I	I	18	16	46	352
4	A→E→I	I	17	16	45	355
5	A→E→I	I	16	16	44	358
6	A→E→I	A	9	8	43	362
7	A→E→I	A	8	8	42	366
8	A→E→I	E	17	14	41	372
9	A→E→I	E	16	14	40	378
10	A→E→I	E	15	14	39	384
11	A→E→I B→F→I	F	7	6	39	386

可以绘制赶工对应的项目总时间和总成本曲线,如图所示,从而可以确定给定赶工总成本条件下所对应的赶工时间,以确认是否满足变更项目的要求。一般而言,在项目有赶工需求时,通常都是应急的情况,很少考虑成本的影响,只要考虑现有的资源是否满足赶工的要求即可。

整个项目计划的最低直接成本可利用线性规划方法,通过建立线性规划模型,借助计算机求解。建立线性规划数学模型时需参照图 10.15,设作业 (i,j) 的正常完成时间是 NT_{ij},正常成本是 NC_{ij},赶工时间是 CT_{ij},赶工成本是 CC_{ij},赶工成本率是 CCT_{ij},缩短后的作业时间为 t_{ij},则作业 (i,j) 的直接成本为 $A_{ij}-CCT_{ij} \cdot CT_{ij}$,其中

$$A_{ij} = \frac{CC_{ij} \cdot NT_{ij} - NC_{ij} \cdot CT_{ij}}{NT_{ij} - CT_{ij}} \qquad 1 \leqslant i \leqslant j \leqslant n \tag{10.27}$$

由此可知,全部作业的总成本,亦即项目的总成本为

$$f(t) = \sum_i \sum_j (A_{ij} - CCT_{ij} \cdot t_{ij}) \tag{10.28}$$

因目标是在规定工期下的总成本最小,故目标函数可写为

$$\min f(t) = \sum_i \sum_j (A_{ij} - CCT_{ij} \cdot t_{ij}) \tag{10.29}$$

因 A_{ij} 为常数,故目标函数可写为

$$\max f(t) = \sum_i \sum_j CCT_{ij} \cdot t_{ij} \tag{10.30}$$

满足如下约束条件:

$$CT_{ij} \leqslant t_{ij} \leqslant NT_{ij} \tag{10.31}$$

$$E_i + t_{ij} - E_j \leqslant 0 \tag{10.32}$$

$$t_{ij} \geqslant 0 \tag{10.33}$$

式中,E_i 为第 i 个结点的最早开始时间;E_j 为第 j 个结点的最早开始时间。

设 θ 为整个项目完成时间的上限,则又有约束条件

$$-E_1 + E_n \leqslant \theta \tag{10.34}$$

θ 值本身的上限是正常的项目完工时间,下限则是按赶工的总项目时间,故 θ 值存在一个范围,即给定不同的项目完工期,可以得到不同的最优解,这样的线性规划问题又称为参数线性规划(parametric linear programming),可以利用对偶线性规划的方法求解。将不同 θ 值对应的直接成本求出,其形状为分段直线,如图 10.16 所示。如果再考虑间接成本,则可将直接成本、间接成本及总成本绘制成如图 10.17 所示的曲线,可得最小的总成本对应的 θ 值。理论上讲,当间接成本与直接成本相等时,对应的总成本最小,因对直接成本做线性化处理,故最后求出的 θ 值与理论值有所偏离。

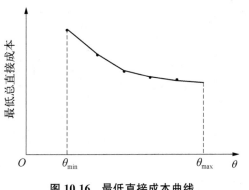

图 10.16　最低直接成本曲线

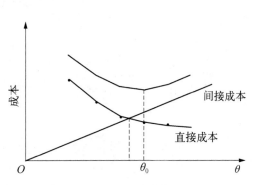

图 10.17　总成本曲线

10.4.2　时间–资源优化分析

项目中的每项工作在实施中都需要资源,资源就是完成工作所需要的各种人力、材料、设备以及资金等。有些资源是会消耗掉的,如各种材料,这类资源称为消耗性资源。同样,有些资源是不会消耗掉的,称为非消耗性资源,如人力、设备等。因为资源是形成生产力的要素,所以也称为生产要素。众多资源中,人力因素往往是最重要的决定因素。必须对资源进行合理的安排,以保证实现资源的平准化。

项目管理的一个重要特征是在限定的资源条件下,尽可能保证项目按期完工。这与物料需求计划中对能力和负荷进行平衡分析的粗能力计划和细能力计划类似。通常称项目在一个单位时间段上的资源需要量为负荷。能力通常是可知的。网络计划资源优化的准则如下:资源优化的根本目的是使整个计划在工期固定不变的前提下,资源的利用最为均衡、合理,以取得最佳经济效果。

虽然采用 CPM 方法或 PERT 方法可以得到关键路径等数据,但是,要如何与资源进行匹配,使得在整个计划期内,各阶段所需资源较为平准?除了要进行资源的优化分析外,还必须考虑项目中时间的概念。进行资源优化的方法和思路是根据各工序存在的总时差,不断调整各工序的开始时间,使所有工序所占用的资源在整个工期时间内处于均衡状态。到目前为止,已发展出许多算法对资源进行优化分析,比较简单、直观的是手动试算法,典型的是 Burgess 资源平准算法,较复杂的有各种启发式求解算法(heuristic method)以及应用电子计算机程序协助求解,本章将详细说明 Burgess 资源平准的步骤。

考虑工期和负荷平衡的一般原则如下:① 优先保证关键工作对资源的需求,因为关键路线无松弛时间,故无法调整关键路线的资源;② 充分利用时差,错开各工作的开始时间;③ 尽量使项目实施各阶段的负荷均衡。

例 10.3　用 Burgess 方法来说明资源优化的分析步骤,本例资源以所能提供的劳动力数量来描述,图 10.18 为项目的网络计划图。各个作业的作业时间及其所需人力资源在图 10.18 中表示,可按以下步骤对资源进行优化,以使资源平准,保证项目按期完成。调

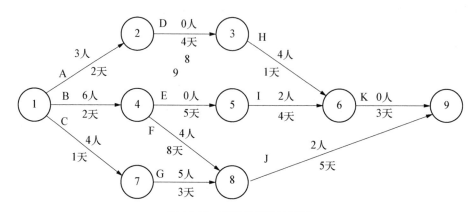

图 10.18　项目的网络计划图

整的目标是使每单位时间的资源平方和最小,因为若每单位时间资源的使用比较平准,其平方和一定为最小。用 Burgess 方法实现资源平准遵循以下步骤。

(1) 计算每个作业的时间参数。计算每个作业的几个时间参数：最早开始时间、最早结束时间、最迟开始时间和最迟结束时间。如表 10.10 所示,在绘制该表格时,根据作业的编号,所有作业的后续作业都在下面而不会出现在该作业的上方。

表 10.10　作业的时间参数计算结果

结点编号	作业名称	时间参数/天						
		T	ES	EF	LS	LF	TF	TL
1,2	A	2	0	2	5	7	5	0
2,3	D	4	2	6	7	11	5	0
1,4	B	2	0	2	0	2	0	0
4,5	E	5	2	7	3	8	1	0
3,6	H	1	6	7	11	12	5	4
5,6	I	4	7	11	8	12	1	0
1,7	C	1	0	1	6	7	6	0
4,8	F	8	2	10	2	10	0	0
7,8	G	3	1	4	7	10	6	6
6,9	K	3	11	14	12	15	1	1
8,9	J	5	10	15	10	15	0	0

由表 10.10 所知,关键路线为 1→4→8→9。可以绘制该项目的资源图,如图 10.19 所示。在该资源图中,每格代表 1 天,黑体方格表示作业所经历的时间,黑体方格的左边表示该作业的最早开始时间,方格右边表示该作业的最早结束时间。紧随其后的空白方格是该作业的松弛时间,如果有自由松弛时间,则在图中标出,以 FS 表示,空白方格表示在资源优化时可以调整的资源。如果项目中某项作业因为某种原因不能调整,必须说明。

(2) 由最下方的作业开始调整,以单位时间为准,检验平方总和的变化,调整时遵循的原则是每单位时间资源平方和最小。因为如果每单位时间资源使用比较平准,其平方和一定较小,如假设现有人力 6 人,供 2 天使用,现有几种分配方案：(6,0)、(5,1)、(4,2)、(3,3),其平方和分别为 $6^2 + 0 = 36$、$5^2 + 1^2 = 26$、$4^2 + 2^2 = 20$、$3^2 + 3^2 = 18$。很明显,(3,3)的分配方案平方和最小,对应的资源也最均匀。如果单位时间平方和变小,在松弛时间范围内,再向右移动一单位时间,直至平方总和反变较大为止,尽量向右移动,上方位置的作业有较多的调整机会。

(3) 将调整好的作业固定,重复步骤(2)依次向上做下一个作业的调整。在调整时,可观察在其下方位置有关作业的限制,例如在本例中若作业(6,9)已向右移动 1 天,则在调整作业(5,6)时,也仅能往后移动 1 天而已。

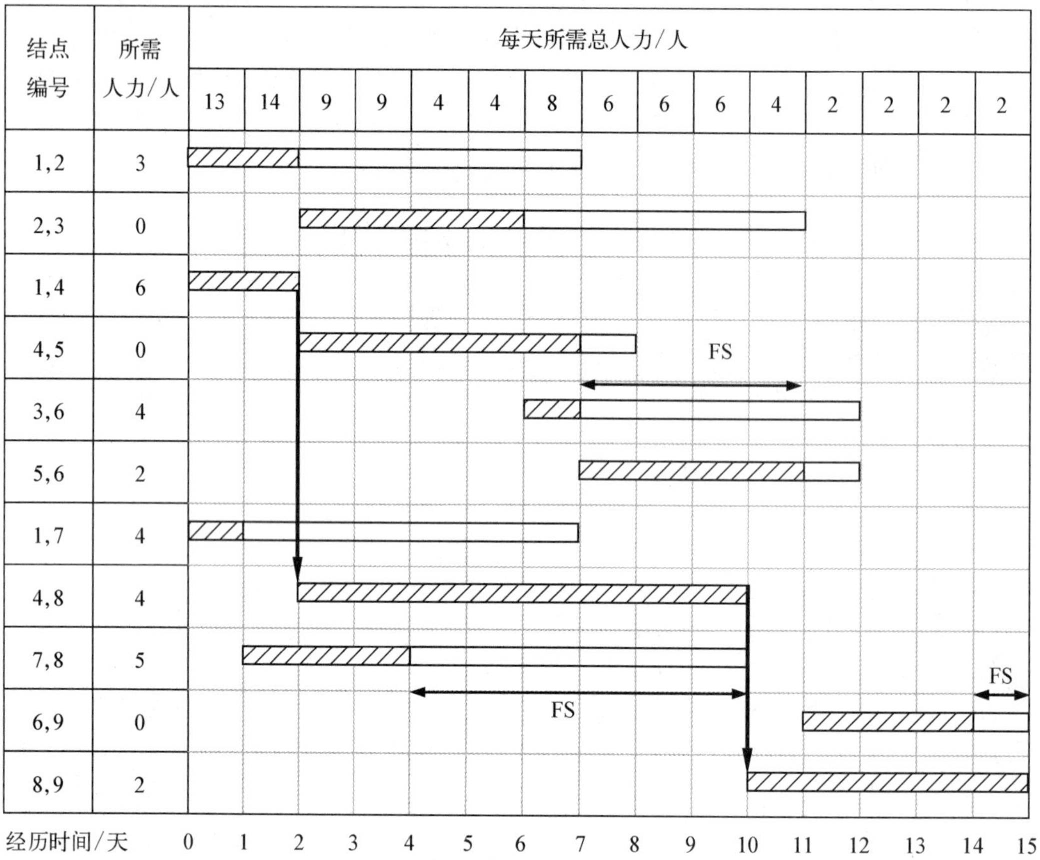

结点编号	所需人力/人	每天所需总人力/人													
		13	14	9	9	4	4	8	6	6	6	4	2	2	2	2

图 10.19　项目的资源分配图

（4）重复步骤（3），直至抵达最上方作业为止，即完成第一循环的调整。

（5）第一循环调整后，再设法将作业向右移动，进行第二循环的调整，检查是否可以减小平方和数值。

（6）如认为某作业特别重要，则重新排列作业顺序，即作业编号前面号码相互替换位置。在本例中，可将作业（3,6）与（5,6）对换位置，再依上述步骤求出结果。

（7）比较步骤（5）和（6）所得结果，选择最佳方案。

将上述步骤用于本例，初始的资源分配总平方和为 763，因为作业（8,9）为关键路径中的作业，所以无法调整。然后，检查作业（6,9）向右移动 1 天，因为不需消耗人力，所以总的平方和并没有增加，往上再检查作业（7,8），向右移动 1 天，此时平方和降为 712，再向右移动 1 天，平方和并无变化，此时，再右移反而增加。所以，将作业（6,7）由 1～4 天改为 3～6 天，依次类推，逐步调整，则 15 天内的人力分配结果依次为 6、6、7、7、8、9、9、6、6、4、8、2、2、2，对应的总平方和为 641。此时，对应的资源图为图 10.20。

资源安排和优化的根本意义在于合理调配资源，即适时、适量、比例适当地配备或投入资源,既满足项目实施要求,又满足资源使用效率。另外,在项目实施过程中,计算机的应用已使非常复杂的资源安排优化工作可以自动进行,即使对包含上千个工作的项目,其优化处理也仅仅需要几秒的时间即可以完成,而且目前的项目管理软件还能进行多种资源的同步安排及优化,并输出相应的资源需要量动态图,对资源进行动态管理,以满足项目实施过程中不断变化的需要。

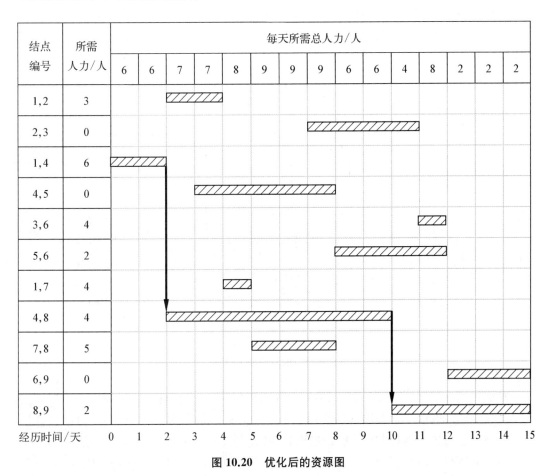

图 10.20　优化后的资源图

10.5　项目控制

　　项目控制作为项目管理的重要组成部分,在项目计划制订之后的项目实施阶段,对项目的成败起关键性作用。为了使项目实施的结果不偏离计划,或者一旦偏离能及时得到纠正,必须对项目实施的过程进行连续动态的控制。项目的控制遵循三个基本步骤:控制目标的设置、检查成效和纠正偏差。项目控制目标的设置应随着项目不断深入而分阶段设置,目标除了具有先进性,还要有实现的可能性。通常认为项目控制的理想目标是工期最短、投资最省和质量最好。三个目标组成的是一个相互制约、相互影响的统一体,其中一个目标的变化,必然会导致另外两个目标的变化,并受另外两个目标的制约和影响。目标设定以后,必须在实施过程中将实际状态实时与目标点进行比较,只要发现存在偏差,就要采取措施进行纠正。将控制论的一般原理用在项目管理上,可以简单直观地描述为"计划+监督+纠正措施=控制"。必须指出的是,对于任何一个项目来说,其质量、成本和进度的控制是动态的、循环的,直至项目完成,实现项目目标。控制论的基本原理只是为我们提供了一个理论性基础,要搞好项目控制,还必须研究、分析三个被控对象的不同特点和影响因素,有针对性地把握不同的原则,采用不同的方法、手段,才有可能达到预期的目标。图 10.21 所示为项目控制的一般流程。

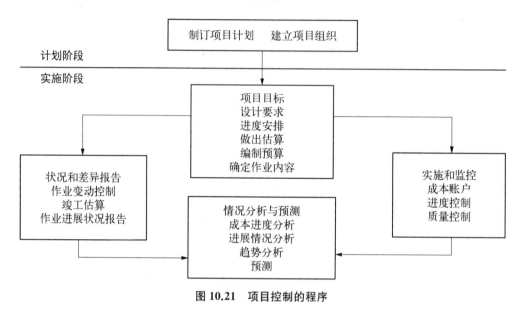

图 10.21　项目控制的程序

　　在项目实施阶段,如果严格按照项目的计划进行,则不会出现延迟于规定完工期的情况,但实际并非如此,常常会出现某些作业不能按时完成的情况,所以有必要对项目计划的实施情况进行进度的控制,最终保证项目在规定的工期内完成。任何一个项目,如果是比较简单的项目,则可用甘特图直观地表示,即使是用网络计划方法进行计划,也可以用甘特图直观地显示。甘特图明确地规定了每项作业的开始时间和结束时间,所以根据甘特图可以简单地对项目进度计划进行控制。

　　进行任何一个项目时都要耗费一定资源,只要消耗资源,必然相应发生成本。成本就是项目在进行过程中所发生的全部成本的总和,项目的成本分为直接成本和间接成本。直接成本是指项目进行过程中直接消耗的成本,如人工费、材料费、设备费和其他直接成本,其他直接成本是指项目进行过程中所发生的直接成本以外的其他成本,如材料经过二次搬运的成本等。间接成本是项目组织、管理等发生的全部间接成本支出,项目的成本通常不包括劳动者为社会创造的价值,如税金和利润等。

　　项目的成本控制是指在项目形成过程中,对生产经营所消耗的人力、物力资源和成本开支进行指导、监督、调节和限制,及时纠正已经发生和将要发生的偏差,把各项成本控制在计划成本的范围之内,以保证项目成本目标的实现。

项目控制通常可以用直观的手法表现出来,这与精益生产中的目视管理的理念类似,主要用来将项目实施过程中的有关状态直观地显示出来,常用的控制样本图有总计划成本分解图、单一作业直方图、部门成本和工时分解图、成本及工作追踪计划等报告机制。

项目实施过程中要对项目的各项指标进行跟踪,项目过程的跟踪要等到项目作业步入正轨后才能进行。项目的实际进展可能与初期计划的情况有所不同,跟踪甘特图将实际计划与基准基准计划并排绘于图上,这样可以容易地注意到两者的偏差。此外,还可以用例外管理的原则发现预算成本与实际成本的差异,最终保证项目的各项指标在可控的范围内。

10.6　习题

1. 何为关键路线? 为什么要重点对关键路线进行控制?
2. 关键路径法和计划评审技术方法的区别是什么?
3. 某项目的作业构成及各作业的时间值如表 10.11 所示,试:
① 画出网络计划图,计算每项作业的最早结束时间和最迟结束时间;
② 哪些作业有松弛时间,松弛时间分别是多少?
③ 求出该项目的关键路线。

表 10.11　作业已知参数

作业编号	作业时间/分钟	前续作业
A	5	—
B	3	—
C	3	B
D	6	B
E	8	A,C
F	4	A,C
G	1	F
H	5	F
I	7	D,G
J	12	D,G
K	10	E,H,I

4. 某项目由 15 个作业组成,每个作业的正常时间、乐观时间和悲观时间以及作业间的顺序关系如表 10.12 所示,试用计划评审技术(PERT)进行项目的计划:
① 画出网络计划图;

② 求出该项目的关键路线;

③ 计划完成时间具有 80% 的概率是多少?

表 10.12　作业的三点时间估计值

作业编号	乐观时间/分钟	正常时间/分钟	悲观时间/分钟	前续作业
A	1	2	3	—
B	4	5	7	—
C	1	3	5	A
D	6	8	10	B
E	8	10	12	B
F	3	4	6	A,D
G	7	9	10	C,F
H	4	6	7	C,F
I	6	7	8	D
J	1	2	3	D,E
K	10	14	16	G
L	7	8	10	H
M	4	6	7	I,J
N	9	11	12	G,H
O	13	15	18	L,M

5. 某项目由 7 个作业构成,先后顺序、完成作业正常时间、正常费用、赶工时间和相关费用如表 10.13 所示,试:

① 画出网络计划图,确定关键路线和计算项目的工期是多少。

② 如果要求完工时间减少 6 周,并假设成本增加与时间缩短之间是线性关系,说明怎样才能实现。

表 10.13　作业在正常和赶工两种情况下的时间及费用参数

作业编号	正常时间/周	正常费用/元	赶工时间/周	赶工费用/元	前续作业
A	10	3 200	6	6 000	—
B	20	5 000	14	9 000	A
C	16	2 400	14	3 400	B
D	12	1 800	10	2 400	B
E	14	1 400	12	2 800	C
F	8	2 800	6	3 200	C
G	8	3 200	6	4 500	D,E,F

第11章

准 时 化 生 产

物料需求计划较适用于大批量生产,项目进度计划与控制较适用于单件生产,本章要介绍的准时化生产(just in time,JIT)则适用于中小批量生产。与物料需求计划这种推动式生产计划相比,准时化生产是一种拉动式的生产方式,即只有当市场需要的时候才生产,如果没有市场需求,就不需要生产。相对而言,准时化计划过程比较简单。理论上讲,采取准时化生产的企业,其库存能降到零。准时化生产以"零库存"为追求目标,宗旨是消除企业存在的一切浪费。作为物料计划与控制的两个基本方法之一,准时化生产对生产计划中物料需求计划后端的实施控制有很大作用。本章主要包括以下几个部分:① 准时化生产的基本概念;② 准时化生产的实施方法——看板管理;③ 准时化采购;④ 准时化生产与物料需求计划结合的生产管理方法;⑤ 本章小结。

11.1 基本概念

11.1.1 准时化生产的由来

1913 年福特发明汽车流水装配线以来,汽车业产量高速增长,其生产方式一直沿用福特的大量生产方式,此时汽车的品种比较单一,生产量非常大。20 世纪 70 年代出现了对世界经济影响甚重的能源危机,汽车业进入了低增长的阶段。在此冲击下,以消除制造过程中的一切浪费为宗旨的准时化生产,首先在日本丰田汽车制造公司发展起来,故又称为丰田生产方式,比较流行的称法是丰田生产系统(Toyota production system,TPS)。20 世纪 80 年代初,日本在许多行业全面超过了美国,其中尤以汽车和电子行业为代表。在这种背景下,美国的许多行业尤其是汽车业感到了前所未有的压力,于是麻省理工学院(MIT)组织了一项国际汽车研究项目计划(International Motor Vehicle Program,IMVP),历时 5 年之久,耗费几千万美元之多,对日本的企业进行了深入的调查研究,最后将日本的丰田生产方式总结为精益生产方式,精益生产是 21 世纪生产方式的发展趋势。

准时化生产和精益生产(lean production,LP)紧密相连。精益生产是以必要的劳动确保在必要的时间内按必要的数量生产必要的产品,以期达到消除无效劳动,降低成本,提高质量,实现零库存、零缺陷、零故障和零浪费的最佳生产过程以及用最少的投入实现最大的产出。准时化生产则是精益生产中最核心的部分。

众所周知的丰田生产系统有两大支柱:一是自働化,此自働化非自动化,核心区别是自働化更强调人的主观能动性;二是准时化生产,如图 11.1 所示。大多数企业,尤其是汽车企业,在学习日本精益生产方式时,应重点学习其中的准时化生产,因为它是精益生产的精髓。工厂首先要认真推行准时化生产,才能贯彻精益生产哲理,当然必须以现场基础工作为前提条件。

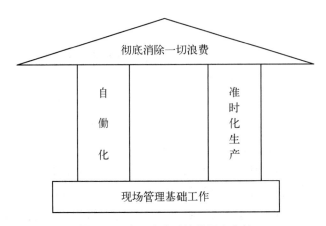

图 11.1　丰田生产系统的两大支柱

11.1.2　准时化的前提条件——均衡化

准时化的前提条件是均衡化生产。均衡化指使产品平均而稳定地在生产线上流动。要尽量避免在作业过程中发生不均衡的状态。

在工厂里,通常用负荷累积法来研究生产计划数量所需的工时数与生产能力之间的差距。这是因为如果每一道工序和设备当前的生产负荷状况(生产设备等能力与工时数的平衡)参差不齐,就会造成生产的不均衡,从而引起浪费。尽量减少这种不平均的发生也是一种均衡化。

在繁忙的时候,前道工序为了满足后道工序的生产要求,要多准备一些人力、机器设备、库存来应对,这样很容易导致浪费。为了避免这种浪费的产生,应努力消除后道工序的生产不平衡状态。在这种情况下,前道工序的生产负荷将会减少,每日实现均衡生产将成为可能。

实现平均化生产包括两方面,不仅要求数量的平均化,而且要求种类的平均化。在丰田公司,这样的种类和数量的平均化称为均衡化。

但是,顾客所订购的产品数量和种类通常都是波动的,要灵活地应对顾客需求进行并非易事。这时,工厂可以考虑实施均衡化生产,但是需要具有使生产平衡的各种条件。此外,要使均衡化生产的实施取得成功,还需要有适合企业具体特点的相关创意和方案。

11.1.3　准时化生产在生产计划与控制中的应用

物料需求计划强调计划,而准时化生产强调车间生产现场的控制,物料需求计划和准时化生产从理念上讲是两个矛盾的对立面,但并非不可统一,两者的结合点在于现场。图 11.2 表明了准时化生产程序与物料需求计划之间的关系。阴影区域表示可能因准时化生产的实施而受到影响的生产计划与控制的部分。它将会影响整个层次,但最主要影响的是低层执行部分。准时化生产超出了传统的生产计划与控制的范畴。

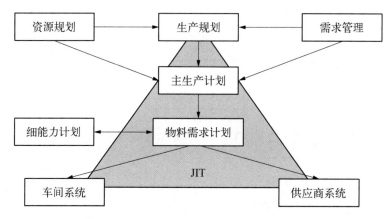

图 11.2　生产计划和控制系统与准时化生产

准时化生产下的实施基于订单快速通过工厂概念,看板管理是准时化生产的重要手段,无须用复杂的车间控制系统对生产过程进行跟踪,这种方式不仅适用于工厂内部自制物料,同样也适用于外购物料。如果某些物料在接到入库单的数小时内就要用到,就没有必要把它们放入仓库。准时化生产不是仅在企业内部实施,也需要外部协作,即要求供应商也要能及时供货。正因为有此要求,实施准时化生产的企业可简单地为从供应商那里得到准时采购的物料,以便及时送至生产现场,这样可以使在制品的数量显著减少,从而达到消除在制品库存、降低成本的目的。

准时化生产方法在执行时主要考虑简化,目的是设计制造单元、产品和系统能物畅其流。随着大部分质量和分配问题得到解决,实施准时化生产就变得比较简单。

11.1.4　准时化生产的体系结构

精益生产的体系结构如图 11.3 所示,图中虚线所示部分为准时化生产体系结构。图 11.3 贯穿三条主线,即精益生产要达到的三个目标:零库存、零缺陷和设备零故障。前两个目标都针对产品。以零库存为目标的准时化生产作为精益生产的核心,通常借助看板才能得以实现。从某种意义上说,准时化生产是一种哲理,是一种解决问题的思想。

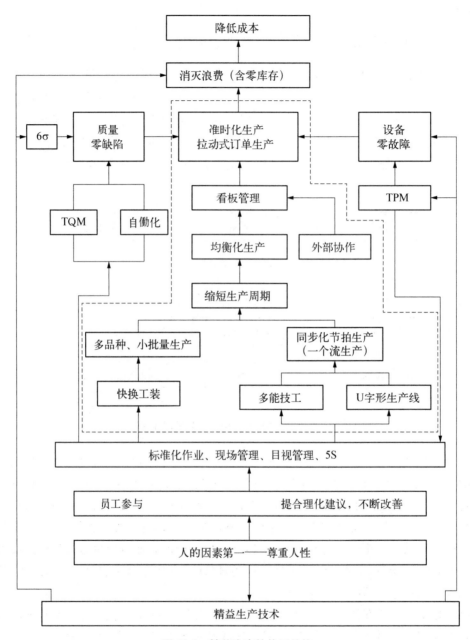

图 11.3 精益生产的体系结构

图 11.3 中,6σ 是一种质量尺度,是一套科学的工具和管理方法,运用 DMAIC[①] 或六西格玛设计(DFSS)的过程进行流程的设计和改善。是一种经营管理策略。6σ 管理是在提高顾客满意程度的同时降低经营成本和周期的过程革新方法,它是通过提高组织核心

[①] DMAIC 是指定义(define)、测量(measure)、分析(analyze)、改进(improve)、控制(control)五个阶段构成的过程改进方法,一般用于对现有流程的改进,包括制造过程、服务过程以及工作过程等。

过程的运行质量,进而提升企业盈利能力的管理方式,也是在新经济环境下使企业获得竞争力和持续发展能力的经营策略。图 11.3 的下半部分为精益生产的基础工作,其中最重要的基础工作是人的因素。在影响生产效率的诸要素中,人的因素是最重要的因素。必须充分发挥员工的主观能动性,尊重人性是实现准时化生产和其他改善的最基本的因素。必须建立工作小组,建立提合理化建设意见的制度,发挥团队精神。在班组建设过程中,要由员工自愿形成质量小组,定期交流讨论。必须对工人进行授权,在生产一线的工人发现问题时,授权工人暂停生产线的权力。要对员工进行教育和培训,对员工进行多种技能的训练。要想取得准时化实施的成功,企业必须首先做好以 5S 为基础的现场管理工作,包括工作的标准化、目视管理等这些实施准时化生产的前提条件。除此以外,还要有良好的工艺顺序和工艺规程,工序质量要得到控制,设备及工装运行效率良好,现场生产布置合理,原材料或配件供应质量稳定。

由图 11.3 可以看出,准时化生产的实质如下:

(1) 拉动式订单生产,拉动生产是准时化生产的基本特征,拉动生产也即意味着仅在需要时生产所需的产品,这种拉动生产的最大优点是不会生产多余的产品,从而使库存大幅度降低。

(2) 要保证准时化生产,必须有质量零缺陷做保障,以零库存为目标的准时化生产对产品的零缺陷有更高的要求,缺陷的存在势必意味着需要在适当时候停止生产线,这不符合精益思维的原则。

(3) 同样,要保证准时化生产产品并交付顾客,要求设备维持良好的运行状态和开动率,这就要求在精益生产技术的基础上建立一套可行的全员生产维护体系。(2)(3)两点也可以体现保证准时化生产的两个关键方面:质量和设备。

(4) 准时化生产适合多品种和小批量生产。

11.1.5　浪费的种类及消除浪费的方法

既然准时化生产的宗旨是消除一切显在的和潜在的浪费。要消除浪费,降低库存,实现真正意义上的准时化生产,保证准时化生产的成功实施,必须首先将企业运作过程中存在的一切浪费源泉找出来,然后有针对性地消除浪费,从而达到消除浪费、降低成本、提高生产效率的目标。

1) 浪费的定义和种类

浪费是指一切除对生产不可缺少的最小数量的设备、原材料、零部件和工人(工作时间)外的任何东西,浪费必然会造成损失,导致企业的总运作成本上升。这里的最小数量就是指满足顾客的需求量,不要过度生产,而是根据市场的实际需求生产。

浪费既有显在的浪费又有潜在的浪费,浪费会造成成本增加,降低企业的竞争力。浪费好比冰山,露出水面的可以视为显在浪费,它只是冰山的一角,而潜在的浪费(即水面以下的冰山)则非常惊人。日本丰田生产方式对浪费的种类进行了分类,主要有以下七种浪费。

(1) 过量生产的浪费。不根据市场的实际需求进行生产,必然会产生多余的成品库存。同样,如果不是根据后道工序的实际需求进行生产,将会产生在制品库存或半成品库存。过量生产会造成场地面积、运输、资金和利息支出的浪费,可以采用准时化生产和看板手段进行控制。

(2) 等待时间的浪费。如果是一个流的生产,则不会存在等待时间的浪费,而实际上许多情况下从成本和技术角度考虑都是按一定批量进行生产,批量生产本身就自然会造成不得已的等待现象。加工过程中人也会存在等待时间的浪费,如机器加工时人员的闲置或劳动组织不合理产生的等待时间,可以通过对劳动分工进行调整,严密组织生产而达到减少等待时间的目的。

(3) 运输的浪费。由于设备布置的不合理而造成物料运输不畅通,额外的运输将不产生附加值,相应的措施是调整平面布置,合理组织物流。

(4) 库存的浪费。任何库存品都必附带产生在制品的管理和维护费用,只有大幅度减少成品、半成品、在制品以及原料的库存量,才可以大幅度减少浪费,采取的措施是严格根据订单拉动生产。

(5) 过程(工序)的浪费。由于操作不正确,或者没有采用适当的加工技术,导致工时、工具和设备等的浪费,采取的措施是对工序进行改进。

(6) 工作方法的浪费。因没有采用标准的工作方法,不产生附加值而造成浪费,采取的措施是相应对工位进行合理布置、操作以及动作的分析与改进。

(7) 产品缺陷的浪费。由于缺乏适当的预防措施,或没有及时调整操作标准甚至没有按照标准化要求进行作业,致使含有缺陷的产品连续产生,次品流入市场,造成用户退货、索赔等损失,从而直接或间接地导致成本增加。改善措施是采取防错装置并且要求企业贯彻全面质量管理的思想。

2) 消除浪费的常用方法

浪费可以分为几个层次:第一层次的浪费是过剩的生产能力,包括过多的人员、过剩的设备和过剩的库存。第一层次的浪费不消除,则势必造成制造过剩的浪费,即第二层次的浪费,这是所有的浪费中最大的浪费。制造过剩,必然会产生第三层次的浪费,即过剩的库存,过剩的库存要求多余的仓库、多余的搬运工、多余的搬运设备、多余的库存管理人员和使用多余的计算机进行信息管理,这些是第四层次的浪费。第三层次的浪费和第四层次的浪费会造成利息支出的增加和设备折旧费以及间接劳动费等的增加,最终造成产品成本的增加。消除浪费有以下几种手段:

(1) 源头质量的控制。质量是制造出来的,不是检验出来的,贯彻这种思想,就可以减少检验出不合格品造成的浪费。这不仅要求员工有"质量是制造出来的"这种意识,更要从源头上加以控制,控制源头质量意味着在工作之初就要做得十分正确。在生产过程中,当出现错误时就立即停止该工序或装配线,这要求公司有充分的授权。在许多美国企业,工人停止工序或装配线简直是不可想象的,但在精益生产方式中,必须要求这么做,才能从源头上进行控制。有的汽车企业提出生产过程中贯彻"三不",即不产生缺陷、不传递缺陷和不制造缺陷。当然要做到这一点,不能教条地去理解,而应当具体情况具体分析。

例如，在对汽车进行喷漆时，如果发现有上道工序即车身车间带来的缺陷，此时若按照"三不"思想做，应将此缺陷车架返回车身车间进行缺陷的修理，再返回喷漆车间，可是这样做会很麻烦，而且会使生产成本增加很多。可以灵活采取这样的措施：车身车间派专人到喷漆车间，一旦发现问题当场予以消除。

自働化包括自动化（或称为自动检测），也可称为带人字旁的自动化。在精益生产里通常将它称为 poka-yoke（防误装置）。利用这种防误装置可以减少一些人为造成的质量问题。

（2）均衡生产车间负荷。传统的平衡方法是平衡生产能力，但是市场是动态的，波动随时存在，平衡生产能力势必要求生产能力随着市场的需求变化不断调整，这显然难以获得很好的效果。从基于最优化生产技术（optimized production technology，OPT）的生产计划和控制方面讲，平衡的不是生产能力，而是物流，也可以理解为平衡生产中的负荷。平衡生产流可以减少通常情况下由于计划不均衡所带来的反应，称为均衡车间生产负荷。当总装线上发生变化时，这种变化就在整条生产线和供应链上被放大了。消除该问题的唯一办法是建立固定的月生产计划，使生产率固定，从而尽可能减少变化和调整。

日本人发现，可以通过每天建立相同的产品组合进行小规模生产的方式解决车间生产负荷不均衡的问题。因此，日本企业总是建立一个综合产品组合来适应不同的需求变化。

在均衡过程中，有必要将月产量分解成日产量，从而计算出生产周期时间。该周期时间用于调整资源，以生产出所需的精确数量的产品。JIT 强调按计划成本和质量进行生产。

（3）看板生产控制系统。日本丰田汽车公司为致力于减少浪费，认为主要应从制造过多产生多余呆滞品与半成品库存，以及加工方法与技术的改进着手，最重要的是尽量接近零库存，从而提出看板生产控制系统以达成零库存的目标。看板控制系统使用看板管理，准时化生产下的物流保证在需要的时候生产需要数量的产品。在日本，看板意味着"口令"或"指令卡"，看板可以使用卡片表示，也可以使用容器代替卡片，卡片或容器组成了看板拉动系统。上游的生产或供应部件的权利来自下游的需求拉动。

（4）最小化换模时间。因为准时化生产以小批量生产为准则，故机器的换模工作必须迅速完成，以实现在生产线上进行多品种小批量的混合生产。日本在快速换模方面遥遥领先，如丰田汽车公司的夹具小组为实现小汽车车篷和挡板的混合生产，能够在 10 分钟内完成 800 吨压力机的换模，而同期美国平均要 6 小时，德国平均要 4 小时。在汽车公司，快速换模的重要性在冲压车间里尤为明显。国内的上海通用汽车有限公司冲压车间的最短换模时间为 10～15 分钟，上海大众汽车有限公司最短为 15～20 分钟（600 吨压机），平均在 30 分钟左右。

为实现换模时间的减少，在准时化生产系统中将换模工作划分为内部换模和外部换模。内部换模只能在停机后才能进行，而外部换模则可在机器的运行期间实现。还有其他可用于节约换模时间的装置。日本换模小组经常在整个周六对各种设想进行实际模拟练习，在美国则通常通过设计一些高效率的装备来实现。

11.1.6　准时化生产的收益

实施准时化生产可以最大限度地降低库存,消除浪费,从而使产品的生产成本尽可能地降低。表 11.1 所示的定量数据反映出实施 JIT 后企业的收益情况,这是美国对一些实施精益生产方式的企业所取得的效果做的统计分析。

表 11.1　实施准时化生产的收益

改　进　量	改进值/%	
	合计百分比(3~5 年)	年百分比
制造周期时间减少	80~90	30~40
原材料库存减少	35~70	10~30
在制品库存减少	70~90	30~50
成品库存减少	60~90	25~60
直接劳动力成本减少	10~50	3~20
间接劳动力成本减少	20~60	3~20
空间需要减少	40~80	25~50
质量成本减少	20~60	10~30
材料成本减少	5~25	2~10

11.2　准时化生产的计划方法——看板管理

准时化生产是一种全新的生产管理思想,看板(kanban)是实施准时化生产的重要手段,看板管理是准时化成功的重要保证,在实施精益生产方式时,有的人会产生这样一种误解,即认为 JIT＝kanban。日本筑波大学的精益生产管理大师门田安弘教授曾指出:"丰田生产方式是一个完整的生产技术综合体,而看板管理仅仅是实现准时化生产的工具之一。"

11.2.1　拉动系统

1) 拉动系统的层次

拉动系统中的拉动有三个层次:① 生产系统之外,市场需求拉动企业生产,即跟单生产;② 生产系统之内,后工序拉动前工序的运作方式(生产线内部拉动);③ 主机厂的需求拉动配套厂、协作厂及原材料的生产供应(也称外部拉动)。物流控制的"拉动"系统发生在一个工作中心仅仅被授权生产的时候,而此时已经表明其下游工作中心存在零组件相关物料需求。一般说来,不允许任何工作在未得到授权(或拉动)时就将物料推至下游工作中心。

下游工作中心传递信息的方式差别很大,用得最多的是一种称为看板的卡片。其他情况如下:当在需要时,从下游工作中心将一彩色高尔夫球滚到上游工作中心,然后发送一空的待装的容器,在卡片上写上所需零部件;通常也可以在地面上画一个空白区域以存放一定量的零件,当此区域为空时,授权生产部门生产物料来填充它,在需要时使用部门将物料从此区域拿走。

以看板为手段的拉动系统起源于丰田汽车公司,却是从美国超级市场受到的启发。在超市,顾客购买许多商品,在收款处将货物的清单以单据形式打印出来,单据上反映出所购货物的种类、数量及价格,此单据就是所谓的看板。顾客在超市出口处将单据返还给超市,超市将单据送达采购部,根据单据显示数据采购顾客购买的等量货物,在货物到达超市后,将前面看板取下,放上一个搬运看板,搬运工根据信息进行相应搬运作业。当某位顾客买走了某件物品,该物品会及时得到补充,并且是相同的数量;如果没有顾客购买,就不补充。与汽车生产企业类比,假定把超级市场看成在生产线上的前过程,顾客则是生产线上的后过程,在必要时才把必需的商品(零件)向相当于超级市场的前过程去购买。前过程就把后过程所取走的分量补充起来,丰田汽车公司大野耐一先生在 1953 年将其在美国学到的这种拉动思想在汽车公司的机械工厂内予以贯彻应用,最终发展至现在的精益生产。通常企业内部的拉动生产方式可用图 11.4 表示。

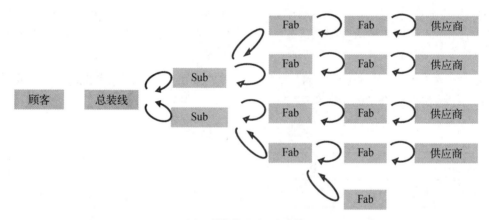

Sub—总装线;Fab—生产线。

图 11.4　制造企业内部拉动示意图

2) 拉动系统的前提条件

对于大多数拉动系统来讲,需要在适当的时间保持计划的稳定性,这为下游工作中心提供了稳定性及实现整个工作流的平衡。另外一个重要的前提条件就是保证生产的平准化。除此以外,需要决定在工作中心传送物料的容器的合适大小,它涉及对物料搬运的考虑、车间中的堵塞、近似加工中心数以及成本因素等。

平准化生产遵循以下步骤:① 计算总的生产周期,用每个月总的工作日数除以总的月产量得到;② 计算每种产品的生产周期,用每个月总的工作天数除以每种产品的月产量得到;③ 根据每种产品的生产周期比率决定平准化的工作顺序。现以一例说明上述步骤。

例 11.1　假设要生产五种汽车,对应的型号分别是 A、B、C、D 和 E。假设每月 20 个工作日,每天 1 班,每班 8 小时,每种产品的月产量、日产量和周期时间如表 11.2 所示。

表 11.2　五种汽车的产量

型号	月产量/辆	日产量/辆	周期时间/分钟
A	4 800	240	2
B	2 400	120	4
C	1 200	60	8
D	600	30	16
E	600	30	16

由表 11.2 可知,五种型号的总月产量为 9 600 辆,总日产量为 480 辆,总生产周期为 1 分钟。在准时化生产环境下,计算生产周期时用每日的工作时间除以每日的产量,这里的日产量应根据每天必需的生产数量来确定,而不是以现有生产能力来决定,因为如果以现有生产能力来决定日产量,则在需求较低时可能造成生产过剩的浪费,这种现象是以消除一切浪费为宗旨的准时化生产不能容忍的。

下一步是确定每种产品在所有产品中的产量比例,该比例决定了投入的频率。由表 11.2 可以看出,产量比例或投入频率用每种产品的日产量除以总的日产量得到,则五种产品的比例如表 11.3 所示。如果这五种产品都采用专用的生产线生产,则投入结果如表 11.4 所示,由表可以看出,A 每 2 分钟生产一辆,B 每 4 分钟生产一辆,C 每 8 分钟生产一辆,D 和 E 都是每 16 分钟生产一辆。如果这 5 种产品在一条装配线上混线生产,则需考虑投入的顺序问题,合理的投入顺序如表 11.5 所示。

表 11.3　五种产品的比例

产品	A	B	C	D	E
比例	240/480＝1/2	120/480＝1/4	60/480＝1/8	30/480＝1/16	30/480＝1/16

表 11.4　专用生产线投入结果

型号	投　入　情　况
A	A — A — A — A — A — A — A — A — A — A
B	B —　—　— B —　—　— B —　—　— B —　—　— B
C	C —　—　—　—　—　— C —　—　—　—　—　— C
D	D —　—　—　—　—　—　—　—　—　—　—　— D
E	E —　—　—　—　—　—　—　—　—　—　—　— E

表 11.5　混线生产投入结果

投　入　情　况																	
型号	A B A C A B A D A B A C A B A E A

11.2.2　什么是看板

准时化生产是要保证在必要的时间,生产必要数量的产品,以应付多品种少量的要求。准时化生产的必要条件是使各道工序知道正确的生产时间及生产数量。因此,看板是达成准时化生产的最基本工具。

1) 看板功能

看板在日语里的意思是"符号"或"信息",看板在生产中主要起到传递生产信息的作用,它具备以下功能:

(1) 有助于防止反复性的缺陷,使用看板对要生产的物品数量的控制极其严格,这样就容易将存在反复性缺陷的问题暴露出来。

(2) 提供运输信息,如提供拣选/运输的信息,包括"where from"及"where to"的地点。有时候还指示何时拣选。

(3) 信息交换,交换生产信息。告诉何时生产,生产多少。该功能还描述看板必须按一定次序接受。

(4) 防止过量生产,通过限制工厂内原材料和生产量(根据看板指示)防止过量生产和过量运输。

(5) 生产什么产品的指令,看板上将有对应的物品名称和代码。

(6) 暴露已有的生产问题及控制库存。

2) 看板的目的

(1) 提高产品质量。在需要的时候按照需要的数量传达所需要的产品信息,并且决不允许发生错误。一旦发生错误,必须立即更正。把握在生产过程中注重产品质量这一传统的生产品质管理观念。

(2) 改善作业的工具。看板是目视管理的工具。通过把看板和产品结合在一起,可以一眼就看到产品号、产品名称、产品数量等。如果发现在有看板的工序上停止了记录或者没有任何记录,这就是生产作业在某处停滞的证据。通过观察这种滞留状况,就能了解作业的进展状况,从而进一步明确生产现场需要改善的地方。

(3) 降低库存的依据。根据看板的数量,可以了解和把握库存数量。如果看板多,库存就会多。努力减少看板的数量可以降低库存,从而抑制生产过剩造成的浪费。

3) 看板规则

看板作为拉动系统的重要手段,必须充分有效利用才能发挥应有功效,否则就会成为准时化生产的障碍。要做到这一点,必须符合一定规则:

(1) 后工序必须在必需的时候,只按必需的数量,从前工序领取必需的物品。这里有几层意思: ① 如果没有看板,领取一概不能进行;② 超过看板枚数的领取一概不能进行;③ 看板必须附在实物上。

(2) 前工序仅按被领走的数量生产被后工序领取的物品,生产不能超过看板枚数规定的数量。另外,当前工序生产多种零部件时,必须按各看板送达的顺序生产。

（3）不合格品绝对不能送到后工序。不合格品广义上也包括不良作业,制造不合格品就等于为无法销售出去的东西而投入人力、材料、设备和劳动力,这是所有浪费中最大的浪费,它违反准时化的宗旨。另外,前工序按照后工序的需求数量生产并传递所需数量的产品,如果在后工序发现不合格品,因为没有多余需求,故只能造成后工序暂时中断。控制不合格品的传递,一方面要求加强员工质量意识的培养,另一方面可借助防错装置使得一出现不合格品机器就自动停止。

（4）必须把看板数量减少到最小,看板数直接决定库存的数量,故控制了看板的数量就意味着控制了库存的数量。变更看板枚数的权限要交给现场监督人员,看板的总枚数不能有太大的变更。

（5）看板必须适应小幅度的需求变化（通过看板对生产进行微调整）,要能适应突然的需求变化,适应生产上的紧急事态,微调整仅在小幅度需求变化的情况下可以应用。

（6）看板上表示的数量要与实际的数量一致。

4）看板分类

看板是作业指示的信息,这是看板的第一机能,看板可以反映生产量、生产时间、方法、次序、搬运量、搬运周期、搬运目的、放置场所和搬运容器等信息。看板可以分为生产指示看板和领取看板。生产指示看板是一种准备看板,如果是以批量生产的工序,则通常用信号看板;如果是批量以外的一般生产,则用一般生产看板。领取看板又分为工序内领取看板和外协订货看板两种。图11.5所示为看板的基本分类。

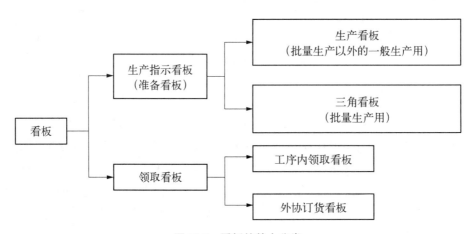

图11.5　看板的基本分类

图11.6所示是一种典型的生产看板,看板可以反映生产信息,如由看板上待生产的产品名称和编号可以知道生产什么,由容器型号和容器容量则可以知道生产的需求量是多少,工序名称则规定该生产任务在哪道工序生产。由图11.6可知,要生产的产品为齿轮,工序为锻造,该齿轮置于B号容器中,容器容量为20个,则该看板就表示要对20个齿轮进行锻造处理。该生产看板是工序内看板,是领取看板规定的前工序必须制造的产品数量。

物料名称	齿 轮	工 序
物料代码	4121 - 10090	
容器型号	B	锻造
容器容量	20	
发行编号	021023123	

图 11.6 生产看板

此外,许多工序,如冲压、锻造等,均以一定批量作业,这时应使用信号看板来指示生产。信号看板挂在每批零件箱中的一个箱子上面,当领料进行到该看板处时就发出生产指示。信号看板有两种基本类型:第一种是三角看板,如图 11.7 所示,该例表示冲压侧板时批量为 500 件,用 5 个容器存放,每个容器的容量为 100 件,在每批剩下两箱时即开始订货,订货量为 500 件,所以该三角看板挂在下数第 2 个料箱上;第二种看板是物料需求看板,如图 11.8 所示,当侧板被装配线领取两箱之后,机器 DC1 所在工序就必须到编号D-025 的储存区领取 500 单位的钢板。该例中,物料需求订货点为三箱侧板。

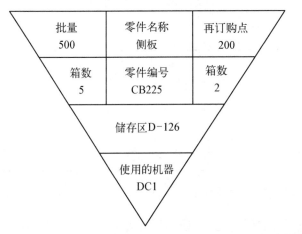
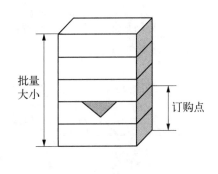

图 11.7 三角看板

前工序	储存区 D - 025→DC1		后工序
物料名称	钢板	物料编号	GB45
容器类型	B	容器容量	100
批量大小	500	订购点	300

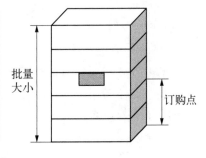

图 11.8 物料需求看板

图 11.9 所示则是一种典型的领取看板。领取看板详细记录由后工序向前工序所需领取的产品信息,包括物料名称、编号、容器型号和容量以及到何处领取,送到哪个工位。领料工根据领取看板可知到何处领取正确数量的正确物料。图例表明领料看板由淬火工序发出,领料工将到指定储存地 B-132 领取所需物料,储存地收到领料看板后发出生产看板送至锻造工序。

物料名称	齿　轮	前道工序
物料代码	4121-10090	锻造
存放货架号	B-132	
容器型号	B	后道工序
容器容量	20	淬火
发行编号	021023123	

图 11.9　领取看板

图 11.10 所示是一种外协供货看板。外协供货看板反映交货时间、交货周期、供应商、检验场所、保管场所、检验方式等供货信息。

交货时间和交货周期	物料名称	接收场所
	物料编号	↓ 保管场所
供应商名称	容器类型	检验方式
	容器容量	

图 11.10　外协供货看板

除了上面介绍的四种看板以外,为配合看板的运作,还必须有看板箱和派工架,看板箱是为了保管以及收集拆卸下来的看板。派工架是为指派作业,而把从看板箱回收的看板按照次序排序的道具。看板、看板箱和派工架并没有一个固定的形状,可以依据使用场所的实际情况进行设计。

5) 典型的看板系统

看板系统一般可以有两种模式:单卡和双卡。那么,什么是单卡看板系统与双卡看板系统呢?以下着重分析这两种看板模式。

(1) 单卡看板系统。

单卡看板系统的特点是仅仅利用"生产看板"来发出作业指令和控制生产过程,如图 11.11 所示。单卡看板系统管理方式的基本原理如下:

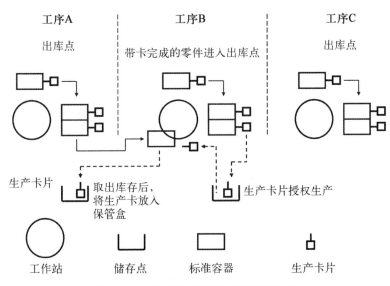

图 11.11 单卡看板系统的基本运行过程

a. 工序 C 上的作业人员在接收到生产指令后,立即到前一道工序 B 领取存放着的必需零部件进行产品装配。在取走某个零部件的同时,该作业人员需要把附着在该零件箱上的生产卡片取下,并放在工序 B 的卡片保管盒内。

b. 此时,卡片保管盒内的这张卡片就表明"有零部件被取用,应立即生产和予以补充",从而自动地向工序 B 的作业人员发出生产指令。因此,工序 B 的作业人员将会根据生产卡片上所指示的"生产数量""零件名称"等信息,生产该种零件。生产完毕后,作业人员将会把刚才的那张生产卡片放在装有刚加工完零件的箱子上。然后,把它们一起放在生产卡片所指定的在制品存放处,补充被领取走的零部件。

c. 当工序 B 的作业人员进行加工生产的时候,他也需要使用必需的零件制品。此时,他就会到前一道工序 A 处领取所需要的零件。在领取的时候,他也会把放在零件箱上的卡片取下,并且放入工序 A 的卡片保管盒中。与此类似,这张卡片会自动地向工序 A 的作业人员发出生产作业指令。依此类推,直至完成原材料采购或外加工订货。

（2）双卡看板系统。

双卡看板系统管理方式是丰田公司普遍运用的一种生产管理方法。这种方式的特点是同时使用"移动卡片"和"生产卡片"来控制生产过程,如图 11.12 所示。

双卡看板系统管理方式的基本原理如下:

a. 当一个工作站接到生产加工指令时,作业人员便从盒子里取出下一张生产卡片,这张卡片告诉工作人员一个下游工作站需要一种特定的部件,他会向入库点寻求相应的生产零部件,把放在零部件箱上的移动卡片摘下,并将其放入保管盒内。

b. 搬运人员在看到收集箱内的移动卡片后,就接到了取料的指令。于是,他将会带着这张移动卡片前往前道工序的在制品存放处领取卡片所需要的零部件。

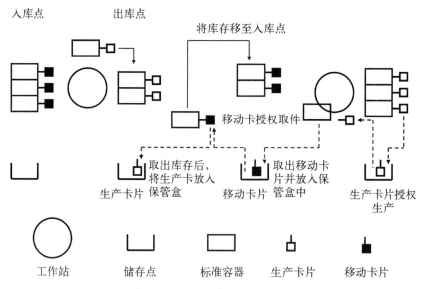

图 11.12 双卡看板系统的基本运行过程

c. 该搬运人员根据移动卡片所提供的信息领取到所需要的零部件之后,马上将原来放在该零部件箱上的生产卡片取下,并将其放入该工序的生产卡片保管盒内。与此同时,他将带来的移动卡片放在取到的零部件箱上。最后,他将移动卡片和领取到的零部件一同送回原工作站,放在卡片所指定的存放处。

d. 此时,前道工序的作业人员检查到生产卡片保管盒中的生产卡片后,便知道"已有零部件被取用,必须立即生产和予以补充"。因此,作业人员便根据生产卡片所指示的信息,生产加工必要数量的必要零部件。

e. 在零部件加工完毕之后,作业人员便会将生产卡片放在装有刚加工出来的零部件的箱子上,并把它们一起送到卡片所指定的物品存放处,以便后工序的搬运人员在需要的时候前来领取。

什么时候采用双卡看板系统而不采用单卡看板系统?当两个工作站在空间上分布比较远,实现零部件从一个工作站到下一个工作站的瞬时移动不可行的时候,即采用双卡看板系统。因此,在制品库存必须储存在两个地方,即出库库存点和入库库存点。可将移动卡片看成向搬运者发出的信号,表明零部件需要从一个位置转移到另一个位置。

6) 使用看板的前提条件

(1) 生产的均衡化。在生产量每天都波动的企业中,看板方式就很难得到良好的应用。如果不能根据生产计划来彻底实现产品种类以及生产量的平均化,就会导致包括原材料采购部在内的某工序处产生很多库存。

(2) 缩短更换作业程序的时间。根据准时化生产原则进行小批量生产或者一个流生产是有一定意义的。当然,这样做会增加作业程序的更换次数。在一些企业,更换作业程序的时间没有被缩短，这会产生很大的损失和浪费。

（3）后道工序领取方式。看板和产品几乎是同时变化。前道工序需要在规划的时间按照后道工序要求的数量生产其所需要的产品或零件。

（4）不合格产品无限接近零（不能让不合格产品流入后道工序）。在生产过程中，思想原则应该是"产品质量是在工序中打造"。当不合格产品频繁产生时，生产计划将不能顺利实施，这会产生大量的半成品甚至导致生产线停止，从而引发多种浪费。

（5）机械设备故障无限接近零。如果发生机器设备故障过多和异常停止，就不能实现准时化生产。

（6）全面实施整理、整顿。看板方式的起点就是整理和整顿。通过扔掉（整理）不必要的东西，可以实现有效利用被浪费的空间。此外，通过整顿可以做到在需要的时候用到需要的东西。

（7）全面推行人员意识教育。作业人员需要理解什么是浪费，对此必须进行教育训练。有必要全面推行教育，培养员工消除浪费的意识，直到员工真正理解浪费的含义。

（8）坚持贯彻现场主义。问题要在产生原因的现场解决，在工作场所必须建立现场主义（三现主义）的管理体制。

（9）把看板作为改善的工具，活用看板。在看板显示进展过度或者停滞的状态下，往往都会在某处产生问题。如果看一下看板内容的进展状况，许多问题将会一目了然，并且可以通过追踪问题实现目视管理。

7）看板的实际运作过程

看板最常用的形式是放进车间作业现场的长方形塑胶袋中的一张纸片。生产看板与领取看板之间的相互协作关系如图 11.13 所示，图中每一步运作都有一个对应的阿拉伯数字编号，具体运作过程如下（以下过程前面所示序号与图中序号对应）：

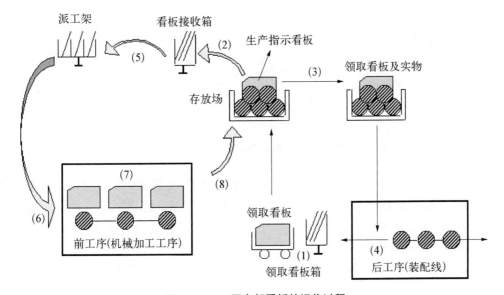

图 11.13　工厂内部看板的运作过程

（1）工序的搬运工把必需数量的领取看板和空托盘（集装箱）装到叉车或台车上，走向前工序的零部件的存放场。

（2）如果后工序的搬运工在存放场 A 领取零部件，就取下俯在托盘内零部件上的生产指示看板（注意：每副托盘里附有一枚看板），并将这些看板放入看板接受箱。

（3）搬运工把自己取下的每一枚生产指示看板都换一枚领取看板附上。

（4）在后工序，作业一开始，就必须把领取看板放入领取看板箱。

（5）在前工序，生产了一定时间或者一定数量的零部件时，必须将生产指示看板从接收箱中收集起来，按照在存放场 A 摘下的顺序，放入生产指示看板箱。

（6）按放入该看板箱的生产指示看板的顺序生产零部件。

（7）在进行加工时，这些零部件和它的看板一起转移。

（8）在这个工序零部件加工完成之后，将这些零部件和生产指示看板一起放在存放场，以便后工序的搬运工随时领取。

工厂和供货商之间的供货看板的运作如图 11.14 所示。在图 11.14 中，① 表示作业人员在开始使用容器中物品时，要将附带的看板放入看板接收箱；② 当看板接收箱中的看板累积到一定数量时，就由现场管理人员从看板接收箱中取出看板，依照一定次序放入派工架，指派所需的物品；③ 司机在交完零件后，即到派工架处取"订货看板"，这里，根据看板的编号进行管理；④ 供货厂商收到订货看板后，就根据订货看板的指令，发出所需的订货，订货看板和容器一起被送到主机厂仓库中。

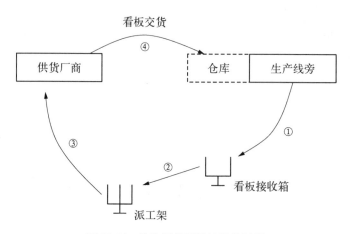

图 11.14　外协订货看板的运作过程

由于附着在制品或零件的看板和物品一起移动，因此比较容易实现物品的管理。从容器上拆下来的看板便成为生产的指示，即什么物品应在何时生产多少。由于看板这种管理方式的特点，只要控制了看板的数量，实际上就可以掌握物品的数量。

8）看板的拉动计划

系统中看板卡片数量越多，库存量就越大，部件生产加工中心和组件加工中心之间就越能维持自主性。一些优先系统可以用在加工中心上，如"先到先服务"的思想或强调时间要求(如所有卡片在早晨发出,在下午返回装满的容器,然后所有下午用的卡片将在第二天早晨发出)。

对于一个企业来讲,采用精益生产方式后,由于看板的采用而能够完全避免制造过剩,所以,不必拥有多余的库存,也可以节省许多仓库管理人员及场地,既提高了效率,又大大降低了生产成本。

一辆汽车由成千上万个零部件组成,对于这种复杂的产品,仅凭物料需求计划系统来制订生产计划,并要求丝毫不差地完成任务,难度实在太大。生产计划往往由于市场的经常变更而产生波动,倘若生产线上某一环出了问题,则不得不停止整个生产线或改变计划,造成前后道工序已经生产出的物料的积压或报废。

用生产计划来指示生产,则可能在不需要的时候制造超过需求量的物料,以及在后道工序不需要的时候供给物料,这必然会造成生产的混乱,生产效率也会大大降低。假如能做到在需要的时候生产需要的物料,将必须生产的量的信息从后道工序依次往前道工序传递,则能消除上述浪费。

采用后道工序取用的看板管理方式实际上变更了物料的流动方式,即由原来的"用前道工序生产出来的物料来推动后道工序的生产",改变为"后过程在必需时向前过程取用,前过程则制造被取去的分量",如此,各种浪费问题迎刃而解。

由图 11.13 可以看出,制造过程的最后一环是总装配线,以此为出发点,只向装配线指示生产计划,并且依次向前过程领取必需的物料,并要求以必需时间和必需数量来领取,这种回溯一直到材料准备部门,使之同期化地满足准时化的条件。不仅可降低库存,而且可以大大提高管理的效率。

11.2.3　看板数量的确定

看板卡代表装载用户与供应商间来回流动的物料的容器数,每个容器代表供应商的最小生产批量。因此,容器数量直接控制着系统中在制品的库存数。制作看板时,必须根据物品的种类、大小和需要量计算所需的看板数量。

精确地估计生产一个容器的零件所需的生产提前期是确定容器数量的关键因素。提前期是生产过程中的准备时间、零件加工时间、看板回收时间的函数。所需看板的数量应该能覆盖提前期内的期望需求数加上作为安全库存的额外数量。看板卡的套数计算公式为

$$k =（提前期内的期望需求量＋安全库存量）/ 容器容量$$
$$= \frac{DL + SS}{C} \tag{11.1}$$

式中,k 为看板数量;D 为一段时期所需产品的平均数量;L 为补充订货的提前期;SS 为安全库存量;C 为容器容量。

提前期内的期望需求量通常可以用需求期间 1 天的最大需求量乘以总的提前期,即生产准备时间、零件加工时间和看板回收时间(包括实际回收看板的时间和将物料运至所

需之处的时间)的总和得到,故看板计算公式可以写为

$$k = \frac{\text{需求期间 1 天最大需求量} \times (\text{生产准备时间} + \text{加工时间} + \text{看板回收时间} + \text{安全库存时间})}{\text{容器容量}} \tag{11.2}$$

例 11.2　假设已知条件如下:生产体制为每天 2 班,每个班次 8 小时,每班次生产 A 产品 100 件,B 产品 150 件,C 产品 150 件,则每班次共生产 400 件。并假设已知生产准备时间是 0.2 天,加工时间是 0.5 天,看板回收时间为 0.6 天,安全库存时间为 0.2 天,容器容量为 5 件,将上述数据代入式(11.2)中,得到三种产品的看板数。

A 产品的看板数为

$$200 \times (0.5 + 0.2 + 0.6 + 0.2)/5 = 60$$

B 产品的看板数为

$$300 \times (0.5 + 0.2 + 0.6 + 0.2)/5 = 90$$

C 产品的看板数为

$$300 \times (0.5 + 0.2 + 0.6 + 0.2)/5 = 90$$

这样,要满足生产需求,A 产品需要 60 张看板,B 产品需要 90 张看板,C 产品需要 90 张看板。总共需要看板 240 张。

实际看板数量的确定和第 3 章介绍的订货点方式有一些内在的联系,也存在许多不同之处,如订货点方式在出入库台账的基础上管理库存,看板则与物一致;订货点方式需要不断地对库存数量进行管理,而看板方式则不需要;看板具备目视管理的功能,订货点方式则不然;看板与现场作业有密切关系,而订货点方式作为仓库单独管理。订货点模型有定量订货和定期订货两种,定量订货模型是当库存水平下降到订货点时就按预定的固定数量订货,而定期订货模型的订货时间是固定的,订货量由于前一次订货以后的使用量和从订货这段时间的订货未交量的不同而不同。通常来讲,工厂内部的前工序和后工序之间的一般生产看板和三角生产看板的数量根据定量订货模型得到的订货量来计算,而供货厂商和顾客公司之间的外协看板的数量根据定期订货模型来计算。

11.3　准时化采购

准时化生产的核心是消除"生产过程中"各种非增值的无效劳动和浪费。我们应该把这个精益原则延伸到"产品的研究和开发""工厂规划和设计"和"工艺规划和设计"等各个领域中去,将精益生产进一步拓展到精益企业。其原因是设计人员往往喜欢尝试和采用很昂贵的新工艺和新技术,这就需要大量投资,而忽视了可采用常识性和低成本的方法来实现。这完全不符合精益生产的原则,对于采购也是如此。

按照精益生产的理念,应将供应商看作企业的延伸,是合作伙伴,而非竞争对手。许

多企业不仅在企业内部进行质量体系的认证,而且还要求其供应商也要进行同一体系的认证,就是基于这一理念。同样,在采购方面,仅仅企业内部实施准时化生产还不够,将企业和其供应商合成起来的准时化生产方法可以使两个企业都获得更大的效益,并提高在市场中的竞争能力,汽车行业尤为如此。

11.3.1　准时化采购的基础

集成的生产计划与控制系统的特征对准时化生产来说是至关重要的。实施准时化生产并非抛开一切计划的因素。准时化生产的重点在执行上。好的计划是执行和控制计划的前提。准时化生产在企业内部的正确使用是准时化采购的前期条件。当一个公司自身适应了准时化生产操作之后,它将对供应方的执行产生正确的信号。企业实施准时化生产,除了采用看板管理的手段外,还有实施准时化生产所需的解决问题的方法和理念。当公司的员工真正能够把库存看作掩盖问题,理解全员参与的概念,采纳真正的零缺陷思想并理解其含义,他们就能够更加有效地将准时化思想扩展到供应方公司中去。

有了这种理解,作为供应商来讲,必须通过观察其客户工厂中如何实施准时化的现场来学习。通过内部功能性的准时化程序,客户和供应商采取共同负责的态度,买卖双方共同学习,从集成供应链管理的思想出发,达成从系统上改进准时化生产的目标。

采购中的准时化的另外一个需求就是尽可能地制订一个稳定的计划。这与重复生产中的平准化生产是一致的。为了使公司每天严格按照计划生产的情况生产,且产品的缺陷数最少,供应商的生产计划也应非常简单。在非重复性生产的环境中,平准化计划可能会受到干扰,但必须以更多协同信息流以及更大量的缓冲库存来保证。然而,一个稳定的计划使准时化生产很容易实现。对于波动比较大的生产计划,可以协调的方法就是加大缓冲库存。

一般地,供应方可将每周预测作为计划的基础,并且每周要对系统进行维护和更新,这要通过物料需求计划和一些电子数据交换的方式从客户处得到更进一步的信息。为保证准时化生产的实施,设备准备时间、防错生产、统计工艺控制、无在制品跟踪、员工参与、单元制造、员工多能工培训、所有与产品设计和工艺设计相关的问题、人力/组织要素以及生产计划与控制等都必须积极地实施。只有实施这些因素,才能提高准时化实施的速度。

另外,必须对供应商数量进行合理选择,就是说,如果客户公司要与供应商紧密地工作,限制供应商的数量是很重要的。很多公司已经将它们的供应商数量减少了90%,以实现一个能够与剩下的供应方真诚合作的工作环境。当然,不同的国家,选择供应商的策略是不同的,在日本,一般是独家供货,建立长期合作关系,以实现双赢为目标。相反,在欧美国家,则通常选择多家供应商,多家供应商之间相互竞争。

实现准时化采购要求供应商必须实现准时供货,与频繁送货有关的问题是运输的费用。一些公司要求供应商在附近建造工厂来解决这个问题。虽然这对产量主要供给单个客户的大型公司是可能的,然而对大多数的供应商来说显然是不可能的。

实现准时化采购的另一个基础是客户以预先制订的计划从供应方处提取货物,这种做法越来越盛行,其中最明显的是节省了各个供应商单独送货的运输费用,第二个原因与稳定性和预测性有关。如果是由客户来提取物料,就可以消除供应方送货中固有的不确定性。有更多的机会直接发现工厂的隐含成本。比如,客户可以规定容纳所需数量的容器,并随着看板在工厂中流动。节省包装材料和解包的费用对双方都是有利的。物料也可以放置在货车中特殊的架子上以减少损坏。有缺陷的零件可以很容易地返工或报废,而不需要通常的"返回供应方"程序和文书工作。

11.3.2 准时化采购的做法和教训

在准时化生产体制下,强调企业必须与供应商保持良好的长期合作关系,这种相互关系是建立在相互信赖、相互依托的基础之上。实施准时化采购的目标是保证企业、供应商及供应商的供应商等组成的供应链的所有成员能实现互赢。双方必须通过以下合作以达到提高质量、提升生产效率和降低生产成本等目标:

(1)供应商参与企业产品开发与设计。一方面,企业可以减少产品开发费用;另一方面,对供应商来讲,可以发挥他们的特长,并提供技术给供应商,供应商也可以主动改善产品的性能。

(2)尽量减少供应商的数量和频繁的投标程序,与供应商建立长期的合作关系。

(3)供应商应与企业建立同一质量保证体系,以保证供货的质量,减少因质量体系不一致而造成的检验、返工等。

(4)利用电子商务的强大功能,企业与供应商之间建立基于 Web 的生产计划和控制系统,以减少信息传输的时间。

(5)供应商供货时应使用标准的容器,以减少进货物料的计算和变更容器所带来的麻烦。

(6)加大采购的批量以降低成本。

(7)供应商的选择最好就近,以减少运输的时间和费用。

准时化采购中一个必须要吸取的教训就是不要将保持库存的负担从企业压到供应商。国内许多企业是如此,国外也是如此。在实施准时化生产的早期,日本丰田汽车公司以及其他许多著名公司就曾经犯过这种错误。出现这种问题,就迫使企业去认识与供应商的关系、了解稳定计划的需要和真诚的伙伴关系的重要以及帮助供应商在它们的供应商中实施准时化生产。这种改进的效果非常明显:克服了大量的成本损失,供应商基地和供应商数量都大大减少。另一个教训是要保持与供应方简单的关系,并追求更大的简单性和透明性。

11.4 JIT 和 MRP 结合的生产管理方法

11.4.1 JIT 和 MRP Ⅱ 的区别和联系

准时化生产诞生于日本丰田汽车公司(20 世纪 50 年代开始尝试实施),而 MRP Ⅱ 则诞生于美国,其核心是 MRP,并从 1970 年初开始得到快速发展。要讨论 JIT 与 MRP 的区别,要研究 JIT 和 MRP 的结合,有必要首先了解以丰田汽车公司为代表的日本生产状况和以美国为代表的欧美生产状况,并做一下对比分析,如图 11.15 所示。

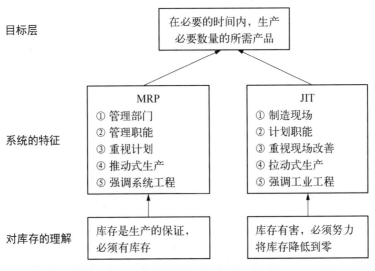

图 11.15　欧美和日本生产系统的差别

1) JIT 和 MRP 的相同点

在需要的时间内,按照所需的生产量生产所需的产品。这是 MRP 和 JIT 共同的宗旨和指导思想。JIT 以消除生产中的一切浪费为目标,追求零库存,通过以看板为手段的拉动系统实现准时化生产,而 MRP 则是根据产品的主生产计划和产品的结构以及库存制订详细的物料需求计划,这种物料需求计划是一种分时段的计划。

2) JIT 与 MRP 最核心的区别

JIT 与 MRP 最核心的区别是对库存的理解。欧美的生产企业认为库存是必需的,而日本的企业则认为库存是有害的,是一种浪费,所以必须尽可能地消灭库存。其他的不同点则都是保证库存的一些措施。以下将从几方面进行论述:

(1) JIT 和 MRP 产生的背景不同。

MRPⅡ起源于美国,JIT 起源于日本。MRPⅡ是为了适应西方消费者对商品式样、规格不断翻新的需求而发展起来的,其出发点是运用计算机对不同产品的物料需求进行详尽的管理,使制造系统的各个环节都能"在正确的时间,获得正确的零件"。

而 JIT 的出发点则是把制造过程中的浪费降到最低限度。由于 JIT 方式在以丰田汽车公司为代表的日本文化氛围中形成,因此在企业间关系方面,JIT 方式与代表欧美文化的 MPRⅡ有明显的差异。在 JIT 方式中,企业与供应商是紧密协作和开放的关系,且强调和少数或单一供应商建立长期合作关系,这有利于保证供应的及时和供货的质量。而西方文化则强调契约关系,企业与供应商是供需的市场买卖关系,因此习惯在众多供应商竞价的方式下建立供需关系,这有助于获得有利的价格。JIT 方式(或者日本式)的企业之间关系的存在和发展很大程度上受益于日本政府的政策,即日本政府通过维持行业适度竞争的产业政策和联合改组促进了核心企业与大量外围企业的协作关系,从而形成了卫星式企业组织。

(2) 要素构成不同。

MRPⅡ的核心是 MRP。MRP 借助产品和部件的构成数据,即物料清单(BOM)、产品的顾客订单和对市场的预测结果、库存纪录的信息、已订未交订单、加工工艺数据以及设备状况等数据,将市场对产品的需求转换为制造过程对加工工件和外购原材料或零部件的需求。

MRPⅡ主要包括产品需求预测、综合生产计划、主生产计划、物料需求计划、能力计划、采购控制、车间作业管理、生产成本核算等几个主要部分。其中,能力计划又分为粗能力计划(RCCP)和细能力计划(CRP)。

保证 JIT 顺利实施的手段是看板,即利用看板由后道工序依次往前道工序拉动进行生产。主要构成包括基于看板的生产控制、全面质量管理、全体雇员参与决策、供料商的协作关系、生产车间的现场管理等。

看板是一种得到管理授权的记有固定容量的容器,用来传达两相邻工序间的供需信息。控制看板的总数,就可有效地控制在制品的储存量。全面质量管理是全体员工参与,责任严格到人的质量管理制度,即 TQC。全体雇员参与决策,强调每个员工都积极主动地去解决生产中出现的各种问题。另外,要与供应商建立长期的、相互信任的供货关系。

(3) 管理方法的不同。

MRPⅡ是一种计划主导型的管理方法,实际上是一种推式的计划方法,MRPⅡ对生产过程的控制方式如下:基于产品订货与需求预测制订主生产计划;基于物料清单和工序的提前期、主生产计划及库存记录信息制订物料需求计划,最后根据物料的属性形成车间作业计划和采购计划;在详尽地做能力平衡(包括粗能力计划和细能力计划)的前提下,下达生产指令,对生产的全过程进行全面、完全集中式的控制。JIT 则强调现场主导,是一种拉式(pull)的管理方法。JIT 的控制方式如下:严格按订货组织生产,通过看板在工序间传递物料需求信息,并利用看板的权威性将生产控制权下放到各工序的后续工序,这种控制方式是分散式的。

在传统 MRPⅡ生产方式中,不同工序同时接受指令,各工序严格按照既定计划进行生产,即使前后相关工序在实际生产过程中出现变化或异常,本工序仍按原计划生产,其结果是造成工序间产量不平衡,从而产生工序之间的在制品库存。图 11.16 表明了 MRPⅡ系统中生产指令下达的过程和方式。由图 11.16 可以看出,物流与信息流的流向一致,但是,时间产量和计划产量往往由于某些扰动出现不一致的现象。

而在 JIT 生产方式中,由于生产指令只下达给最后一道工序,其余各前道工序的生产指令由看板在需要的时候向前一工序传递,如图 11.17 所示。在图 11.17 中,工序 C 在有需求时,需向工序 B 领取需要的零件,同时,看板由工序 C 转到工序 B,该看板就是工序 B 的生产指示看板。工序 B 的生产数量与从工序 C 处拿来的看板要求一致,为此,工序 B

需要再向前道工序 A 领取需要的零件,看板则由工序 B 转到工序 A,该看板就是工序 A 的生产指示。上述过程保证了如下两方面:

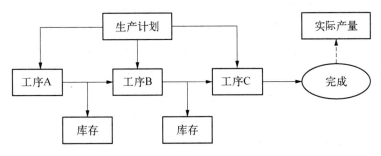

图 11.16　MRPⅡ 中生产指令的下达方式

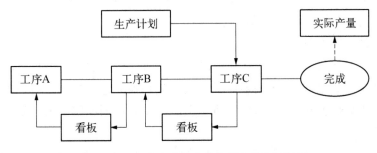

图 11.17　JIT 生产方式中生产指令的下达过程

　　a. 各工序只生产后工序所需的产品,避免了不必要的生产。

　　b. 由于只在需要的时候生产,避免和减少了非急需的库存。

　　由图 11.17 可以看出,在 JIT 生产环境下,物流与信息流的方向正好相反,并且实际产量和计划产量一致。

　　(4) 基础数据的不同。

　　a. 准备时间和批量。MRPⅡ降低生产成本的唯一途径是经济批量(EOQ)安排生产,当然,决定 MRPⅡ 的批量有多种算法,如前面章节中所介绍的按需确定批量法、经济批量法、最小总费用法、最小单位费用法。MRPⅡ总是按经济批量来组织生产。既然要成批,那么在制品储存不可避免。

　　JIT 则是尽最大努力降低准备时间。大量地使用专用的模具和卡具,使"一触式准备(one-touch setup)"成为可能。极短的准备时间(即极低的准备费用)使经济批量降为 1。这样可以完全根据订单需求交替生产不同型号产品,于是大大减少了在制品与最终产品的储存。

　　b. 物料清单。MRPⅡ利用物料清单(BOM)能够详尽地表达不同类型产品的零部件的构成及加工工艺的变化,因此,它能够较好地适应产品的规格、型号及技术工艺的变化,制造柔性较好。因此,MRPⅡ比较适应于单件小批量的制造企业。JIT 没有复杂的多级物料单,它的产品结构及加工工艺是由生产线的设计固定下来的。因此,JIT 主要适用于大批量的、重复性的制造企业。在生产工艺不变的前提下,JIT可以适应规格型号的变化。

c. 提前期,制造周期与储存量。MRPⅡ采用固定的提前期,而提前期的确定总留有余地,这样,实际制造时间以很大的概率低于提前期。MRPⅡ采用增加最终产品的安全储量和在制品储量的方法,来调节生产与需求之间、不同工序之间的不平衡。高的储存降低了物料在制造系统中的流动速度,于是导致MRPⅡ的制造周期较长。JIT认为储存不能增加产品的附加值,应视为一种浪费。JIT用抽去储存的方法暴露出企业的潜在问题,如工序能力不足、废品率偏高,然后积极地去解决这些问题。JIT采用了固定的看板,从而限制了在制品的储量。严格按订货生产则大大减少了产成品的储存量。

另外,MRPⅡ主生产计划期较长,由于需求不能及时确定,计划就不得不依赖于对未来需求的预测。由于未来需求的不确定性,预测的精度一般很低,所以主生产计划的精度较低。JIT完全按订单生产,不必依赖于需求预测。这样,系统对需求变化的适应能力强。JIT的计划模型是基于这个前提编制的。

(5) 能力计划的不同。

MRPⅡ的一切计划都是以现有的制造资源为前提条件的。它接受工序间的能力不平衡为既定事实,对瓶颈问题采用容忍的态度。只是被动地通过增加缓冲库存和周密的能力计划,力图将能力不平衡的影响降到最低。粗能力计划和细能力计划是制造资源计划系统的主要特征。

JIT不允许生产线中存在瓶颈,也不作详细的能力计划,它用增强能力的方法来消除生产线中的不平衡。JIT的低库存策略使得能力的不平衡很容易暴露出来。为了提高生产线的可靠性,生产常安排在低于最高产能的状态下运行。

对设备开动率的理解,欧美的做法是强调尽可能提高设备开动率,而日本的做法是不需要时就不生产,不要片面为了提高设备开动率而导致大大增加生产库存,这种库存增加的浪费要远比设备开动率低的浪费可怕得多。尽管都是为了消除浪费,但还要根据其影响程度来定。

(6) 适用企业的类型不同。

JIT适合物料单简单且扁平、提前期稳定、生产速率也稳定的大量重复生产环境。在多品种小批量、复杂的单件生产环境里,产品结构复杂多变,物料需求计划难度大,MRPⅡ借助计算机可以实现复杂的逻辑展开,并考虑变化的提前期,不同的提前期使车间作业执行控制必须有定期的回报,以控制订单的状态,这些都适应MRPⅡ生产管理方式。

(7) JIT对MRP的挑战。

JIT将制造过程中一切不能增加产品附加价值的因素都视为浪费。按此观点,准备时间、在线储存、搬运时间、等待时间这些为MRPⅡ所接受的因素都被视为浪费,属于应消除之列。

JIT缩短准备时间使经济批量被否定,减少储存使制造周期大大缩短,从而给企业带来巨大的效益。

虽然说MRPⅡ侧重于计划功能,JIT侧重于现场的控制,但从生产计划与控制的角度出发,两者并不是相互割裂的,即并非 MRP II 只有计划的功能,JIT 只有现场控制的功能,而是两者都包含生产计划和控制的功能,只不过各有所侧重。

11.4.2　JIT 与 MRP II 的集成

1) JIT 和 MRP II 结合的可能性分析

MRP II 和 JIT 其实是两种对立的生产方式,一个认为生产过程中需要有库存作为保证,另一个则认为无须库存,要消灭库存。那么究竟这两种矛盾的生产方式能否结合起来用在生产系统中呢? 答案是肯定的。

MRP II 以信息系统为中心,其计划的功能很强,在现场的实际状态中显得很薄弱,而 JIT 的优点在于它的集中式的信息管理方法,从而便于 CAD/CAM 和自动化加工中心实现信息集成,因此在计算机集成制造系统(CIMS)中采用 MRP II 作为生产与物料的计划系统是适宜的。然而,JIT 缩短准备时间与制造周期,降低储存与废品率的方法都是十分可取的。于是美国企业提出了将 JIT 嵌入 MRP II 的设想,即用 MRP II 作为企业的计划系统,而用 JIT 作为计划的执行系统——生产控制系统。

由以上比较可知,虽然传统观念认为 MRP II 与 JIT 分别代表了两种不同的生产方式,有很大的差别,但实际上两者有很多相似之处,甚至可以说是为了达到共同目的的两种不同的途径,而这两种途径又互有相通。

MRP II 与 JIT 两者均是"生产管理技术",是提高企业竞争力的主要因素。MRP II 侧重于管理的计划职能,而 JIT 则基本上是一种生产控制方法,即管理的控制职能;MRP II 在哲理上强调集成,在手段中重视计划;JIT 在哲理上强调改善,在手段上重视控制;MRP II 的弱点是车间执行的控制,而这正是 JIT 的强处;MRP II 的强处是中、长期全面的计划,而这正是 JIT 的弱点。站在完善的管理体系角度来看,两种生产管理技术的结合将互相取长补短,从而形成一个较为完整的生产管理体系。

JIT 的简洁化思想,有助于在多品种小批量条件下,特别是在批量很小的情况下,减少 MRP II 系统的数据(特别是作业现场的数据报告)输入量,以减轻系统的输入负担。提高系统效率和输入数据的准确性。事实上,现在许多采用 MRP II 系统的企业在这种应用条件下,都成功地采用反冲(backflush)来减少报告工作,这就是美式 JIT 的一个特征。反冲是用最少数据输入完成 MRP II 系统回报生产事务的一种方法,减少了数据输入、操作次数及时间。

从以上分析来看,MRP II 与 JIT 两种生产管理方式是可以结合的,并且有相互结合的管理学理论基础和现代信息技术的支撑。事实上,不少企业在引进管理信息系统中已注意到这个问题,而且应用软件供应商已提供了相应的解决方案。国外的应用软件供应商如 SSA 公司的 BPCS 等,国内的如启明软件的 MAS、开思的开思/ERP,这些软件供应商的产品均包括 JIT 和 MRP II 两种不同的方案供用户选择,是松散的结合。而最近世界上最大的管理应用软件供应商——德国的 SAP 公司则提出了要实现 MRP II 与 JIT 的高度融合,这种融合显然比以上将 MRP II 应用软件和 JIT 应用软件简单地打包在一起的做法更具有管理学的理论意义和企业应用的实际意义。目前能够达到这种结合程度的管理应用软件暂时还未上市。

2) JIT 和 MRPⅡ结合的流程框图

MRPⅡ和 JIT 结合的流程如图 11.18 所示。

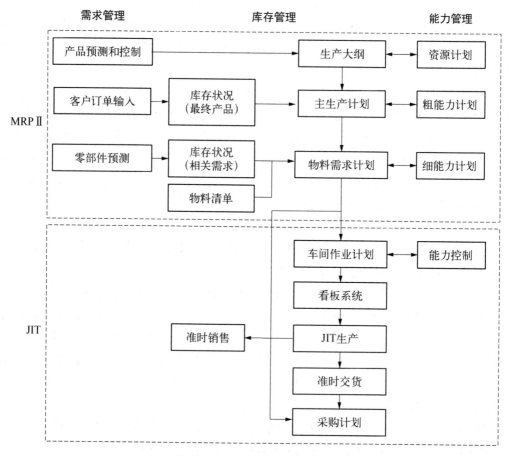

图 11.18　MRPⅡ 和 JIT 的集成

11.5　习题

1. 准时化生产能实现零库存吗？为什么？
2. 准时化生产的前提条件之一是稳定的计划,为什么？
3. 对于流水线生产布局和工艺专业化布局来说,哪个比较适用于准时化生产？
4. 服务业可以应用准时化生产吗？试举例说明。
5. 为什么需要使用双卡看板系统？
6. 生产计划修正后,看板方式如何配合进行？
7. 实施准时化生产前,企业应做好哪些基础工作？

参考文献 | Reference

［1］ Fogarty D W，Blackstone J H，Hoffmann T R. Production and inventory control［M］. 2nd ed. London：International Thomson Publishing Inc，1999.

［2］ Vollmann T E，Berry W L. Whybark D C. Manufacturing planning and control systems［M］. 3rd ed. Homewood：Richard D. Irwin，1992.

［3］ Holt C C，Modigliani F，Simon H A. A linear decision rule for production and employment scheduling［J］. Management Science，1955，2(1)：1－30.

［4］ Womack J P，Jones D T，Roos D. The machine that changed the world：the production-Toyota's secret weapon in the global car wars that is now revolutionizing world industry［M］. New York：Simon and Schuster，2007.

［5］ Henderson B A，Larco J L. Lean transformation［M］. Richmond：The Oaklea Press，1999.

［6］ Monden Y. Toyota production system：an integrated approach to just-in-time［M］. Florida：CRC Press，2011.

［7］ Wang C X，Webster S. The loss-averse newsvendor problem［J］. Omega，2009，37(1)：93－105.

［8］ Huber J，Müller S，Fleischmann M，et al. A data-driven newsvendor problem：from data to decision［J］. European Journal of Operational Research，2019，278(3)：904－915.

［9］ Nahmias S，Cheng Y. Production and operation analysis［M］. New York：McGraw-hill，2009.

［10］ Hopp W J，Spearman M L. Factory physics：foundations of manufacturing management［M］. Homewood：Richard D. Irwin，2002.

［11］ Adan I，Resing J. Queueing theory［R］. Eindhoven：Eindhoven University of Technology，2002.

［12］ 蔡斯 R B.生产与运作管理(制造与服务篇)［M］.宋国防，译.北京：机械工业出版社,1999.

［13］ Heizer J，Render B.生产与作业管理教程［M］.潘洁夫，译.北京：华夏出版社,1999.

［14］ 叶若春.生产计划与控制［M］.台北：中兴管理顾问公司,1994.

［15］ 陈文哲，杨铭贤，佘溪水，等.生产管理［M］.台北：中兴管理顾问公司,1994.

［16］ 黄卫伟.生产与运作管理［M］.北京：中国人民大学出版社,1997.

［17］ 陈荣秋.生产计划与控制：概念、理论与方法［M］.武汉：华中理工大学出版社,1999.

［18］ 李怀祖.生产计划与控制［M］.合肥：中国科学技术出版社,2001.

［19］ 潘家轺.现代生产管理学［M］.北京：清华大学出版社,1994.

［20］ 温咏棠.MRPⅡ制造资源计划系统［M］.北京：机械工业出版社,1994.

［21］ 周远清.MRPⅡ原理与实施［M］.天津：天津大学出版社,1996.

［22］ 陈启申.企业资源规划［M］.北京：企业管理出版社,2000.

［23］张毅.企业资源计划(ERP)［M］.北京：电子工业出版社,2001.

［24］叶宏谟.企业资源规划：制造业管理篇［M］.北京：电子工业出版社,2001.

［25］沃麦克 J P.精益思想［M］.沈希瑾,译.北京：商务印书馆,2001.

［26］门田弘安.新丰田生产方式［M］.王瑞珠,译.保定：河北大学出版社,2001.

［27］刘丽文.生产与运作管理［M］.北京：清华大学出版社,2002.

［28］汪定伟.MRP Ⅱ 与 JIT 相结合的生产管理方法［M］.北京：科学出版社,1996.

［29］纳米亚斯 S,成晔.生产与运作分析［M］.6 版.北京：清华大学出版社,2009.

［30］王丽亚,陈友玲,马汉武,等.生产计划与控制［M］.北京：清华大学出版社,2007.

［31］赵晓波,黄四民.库存管理［M］.北京：清华大学出版社,2008.

［32］张旭凤.仓储与库存管理［M］.北京：北京大学出版社,2022.

［33］Conway R，Maxwell W L，Miller L W. Theory of scheduling［M］. Boston：Addison-Wesley Publishing Company，1967.